Tanja & Denis Katzer

Trans-Ost-Expedition
Die 1. Etappe

Mit dem Rad vom Bodenseee
zum Schwarzen Meer

Aus dem Lebensprojekt DIE GROSSE REISE

DEUTSCHLAND
Regensburg
TSCHECH. REP.
Ulm
DONAU
Passau
München
Linz
Bratisl
BODENSEE
Wien
SCHWEIZ
ÖSTERREICH
Budapest
SLOWENIEN
KROATIEN
BOSNIEN
HERZEGOWI
ITALIEN
Adriatisches
Meer
Mittelmeer

OLEN
UKRAINE
AKEI
NGARN
MOLDAWIEN
RUMÄNIEN
tica
Bela Crkva
Belgrad
Bukarest
Konstanza
DONAU
SERBIEN
BULGARIEN
Schwarzes
Meer
MAZEDONIEN
LBANIEN
Reiseroute

Tanja & Denis Katzer

Trans-Ost-Expedition
Die 1. Etappe

Mit dem Rad vom Bodenseee
zum Schwarzen Meer

Aus dem Lebensprojekt DIE GROSSE REISE

Bibliografische Information der Deutschen Bibliothek
Die Deutsche Bibliothek verzeichnet diese Publikation in der Deutschen Nationalbibliografie; detaillierte bibliografische Daten sind im Internet über http://dnb.ddb.de abrufbar.

ISBN: 978-3-8334-6810-0

Text: Denis Katzer (www.denis-katzer.com)
Lektorat: Michael Schels (www.schels-pr.de)
Satz und Gestaltung: Tanja Söllner (www.soellner-gmbh.de)
Layout: Uli Knauer (www.gdc-design.de)
Fotografie: Tanja und Denis Katzer (www.denis-katzer.com)
Bildbearbeitung: Uli Knauer (www.gdc-design.de)
Umschlagsgestaltung: Uli Knauer (www.gdc-design.de)
Herstellung und Verlag: Books on Demand GmbH, Norderstedt
Printed in Germany

Kontakt zum Autor:
www.denis-katzer.com

„Deine Schatztruhe der Erfahrungen füllt sich
von Stunde zu Stunde, von Tag zu Tag.
Sie bildet einen Reichtum, der mit nichts vergleichbar ist.
Würdest du all deine Erfahrungen und Erlebnisse
in Geld umtauschen, wärst du zwar ein reicher Mann,
aber in deiner Gefühlswelt wärst du bettelarm.
Teile deinen Schatz der Erfahrungen und Geschichten
mit den Menschen. Sei nicht geizig damit.
Alles, was du gibst, bekommst du zurück.
Das ist unser Gesetz."

Mutter Erde

Für meine geliebte Tanja, die für mich die Wärme der Sonne und das Licht des Lebens bedeutet, und Brigitte und Carsten, meine geliebten Eltern.

Inhalt

Vorbemerkungen:
Unbekanntes, gefährliches Russland? 15
Erklärung der großen Reise 17

Deutschland:
Tag 01 Aus Fiktion wird Wirklichkeit 22
Tag 02 Wissen Sie überhaupt, wo Burma liegt? 24
Tag 03 Krise schon am dritten Tag! 28
Tag 04 Ein versöhnlicher Morgen 29
Tag 05 Trubel auf dem Campingplatz 30
Tag 06 Paradiesische Ufer 33
Tag 07 Berauschende Talfahrt 34
Tag 08-14 Erholungsphase und Verbesserung der Radtechnik 35
Tag 15 Leere im Kopf und Frust 37
Wieder unterwegs 39
Tag 16 Bauerncamp 40
Tag 17 Rennfahrt Richtung Schlammbad 41
Tag 18 An der Donau 43
Tag 19-21 Begegnungen mit Land und Leuten 45
Tag 22 Gewitterfront 48
Tag 23 Jauchedusche 49
Tag 24 Gegenwind 50
Tag 25 Eigenartiger Besuch 52
Tag 26 Mount Everest 54
Tag 27-29 Dauerregen 57
Tag 30 Aufflammende Zwiegespräche mit Mutter Erde? 58
Erklärungsversuch der Zwiegespräche 60
Tag 31 Eine Fahrt im goldenen Ei 63
Duschakrobatik 66
Tag 32 Hungrige Fluten 67
Das erste Bett 69
Tag 33 Zwangsurlaub 70
Tag 34 Ich fühle mich wie neugeboren 72
Tag 35 Gute Tipps und schlechte Zähne 74

Österreich:
Tag 36 Rekordstrecke und Besuch bei Freunden 86
Kirchturmglocken 88

Tag 37	Tanjas Geburtstag	89
Tag 38-40	Stolz auf meinen Freund	90
Tag 41	Ruft uns das schwarze Meer?	92
Tag 42	Selbstzweifel und Bestätigung	93
	Letzte Vorbereitungen vor dem Aufbruch	95
	Ärgerlicher Versicherungsfall	97
	Unterwegs	98
Tag 43	Müde	100
Tag 44	Neuer Rekord	101
Tag 45	Kamelreitschule	103
Tag 46	Kameltreiben im Privatwald	105
	Das Brüllen des Löwen	106
	Entfesselte Kraft	109
Tag 47-50	Mittelpunkt eines Weltreiches	113
Tag 51	Ungarn ruft	114
Tag 52	Schlechter Plan für gute Fotos	115
Tag 53	Motivationstraining mit Hexenschuss	117
Tag 54	Kurz vor der Grenze	119
Tag 55	Schnell umdisponiert	121
Slowakei:		
Tag 56	Schlagartige Veränderung	130
Tag 57-58	Moskitoinvasion	135
Tag 59	Miese Laune trotz günstiger Umstände	137
	Das Verstehen des Wasserfalls	138
Ungarn:		
Tag 60	Erste Eindrücke von Ungarn	142
	Brutale Fahrt nach Budapest	144
Tag 61	Als Traveller in Budapest	146
Tag 62	Ticketkontrolle	148
Tag 63	Verkehrswahn	151
Tag 64	Ungarn zaubert sich aus dem Hut	154
Tag 65	Ein Walross in der Therme	157
Tag 66	Wertvolle Gespräche und rumänischer Schnaps	158
Tag 67-68	Ungarisches Fernsehen	161
Tag 69	Einheimische öffnen ihr Herz	162
Tag 70	Viel Gastfreundschaft und Teamgeist	163
	Das Hotelsuchteam	165

Serbien:

Tag 71	Serbien empfängt uns mit offenen Armen	176
	Inspirierende Atmosphäre	179
Tag 72	Flanieren durch Subotica	180
	Der Tanzlehrer Davor Dulic	180
Tag 73	100 Kilometer Gegenwind	181
Tag 74	Unter Truckern	185
Tag 75	Belgrad	190
Tag 76	Sturmböen	191
Tag 77	Erleichterndes Lachen	196
Tag 78	Rocky Spezial	197

Rumänien:

Tag 79	Karpaten	208
Tag 80	Atemberaubend schöne Uferstraße	215
Tag 81	Tanja stürzt	219
Tag 82	Berge	221
	Wolkenbruch	222
	Diebe	225
Tag 83-85	Hotel Dracula	227
Tag 86	Glück gehabt	230
Tag 87	Rekordstrecke und Horrortrip durch die Nacht	231
Tag 88-89	Kurzzeitparadies	236
Tag 90-92	Goldener Herbst zum Abschied	236
Tag 93	Wir vermissen die Natur	237
	Kleine Spendenaktion	240
Tag 94	Korrupte Beamte	240
	Raubende Banditen	245

Deutschland:

Tag 95	Man muss nicht reisen, um vom Leben geprägt zu werden!	256

Aufbruch zur zweiten Etappe

Rumänien:

Tag 96-97	Deja-vu-Erlebnis	260
Tag 98	Ehemaliger Glanz! Gefährliches Fotografieren!	265
Tag 99-100	Pläne schmieden, schnüffelnde Straßenkinder	269
Tag 101	Ein Schlag in den Rücken	272

	Mit dem Fahrrad auf der Autobahn?	274
	Zu Gast bei einem Engel	275
Tag 102	Was ist, wenn ich an einem einsamen Ort einfach zusammenbreche?	278
Tag 103	Ein Alptraum wird Realität	280
	Wir müssen unsere Reise abbrechen!	282
	Entblößt und erniedrigt	284
	Gedanken an den Tod kommen auf	285
Tag 104	Mit Blaulicht ins Krankenhaus	286
	Blut an der Wand	289
Tag 105	Einer Horde blutrünstiger Hyänen entkommen	292
Tag 106	Schwerer Bandscheibenvorfall	294
Tag 107-110	Langes Zögern	298
Tag 111	Operation	297
Tag 112	Zweite Geburt	298
Tag 113-117	Die Sonne scheint wieder für mich	300

Anhang:

Epilog ... 301
Resümee ... 302
Weitere Pläne ... 303
Danksagung ... 311
Danksagung Sponsoren ... 312
Danksagung Ausrüster ... 315
Danksagung Partner ... 317
Ausrüstung ... 320

Präsentation unserer Partner

ARTIACH Deutschland GmbH ... 328
Brettschneider Fernreisebedarf ... 329
GDC Graphics – design – conception ... 330
Hauser Exkursionen International ... 331
Leica Camera AG ... 332
Rapunzel Naturkost AG ... 333
Riese und müller GmbH ... 334
Rohloff AG ... 335
Simpert Reiter GmbH ... 336
Sanatur GmbH ... 337
ZARGES GmbH & Co KG ... 338
Buch Red-Earth-Expedition Teil 1 ... 339

Unbekanntes, gefährliches Russland?

„Sie werden euch erschlagen, zerstückeln und vergraben“, erzählte uns die russischstämmige Putzfrau unseres Fitnesscenters. Ein guter Freund warnte uns mit wissendem Blick: „Was wollt ihr? Mit dem Fahrrad durch Russland fahren? Ihr seid ja verrückt! Die Mafia wird euch ausrauben und umbringen!“ Andere wohlmeinende Kommentare gingen in Richtung wie: „Die können dort alles gebrauchen und werden euch die Räder unterm Hintern wegstehlen“. Wir wurden nachdenklich - haben wir uns auf ein zu riskantes Vorhaben eingelassen?

Und es hörte nicht auf: „Nach Russland und Sibirien? Mein Gott, wie wollt ihr die Kälte überleben?“, bekamen wir des Öfteren zu hören. Oder Statements wie: „Passt bloß in den Städten auf. Die Kriminalität dort ist geradezu unglaublich“, brachten unsere festen Vorsätze ins Wanken. Es war ja auch kein Pappenstiel, den wir uns vorgenommen hatten: Wir wollten 25.000 km mit dem Fahrrad von Deutschland über Österreich, die Slowakei, Ungarn, Serbien, Rumänien, die Ukraine, Russland, Sibirien, die Mongolei bis nach China radeln und schließlich auf einem Elefanten Burma erkunden.

Es nahm kein Ende: „Wisst ihr, dass Moskau die teuerste Stadt der Welt ist? Auch die anderen Städte in Russland sollen unglaublich teuer sein. 200 bis 400 Euro pro Nacht könnt ihr schon mal einkalkulieren. Wie wollt ihr das finanzieren? Also, ich würde mir das noch mal überlegen“, war die skeptische Einstellung eines guten Freundes.

Auch auf professioneller Seite stießen wir auf Unverständnis: „Was, mit dem Fahrrad durch Russland? Das ist unmöglich“, stellte die Dame in der Visabehörde sofort fest. „Aber es soll schon erfolgreiche Fahrradreisen durch Russland gegeben haben“, wand ich vorsichtig ein und fügte hinzu: „Alles ist machbar, wenn man nur will.“ Entnervtes Schnaufen durch die Leitung: „Ihrer Willenskraft alle Ehre, ich befürchte aber, dass Sie nicht wissen, wovon Sie sprechen. Aber gut - wenn Sie unbedingt Ihren Kopf durchsetzen wollen, benötige ich von Ihnen die genaue Route. Einige Bereiche des Landes sind für Ausländer gesperrt. Da dürfen Sie nicht hin. Verstehen Sie? Militärische Sperrgebiete! Es wäre nicht gut, wenn man Sie dort erwischt. Wenn ich von Ihnen die exakte Routenplanung bekomme, werde ich bei unseren Kontaktadressen nachfragen, welche Art von Visa für Sie in Frage kommt.“

Meine Beharrlichkeit zeigte langsam Wirkung. Nach längerem Hin und Her erfuhr ich, dass unsere geplante Russlandetappe der Trans-Ost-Expedition schon alleine an der benötigten Länge der Visa scheitern würde. Meiner Planung nach würden wir mit dem Rad mindestens ein Jahr allein durch

Russland bis zur mongolischen Grenze unterwegs sein. Außerdem wäre da noch der zugefrorene Baikalsee, den wir im Winter mit den Rädern überqueren wollen, ganz zu schweigen vom Pferderitt bis zur sibirischen Taiga im Norden der Mongolei. Dort leben die Tsaatan - ein Volksstamm, der noch heute Lasten mit Rentieren transportiert.

Trotz aller Horrorgeschichten blieben wir weiter standhaft, doch die wohlmeinenden Ratschläge nahmen kein Ende: „In Russland darf man nicht zelten, sondern muss sich jede Nacht in einem Hotel registrieren lassen." Oder: „Auf meiner Russlandtour sind mir mitten im Wald schwer bewaffnete Gestalten begegnet. Zum Glück konnte ich gute Kontakte zur Mafia vorweisen und es lief auf ein Wodkabesäufnis hinaus." Und weiter: „Passt bloß auf die Zecken auf. Die sind noch viel gefährlicher als die Mafia. Es dürfte unmöglich sein, auf eurer Tour von der Borreliose (Lyme Krankheit) verschont zu bleiben. Stellt euch schon mal auf die Symptome ein: Rheuma, Lähmungen der Gesichtsnerven, Herzmuskel- und Rückenmarksentzündungen und Gelenkzerfall. Der gesamte Osten ist mit Zecken verseucht!" Wir mussten uns zunehmend fragen, ob es nicht wirklich unverantwortlich ist, trotz aller Ratschläge und Warnungen in ein von Zecken, Moskitos, Fliegen und der Mafia geplagtes Land zu reisen. Ganz zu schweigen von den unendlich vielen Vorschriften, die sich uns in den Weg stellten.

Aber Tanja und ich ließen uns nicht klein kriegen. Viele der Warnungen hatten mit Sicherheit einen wahren Hintergrund. Doch konnten wir die Vorurteile nicht teilen, dass Russland nur von Unmenschen, Kriminellen und Geziefer bewohnt sein soll. Letztendlich ist es wie vor jeder Expedition: Unsere Mitmenschen warnen uns aus purer Angst, uns zu verlieren. Manche wissen, wovon sie sprechen, doch die meisten erlangen ihr Wissen von anderen und aus den Medien, also sind ihre Aussagen selten fundiert. Oft ist es auch so, dass manche Menschen grundsätzlich Schwierigkeiten damit haben, wenn ihnen Nahestehende den gemeinsamen Lebensraum verlassen, um in der großen weiten Welt nach Abenteuern und Erfahrungen zu suchen.

Manchmal kommt es mir so vor, als gälte der Spruch: „Wenn ich es nicht schaffe, mich von meinen täglichen Verpflichtungen zu lösen, dann soll es Dir auch nicht gelingen." Wir machen es uns gegenseitig nicht leicht, den gewohnten Rhythmus aufzugeben oder den eingefahrenen Lebensraum zu verlassen. Doch gerade darin liegt für Tanja und mich der Reiz! Wir wollen die Freude, das Neue, das Lernen am eigenen Leib erleben und dabei vor allem Erfahrungen sammeln, die weit entfernt von jeglicher Oberflächlichkeit liegen. Wir sind auf der Suche nach den Tiefen des eigenen „Ichs", der eigenen „Seele" – im Einklang mit der Natur.

Es geht dabei auch immer um mehr als um unser kleines „Ich". Beim Reisen wollen wir Vorurteile abbauen. Die Menschen zu Hause, die sagen: „Die dort drüben auf der anderen Seite der Grenze sind gefährlich", wollen wir durch unsere Erfahrungen eines Besseren belehren. Wenn wir trotz aller Warnungen auf der anderen Seite angekommen sind, wird einsehbar, dass die Menschen, denen wir begegnet sind, uns nicht betrogen, beraubt oder gar erschossen haben. Es ist doch so: Jeder schimpft gern auf jeden und die eigene Kultur oder Religion ist immer die Beste. Doch so leicht darf man es sich nicht machen! Schon während unserer Nachforschungen und Vorbereitungen hörten wir viel Gutes über die Länder im Osten. Über die herzliche Gastfreundschaft, die Hilfsbereitschaft, die Freundlichkeit, die Lebensfreude, die fantastischen Landschaften und vieles mehr.
Mit unserer großen Reise möchten Tanja und ich Brücken zwischen Kulturen und Ländern bauen. Wir möchten aufklären und Missverständnisse ausräumen. Besonders liegt es uns am Herzen, auf Mutter Erde aufmerksam zu machen. Der Planet, auf dem wir leben, ist selbst lebendig, er ist keine tote Materie und deshalb absolut schützenswert! Unsere Kinder sollen morgen noch Bäume sehen und Vögel zwitschern hören können. Für uns gibt es nichts Schöneres und Sinnvolleres, als mit unserem Lebensprojekt, der 30-jährigen Expedition (Die große Reise), aus unserer persönlichen Sicht über Menschen und Kulturen zu berichten, die sonst kaum wahrgenommen werden. Wir möchten unsere Leser so authentisch wie möglich an unserer Lebensgeschichte und den damit verbundenen Abenteuern und Erfahrungen teilhaben lassen. Vor allem wollen wir stellvertretend für Menschen unterwegs sein, die in ihrem Leben, aus welchen Gründen auch immer, nicht reisen können. Es beglückt uns, ein positives Steinchen im Mosaik des Lebens sein zu dürfen.

Erklärung der großen Reise

Nach einem längeren Aufenthalt in Deutschland und nicht enden wollenden Vorbereitungen soll unsere große Reise jetzt endlich wieder weitergehen. Bevor ich aber von unseren neuesten Erlebnissen berichte, liegt es mir am Herzen, denjenigen, die bislang noch nichts von uns gehört oder gelesen haben, unser Projekt zu erklären:
30 Jahre lang wollen wir auf dem Land- und Seeweg von Deutschland bis nach Südamerika reisen, und zwar mit landesüblichen Verkehrsmitteln. In den letzten 16 Jahren waren wir mehrmals über mehrere Monate, manchmal bis zu zwei Jahre am Stück unterwegs. Spätestens nach zwei Jahren Reise müssen

wir aber immer wieder nach Deutschland zurück, um den Kontakt zu unseren Sponsoren, zu den Medien und vor allem zu unserer Familie nicht zu verlieren. Wenn wir dann die sozialen Beziehungen wieder aufgefrischt, die Finanzierung und vieles weitere Organisatorische geklärt haben, begeben wir uns wieder genau an den Ort, an dem wir zuletzt unser Lebensprojekt unterbrochen hatten und setzen von dort aus unsere Expeditionsreise fort. So soll im Laufe der Jahrzehnte die längste dokumentierte Expedition der Geschichte entstehen. Durch die wichtigen Zwischenaufenthalte in Deutschland wird die 30jährige Expedition, die unter dem Namen „Die große Reise" bekannt ist, entschieden länger als 30 Jahre dauern. Unser ganzes Leben fließt hier ein.
Natürlich können wir nicht wissen, ob wir unseren Traum - die längste dokumentierte Expedition der Geschichte - je verwirklichen können. Das hängt nicht von uns allein ab - viele Aspekte und Unwägbarkeiten spielen hier mit hinein. Eine wichtige Voraussetzung ist natürlich, dass Tanja und ich unsere gemeinsamen Interessen bewahren und über die Jahrzehnte hinweg beide das gleiche Ziel verfolgen. Enorm wichtig ist auch die Gesundheit, die uns nicht im Stich lassen darf. Auch hatten wir immer wieder Unfälle oder Überfälle, ja sogar Naturkatastrophen oder sonstige Schicksalsschläge zu überstehen. Natürlich dürfen wir bei alledem auch nicht die Lust, die Energie, den Willen, die Kraft und unsere Zuversicht verlieren. Ganz „nebenbei" muss auch die Finanzierung geregelt sein. Angesichts knapper Budgets ist es schon ein spannendes Abenteuer für sich, die richtigen Förderer zu finden, die zu uns passen, sie dauerhaft für unser Projekt zu begeistern und sie auch langfristig an unserer Expedition teilhaben zu lassen.
Alles in allem ist heute nicht absehbar, was morgen sein wird. Von Anfang an haben wir unsere Lust an der großen Reise, am Entdecken und Forschen nicht verloren - am wenigsten die Liebe zu den Menschen und zur Mutter Erde. Ungebremst und vielleicht mehr denn je suchen wir das Unbekannte, um jeden Tag mehr und mehr Teil eines großen Ganzen zu werden.
Oft werden wir gefragt, ob es uns schwer fällt, nach den langen Reisen wieder in unser Heimatland zurückzukommen. Die Antwort ist eindeutig: Nein! Wir fahren immer wieder gerne nach Hause. Allerdings müssen wir zunehmend feststellen, dass uns lange Abwesenheiten von unserer eigenen Kultur entfremden. Nicht die Sprache ist es, sondern die veränderte Denkweise. Doch den Kontakt zu unseren kulturellen und auch sozialen Wurzeln werden wir sicher nie verlieren, zumal wir daran arbeiten, Brücken der gegenseitigen Akzeptanz und Toleranz zu bauen.
Seit 1991 sind wir jetzt schon auf unserer großen Reise unterwegs und haben dabei 266.000 Reisekilometern zurückgelegt - die Flüge nicht mitgerechnet.

Das sind Hunderte unvergessliche Erlebnisse. Vor allem unsere letzte Expedition „7.000 Kilometer zu Fuß und mit Kamelen durch Australien“ bleibt für immer in unserem Gedächtnis.
Mit Spannung, Neugier und Erwartung tauschen wir nun das erste Mal in unserem Leben die uns vertrauten Pferdesättel, Kamelsättel oder die Hauda, also den Lastensattel eines Elefanten, mit dem Fahrradsattel. Für viele ist das Fahrradfahren nichts Besonderes, doch für uns stellt es eine neue Herausforderung dar. Das letzte Mal bin ich als Jugendlicher Rad gefahren und jetzt wollen wir gleich 25.000 Kilometer auf dem Drahtesel zurücklegen. Radfahren - besonders auf langen Strecken - ist etwas völlig Neues für uns. Alles, was wir zuvor auf Kamelen geladen hatten, müssen wir jetzt in Satteltaschen und auf einem Radanhänger verstauen. Da wir in Sibirien, vor allem in der Mongolei, für Wochen nur schwer an Lebensmittel kommen werden, laden wir bis zu 25 Kilogramm Nahrung und warme Zusatzkleidung auf Tanjas Anhänger. Mein Anhänger ist für die Technik zur Live-Berichterstattung ausgelastet: Mit Batterie, Solarpaddel, Laptop, Satellitentelefon, wichtigen Kabeln, Speicherchips, CDs und anderen Kleinigkeiten bringt er ca. 56 Kilogramm auf die Waage.
Nach dem Wiegen der Satteltaschen und der Räder trifft uns fast der Schlag: Mein Fahrrad wiegt mit Hänger knapp 110 Kilogramm, Tanjas Rad knapp 88 Kilogramm. Ein ungeheures Gewicht und für Fahrradprofis unverständlich: „Mit so einem Übergewicht möchte ich nicht mal für viel Geld unterwegs sein“, bekommen wir zu hören. Oder: „Wisst ihr überhaupt, was ihr da vorhabt? In Russland gibt es nur selten Asphaltstraßen. Eure Räder werden mit dem Gewicht im Matsch versinken. Ihr werdet schon nach den ersten Tagen alles Überflüssige nach Hause schicken!“ „Wir haben nichts Überflüssiges dabei“, korrigiere ich und werde im Gegenzug mit weiteren Realitäten konfrontiert: „Mit diesem ganzen Technikkram kommt ihr nicht den kleinsten Berg hinauf.“ Aber was sollen wir tun? Wenn wir über unser Abenteuer berichten wollen, haben wir keine andere Chance. Die Technik alleine - inklusive Kameras - wiegt knapp 40 Kilogramm. Ohne diesen Ballast können wir keine Diashows vorbereiten, keine Bücher schreiben und keine Live-Berichterstattung durchführen.
Gerne würden wir mit deutlich geringerem Gewicht reisen. Es würde vieles erleichtern. Auf der anderen Seite aber ist gerade die Dokumentation unserer Abenteuer eine Herausforderung, der wir uns schon seit Jahren stellen. Wir werden sehen, wie weit wir mit unserem technisch bedingten Übergewicht kommen und was wir womöglich durch diese zugegebenermaßen unpraktische und unkonventionelle Form des Reisens erleben.

„Warum argwöhnst du so viel?
Verkrampfe nicht.
Hab Vertrauen in dich und deine Zukunft.
Vor allem lasse zu, was nicht zu ändern ist.
Wehr dich nicht dagegen.
Lass es fließen und du wirst sehen:
Dein Leben wird leichter werden!"

Mutter Erde

Aus Fiktion wird Wirklichkeit

Deutschland
Tag 01
Camp 01
55 Kilometer
Ort: Park Camping
Breitengrad 47° 32'195"
Längengrad 009°43'858"

„Allmächd, das Wasser fließt unter unserem Innenzelt durch!", rufe ich entsetzt und richte den Lichtstrahl meiner Stirnlampe auf das unwillkommene Nass. „Die Zeltnähte sind auch nicht dicht. Du hättest sie letzte Woche doch noch versiegeln sollen", bemerkt Tanja erstaunlich gefasst. Der dunkle Himmel bebt in tiefem Grollen. Lichtfetzen erhellen für Sekundenbruchteile unser Zeltinneres. Ein für den Bodensee nicht seltenes Sommergewitter bricht mit aller Gewalt aus und über uns hernieder. Starke Windböen reißen an der Außenhaut unserer neuen Behausung. Wuuuummmm! Donnert es in immer kürzeren Abständen. „Das kann doch nicht sein, dass wir gleich in der ersten Nacht absaufen!", ärgere ich mich und schnappe mir die Tube mit dem Nahtabdichter. Im Vorbereitungsstress unserer Trans-Ost-Expedition hatte ich das Abdichten der Zeltnähte vergessen. Es hilft nichts - trotz der Nässe schmiere ich die Dichtungsmasse auf die Nähte und hoffe, dass sie eine Verbindung mit der Zeltbahn eingeht.

Von den ersten 35 Radkilometern und den Anstrengungen der letzten Tage geschafft, lege ich mich dann neben Tanja auf die Isomatte und beobachte das grelle Aufzucken der Blitze. Nahezu ungebremst dringt das gleißende Licht durch den Zeltstoff. Die Luft ist warm und feucht. Sie liegt wie eine dichte Masse auf unseren Körpern. Im Zucken der Blitze sehe ich die wenigen Ausrüstungsgegenstände, die wir zum Schutz vor dem Gewitter im Innenzelt verstaut haben. Ab jetzt beginnt also wieder ein neuer Lebensabschnitt, denke ich und weiß nicht, ob mir diese Perspektive wirklich gefällt.

Vorgestern waren wir noch auf der Outdoormesse in Friedrichshafen und stellten bei verschiedenen Pressekonferenzen und während einer Show unsere Trans-Ost-Expedition vor. Bis dahin war alles nur in unseren Köpfen - eine

---

1 Nürnberger Ausdruck für „Oh Gott"

Noch ein Interview für N24 und dann geht's los.

Fiktion, ein Wunschbild auf einer weiteren Etappe der großen Reise. Monate hatten wir an unserer Idee gefeilt und die Zeit ist rasend schnell vergangen. Jetzt also liege ich hier im nassen Zelt, ärgere mich über die undichten Nähte und über mich selbst. Wieder einmal sind wir der Natur ausgesetzt. Auch wenn wir hier auf einem Zeltplatz bei Lindau nicht wirklich bedroht sind, ist die Realität im Augenblick nicht angenehm.
Gleich am ersten Tag nach der Messe wollten wir aufbrechen. Wegen der anhaltenden Regenfälle sind wir dann aber doch einen Tag länger bei unseren liebenswerten Gastgebern, der Familie Bodenmüller, geblieben. Aber auch am Montag, also heute, hat es unaufhörlich weitergeregnet. „Ihr könnt gerne noch eine Nacht in unserer Ferienwohnung bleiben", bot uns Ingrid Bodenmüller an. Beinahe wären wir auf ihre verlockende Einladung eingegangen, zu schön war die Vorstellung von netten Gesprächen im Trockenen, dazu eine leckere Vesper und ein paar Bier. Doch Tanja und ich sahen uns an und waren uns einig: Wenn wir uns schon jetzt von dem bisschen Regen einschüchtern lassen, wie wollen wir dann einen ganzen Winter in Sibirien überleben? Auch wenn bis dahin noch ein Jahr vergehen wird, müssen wir uns überwinden - mag es am Anfang noch so schwer fallen. Ab sofort müssen wir die Bequemlichkeiten und Annehmlichkeiten der Zivilisation über Bord werfen. Die Fortsetzung unserer Reise beginnt. Ingrids Mann Alfred hat uns noch mit seinem Fahrrad ein wenig begleitet. Wenn ihn das Unwetter nicht von seinem Fahrrad gespült hat, müsste er mittlerweile wieder daheim sein. Ich lausche den Regentropfen, wie sie mittlerweile weitaus weniger bedrohlich - fast schon freundlich - auf die Zeltbahn trommeln.

Wissen Sie überhaupt, wo Burma liegt?

Am frühen Morgen spielt der Regen ein Trommelkonzert auf unserer Zeltbahn. Nacktschnecken kriechen im Innenzelt, auf den Ortliebtaschen und unseren Schuhen herum. Sie hinterlassen klitschige Streifen und sind bei der Feuchtigkeit ganz in ihrem Element. „Auwei, das fängt ja gut an", Tanjas schläfrige Stimme mischt sich in das Stakkato des Regens ein. „Wenn's weiter so schüttet, bekommen mich hier keine zehn Pferde raus", murre ich und drehe mich demonstrativ zur Seite. Um 10:00 Uhr hört es zu regnen auf. Dunkle Wolken ziehen gespenstisch über uns hinweg. „Wir sollten jetzt weiterfahren", gibt uns Tanja einen Ruck. Zwei Stunden später haben wir unser gesamtes Hab und Gut auf den Rädern und Anhängern verstaut. Noch finden wir nicht die optimale Gepäckverteilung und brauchen viel zu lange. Bald aber werden wir wie im Schlaf wissen, welcher Ausrüstungsgegenstand in welcher Tasche seinen Platz hat.

Unsere Räder schnurren mit ca. 10 bis 15 Stundenkilometern über den wunderschönen Radweg. Obwohl das ziemlich langsam ist, müssen wir uns richtig anstrengen. „Hast du auch schon Muskelkater?" frage ich Tanja. „Na klar. Ich glaube, wir hätten vorher doch etwas mehr trainieren sollen", antwortet sie schnaufend. „Ich mag gar nicht daran denken, wie wir mit unserem Monstergepäck am ersten Hügel hängen bleiben", beginne ich mir unser kommendes Leid auszumalen. Doch schon bald verfliegen die dunklen Gedanken. Ich muss mich auf den Verkehr konzentrieren. Unentwegt kommen uns Radfahrer entgegen. Wir sind überrascht, wie frequentiert diese Strecke ist.

Eigentlich liegt der Bodensee ja nicht auf dem direktesten Weg nach Burma. Da wir aber wegen der Pressekonferenzen sowieso in Friedrichshafen waren,

Wir stärken uns mit Nusskuchen und Capuccino.

dachte ich, es wäre eine gute Idee, unseren Trip langsam angehen zu lassen und diesen bekannten Radweg um das Schwäbische Meer als Trainingsetappe zu beginnen. Da lacht jeder eingefleischte Radfahrer, aber für uns Neulinge, vor allem mit den schwer beladenen Anhängern, ist das eine sinnvolle Sache. Wir haben gerade die unsichtbare Grenze nach Österreich hinter uns gelassen, als ich auf ein gemütlich aussehendes Restaurant aufmerksam werde. „Da kehren wir ein", rufe ich und brauche Tanja gar nicht erst zu fragen, was sie davon hält, nach fünf Kilometern bereits eine Pause einzulegen. „Lasst es langsam angehen", rieten uns einige Radprofis. Ein verdammt guter Ratschlag. Bei Wiener Schnitzel mit Salat, gefolgt von Nusskuchen und Capuccino, pflegen wir unseren beginnenden Muskelkater.

Unsere Räder lehnen an einem Geländer direkt am Ufer des Sees. Immer wieder bleiben Touristen und andere Radfahrer stehen, um die schwer beladenen Fernlastzüge zu betrachten. „Was macht ihr denn mit den Solarpaddeln auf euren Anhängern? Betreibt ihr damit einen Motor?", fragt einer. „Ach, ihr benötigt die Dinger um euer Satellitentelefon zu betreiben. Da seid ihr bestimmt länger unterwegs?" „Ja, wir fahren nach Burma", antworte ich lässig. Der ältere Herr zuckt zusammen. „Wie? Burma?", stottert er. „Ja, Burma", wiederhole ich. „Meinen Sie Burma in Asien?" „Ja." „Wissen Sie überhaupt, wo das ist?" „Klar, diese Richtung, grob Südosten." Ich deute amüsiert über den See. „Da wünsche ich Ihnen viel Glück", verabschiedet sich der Mann mit ungläubigem Gesichtsausdruck. Kaum ist das Gespräch beendet, fragt ein anderer: „Was machen Sie denn mit den Solarpaddeln? Betreiben Sie damit eine Kühlbox für Ihr Bier?" „Nein, das ist

Im Gespräch mit anderen Radfahrern.

für unseren Computer und das Satellitentelefon.“ „Satellitentelefon? Wozu brauchen Sie denn ein Satellitentelefon am Bodensee?“ „Wir radeln nach Burma.“ „Nach Burma? Welches Burma?“ „Na Burma, gleich hinter China.“ Der Herr blinzelt uns an. Sicher glaubt er, ich wolle ihn auf den Arm nehmen. Kopfschüttelnd geht er weiter. Als wir uns wieder auf die Räder schwingen wollen, stehen wieder Leute um uns herum. „Sie wollen mit dem Solar doch nicht Ihr Wasser zum Kochen bringen?“ „Nein, nein, wir laden damit unsere Batterien für die Kameras und das Satellitentelefon.“ „Ach so, dann sind Sie bestimmt auf einer längeren Reise unterwegs?“ „Ja, wir fahren nach Burma.“ „Mit dem Fahrrad?“ „Fahrrad, Pferd und Elefant“, antworten wir und erklären unseren Reiseplan. Mittlerweile versammeln sich weitere Touristen und lauschen unseren Erzählungen. Es dauert ziemlich lange, bis wir unsere Radreise fortsetzen können. Auch wenn es gut tut, so viel Aufmerksamkeit auf sich zu ziehen und sich auszutauschen - schon aus Zeitgründen werden wir wohl künftig etwas zurückhaltender kommunizieren müssen.
Wir lassen Bregenz hinter uns und werden auf unserem Weg immer wieder von Radfahrern überholt. „Was macht ihr denn mit den Solarpaddeln?“, hören wir erneut und antworten wahrheitsgemäß, aber kurz. Die Reaktionen sind immer wieder ähnlich - verdutzt, ungläubig, amüsiert. Am Nachmittag endet der Radweg an einer steilen Treppe. „Jetzt haben wir uns verfranzt“, schätze ich. Neben der Treppe ragt grobes Felsgestein aus der nassen Erde. Ich überlege, ob es nicht besser wäre umzukehren und den richtigen Radweg zu suchen. Man könnte die Treppe aber auch als kleine Herausforderung für unser Training sehen - eine Simulation für die unbefestigten russischen

Schon nach wenigen Kilometern die erste Herausforderung.

Straßen. Gedacht, getan: Ich entkopple die Anhänger von den Rädern und bin überrascht, wie stark ihr Gewicht die steile Böschung hinunter schiebt. Nur mit großem Kraftaufwand kann ich sie halten. Eigentlich bräuchte ich jetzt Tanjas Hilfe, doch sie ist anderweitig beschäftigt: Sie hält meinen Kampf mit unserem ersten Hindernis filmisch fest. Doch irgendwas funktioniert nicht, Tanja stutzt: „Ich glaube, das Teil ist kaputt. Die Farben sehen recht seltsam aus", meint sie und reicht mir die Filmkamera. Wir sind gerade mal 40 Kilometer weit gekommen und das erste Ausrüstungsteil hat sich bereits verabschiedet. „Meine Mutter soll uns die Ersatzkamera zu den Bodenmüllers schicken. Wir können dort auf dem Rückweg vorbeischauen", grummle ich und packe das nutzlos gewordene Gerät weg.

Kaum sind wir wieder startklar, fragt uns eine Spaziergängerin, was wir da unten wollen. „Das ist ein Fußweg. Mit den Rädern werden Sie nicht weit kommen. Am besten sie kehren da vorne wieder um", rät sie uns.

Eine Stunde später überqueren wir eine Brücke über den Altrhein und kommen in die Schweiz. Auf einem unbefestigten Weg radeln wir durch einen dunklen Wald direkt an der steilen Uferböschung des Altrheins entlang. Häufig drehe ich mich nach hinten, um zu schauen, wo Tanja bleibt. Sie ist im Laufe des Tages immer langsamer geworden. Oft muss ich alle paar Kilometer stehen bleiben und auf sie warten. Offensichtlich ist die Ladung ihres Hängers für ihre 58 kg Lebendgewicht viel zu schwer. Wieder drehe ich mich um und als ich nach vorne sehe, verreißt es mir den Lenker. „Huuuaaahhh!" - auf meinem schwer beladenen Rad jongliere ich nur wenige Zentimeter am Abgrund der Uferböschung vorbei. Keine fünf Meter weiter unten strömt der vom Hochwasser angeschwollene Fluss mit beängstigender Kraft dahin. Zum Absteigen ist es zu spät. Rudernd versuche ich, das Gleichgewicht wieder zu gewinnen. Noch ein weiterer Zentimeter nach rechts und ich würde mit allem Drum und Dran in den gurgelnden Fluss rauschen. Ich hätte kaum ein Problem, aus dem Fluss mit heiler Haut herauszukommen - sofern ich an keinem der Baumstümpfe da unten hängen bliebe. Aber das Rad samt Anhänger und Ausrüstung würde in den Fluten untergehen. In letzter Sekunde schaffe ich es, meinen Roadtrain wieder auf sichere Spur zu bringen. „Puhh", schnaufe ich erleichtert und halte an. Mein Herz rast wie wild vor Aufregung. Beinahe hätte ich unsere gesamte Technik im Altrhein versenkt - und das an einem gut ausgebauten Radweg am Bodensee. Wie peinlich. Ich male mir spöttische Überschriften in den Zeitungen aus: „Fünfjährige Fahrrad-Expedition am zweiten Tag abgebrochen." Oder: „Denis Katzer mit Fahrrad in Altrhein gestürzt."

Krise schon am dritten Tag!

Mit warmen Strahlen küsst uns die Sonne wach. „Ach, habe ich gut geschlafen!" Tanja räkelt sich im Schlafsack. Leicht und beschwingt verlassen wir unser Zelt. Mit dem kleinen Primuskocher erhitzen wir Wasser für unseren Tee. Nachdem wir unser leckeres Rapunzel-Müsli gegessen haben, packen wir unser Lager zusammen. Um 11:00 Uhr treten wir wieder in die Pedale. Die Sonne setzt uns stark zu. Das Thermometer zeigt 35° C im Schatten - also schätzungsweise 55 Grad Celsius in der Sonne! Schon kleine Hügel sind eine Tortur. An manchen lächerlichen Erhebungen müssen wir sogar absteigen, um unsere Böcke hochzuschieben. Uns läuft der Schweiß in Strömen herunter. Beim Schieben meines 110 Kilo schweren Gefährts spüre ich, wie sich meine Schulter verspannt. „Verdammte Schinderei!" Am liebsten würde ich jetzt das Rad in den Graben schmeißen. Der Gedanke an die vor uns liegenden 25.000 Kilometer wird zum Alptraum. Vor jedem Hügel bringen wir unsere Lastenzüge auf Höchstgeschwindigkeit, um Schwung für so viel Höhenmeter wie nur möglich mitzunehmen. Meine Oberschenkel fühlen sich an, als würden sie jeden Moment platzen und ich bin kurz davor, meine Lunge auf den heißen Asphalt zu spucken.

Für die wunderschöne Landschaft des Bodensees haben wir keinen Blick mehr. Unsere Stimmung sinkt minütlich. Als wir am späten Nachmittag kurz vor Konstanz auf einem völlig überfüllten Zeltplatz gleich neben dem Kinderspielplatz für 29 Franken (ca. 18 Euro) ein kleines Stückchen Rasen angeboten bekommen, ist von unserer Moral nichts mehr übrig. Die Stimmung ist aufs Äußerste gereizt. Schon am dritten Tag unserer Reise ist die erste Krise da! Nur ein Funken und alles fliegt hier in die Luft!

„Hier bleiben wir auf keinen Fall! Wir müssen umkehren. Die nächsten 20 Kilometer kommt keinen Zeltplatz mehr", stelle ich frustriert fest. Wir besteigen unsere Räder und treiben sie frustriert über die bereits besiegten Bodenerhebungen zurück. Endlich, nach 50 Tageskilometern, erreichen wir völlig erschöpft einen recht hübschen Campingplatz bei Ruederbronn. Wir bauen unsere Behausung auf, kochen Wasser für unsere gefriergetrocknete Fertignahrung und lassen freudlos den Tag Revue passieren. Sonnenverbrannt kriechen wir schon früh ins Zelt und schlafen erschöpft ein.

Ein versöhnlicher Morgen

Der Tag beginnt wieder sonnendurchflutet. Tanja und ich sehen uns versöhnlich an. „War ein blöder Tag gestern.“ „Ja, aber heute wird es besser“. Wir umarmen uns und setzen unsere Reise mit neuer Zuversicht fort. Jetzt geht es schon viel flotter - eine Stunde später erreichen wir Konstanz. Die Route nötigt zu einem kleinen Grenzverkehr: Wir verlassen die Schweiz und reisen nur wenige Augenblicke später wieder von Deutschland in die Schweiz ein. Am Seeufer finden wir ein Restaurant und genießen den Blick auf das schwäbische Meer, das von hier aus recht mickrig aussieht. Doch der Eindruck täuscht: Mit 570 Quadratkilometern ist der Bodensee nach dem ungarischen Plattensee und dem Genfer See der drittgrößte See Mitteleuropas und führt an seinen Ufern gleich drei Staaten zusammen.

Tanja am Grenzübergang von der Schweiz nach Deutschland.

Da wir heute wieder deutlich mehr Energie in uns spüren, genießen wir die traumhafte Landschaft. Die Temperaturen steigen auf 38 Grad Celsius im Schatten. Um uns nicht erneut auszupowern, schieben wir unsere Räder bereits am frühen Nachmittag auf einen Zeltplatz. „Ich kühle mich im See ab!“ Tanja geht mit BH und einer kurzen Radlerhose bekleidet baden. Einen Bikini hat sie nicht dabei, das wäre zu viel Ballast.

Ich würde liebend gern zu Tanja ins Wasser springen, doch leider geht das nicht. Einer von uns muss immer beim Camp bleiben und auf die Ausrüstung aufpassen. Wir können es einfach nicht riskieren, so wertvolle Gegenstände wie ein Satellitentelefon, einen Laptop von Itronix oder mehrere Hightech-Kameras unbeobachtet zu lassen. Wenn nur ein Teil der teuren Apparaturen gestohlen wird, ist die Dokumentation der Reise gefährdet - vom materiellen Schaden gar nicht zu reden.

Stein am Rhein in der Schweiz.

Trubel auf dem Campingplatz

Die Serie der Sonnentage reißt nicht ab. Erneut steigen die Temperaturen auf 38 Grad - im Schatten! Wir radeln über immer höher werdende Hügel und wundern uns, dass es an einem See so viele Steigungen geben kann. „Das liegt nur an unserer Ladung", meint Tanja. „Wie?" „Na ja, bestimmt spüren die anderen Radfahrer die Steigungen nicht so wie wir." „Wenn du nicht 88 sondern nur 18 Kilo den Berg hinaufbringen müsstest, würdest du wahrscheinlich die Hügel hochfliegen", scherze ich schnaufend. Die Radlerei fällt uns jetzt nicht mehr so schwer wie die letzten Tage. Unsere Körper stellen sich auf den neuen Bewegungsablauf ein. Das hoffe ich zumindest, denn mein Muskelkater ist enorm. Noch immer habe ich mit jedem Tritt ins Pedal das Gefühl, als würden sich meine Oberschenkel zu Elefantengröße aufblasen. Wenn wir abends an einem Zeltplatz ankommen und ich über den Platz zur Dusche laufe, komme ich mir wie Django vor, so breitbeinig schlürfe ich dahin.

Wieder in Deutschland: Nach 40 Kilometern erreichen wir einen Campingplatz bei Radolfzell. Kaum sind die Zeltheringe in den Boden geschlagen, ziehen dunkle Gewitterwolken auf. „Da kommt wohl was Größeres" vermutet Tanja. „Sieht ganz danach aus. Es war schon den ganzen Tag so drückend schwül. Der Luftdruck will sich durch ein Gewitter entladen." Die ersten Sturmböen fegen über den Platz. Tanja und ich setzen uns vors Zelt und sehen einigen Neuankömmlingen zu, wie sie beim Zeltaufbau mit den Windböen kämpfen. „Du musst die Stange von vorne durchschieben!“, schreit ein Sachse seine Freundin an. „Schnell, komm her, ich kann das Zelt nicht mehr halten!“, brüllt ein anderer. „Das Vorzelt!“, ruft ein älterer Herr, worauf sich seine korpulente Frau aus der Stoffbehausung walzt und mit einem beherzten Griff an eine Zeltstange das Tuch vom Wegfliegen bewahrt. Tanja und ich amüsieren uns über das Durcheinander. Wir wollen nicht zu schadenfroh sein und bieten unsere Hilfe an. „Da vorne ist noch ein Platz frei. Ihr solltet weiter vom Seeufer weg. Wenn der Wind zunimmt, wird es euer Zelt zerfetzen“, warne ich ein paar junge Leute. Ohne mich nur eines Blickes zu würdigen, stemmen sich vier von ihnen gegen ein zum Ballon aufgeblasenes Gebilde. „Stellt doch das Zelt nicht mit der Breitseite zum Wind!“, rufe ich gegen das Getöse an.

Die Camping-urlauber kämpfen gegen die zunehmenden Sturmböen.

Plötzlich blitzt und donnert es. Der Wind zerreißt die Wellenkämme auf dem See zu weißer Gischt. Erschrocken sehe ich, wie zwei Jungs in den aufgewühlten Fluten spielen. Die Eltern nehmen von ihren Kindern keine Notiz. Wenn jetzt ein Blitz ins Wasser einschlägt! Doch halb so wild: Als ich gerade zum Ufer laufe, um sie zu warnen, kommen mir die Knirpse gerade entgegen. Sie zittern vor Kälte.

Alles schreit durcheinander. Überall hämmert und klopft es, jeder will noch ein paar extra Schnüre spannen. Soeben beginnt das für heute Abend angekündigte Fest. Musikfetzen wehen zu uns herüber. Eine Kapelle spielt gegen den Sturm an, doch die Gäste werden zusehends weniger. Der Duft von gebratenem Spanferkel wirbelt über die Zeltstadt. Ganz in der Nähe singt jemand falsch zur Gitarre und wird von seinen Gefährten nicht weniger schräg begleitet. Andere prosten sich in Bierlaune zu und heben ihre Gläser tapfer in den Wind. Der Sturm ist da, doch niemand scheint sich Sorgen zu machen. Das Unwetter wird wohl als Programmteil eines Abenteuerurlaubs verbucht. Selbst als es zu regnen beginnt, lässt sich die ausgelassene Urlaubsgesellschaft nicht die Stimmung vermiesen. Als wir uns in unser Zelt zurückziehen, kämpfen die Jungs noch immer mit ihrem Zelt und stellen es längs zum Wind. Der Sachse und seine Freunde haben ihr nagelneues Hauszelt zum stehen gebracht. Die pummelige Frau sitzt mit ihrem Mann vor ihrer künftigen Behausung, die sie erst einmal nur flach vor sich hingelegt haben.

Als hätten die Urlauber mit ihrer Wetterfestigkeit das Gewitter in die Flucht geschlagen, hat es seine Wassermassen einige Kilometer vom Zeltplatz entfernt abgeladen. Eine Stunde später klopfen nur noch leichte Regentropfen gegen unsere Zeltbahn. Das Gegröle am Festplatz nimmt wieder zu. Die Band dreht voll auf, die Gäste sind in Hochstimmung und der Gitarrenspieler nebenan läuft ebenfalls zu Höchstform auf: „Mit 66 Jahren, da fängt das Leben an!“ Wir dürfen an seinem Rausch aus nächster Nähe teilhaben. Nachts um zwei hat sich der Lärmpegel noch lange nicht gesenkt. Um drei liege ich immer noch wach und lausche der ungehemmten Performance des Sachsen. Sein lautes Organ hämmert durch jedes Zelt und alle Nachbarn dürfen mehrmals die Geschichte hören, wie es dazu kam, dass ein Sachse seinen Urlaub am Bodensee verbringt.

Gegen vier fallen mir endlich die Augen zu, ganze zwei Stunden Ruhe: Um sechs ist der Sachse schon wieder auf den Beinen und spielt mit seinen Kindern direkt vor unserem Zelt Fußball. „Es lebe der Campingurlaub“, flüstere ich Tanja zu. Mein Muskelkater erfordert langsame und bedächtige Bewegungen. Es dauert eine Weile, bis ich mich aus dem Schlafsack schäle.

Paradiesische Ufer

Urplötzlich hat sich der Sommer verabschiedet - für uns glücklicherweise: Wolken und leichter Wind stellen sich als optimales Radfahrwetter heraus. Das Schwitzen der letzten zwei Tage hat endlich ein Ende. Wir kommen gut voran und suchen am frühen Nachmittag eine Kneipe auf. Obwohl Essengehen hier am Bodensee sündhaft teuer ist, wollen wir es uns wenigstens einmal am Tag leisten. „Es ist wie im Urlaub", freue ich mich und schütte einen großen Schluck Radler herunter. „Stimmt. Aber wir müssen auf unser Budget aufpassen", gibt Tanja zu bedenken. „In einer Woche gibt es nur noch Wasser und Brot", scherze ich. „Wie viele Kilometer haben wir heute geschafft?" „Fünfundzwanzig. Wenn wir diese Geschwin-

Romantische Abendstimmung am Bodensee.

digkeit beibehalten, erreichen wir Burma in etwa zehn Jahren", male ich mir aus. „Wie auch immer. Hauptsache, wir kommen dort heil an."
Gegen 15:00 Uhr erreichen wir den fast ausgebuchten Campingplatz Klausenhorn bei Dingelsdorf. „Zwei Plätze haben wir noch. Wenn Sie bleiben wollen, müssen Sie sich schnell entscheiden", sagt die freundliche Dame an der Rezeption. „Was kostet der Platz?" „Zwei Erwachsene 10 Euro 40 plus ein Zeltplatz 7 Euro 40. Duschen ist extra, drei Minuten 50 Cent." „Ihr habt ja gesalzene Preise! Da kann man ja bald ein Zimmer nehmen", rufe ich entsetzt. „Tut mir leid. Ich mache die Preise nicht." Tanja und ich schauen uns an und überlegen, ob wir weiterfahren sollen. Bis zum nächsten Zeltplatz sind es noch 12 Kilometer und die höchste Hügelkette des Bodenseeradwegs liegt direkt vor uns. Ich blicke in den Himmel. „Es wird bald wieder regnen", vermute ich. „Und wer weiß, ob der nächste Zeltplatz nicht ausgebucht ist oder ähnliche Preise hat." „Hm, stimmt. Also bleiben wir."
Kaum haben wir unser Zelt aufgebaut, öffnet der Himmel seine Pforten. Am frühen Abend klart es wieder auf und wir schlendern an der Uferpromenade entlang. Das warme Licht der untergehenden Sonne schimmert auf der feuchten Rinde einer ehrwürdigen Baumallee. Lindgrünes Moos, dunkle Astlöcher und die hellbraune, glänzende Borke der Bäume ergeben ein wunderschönes Farbenspiel. Die Silhouette eines Anglers ziert das Ufer des Sees. Kinder spielen am Ufer und beladen mit kleinen Schaufeln ein Leiterwägelchen. Ein junger Hund rennt kleinen Steinen hinterher, die ihm Feriengäste zuwerfen. Ein Ruderboot liegt am Strand. Auf der anderen Seite des Sees schwebt ein Zeppelin über Überlingen. Als wir im letzten Licht des Tages die Promenade entlang flanieren, spüren wir ein tiefes Glücksgefühl. Gut, dass wir hier geblieben sind.

Berauschende Talfahrt

Nach einer ruhigen Nacht brechen wir um 10:00 Uhr auf. Schon nach wenigen Minuten beginnt ein Höhenzug und das Brennen in unseren Oberschenkeln lässt nicht lange auf sich warten. Meine Knie beginnen zu schmerzen und ich mache mir Sorgen, ob meine durch vier Operationen und mehrere Bänderrisse vorbelasteten Gelenke die kommenden Strapazen überstehen. Die Steigung wird teilweise so steil, dass wir unsere Räder nur durch fortwährendes Schieben nach oben bringen. Die Radfahrer, die uns überholen, wundern sich über unsere Expeditionsausstattung, mancher von ihnen schüttelt den Kopf. „Was die alles dabei haben!" „Was müssen die auch ihren gesamten Hausstand mitnehmen!" „Selber schuld, wenn man so viel Gepäck auf seine

Räder lädt!“ Viele Gesprächsfetzen dieser Art dringen in unsere vor Anstrengung pochenden Köpfe. Nach etwa zwei Stunden haben wir gerade mal sieben Kilometer und 150 Höhenmeter geschafft. „Wie lange geht es noch bergauf?“, frage ich einen Obsthändler am Straßenrand. „Ihr seid oben. Ab jetzt geht es bis Bodman nur noch bergab.“ Selten ist eine Auskunft so schön.
Erschöpft und zugleich hocherfreut rollen wir bergab. Das Gewicht schiebt und beschleunigt so stark, dass wir immer wieder heftig bremsen müssen. Aber es ist wenig Verkehr und wir brauchen das Tempo immer nur vor den Kurven zu drosseln. Ein großes Glücksgefühl erfüllt mich. Es rauscht und pfeift, die Räder surren und immer schneller geht es dahin. „Hurraaaaa!!!“, jauchze ich aus purer Lust. Ein Blick auf meinen Tacho lässt mich zusammenzucken. Nie hätte ich gedacht, dass mein Gefährt so schnell werden kann. Instinktiv zügele ich das Tempo, aber die Freude an der Geschwindigkeit lässt mich wieder schneller werden und weiter geht es im rasenden Sturz nach unten. Viel zu schnell erreiche ich die Ebene. Ich halte an, um zu sehen, wo Tanja bleibt. Erleichtert sehe ich sie den Berg hinabschießen. Freudestrahlend stoppt sie neben mir. „Wow! Das war fantastisch! Von mir aus könnte es nur noch bergab gehen. So macht das Radfahren Spaß“, jubelt sie. Nachdem wir uns aus über 500 Höhenmetern auf etwa 380 Meter zum Bodenseeufer hinuntergestürzt haben, geht es mit leichten Auf- und Abfahrten weiter Richtung Überlingen.
Auf dem Radweg ist die Hölle los. Tausende von Menschen nutzen den schönen Sonntag, um ihre Zweiräder auszuführen. Wir müssen höllisch aufpassen, nicht mit einem Raser oder einem Kinderanhänger zu kollidieren. Unser heutiges Ziel ist Ailingen bei Friedrichshafen - unser Startpunkt. Wir haben uns telefonisch bei unserer Gastgeberfamilie Bodenmüller angemeldet. In Gedanken bin ich schon in der netten Gesellschaft unserer Gastgeber und schmecke das kühle Bier und die gute Brotzeit auf der Zunge.
Um halb acht, nach genau 70 Tageskilometern, stehen wir bei den Bodenmüllers vor der Tür. Der Empfang ist herzlich. „Kommt rein, trinkt ein Bier und erzählt uns von euren Erlebnissen!“

Erholungsphase und Verbesserung der Radtechnik

Die folgenden Tage ruhen wir uns aus. Wir aktualisieren unser Tagebuch, überprüfen unsere Räder und führen viele Gespräche. „Wenn ihr über Tschechien nach Polen weiterfahrt, müsst ihr über die Karpaten. Das ist ein ziemlich hoher Gebirgszug. Ob ihr da eure schweren Räder rüberbringt...“,

zweifelt Alfred, der Hausherr. „An eurer Stelle würde ich Ulm ansteuern und dann der Donau entlang über Passau nach Wien fahren. Dann könnt ihr nach Ungarn weiterfahren und von dort in die Ukraine. Auf dem Weg von hier nach Ulm werdet ihr noch einige Berge meistern müssen", erfahren wir.
Später stimme ich mich mit Tanja ab. Wir kommen zu dem Schluss, dass wir die Ratschläge von Alfred und einigen anderen Radfahrern, mit denen wir in der Zwischenzeit gesprochen haben, beherzigen. Ich besorge Straßenkarten für die Strecke nach Budapest. Obwohl der Radweg dorthin mit höchster Wahrscheinlichkeit stark frequentiert ist, wollen wir unseren Körpern die Chance geben, sich weiter ans Radfahren zu gewöhnen. Die Landschaft soll berauschend schön sein und Berge gibt es an der Donau wohl kaum.

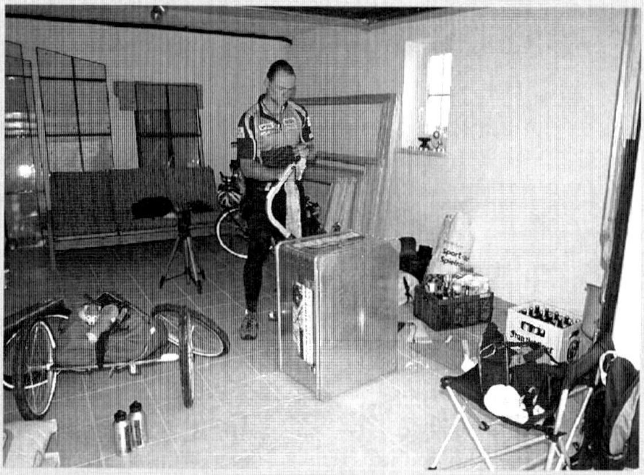

Nach der Bodenseeumrundung muss die Radtechnik verbessert werden.

Ich führe Gespräche mit einigen Sponsoren und erzähle Heiko Müller von riese und müller von unseren Schwierigkeiten, die kleinsten Höhenzüge zu meistern, ohne absteigen zu müssen. „Ihr solltet eure Übersetzung umbauen lassen und vorne einen kleineren Zahnkranz einsetzen. Wenn ihr wollt, mache ich einen unserer Händler in der Gegend ausfindig. Ich schicke die Teile hin und er wird das für euch erledigen", schlägt er vor.
Beim Überprüfen der Räder stelle ich fest, dass eine Schraube der Anhängerkupplung die Radaufhängung beschädigt hat. „Noch einige hundert Kilometer und der Hinterbau unserer Räder wäre kaputt." Auch Bob Giddens von der Firma Used ist sehr entgegenkommend und schickt uns sofort eine andere Anhängerkupplung. Durch die 14 Gang Rohloff-Nabe ergeben sich besondere Voraussetzungen an der hinteren Radaufhängung, die mich jetzt zu den Umbauarbeiten zwingen.

Gut, das wir den Testtrip um den Bodensee gemacht haben. Durch die schwere Ladung sind die Räder und auch die Anhängerkupplung äußersten Belastungen ausgesetzt. Bevor wir weiterfahren, muss alles perfekt sein. Kurz vor Aufbruch stelle ich fest, dass durch die neue Anhängerkupplung der Schnellverschluss des Hinterrades zu kurz geworden ist. riese und müller und Used schicken per Express längere Schnellverschlüsse. Heute Nachmittag werde ich alles montieren. Wenn jetzt alles nach Plan läuft, können wir am Sonntag, spätestens am Montag aufbrechen. Wie mit Alfred besprochen, werden wir erst über die Schwäbische Alb nach Ulm fahren, um von dort nach Passau zu gelangen. Dann wird sich zeigen, ob wir die Route nach Wien nehmen oder ob wir direkt nach Tschechien weiterfahren.

Leere im Kopf und Frust

Der Regen hat den Tag fest im Griff. In einer kurzen Regenpause haben wir unser Frühstück eingenommen. Es ist richtig ungemütlich und das miserable Wetter nagt an unserer Moral.
„Wo soll ich denn bei diesem Sauwetter schreiben?“ frage ich Tanja. „Setz dich doch in deinen schönen Stuhl und fang an.“ „Aber ich weiß nicht, was ich schreiben soll!“ „Schreib einfach in kurzen Worten, was geschehen ist. Fasse alles zusammen. Du solltest Dir nicht so den Kopf zerbrechen“, motiviert sie mich. „Aber ich weiß nicht einmal, was ich in kurzen Worten schreiben soll. Die Leser werden sich tierisch langweilen. Soll ich denn berichten, was Bauer Schmidt uns gefragt hat?“ „Zum Beispiel.“ „Aber das interessiert doch keine alte Sau“, protzle ich vor mich hin und stelle meinen Klappstuhl in den nassen Rasen. Kaum klappe ich den Computer auf, blenden mich die ersten Sonnenstrahlen des Tages. „Mann, da brauche ich ja eine Sonnenbrille“, murre ich weiter, erhebe mich und stelle den Stuhl in den Schatten eines Baumes. Heute kann man mir nichts recht machen.
Kaum sitze ich, bläst der kalte Wind in meine Hosenbeine. „Unter solchen Bedingungen kann ich nicht schreiben“, fluche ich schlecht gelaunt. „Du hast schon unter ganz anderen Bedingungen geschrieben“, tröstet mich meine Frau. Ich nehme meinen Itronix-Laptop unter den Arm und schlurfe zur Kneipe der Naturfreunde hoch. Als ich eintrete, verschlägt mir Zigarettenrauch den Atem. Der Nachrichtensprecher im Radio schlägt mit negativen News nur so um sich, ein paar Kinder rasen schreiend und quietschend durch die Gaststätte. Sofort mache ich kehrt und untersuche den Raum nebenan, in dem die Naturfreunde ihre Feste feiern. Bierbänke und Tische stehen fein

säuberlich aufgereiht nebeneinander. Es ist dunkel und kalt. An der hinteren Fensterseite scheint ein Sonnenstrahl auf eine Bierbank. Angezogen von dem kleinen Lichtfleck setzte ich mich in den Strahl und lasse mir den Rücken wärmen. Ich kauere vor dem Bildschirm und versuche meine Gedanken zu ordnen. Mir wird heiß und kalt und ich befürchte, nie mehr einen Gedanken zu Papier bringen bzw. in den Laptop tippen zu können. Mein Kopf ist leer. Ich reibe mir die Augen und sehe aus dem Fenster. Der verlassene Grillplatz und die nasse Feuerstelle schlagen mir noch mehr aufs Gemüt.
Mein Kopf ist immer noch leer. Keine Gedanken. Am liebsten würde ich das Ding vor mir wieder zuklappen und mich zu Tanja gesellen. Der Frust, hier alleine in dieser kalten Zelle sitzen zu müssen und über die letzten fünf Tage nachzudenken, wächst minütlich. Spinnen krabbeln an der Wand entlang. Die wissen wenigstens, was sie tun, sinniere ich. Dann beobachte ich die Fliegen, die sich auf dem Tisch niederlassen. Eine Maus rennt vorbei, bleibt stehen, sieht zu mir hoch und fragt sich wohl, was diese traurige Gestalt hier will. Sinn und Unsinn unserer Unternehmung schießen mir durch den Kopf. Kaum habe ich einen Gedanken realisiert, ist er schon wieder weg. Oh, wie ist es leer in meinem Hirn! Plötzlich spüre ich den warmen Sonnenstrahl auf meinem Rücken und freue mich über dieses Gefühl. Endlich eine positive Wahrnehmung! Seit einer Stunde sitze ich nun da und der Sonnenstrahl fällt

Über Laptop und Satellitentelefon berichten wir aktuell auf unserer Webseite www.denis-katzer.com.

immer noch auf den gleichen Fleck. Eigenartig, aber schön. Meine Stimmung wird besser. Der Nebel der Leere lichtet sich langsam, Stück für Stück. „Schreib doch einfach, dass euch die Bodenmüllers die ersten Kilometer begleitet haben", schießt es mir durch den Kopf. „Aber das ist doch stink langweilig", antwortet es in mir. „Das lass mal andere beurteilen. Es ist dein, euer Leben. Kein Leben ist langweilig. Egal was geschieht, es steckt auch immer etwas Interessantes darin. Auf die Betrachtungsweise kommt es an", höre ich meine innere Stimme. „Meinst du?" hake ich nach, belustigt über mein stummes Selbstgespräch. „Na klar. Stell dir jemanden vor, der in Afrika lebt oder in einer Wüste, in der es keine Flüsse gibt, keine grünen Bäume und vor allem keine Menschen, die mit dem Fahrrad nach Burma fahren wollen. Glaubst du nicht, dass die so eine Geschichte interessant finden?" „Womöglich. Aber für Menschen in Deutschland ist so eine Story doch eher unbefriedigend." „Es gibt aber auch in Deutschland viele Menschen, die nie mit dem Rad fahren, oder gerade weil sie mit dem Rad fahren, können sie mit euch fühlen. Wie du es auch drehst und wendest, schreib einfach, was geschehen ist und mach dir keine Gedanken über interessant, langweilig oder uninteressant. Schreib einfach." „Okay. Ich schreibe, wie es uns bei Bodenmüllers gefallen hat und dass wir trotzdem froh waren, als wir unseren Radtrip fortsetzen konnten." „Das ist doch schon mal ein Anfang."

Wieder unterwegs

Nachdem die Räder mit einem neuen Ritzel und besseren Anhängerkupplungen ausgestattet sind und ich das erste Update mit dem Satellitentelefon auf unserer Webseite veröffentlicht habe, freuen wir uns auf neue Erlebnisse.

Der Himmel ist weiterhin verhangen und verspricht Regen. Seit sieben Tagen hat es jede Nacht geschüttet. Weil Familie Bodenmüller ihre Ferienwohnung vermietet hatte, schliefen wir im Zelt. Ich hätte fast einen Zeltkoller bekommen, das ewige Getröpfel auf der Stoffbahn hat maximal genervt.

Ingrid und Alfred lassen es sich nicht nehmen, uns ein Stück mit ihren Rädern zu begleiten. Alfred kennt Schleichwege, auf denen wir die meisten Hügel der Gegend umfahren können. Trotzdem müssen wir aber auch immer wieder schieben. Nach 22 Kilometern erreichen wir Alfreds Lieblingsplatz, einen alten Bauernhof in einem lieblichen Tal. Ein kleiner Hund bellt, er will uns zeigen, dass er hier der Herr ist. Hühner gackern und flattern aufgeregt herum. Nach mehrmaligen Hallo-Rufen kommt ein altes Mütterchen aus der Tür. Mit gebeugtem Rücken und einem geschnitzten Holzstock humpelt sie auf uns zu. Sie freut sich über unseren Besuch, denn seit Jahren wohnt sie alleine und hat nur selten Gäste. Alfred kauft ihr zwei staubige Flaschen Bier ab. Wir nutzen die Gelegenheit, um bei der alten Frau unsere Mittagsrast einzulegen. Sie setzt sich zu uns an den Tisch vor dem leeren Schweinestall und lauscht den Neuigkeiten, die Alfred erzählt.

Nach etwa 30 Kilometern verabschieden sich Ingrid und Alfred von uns. „Ab jetzt dürfte es nicht mehr viel bergauf gehen“, meint Alfred. „Wäre schön“, antworten wir und winken Ihnen ein wenig traurig nach. Kaum sind die beiden hinter der nächsten Biegung verschwunden, überlegen wir, welche Richtung wir jetzt einschlagen sollen. Wir fahren auf gut Glück los. „Da ist das Zeichen zum Campingplatz!“, ruft mir Tanja zu, als ich schon vorbeigefahren bin. Wir biegen in die kleine Seitenstraße ein. Sie verschwindet in einem Wald und führt steil bergauf. Über eine Stunde lang müssen wir unsere Fahrradlastwagen den Höhenzug hinaufschieben. Oben angelangt, sind wir fix und fertig. „Gibt es hier irgendwo einen Zeltplatz?“, frage ich am Dorfrand eine Frau, die gerade im Garten ihre Wäsche aufhängt. „Ja, ihr müsst dort hinten den Berg hinauf, an zwei kleinen Bauernhöfen vorbei, durch ein Waldstück und dann immer geradeaus. Dort trefft ihr auf den Buhof. Die haben auch einen Zeltplatz.“ „Ist das noch weit?“ „Nein, nein, das schafft ihr locker. Ich fahre die Strecke oft mit meinen Kindern“, antwortet sie. Wir sind uns nicht sicher, wie wir ihre Aussage in unserem Fall interpretieren sollen, doch wir haben Glück: 20 Minuten später erreichen wir den etwa 750 Meter hoch gelegenen Buhof.

Außer ein paar Dauercampern, die auf dem hübschen Bergrücken ihre Wohnwägen parken, hat sich hier trotz Hauptsaison kein einziger Zelturlauber eingefunden. Wir haben nahezu den gesamten Platz für uns und stellen müde und erschöpft unsere Behausung auf. Die zarten Sonnenstrahlen haben die Regenwolken vertrieben und wir müssen in den nächsten Stunden nicht damit rechnen, wieder nass zu werden.

Bauerncamp

Es hat die ganze Nacht nicht geregnet. Durch den Tau und die Verdunstung unseres Atems ist die Außenhülle unseres Zeltes klatschnass. Nach einem kurzen Frühstück packen wir zusammen und beladen die Fahrräder. „Freust du dich auf die Abfahrt?“ „Und wie!“, lacht mich Tanja an. Jauchzend verjubeln wir in wenigen Minuten die Energie von gestern und schießen die Straße hinunter. Unten angekommen biegen wir in den falschen Radweg ein. Zur Strafe für unseren Fahrrausch müssen wir umkehren und

wieder ein Stück bergauf schieben. Wir sind eine Stunde unterwegs und kommen an die Stelle, an der uns gestern Ingrid und Alfred verlassen haben. Frustriert und hungrig halten wir bei der nächsten Bäckerei und machen bei frischen Käsebrötchen und Kaffee Mittagspause.
Den ganzen Tag geht es bergauf und bergab. Tanja hat Schmerzen im Knie. Da es in dieser Gegend keine Zeltplätze gibt und Wildcampen in Deutschland verboten ist, frage ich einen Bauern, der mit seinem Traktor gerade eine große Wiese mäht. „Ihr könnt euer Zelt bei mir hinterm Haus aufschlagen", lädt er uns ein. Erleichtert lassen wir uns auf seiner saftig blühenden Wiese nieder.

Rennfahrt Richtung Schlammbad

Vor einer um diese Zeit noch geschlossenen Vereinskneipe lassen wir uns unser Frühstück schmecken. Die Sonne beglückt uns auch heute mit milden Strahlen. Dann geht es weiter auf diesem bislang völlig unspektakulären Fahrradtrip. Obwohl wir gerne Abenteuer erleben, sind wir froh, hier in Deutschland unsere Reise zu beginnen. Alles ist uns vertraut. Die Felder, die Ländereien, die Dörfer, die Menschen, die grünen Wiesen, die in der Frucht stehenden Apfel-, Birnen- und Pflaumenbäume, der reife Weizen, die Kirchen und die alten Bauernhäuser. Es ist eine Reise, die uns nicht gleich in ein Extrem stürzt, sondern uns trotz instabilem Wetter das Leben genießen lässt. Wir müssen keine Angst haben, ausgeraubt oder überfallen zu werden und bewegen uns in einem Kulturkreis, der uns von klein auf vertraut ist.

Wir genießen die Talfahrt.

Schnaufend geht es einen steilen Hügel hoch. „Das ist für die nächsten tausend Kilometer der letzte Berg", rufe ich Tanja freudig zu und weiß in diesem Augenblick noch nicht, wie sehr ich mich täusche. Auf der lang gezogenen Talfahrt genießen wir die vorbeirauschende Landschaft. Ein Fuchs sucht in wilder Flucht das Weite. Krähen steigen krächzend in den Himmel. Obwohl sich die liebliche Landschaft kaum verändert, ist doch immer wieder etwas Neues zu entdecken.
Zum wiederholten Mal verlieren wir den Radweg. Trotz guter Ausschilderung kommt es vor, dass an einer Weggabel ein Schild nicht lesbar oder nicht vorhanden ist oder von uns einfach übersehen wird. Wie auch immer, wir kommen in einem kleinen Ort an, in dem wir nach dem Radweg fragen. „Am besten ihr kehrt wieder um. Das ist viel kürzer", meint einer der Bauern in schwäbischem Dialekt. Nach einem Umweg von vier Kilometern befinden wir uns auf einer stark befahrenen Hauptstraße. Die Autos und LKWs brausen an uns vorbei und geben uns einen Vorgeschmack auf russische Straßenverhältnisse. In einer Ortschaft treffen wir auf eine radelnde Rentnergruppe, die locker an uns vorbeibraust. „Langsam! Dort vorne biegt der Radweg links ab!", kommandiert der Gruppenleiter. „Die wissen, wo der Radweg ist! Komm hinterher!", rufe ich Tanja zu. Es geht durch ein Dorf steil den Berg hinab. Die älteren Herrschaften nehmen die Schikane mit Leichtigkeit. „Die fahren

nicht nach Burma, sondern in einen Kurort, um ein Schlammbad zu nehmen!", scherzt Tanja. Es geht vorbei an einigen Wegegabelungen, links, rechts, eine Haarnadelkurve, einen Steilhang hinunter und plötzlich ist die etwa zwanzigköpfige Gruppe wie vom Erdboden verschluckt. „Diesmal haben wir nicht nur unseren Radweg verloren, sondern auch eine gesamte Rentnergruppe!"
„Ich habe dir doch gleich gesagt, dass die nicht wissen, wo es nach Burma geht!", schmunzelt Tanja.
In Bad Saulgau gönnen wir uns auf dem historischen Marktplatz ein Eis. Mein Hunger ist so groß, dass ich gleich die Monsterportion mit neun Kugel und Doppelsahne bestelle. „Wir sind mit dem Fahrrad unterwegs. Da hat man eben einen gigantischen Hunger", erkläre ich der jungen Bedienung, die mich ungläubig ansieht.
Die nächste Station ist Bad Buchau, dort erfahren wir von einem Heuhotel. „Die lassen euch bestimmt auch euer Zelt aufschlagen", sagt man uns. Im frühen Abendlicht radeln wir an dem Naturschutzgebiet Federsee vorbei und erreichen Oggelshausen. Die Familie Schmidt betreibt dort ein Hotel, in dem man in einem Heuschober nächtigen kann. Tanja ist auf Heu allergisch und wir bevorzugen unser Zelt.

An der Donau

Geräusche von Pferdehufen reißen mich aus einem schrecklichen Traum. Es dauert einige Zeit, bis ich das vertraute Zeltinnere wieder erkenne. Freundliche Sonnenstrahlen vertreiben die Erinnerungen an einen Albtraum. Ich öffne den Reißverschluss unseres Zeltes und sehe Pferde, die gerade auf die Weide gelassen werden. Fohlen traben voller Übermut die nahe gelegene Einzäunung entlang. Aus den Ställen muht es ab und zu und ein Hahn kräht sein Kikeriki in den kühlen Morgen. „Ihr könnt gerne frische Milch von uns haben. Es gibt genug davon." Das Angebot von Bauer Schmidt klingt verlockend. Die Idylle auf dem Bauernhof ist perfekt. Wir fragen uns, warum wir nicht schon früher auf die Idee gekommen sind, in Deutschland einen Fahrradurlaub zu verbringen.
Heute haben wir auf der schwäbischen Alb keine Höhenzüge mehr zu befürchten. Bis zur Donau geht es nur noch bergab. Am späten Nachmittag erreichen wir den Fluss. Als wir ihn auf einer Brücke überqueren, macht die junge Donau nicht gerade den Eindruck, als wäre sie neben der Wolga die größte Wasserader Europas. Wir betrachten das träge dahinfließende Wasser. Angler haben ihre Routen ausgeworfen und warten seelenruhig darauf, dass

einer der vielen Fische, die hier ihr Zuhause haben, anbeißt. „Kaum vorstellbar, dass dieser Strom tausend Kilometer länger als der Rhein ist und acht Staaten durchfließt", sage ich zu mir angesichts dieser kleinen Idylle.
Es ist wirklich keine schlechte Idee, die 2.850 Kilometer lange Donau, die Jahrhunderte die wichtigste Völkerstraße zwischen Südrussland, Zentralasien und Mitteleuropa war, für uns zu erkunden. Die Vorstellung, unsere Reiseroute zu ändern und dem Fluss bis nach Budapest zu folgen, wird mir immer sympathischer.
Da der nächste Campingplatz erst in Günzburg ist, benötigen wir eine Alternative. Überall werden Zimmer und Pensionen angeboten. Auch wenn die Option noch so verlockend ist, ausnahmsweise eine Nacht in einem weichen Bett zu verbringen, dürfen wir uns nicht dazu verleiten lassen. Auf mehrere Jahre hochgerechnet wären allzu häufige Übernachtungen in Pensionen so teuer, dass unsere Trans-Ost-Expedition schnell aus finanziellen Gründen scheitern würde. Trotzdem - nachdem wir heute ca. 200 Kilogramm Gewicht 50 Kilometer weit transportiert haben, werden wir schwach: In einer Gaststätte bei Gögglingen fragen wir nach einer Übernachtung. Das Doppelzimmer kostet 54 Euro, beim besten Willen ist das für uns nicht bezahlbar. Geknickt fahren wir weiter ins Landesinnere, also weg von der touristisch erschlossenen Donau. Wir wollen einen Bauern fragen, ob er uns ein Stück Wiese für die Nacht überlässt. „Ich habe leider keinen Platz", sagt ein freundlicher alter Mann. „Aber ihr könnt euer Zelt bestimmt auf dem Kinderspielplatz aufstellen. Der gehört der Gemeinde." „Ich weiß nicht, ob die Gemeinde das gerne sieht. Am Ende halten die uns noch für Landstreicher." „Das glaube ich nicht. Aber vielleicht fragt ihr doch besser den Bauern Schmidt. Er lässt euch bestimmt bei sich hinter der Scheune schlafen." Tanja flüstert mir zu: „Die heißen hier wohl alle Schmidt?" „Wer weiß. Aber immerhin hat uns der Name bislang Glück gebracht", antworte ich schmunzelnd. Hoffnungsvoll und mit brennenden Muskeln radeln wir zu besagtem Hof. Wir erwischen Herrn Schmidt gerade, als er mit seinem Auto wegfahren möchte. „Ich bin mit meiner Frau auf den Weg nach Burma und wir bräuchten ein Stückchen Wiese für unser Zelt." „Wohin?" „Nach Burma, hinter China." „Und wo steigt ihr ins Flugzeug?" „Wir fahren mit den Rädern", sage ich, worauf wir den uns bereits vertrauten überraschten Gesichtsausdruck erleben. Nach einigen Erklärungen zu unserer Expedition dürfen wir hinter der Scheune unser Lager aufschlagen. „Aber lasst mir das Holz dort in Ruhe. Es gehört mir nicht." „Keine Angst. Was sollten wir denn mit dem Holz machen?" „Feuer? Man weiß ja nie. Heutzutage kann alles Mögliche passieren." Während wir das Zelt aufbauen, leistet uns der nette Gastgeber Gesellschaft und fragt uns

Tanja in ihrer Campküche.

Löcher in den Bauch. „Ich habe noch nie solche Leute wie euch getroffen. Ich schaue ja kaum fern, aber solche wie euch kenne ich nur aus dem Fernsehen. Wo verbringt ihr denn den Winter? Was esst ihr denn? Wie macht ihr das, wenn ihr schnell mal aufs Klo müsst? Was macht ihr denn, wenn es regnet? Ist euer Zelt wasserdicht? Das ist ja ungemütlich, also für mich wäre das nichts. Für nichts in der Welt würde ich so leben wollen!“

Begegnungen mit Land und Leuten

Der erste Tag an der Donau ist für uns wie die Fahrt durch eine Märchenwelt. Die zum Teil naturbelassenen Auen, die dicht bewachsenen Ufer und Wälder, die bunte Vogelwelt, Schwäne, die mit ihren Familien über das Wasser gleiten. Viele naturkundliche Beschreibungen am Wegesrand lassen auf ein vorbildliches Engagement seitens der hiesigen Naturschützer, Vereine und Gemeinden schließen.
Kurz vor Ulm studiere ich die Karte. „Was suchen Sie?“, fragt mich ein Radfahrer. „Wir wollen zum Ulmer Münster.“ „Wissen Sie was, bevor ich Ihnen das lang und breit erkläre, begleite ich Sie hin. Ich habe Zeit, ich bin Rentner.“
Auch wenn ich in meinem Leben schon viele Tempel, Klöster, Pagoden, Pyramiden und andere heilige Gebäude bewundern durfte, begeistert mich der 161,60 Meter hohe und damit größte Kirchturm der Welt. Tanja und S. Speidel, unser netter Stadtführer, passen draußen auf die Räder auf, während ich durch die beeindruckende Kirche wandle. Ich verspüre einen gewaltigen Respekt vor der Leistung der damaligen Architekten. Als ich die Kirche wieder

Ulm.

verlasse, wird Tanja gerade von zwei Journalisten interviewt, die rein zufällig die anwesenden Touristen befragen. Als sie von unserem Projekt erfahren, freuen sie sich über die unerwartete Geschichte. Herr Speidel zeigt uns noch das schiefe Haus im malerischen Fischer- und Gerberviertel. Die eng aneinandergereihten und zum Teil über das Flüsschen Blau gebauten uralten Häuser lassen uns ahnen, wie es hier vor hunderten von Jahren zugegangen sein mag. Zu gerne würden wir in einem der vielen einladenden Restaurants und Kaffees den Tag verbringen. Doch wir wollen noch heute den Zeltplatz in Dillingen erreichen. Wir verabschieden uns von unserem hilfsbereiten Stadtführer und strampeln auf unseren Zweirädern weiter die Donau entlang.

Zum Glück ist heute die Sonne wieder gnädig gestimmt und strengt sich an, dem August gerecht zu werden. „Gibt es hier einen Bäcker?", frage ich eine Frau, die eine verlockende Brötchentüte trägt. „Ja, nur ein paar hundert Meter weiter auf der linken Seite." Wir kaufen in der kleinen Bäckerei von Thalfingen eine Vesper und legen an der nächsten Bank außerhalb der Ortschaft eine Rast ein. Eine Gedenktafel weist auf das historische Fleckchen Erde hin, an dem zu Beginn des 19. Jahrhunderts die Österreicher gegen Napoleons Truppen gekämpft haben. „Es ist unglaublich, was hier geschehen ist. Stell dir vor – nach dem, was da geschrieben steht, sind an dieser Stelle 4.000 Soldaten auf jeder Seite in einem fürchterlichen Gemetzel gestorben." „Ich wusste gar nicht, dass die Österreicher an diesem Teil der Donau waren", überlegt Tanja. Mit Schaudern wird mir bewusst, dass wir auf blutgetränkter Erde stehen.

Müde verlassen wir den trotz seiner kriegerischen Geschichte so friedlich aussehenden Hügel am Ufer des mächtigen Flusses. Heute müssen wir eigentlich Dillingen erreichen, denn dort gibt es einen Zeltplatz, an dem uns Freunde besuchen wollen. Aber schon in Günzburg sind Tanja und ich todmüde. Ein Schild mit der Aufschrift: Camping - Naturfreunde, verlockt uns, schon hier unser Lager aufzuschlagen. „Was meinst du? Der Zeltplatz der Naturfreunde liegt vier Kilometer vom Radweg entfernt. Sollen wir dorthin fahren oder weiter nach Dillingen?“ „Wie weit ist Dillingen?“, will Tanja wissen. „Noch knapp 30 Kilometer. Schaffst du das?“ „Du weißt, dass ich es schaffe“, antwortet Tanja sichtlich geschafft. Auf dem Weg durch Günzburg habe ich das Gefühl, als würden meine Oberschenkel jeden Moment ihren Dienst versagen. Die Muskelschmerzen sind beinahe unerträglich und meine Konzentration lässt gefährlich nach. Zitternd vor Schwäche schiebe ich meine schwer beladene Maschine über den hohen Randstein. Wieder treffen wir auf ein Hinweisschild der Naturfreunde. Als ich daran vorbeifahre, scheinen meine Gedanken diese Information an meine Beinmuskulatur weitergegeben zu haben. Sie brüllen auf und ich meine zu hören, dass sie im Chor „Naturfreunde, Naturfreunde“ singen.

Beim dritten Hinweisschild gebe ich auf und frage eine Frau nach dem Weg. „Da bischt falsch!“, brüllt mir die alte Dame ins Ohr. Sie hält sich dabei an meinem Lenker fest und ich verliere fast das Gleichgewicht. „Du muscht da nauf fahra, dahanna rum, dann nomm, und über dr Berg nomm!“, krächzt sie in ihrem bayrisch-schwäbischen Dialekt. Als ich etwas auf Distanz gehen möchte, hält sie mein Rad am Lenker fest und hämmert mir ins Ohr: „Isch nimmer weit. Bloß no drei Kilometer!“ „Vielen Dank“, antworte ich und will gerade meinen Straßenzug von der Bordsteinkante rollen, als die Hand der schrillen Dame wieder nach vorne schießt. Ihr Zeigefinger hämmert auf die Karte an der Lenkertasche. „Hascht verstanda! Da nauf!“, erschüttert sie mein Trommelfell. Ich nicke bemüht freundlich und wende alle Kraft auf, um so schnell wie möglich hier weg zu kommen.

20 Minuten später erreichen wir völlig erschöpft den Campingplatz der Naturfreunde. Auf einer gepflegten Wiese schlagen wir unsere Behausung auf. Außer uns haben nur ein paar Radreisende den Weg hierher gefunden. Wir tragen eine Holzbank vor unser Zelt, machen es uns auf ihr gemütlich und trinken ein Bier, das Tanja von der Camping-Kneipe geholt hat. Schon nach wenigen Schlucken steigt mir der Alkohol in den Kopf. Die letzten Sonnenstrahlen scheinen dramatisch durch die schwarze Wolkenwand eines heranahenden Gewitters. Wir freuen uns, diesen Lagerplatz erreicht zu haben und sind mit unserer heutigen Leistung zufrieden.

Gewitterfront

Mittlerweile sind wir es gewohnt, vom Regen geweckt zu werden. Trübsinnig blicke ich auf die Zeltwand. Unsere Freunde Jessy und Pfleidi, die uns auf ihrer Reise nach Venedig für einen Tag besucht haben, sind gestern Nachmittag wieder aufgebrochen. Sie haben uns gute Laune und Radhosen mitgebracht. Auch die wichtige Ersatzfilmkamera war in ihrem Gepäck.

Ich denke an unsere Freunde, die zu dieser Stunde bereits im warmen Venedig sein dürften. Tack, tack, tack tröpfelt es unentwegt gegen unsere Zeltbahn, die bereits erste Stockflecken aufweist. „Wahrscheinlich schlendern Jessy und Pfleidi gerade über den Markusplatz und schlecken ein Eis", meine ich etwas wehmütig. „Das würde mir auch besser gefallen, als in dieser Wasserburg zu liegen", antwortet Tanja. Um 9:00 Uhr hat der Regen noch immer nicht nachgelassen. Wir sind die letzten Camper am Platz, kauern in unserem Tunnelzelt und löffeln freudlos unser Müsli.

Stunden später treten wir unsere Böcke über einen geschotterten Weg. Der Regen hat aufgehört und wir kommen bei angenehmen Temperaturen gut voran. Nur selten begegnen wir Radfahrern. Eine bedrohliche Gewitterfront schiebt sich wie ein Gebirge vor uns her. Immer wieder belästigen uns dicke Tropfen und reißen uns aus der Monotonie des Fahrens. Jedoch haben wir Glück, denn die Wolkenberge scheinen vor uns regelrecht zu fliehen.

So unangenehm der nasskalte Spätsommer bislang war, so hat er doch auch seine Reize. Störche sitzen schnabelklappernd auf dem Kirchendach von Gundelfingen. Ihre Silhouetten erheben sich in den Himmel. In dem Dorf Faimingen besuchen wir den Nachbau eines römischen Tempels, der 160 nach Christus dem keltisch-römischen Gott Apollo Granus geweiht worden war. Seine fremdartige Konstruktion steht in starkem Kontrast zu den umliegenden Bauernhäusern. Die Dampfwolke eines Kraftwerkes wird von den alles bestimmenden Wolken regelrecht aufgesogen. Immer wieder durchqueren wir kleinere Wälder. Die Reifen unserer Räder geben schmatzende Geräusche von sich und wirbeln den Dreck über unsere Ausrüstung. In Lauingen reißen die dunklen Himmelsgebilde kurz auf, was uns veranlasst, den Sommer mit einer Eiskreme heraufzubeschwören.

Der Campingplatz in Dillingen ist wie ausgestorben. Wir schlagen unser durchnässtes Heim auf. Vor dem nächsten Regenschauer nutze ich die Zeit, um wie jeden Tag die Kurznotizen über die Geschehnisse und das englische Update für unsere Webseite zu schreiben. Dann überspiele ich die Fotos auf den Itronix. Während Tanja den Kocher anwirft, um das Essen zu machen,

putze ich unsere Räder. Alle paar Tage müssen die Ketten gereinigt, geölt und sämtliche Schrauben auf Festigkeit überprüft werden.
Im Laufe des späteren Nachmittags finden sich weitere Radfahrer ein, die dem Regen und den herbstlichen Temperaturen trotzen. „Servus!", reißt mich eine tiefe Stimme aus meiner Konzentration. Ein Nürnberger Clubfan tritt sein Schlachtross kraftvoll über den Rasen. Die Clubfahne prangt von seinem Gepäckträger. Er errichtet sein Zelt neben einem Stromkasten. Stolz hebt er einen kleinen Fernseher aus der Satteltasche und schließt ihn an der nahen Steckdose an. Bis kurz vor Mitternacht berieseln uns unverständliche, aber deutlich hörbare TV-Geräusche, die wie wabernde Klang-Collagen durch unsere dünne Zeltwand dringen.

Jauchedusche

Der Sprecher eines TV-Senders weckt uns mit Nachrichten. Er verliest eine der Meldungen, mit denen die meisten Menschen in unserer westlichen Welt ihren Tag beginnen. Kein Wunder, dass sie oft so schlecht gelaunt sind. Unser Zeltnachbar ist wirklich großzügig – er teilt sein Fernsehprogramm ungefragt mit anderen Campern.
Das Wetter hält unsere Stimmung weiterhin gedämpft. Der tief liegende Nebel und die teilweise abgeernteten Felder wirken so, als wäre bereits November. Über den langgezogenen Feldweg weht ein starker Gegenwind und produziert fortwährend eine gefühlte Steigung. Auf einem Feld bringt ein Bauer Dung aus. Aus seinem Anhänger spritzt die Jauche in hohem Bogen hinaus. Wir strampeln an dem stinkenden Koloss vorbei, der sich nun parallel zu unserem Fahrweg befindet. Obwohl der Abstand recht groß ist, verteilen sich die flüssigen Ausscheidungen in einer feinen Nebelschwade, die zu uns herüberzieht. Wir fahren mitten hindurch. Voller Ekel spucke ich die Tröpfchen-Jauche wieder aus. Tanja, die mir in dichtem Abstand folgt, bekommt auch einen Teil der kostenfreien Gabe ab und muss sich richtiggehend schütteln. Wir reißen uns zusammen, um uns nicht zu übergeben. Danke für die gute Landluft!
Donauwörth, die Stadt die im Mittelalter durch einen Brückenbau über die Donau reich wurde, empfängt uns mit ihren schmucken und prachtvollen Bürgerhäusern. Einst kreuzte hier der Handelsweg zwischen Nürnberg und Augsburg. Im Laufe der Geschichte wurde die Brücke an die dreißig Mal zerstört und jedes Mal wieder aufgebaut. Wie auch in den anderen Dörfern und Städten an der Donau, ist hier die turbulente Vergangenheit Deutschlands

Prachtvolle Bürgerhäuser in der Altstadt von Donauwörth.

bis heute spürbar. Zahlreiche kunsthistorische Schätze, Kirchen, Mauerwerke und Straßen verbinden die Gegenwart mit der bewegten Geschichte.
An einem Seitenarm der Donau bei Donauwörth finden wir auf dem schön gelegenen Campingplatz des örtlichen Kanuvereins ein hübsches Fleckchen für die Nacht.

Gegenwind

„Where you come from?“, fragt uns ein Mann mit amerikanischem Akzent, als wir gerade unser Müsli löffeln. Wayne, ein etwa 60jähriger Amerikaner, hat sein Zelt ganz in der Nähe aufgebaut. Er ist ebenfalls mit dem Fahrrad unterwegs und erzählt uns, dass er seit Anfang der Neunziger Europa mit dem Zweirad erkundet. „Ich war schon in Spanien und Frankreich, aber hauptsächlich war ich in Deutschland unterwegs.“ „Wir haben noch nie einen Amerikaner getroffen, der mit dem Fahrrad Europa erkundet. „Warum gerade Europa?“, frage ich. „Europa ist voller Kultur. Es gibt nahezu überall Campingplätze und vor allem wunderschöne Radwege. Bei uns in Amerika mag man in vielen Staaten keine Radfahrer. Das ist was für junge Leute. Ist man älter, sollte man besser mit dem Auto fahren. Wenn ich bei uns mit dem Fahrrad unterwegs bin, werde ich gefragt, ob ich ein Problem habe. Hier ist das anders. In Deutschland wird viel für diesen Sport getan.“ „Wie kamst du überhaupt zum Radfahren?“, möchte Tanja wissen. „Ich hatte eine schöne Segeljacht. Dann kam ein starker Sturm und sie ist gesunken. Die Versicherung hat zwar bezahlt, aber mir war die Lust am Segeln total vergangen. Ich besuchte dann meine Tochter in Alaska. Sie ist Stewardess und hatte dort einen längeren Aufenthalt. Ich wollte etwas in einem Outdoorgeschäft kaufen. Da fiel mir das Fahrrad auf. Es war im Angebot und ich dachte, das wäre doch keine schlechte Idee. Ich schlug spontan zu und fuhr dann ein paar Monate durch Alaska. Ja, und heute radle ich jedes Jahr hier bei euch herum.“ Bevor wir aufbrechen, erfahren wir noch, dass er ein Gegner von Bush ist und es sehr traurig findet, wie sich sein Land mehr und mehr isoliert. „Ist es denn schwieriger geworden, mit einem amerikanischen Pass zu reisen?“, fragen wir. „Sagen wir es so: Ich habe zwei Pässe, einen britischen und einen amerikanischen. Auf Reisen verwende ich den britischen“, erklärt er schmunzelnd.

Der Radweg verlässt häufig die Donau und führt uns durch kleine Ortschaften und Dörfer. Immer wieder geht es steile Steigungen hinauf und wir müssen unsere Lastenträger schieben. „Ich dachte, an der Donau geht es immer

Tanja löscht ihren Durst in Neuburg a. d. Donau.

geradeaus", meint Tanja. „Dachte ich auch", antworte ich schnaufend und sehne mich vor jeder Hügelkuppe nach der Abfahrt. Gegenwind ist erneut ein zusätzlicher Bremser und wir sind schon nach 20 Kilometern geschafft. Obwohl jetzt über 600 Kilometer hinter uns liegen, haben wir nach wie vor starken Muskelkater in den Oberschenkeln. Das bösartige Brennen beim schnellen bergauf Pedalen hat sich zwar auf ein erträgliches Maß reduziert, die allgemeinen Schmerzen jedoch sind geblieben. Ich bin gespannt, wie lange es noch dauert, bis sich unsere Muskulatur endlich an den Bewegungsablauf gewöhnt. Tanjas Knieschmerzen haben nachgelassen, mein linkes Knie macht mir aber immer noch Probleme. Hoffentlich macht mir der Knorpelschaden keinen Strich durch die Rechnung.
Nachts juckt es stark in meiner Armbeuge. Ich schalte meine Stirnlampe an und sehe einen winzigen schwarzen Punkt. Ich untersuche den Fleck, kann aber nicht sagen, was es ist. Ob mich da eine Zecke gebissen hat?

Eigenartiger Besuch

Helle Sonnenstrahlen durchfluten unser Zelt. Ich dehne mich zufrieden und strecke meine Arme in einen der seltenen Morgen, an dem wir ohne Regen geweckt werden. Unsere heutige Fahrt führt uns durch lichte Wälder zum Jagdschloss Grünau, das einst Pfalzgraf Heinrich für seine Frau erbauen ließ. „Da wäre ich auch gerne Prinzessin!", ruft Tanja, als wir am Schloss vorbeifahren. In Ingolstadt besuchen wir eine Eisdiele, genießen die Sonne und den Flair der historischen Stadt. Auf dem Donaudamm sehen wir schon von weitem die Burg Vohburg und freuen uns auf ein frühes Camp. „Das sieht ja wie ein öffentlicher Zeltplatz aus", stelle ich fest, als wir von der Brücke auf eine Wiese rollen. „Ob da noch andere Camper kommen?" Tanja ist wegen der Leere des Ortes etwas verunsichert. „Keine Ahnung, aber hier auf dem Schild steht, dass wir unser Zelt aufbauen dürfen."
Während Tanja im Dorf etwas für unser Abendbrot kauft und Wasser holt, überprüfe ich wieder einmal die Schrauben der Räder und unterziehe unsere Vehikel einer genauen Inspektion. „Seids mit die Räder unterwegs", spricht mich ein Mann mit bayerischem Dialekt an. „Äh, ja." „Habts a haufen Zeug dabei", stellt er fest und nimmt einen kräftigen Zug aus einer Bierflasche. Offensichtlich will er sich unterhalten. „Ja, wir sind auf dem Weg nach Burma. Da braucht man so einiges", antworte ich höflich und setze meine Inspektion fort. „Kosten a haufen Geld eure Räder?" „Ja", antworte ich knapp und fühle mich ein wenig unwohl, weil der Mann gar so sehr den Wert un-

serer Sachen abschätzt. Auf einmal verschwindet er und ich atme erleichtert auf. Irgendetwas an dem Mann hat mir nicht gefallen. „Da schau. I hab auch a schöns Rad“, erschreckt mich wenige Minuten später seine Stimme. Er stellt sein schmutziges Fahrrad mitten in unserem Camp ab und legt eine Plastiktüte voller Bierflaschen direkt neben meinen Anhänger. Er scheint sich tatsächlich bei uns häuslich niederlassen zu wollen. Während ich mich weiter mit den Rädern beschäftige, bemerke ich, wie er mich beobachtet. Er observiert jede meiner Handbewegungen. Dann setzt er sich direkt neben mich und öffnet noch eine Flasche Bier.

„Willst dein Rad nicht gegen meins tauschen? Ha, ha, ha. Ist nur ein Scherz“, grölt er und nimmt einen kräftigen Schluck aus der Flasche. „Was machst denn eigentlich von Beruf?“ „Ich bin Abenteurer“, antworte ich knapp. „Was? So was hab i auch no net ghört. Wo san denn die Anderen? Schlafen die no im Zelt?“ „Meine Frau kommt gleich zurück“, lasse ich ihn etwas im Ungewissen. „Wie alt bist denn? Was? Fünfundvierzig? Wie alt schätzt denn mi?“ „Auch so alt“, murmle ich. „Ha! Ich bin fünfzig!! Hättst nicht gedacht, was? Schnaps, Bier und Frauen ham mi jung ghalten. Bin früher Motorradrennen gfahren. Mag nimmer. Zwei Freunde von mir sind dabei umkomma. Hab mer gedacht, der nächste bist du. Na, na, trink lieber mei Bier. Mag nimmer.“

Endlich kommt Tanja. „Ist das deine Frau? Hab i keine Chancen mehr? Ha, ha, ha.“ Der Fremde steht jetzt auf, wankt ein paar Meter weiter und pinkelt in einen Busch. Für uns ist das nichts Neues. Während unserer Reisen treffen wir immer wieder seltsame Gestalten. Wenn es Ärger gibt, ist meistens Alkohol im Spiel. In der Mongolei sind wir einmal von angetrunkenen Mongolen überfallen worden. Es gab eine schlimme Schlägerei. Damals hatten wir ein Gewehr dabei, aber keine Munition. Trotzdem drohte ich mit der Waffe. Es war eine der schlimmsten Situationen, die wir erlebt haben und die wir bestimmt nie vergessen werden. Auch wenn das schon lange her ist, kommt plötzlich die Erinnerung wieder hoch, da wir von dieser betrunkenen und zwielichtigen Figur genervt werden.

Während seiner Pinkelpause schreiten wir zur Tat: Wir rollen sein Fahrrad aus unserem Lager raus, legen seine Plastiktüte mit den Bierflaschen dazu und stellen unsere Räder wie bei einer Wagenburg vor unser Zelt. Dann setzen wir uns hinter unsere Fahrräder und unterhalten uns angeregt. Wir hoffen, den Fremden durch diese mehr oder weniger direkte Ausladung loszuwerden. Sein Rad steht nicht mehr in unserem Zeltbereich, also hat er keinen Grund mehr, sich neben uns zu setzen. Auch sein Biernachschub ist aus unserem unmittelbaren Wohnbereich verbannt. Unsere Räder bilden zudem eine Barriere und da wir uns angeregt unterhalten, kann er keinen mehr in ein Gespräch verwickeln.

Als er zurückkommt, beobachten wir ihn möglichst unauffällig, aber mit Argusaugen. Wie ein Wolf, der seine Beute umkreist, läuft er in großem Bogen um unser Lager. Er bleibt stehen, nimmt einen kräftigen Zug aus der Flasche und scheint zu überlegen. Dann fasst er einen Entschluss: Als wäre nichts gewesen, schlendert er zu seinem Rad, hebt die Biertüte auf und schwingt sich auf den Sattel. „Servus!“, verabschiedet er sich freundlich. „Servus!“ antworten wir ebenso freundlich und sind froh, wieder alleine zu sein.
Immer wieder sehen wir Radfahrer auf der Brücke stehen, die zu uns herunterschauen. Niemand außer uns möchte scheinbar auf dem kostenlosen Campingplatz bleiben. Ich studiere noch einmal die Landkarte. „Ich kann's nicht glauben. Da gibt es einen anderen Zeltplatz. Nur etwa zwei Kilometer von hier entfernt. Der muss bewirtschaftet sein. Wahrscheinlich fahren alle Radfahrer dorthin“, stelle ich fest. „Meinst du, wir sind hier sicher?“ „Ich glaube schon. Was soll schon passieren. Unser mulmiges Gefühl hat wohl eher etwas mit unseren Erinnerungen zu tun. Und wenn eine Motorradgang kommen sollte, die sich tierisch betrinkt, brechen wir einfach unser Zelt ab und fahren weiter.“
Heftiges Jucken erinnert mich wieder an den vermeintlichen Zeckenbiss. Tanja untersucht die Stelle und zieht etwas aus der Haut. „Sieht wirklich wie eine Zecke aus“, sagt sie. Bei einer genaueren Inspektion meines Körpers finden wir einen weiteren Blutsauger. Die Bissstellen jucken brutal. „Meinst du, die übertragen Borreliose?“ „Glaube ich nicht. Wir müssen die nächsten Tage die Stellen im Blick behalten. So lange sich kein roter Hof um sie herum bildet, bist du nicht gefährdet“, beruhigt mich Tanja.

Mount Everest

Ein wunderschöner Sonnenaufgang spiegelt sich im taufeuchten Gras. Das Wasser der Donau glitzert goldgelb und fließt träge dahin. Eine nahe Brücke wölbt sich über den uralten Fluss. Kein menschengemachtes Geräusch stört zu dieser morgendlichen Stunde die zarte Luft. Vögel zwitschern im nahen Geäst, ein Hase hoppelt über die Wiese, bleibt stehen, richtet sich auf und wundert sich über unser Zelt – sicher ist das die einzige menschliche Behausung in seinem Revier. Heute wollen wir bald los. Wir packen das vom Tau klatschnasse Zelt zusammen und verlassen den friedlichen Ort in aller Frühe.
In dem malerischen Städtchen Vohburg kaufen wir uns ein paar Brötchen und setzen uns auf dem Marktplatz unter einen Baum. Von dort aus beobachten wir die lebhafte Stimmung. „Schau mal! Da drüben steht unser Gast von gestern Abend!“ „Ja, er beobachtet uns“, meint Tanja. Wenig später schlendert er mit

seiner flaschenklappernden Plastiktüte an uns vorbei und grüßt freundlich „Servus!" - „Servus!", antworten wir etwas distanziert und er läuft weiter. Ein Passant bleibt neben unseren Rädern stehen. Als er erfährt, wo wir hinfahren, freut er sich. „Das ist fantastisch. Wenn man Zeit hat, ist es das Beste, was man machen kann. Einfach fahren und das Leben genießen. Sollen doch die anderen machen, was sie wollen. Man braucht nicht viel Geld, um glücklich zu sein."
Meine Zeckenbisse fangen wieder an, wie verrückt zu jucken. Bis jetzt hat sich kein roter Hof gebildet. Sollte es schlimmer werden, müsste ich womöglich zum Arzt. Das wäre halb so schlimm, denn im Frühstadium kann man Borreliose mit Antibiotikum behandeln.
Nach einem befriedigenden Frühstück auf der Parkbank folgen wir dem Donaudamm. Der Weg ist mit Kies und Schotter ausgelegt und wir kommen nicht ganz so schnell voran. Plötzlich stehen wir vor dem Auxiliarkastell Abusina, einer Militärstation der Römer aus dem 1. Jahrhundert nach Christus. Auf einer Tafel steht, dass das Kastell zur Grenzsicherung des Donausüdufers errichtet wurde. Die Lage ist am Zusammenfluss von Abens und Donau geschickt gewählt, denn hier bei Eining trafen sich mehrere Straßenzüge und nördlich der Donau endete der Limes. „Schön, dass wir hier auf so viel Kultur treffen. Es ist eine gute Mischung zwischen Antike und Mittelalter", freue ich mich, als wir zur Fährstation von Eining hinunterrollen.
Heute sind viele Radfahrer unterwegs, die Fährstation ist ein beliebter Zwischenstopp. Dort gibt es das süffige Bier vom nahen Kloster Weltenburg, frische Brezeln und geräucherte Forellen.
In Weltenburg setzen wir uns in den übervollen Biergarten. Bei den sommerlichen Temperaturen und der guten Stimmung schmeckt das Mönchsgebräu fantastisch. „Bis zum Zeltplatz sind es nur noch drei Kilometer", sage ich und bestelle uns noch eine Halbe.
Während Tanja auf unseren Besitz aufpasst, besuche ich das Klostermuseum. Ich treffe einen jungen Mönch, mit dem ich mich ein wenig unterhalte. „Ich habe Theologie studiert und könnte hier Priester werden. Aber bei den Benediktinern ist nicht alles so ideal, wie Sie es sich als Außenstehender vielleicht vorstellen. Hier liegt einiges im Argen", erzählt er. „Man braucht Ziele. Der Glaube versetzt Berge ... Aber was erzähle ich ihnen! Sie sind Mönch und der Glaube ist ein Teil ihres Alltags. Ich denke, Sie sollten sich persönliche Ziele setzen." Der Mönch lächelt freundlich. Ob wir uns wirklich verstanden haben? Für einen Mönch, der in Gemeinschaft lebt, bedeuten persönliche Ziele sicher etwas anderes als für einen frei lebenden Menschen wie mich.
Im Museum schaue ich mir einen Werbefilm über das älteste Klosterbier der Welt an. Das regt meinen Appetit dermaßen an, dass ich das Museum schnell

verlasse und mir noch ein Bier bestelle. Wir vergessen die Zeit und den Berg, den wir noch bewältigen müssen. Etwas angetrunken brechen wir am frühen Abend auf, wir müssen ja noch einen Campingplatz suchen. Draußen sind viele Menschen unterwegs und versperren uns den Weg. Vorsichtig betätige ich meine Radglocke. Eine Frau sieht mich vorwurfsvoll an. „Das ist doch bloß eine Fahrradglocke und keine Kirchturmglocke", witzle ich, ernte aber einen noch strafenderen Blick. „Überlass das Reden jetzt besser mir!", sagt Tanja streng.
Kaum liegt die Klosterbrauerei hinter uns, zwingt uns die Steigung aus den Sätteln. Es geht immer steiler bergauf und wir werfen uns mit vollem Körpereinsatz gegen das massive Gewicht der Räder. „Durchhalten", rufe ich mir zu und fange an zu kichern. Das Kichern bleibt mir im Hals stecken, als ich wie verrückt zu schwitzen beginne. Der Hügel entwickelt sich glatt zu einem Mount Everest und das ist noch untertrieben, rast es mir durchs angetrunkene Gehirn. Nach zehn Minuten ist nichts mehr lustig. Schlagartig habe ich mich nüchtern geschwitzt.
Als wir oben ankommen, geht es einen Waldweg hinunter, der sich aber gleich wieder nach oben weiterschlängelt. „Oh, wie ich Berge verachte!", fluche ich. Wieder oben angelangt, höre ich Tanjas Warnung: „Mach bloß keinen Blödsinn. Langsamer ist schneller, vor allem sicherer!" „Ja, ja, ich pass schon auf!" Vorsichtig rolle ich den Hang hinunter. „Da vorne geht es auf die Straße! Ich glaube, wir sollten den Waldweg jetzt verlassen!", rufe ich Tanja zu. Kurze Zeit später schießen wir mit wehenden Haaren und tränenden Augen die Asphaltstraße hinunter. Glücklich über den schönen Tag radeln wir ausgelassen noch zehn Kilometer bis zum Campingplatz in Herrensaal. Dort stellen wir auf einer saftigen Wiese unsere Stoffvilla auf.

Nach der berauschenden Talfahrt.

Dauerregen

Ab Mitternacht öffnen sich die Schleusen des Himmels, um uns das an Regen zu geben, was wir die letzten 24 Stunden verpasst haben. Am Morgen quälen wir uns aus unserem Zelt. Schnell suchen wir unter einem großen Dach Zuflucht. Es ist eine Art Schutzdach für Holz und andere Dinge, die der Bauer dort aufbewahrt. Ein kühler Wind treibt feuchten Regennebel vor sich her. Wir kochen uns einen Kaffee und essen unser Müsli. Lustlos räume ich einen der verwaisten Tische frei, stelle meinen Itronix auf und stecke das Stromkabel in die Powerbox. Es ist bei diesem Sauwetter ein trostloses Unterfangen, etwas zu schreiben. Ich kann mich nur sehr schwer daran gewöhnen, unter solchen Bedingungen zu arbeiten. Die Kühe im Stall nebenan muhen freudlos vor sich hin, sie scheinen sich ebenfalls über den Dauerregen zu beschweren. Nur die Kinder des Bauern und der Gäste spielen ausgelassen im Heuschober. Sie schwingen sich mit Seilen von Ballen zu Ballen, jauchzen und quietschen

Kinder schwingen sich jauchzend von Heuballen zu Heuballen.

Resultat: Zwei gebrochene Handgelenke.

vor Vergnügen. Ein Meerschweinchen wird überall hin mitgenommen, bis es im Heu verloren geht. Die Suchaktion ist ein großes Abenteuer und am Ende taucht das Tierchen wieder auf. Es werden Tunnel gebaut, alle hüpfen und hopsen, bis einer der Jungs in hohem Bogen auf den Betonboden knallt. Das Resultat: Lukas hat sich beide Handgelenke gebrochen.
Etwas später sitzt er mit zwei eingegipsten Armen am Nebentisch und spielt mit seiner Mutter ein Brettspiel. Seine Geschwister sind derweil in einer kurzen Regenpause zu einer Eisdiele gefahren. Der arme Kerl ist auch noch letzte Nacht von Moskitos malträtiert worden. Sein Gesicht sieht aus wie ein Streuselkuchen. Meine Kreuz- und Knieschmerzen relativieren sich – verglichen mit Lukas geht es mir einfach gut. Ein weiterer Gewitterschauer geht nieder. Auf dem Rasen bilden sich Pfützen und Tümpel. Als auch noch Sturzbäche durch einzelne Zelte rasen, bleibt niemand mehr auf dem Platz.
Allein Tanja und ich harren aus, denn bei diesem Regen können wir nicht losfahren. Außerdem will ich noch dieses Kapitel zu Ende schreiben.
Am nächsten Tag regnet es immer noch. Wenn es so weiter geht, wird die Donau bald Hochwasser haben. Es blitzt und donnert. Der Himmel gebärdet sich wie ein angeschossenes wildes Tier. Die herabschießenden Wasser strömen in jeden Winkel. Der Sohn des Bauers will ein nasses Stromkabel in eine nasse Verteilerdose stecken. „Das würde ich mir noch mal überlegen. Wenn du einen Stromschlag bekommst, könnte das der letzte in deinem Leben sein", warne ich ihn. „Meinst, ich bekomm wirklich an Schlag?", fragt er und steht nachdenklich vor der Steckdose. „Ich muss die Pumpe anschließen, sonst läuft die Scheune voll Wasser. Da stehen die Autos der Gäste drin!" Er nimmt den Stecker, wischt sich die Hände trocken und führt ihn in die Dose. Die Pumpe springt sofort an.
Sturmartige Böen wehen den Regen quer unter unser Dach. Sofort sind der Itronix und alle anderen Geräte feucht. Ich packe alles zusammen, stehe auf und tigere wie ein Gefangener auf und ab. „Wuuummmm!" kracht es am Firmament. Gott sei Dank steht unser Zelt auf einem Berg und nicht am Ufer der Donau. Dort müssten wir uns ernsthaft Sorgen machen.

Aufflammende Zwiegespräche mit Mutter Erde?

Die ganze Nacht über regnet es ununterbrochen. Unter den Isolationsmatten gibt der Rasen schmatzende Geräusche von sich. Unter dem dünnen Zeltboden fließen kleine Bäche. Durch die hohe Luftfeuchtigkeit herrscht im Innenzelt ein Klima, das mich an die Bergurwälder von

Neuguinea erinnert. Alles ist klamm. Unsere Daunenschlafsäcke kleben wie feuchte Lappen an unseren feuchten Körpern. „Das muss der schlechteste August seit Aufzeichnung des Wetters sein." „Hm", antwortet Tanja knapp. Ich frage mich, wie lange wir diesem Psychoterror noch standhalten können. Nie hätten wir damit gerechnet, hier im deutschen Hochsommer so gnadenlos abzusaufen. „Irgendwann muss es ja mal wieder zu regnen aufhören", flüstere ich. „Hm", höre ich an meiner Seite. „So viel Wasser kann es doch gar nicht geben", füge ich hinzu. „Hmm", brummelt es, worauf ich meinen Mund halte. Gemeinsam lauschen wir dem millionenfachen Trommelwirbel der Regentropfen.
„Der Sommer ist gelaufen", hat gestern einer der letzten Camper zu mir gesagt. „Wie meinen Sie das?", wollte ich wissen. „Es gibt keinen Sommer mehr. Der Herbst wird genauso weitergehen wie es jetzt schon ist und dann kommt der Winter. Ich breche heute ab und fahre heim", versetzte er meiner angeschlagenen Psyche einen Tiefschlag. „Ist Abbrechen auch für uns eine Lösung?", jagt mir ein Gedanke durch den Kopf. „Auf keinen Fall!", antwortet es in mir. „Aber wir könnten doch später weitermachen und die Zeit nutzen, um uns in einem wärmeren Land zu erholen!" „Und was dann? Du wirst doch nicht aufgeben wollen, bevor der Trip erst richtig beginnt?", vernehme ich eine innere Stimme. „Und wenn der Camper von gestern recht hat? Wenn es wirklich so nass bleibt wie bisher? Wenn es keinen Sommer mehr gibt und der Herbst sich übergangslos mit dem Winter vereint?", frage ich in mich hinein. „Du weißt doch, dass sich jedes Wetter wieder ändert. Jetzt befindet ihr euch in einem kleinen Gefühlstief. Es ist nichts geschehen. Keiner ist verletzt. Keiner ist krank. Ihr habt genügend zu essen und eine gute Ausrüstung. Wie willst du denn bis nach Sibirien kommen, wenn du schon jetzt die Flinte ins Korn werfen willst? Was ist bloß los mit dir? Du warst wohl zu lange in einem warmen Büro gesessen? Hast dich verweichlichen lassen? Du solltest daran denken, was dir Mutter Erde und die Wüsten in den letzten Jahren beigebracht haben!", hämmert es auf mich hernieder. „Ja, ja..., du hast ja Recht. Ich habe doch nur über eine Alternative nachgedacht", entschuldige ich mich. „Du kannst gerne über Alternativen nachdenken. Du kannst auch über Umleitungen und Umwege nachdenken, aber es bringt dich nicht weiter, das weißt du doch!" „Jaaa", antworte ich der Stimme in mir und frage mich, ob diese Stimme mein Unterbewusstsein ist oder ob sich da Mutter Erde zu Wort meldet? „Denke nicht zu viel. Du weißt, wer ich bin. Oder beginnst du daran zu zweifeln, was vor wenigen Monaten noch Tatsache war? Lasse es zu. Lasse es fließen", höre ich freudig überrascht die so vertrauten Worte. „Du bist zurück? Das ist ja fantastisch! Wo warst du

denn die ganze Zeit?", blubbert es aus mir heraus. „Wir haben dir eine Pause gegeben. Dir Zeit gegeben, die Dinge zu tun, die du tun musstest. Wenn es erforderlich ist, wenn du offen bist, werden wir uns ab jetzt von Zeit zu Zeit bei dir melden und dir bei Entscheidungen helfen." Ich habe einen verloren geglaubten Schatz wieder gefunden!

Erklärungsversuch der Zwiegespräche

Während unseres 7.000 Kilometer langen Fußmarsches durch Australien hatte ich regelmäßig mit Mutter Erde oder den Wüsten kommuniziert. Am Anfang war ich über dieses Phänomen völlig irritiert, ich wollte es nicht wahr haben. Doch die positiven, motivierenden Gespräche kamen immer öfter, wurden ein regelmäßiger Bestandteil der Wochen und Monate im Australischen Outback und hatten mir völlig neue Sichtweisen über mich selbst, über Mutter Erde und globale Zusammenhänge eröffnet. Sobald wir die Wüsten Australiens verlassen hatten, um uns wieder in Deutschland einzuleben, hörten diese Gespräche auf. Ich habe mich konzentriert, habe meditiert, nachgedacht und alles versucht, um die Stimme der Wüste oder der Mutter Erde wieder zu hören. Aber sie hat seitdem nicht mehr zu mir gesprochen.
Ohne Zweifel war die Zeit in unserer Heimat von viel Arbeit geprägt. Es gab viel Wochenend- und Nachtarbeit, denn wir wollten in wenigen Monaten alles schaffen: Bücher schreiben, Shows gestalten, Website aufbauen und vieles mehr. Mich wundert es also nicht, dass es da keinen Freiraum mehr gab, um überhaupt nur ein Flüstern der Mutter Erde wahrzunehmen. Ehrlich gesagt, roch ich kaum noch den Duft der Blumen in unserem Garten, spürte nicht den Wind auf meiner Haut, geschweige denn einen Regentropfen. Wie sollte ich also mit Mutter Erde kommunizieren, wenn ich nicht einmal mehr in der Lage war, ihre einfachste Sprache wahrzunehmen? Jetzt befinden wir uns seit über vier Wochen wieder in ihrem Schoß. Auch wenn es keine Wildnis um uns gibt, Mutter Erde ist überall vorhanden, auch hier in Deutschland. Man muss sie nur realisieren, riechen, wahrnehmen und hinhören. Durch unseren Radtrip bin ich wieder gezwungen, mich auf sie zu konzentrieren, bin ich gezwungen, ihre fruchtbare Nässe wahrzunehmen, ihren Wind, ihre Wärme und Kälte und realisiere, dass sie noch da ist, dass sie lebt und mir mit rauen Streicheleinheiten zeigt, dass es noch mehr gibt als Shows, Bücher, Fernsehfilme und Schreibtischarbeit.
Langsam beginne ich wieder von meinem zielorientierten Wahn zu erwachen und in die Realität der Mutter Erde einzutauchen. Ich wünsche mir so sehr, dass die letzten zwei aufflackernden Gespräche keine Einzelfälle bleiben. Ich hoffe,

dass es mir vergönnt sein wird, wieder an dem Punkt anzuknüpfen, an dem der Dialog mit Mutter Erde in den Australischen Wüsten aufgehört hat.
In diesem Buch halte ich unsere Erfahrungen fest. Auch berichte ich offen über meine Gedanken, die Gespräche mit anderen Menschen, meine innersten Ängste und Gefühle. Natürlich werde ich auch die Zwiegespräche mit Mutter Erde nicht verschweigen, sofern ich das Glück habe, dass sie mir begegnen.
Tanja hat gerade den Kocher weggepackt. „Meinst du, wir sollen weiterfahren?" „Das musst du entscheiden. Wenn du möchtest, bleiben wir und wenn du der Meinung bist, wir sollten fahren, dann fahren wir." Trotz des miesen Wetters ist Tanja gut gelaunt. „Ich weiß nicht", zweifle ich. „Hör auf dein Gefühl." „Mein Gefühl ist total nass geregnet. Es meldet sich nicht", klage ich und betrachte aus dem Schutz des Scheunendaches die regenschwangeren Wolken. Nach einigem Hin und Her entscheiden wir uns zu bleiben und den Tag als einen so genannten Erholungstag zu betrachten.

Verängstigte Anwohner beobachten die schnell ansteigenden Fluten der Donau.

„Habt ihr heute schon die Nachrichten gehört?", fragt uns ein Paar, das gerade mit dem Fahrrad angekommen ist. „Nö, ich habe schon seit Wochen keine Nachrichten gelesen oder gehört. Ich will mich nicht mit diesem ständigen negativen Mist belasten", antworte ich schlecht gelaunt. „Ach so, aber vielleicht interessiert es euch, dass Garmisch von der Außenwelt abgeschnitten ist. Im Allgäu wüten furchtbare Überschwemmungen. Es wurde dort Katastrophenalarm ausgerufen. Sogar Menschen sollen schon umgekommen sein. Die Flut hat ganze Brücken und Häuser weggerissen, Muren sind von den Bergen gekommen und haben Ortschaften verwüstet. Man rechnet damit, dass die Donau bald gewaltig über die Ufer treten wird." Wir sind geschockt.

Sofort schnappen wir uns die Kameras und laufen zur Donau hinunter. Tatsächlich ist ihr Pegel seit gestern erheblich gestiegen. Ein brauner Strom drückt sich in irrer Fließgeschwindigkeit durch ein nicht mehr sichtbares Flussbett. Der Campingplatz gegenüber ist geräumt und mehr noch: er ist völlig verschwunden. Ein See hat sich da ausgebreitet, wo kurz zuvor noch grüne Wiesen und Wege zu sehen waren. Plötzlich fährt ein Feuerwehrauto an uns vorbei. „Achtung! Achtung! Der Pegelstand der Donau ist auf 7 Meter gestiegen. Heute Nacht wird die Donau einen Pegelstand von 8 Meter erreichen", warnt die Lautsprecherdurchsage.

Einige Anwohner stehen in Grüppchen zusammen und unterhalten sich über die Situation. „Ich glaube nicht, dass die Donau den Höchststand wie bei der Flutkatastrophe erreicht." „Glaube ich auch nicht. Seit 1999 regulieren sie die Staustufen besser. Damals haben sie die Regensburger Staustufe wegen dem Volksfest nicht rechtzeitig aufgemacht. Die wollten nicht, dass ihnen ihr Fest absäuft." „Und das Ergebnis war, dass Passau unter Wasser stand." „Jede Stadt kocht ihr eigenes Süppchen. Jeder will so viel Wasser wie möglich vor den eigenen Staustufen halten. Gestautes Wasser ist reine Energie, die später durch die Turbinen fließt." „Stimmt. Die Wehre sollten besser von einer übergeordneten Stelle reguliert werden." „Trotzdem, die haben aus den Fehlern von 1999 gelernt. Es wird bestimmt nicht wieder so weit steigen." „Warten wir es ab."

Mittlerweile bauen einige der Uferbewohner Gerüste auf. Sollte die Donau wirklich wie angekündigt ansteigen, können sie auf diese Weise ihre Häuser durch einen Neben- oder Hintereingang im ersten Stock betreten. Tanja und ich beobachten das rege Treiben. Allzu viel Zeit bleibt nicht mehr. Viele fahren ihre Autos aus der Garage und bringen sie an einen höher gelegenen, sicheren Ort.

Dicke Baumstämme, Plastikkanister und anderes Treibgut fließt an uns vorbei. Der Fluss trägt jetzt immer mehr Unrat auf seinem Rücken. Die Stimmung ist eigenartig, fast unheimlich. Sirenen heulen auf, kommen näher und verschwinden irgendwo im Nichts. Die ersten Keller werden ausgepumpt. Blaulicht blitzt vom anderen Ufer herüber. „Irgend etwas ist geschehen", sagt ein etwa Fünfzigjähriger zu mir. Konzentriert sieht er ins gefräßige Wasser. „Haben Sie Angst um ihr Haus?", frage ich. „Nein, eher um das Haus meiner Mutter. Aber ich kenne die Donau schon seit 50 Jahren. Sie wird uns diese Nacht nicht gefährlich." „Und wenn doch?", möchte ich wissen. „Sehen Sie die Leute dort drüben? Das sind meine Verwandten. Wir sind alle gekommen, um das Haus unserer Mutter rechtzeitig leer zu räumen." „Benötigen Sie noch Hilfe?", fragt Tanja. „Nein, vielen Dank. Wir haben genügend Hände, um Hab und Gut meiner Mutter in kurzer Zeit in Sicherheit zu bringen."

Manche Uferbewohner kommen nur noch über ein Gerüst in ihr Haus.

Die Feuerwehr kommt wieder. Der Lautsprecher dröhnt über die paar Leute und die Häuser hinweg. In der Dämmerung rasen zwei Einsatzboote den Fluss hinunter. Geschickt weichen sie den gefährlichen Baumstämmen aus. Die Schifffahrt ist bereits seit heute morgen eingestellt. Nur Einsatzboote der Rettungskräfte und Feuerwehr dürfen noch den Fluss befahren. Mir läuft ein Schauer den Rücken hinunter. Die Donau hat ihr friedliches, harmloses Aussehen abgelegt. Die schmalen Dämme, hinter denen sich die zerbrechlich aussehenden Behausungen der Menschen ducken, sehen gegen die zunehmende Macht des zweitgrößten Flusses Europas wie Spielzeug aus. Starker Regen schießt auf den dunklen Strom. Windböen zersausen seine Oberfläche und beschwören das Bild einer Katastrophe herauf. Wir sind froh, dass wir hier geblieben sind. Auf dem hochgelegenen Zeltplatz sind wir vor den hungrigen Fluten sicher.

Eine Fahrt im goldenen Ei

Dicke Nebelschwaden hüllen das Donautal in einen feuchten Mantel. Der anhaltende Regen drückt auch dieser Nacht einen unangenehmen Stempel auf.

Gleich nach dem Aufstehen gehen wir zur Donau hinunter. Das Aufbauen der Gerüste hat sich gelohnt: Einige Häuser sind nur noch über den Gerüststeg zu erreichen. Das Schicksal der Anwohner hängt jetzt von der Regelung der Staustufen ab.

Tanja und ich brechen trotz des Hochwassers auf. Wenn wir uns nicht bewegen, wird es nicht die Flut sein, die uns aufhält, sondern der Schnee.

Wegen Überschwemmung gesperrter Radweg.

Die ersten Kilometer fahren wir auf der Landstraße, doch bald kommen wir wieder ans Flussufer. „Ihr könnt hier nur bis Poikam fahren. Dann müsst ihr nach Bad Abbach und der Bundesstraße nach Regensburg folgen. Die meisten Radwege sind überspült", warnt uns ein Passant. Trotz einer Durchfahrtssperre fahren wir weiter, bis wir an eine Stelle kommen, an der Polizei und Feuerwehr im Einsatz sind. Ein großer Lastenkahn wird vom Wasser quer an eine Eisenbahnbrücke gedrückt. Er ist vom Kentern bedroht und gefährdet zudem die Brücke, über die gerade donnernd ein Zug rollt. „Was hat denn der Kahn geladen?", möchte ich von einem Feuerwehrmann wissen. „Weizen." „Und was ist geschehen?", frage ich weiter. „Der Schlepper wollte gestern Abend den Schleusenkanal verlassen, nahm den falschen Winkel zur Strömung

Um den querliegenden Lastenkahn zu retten, ist die Feuerwehr im Einsatz.

und wurde an die Brückenpfeiler gedrückt." „Die Wasserkraft könnte das Schiff womöglich auseinander brechen." „Wenn der Pegel weiter steigt, ja. Wir müssen den Schlepper möglichst schnell wieder gerade bekommen." „Wie wollen Sie das anstellen?" „Wir ziehen ihn mit Seilwinden weg." Gerne würden wir das Schauspiel weiter beobachten, doch fordern die Einsatzkräfte jetzt alle Anwesenden auf, den Ort zu verlassen.

Hinter Bad Abbach müssen wir auf die stark befahrene Bundesstraße. Lastwagen brausen so dicht an uns vorbei, dass uns angst und bange wird. Jedes Mal, wenn ein dicker Brummi an uns vorbeirauscht, verliere ich fast die Kontrolle über mein Gefährt. Der Windsog der vorbeirasenden Lastwagen ist so groß, dass wir richtig durchgerüttelt werden. „Du musst dir ein goldenes Ei vorstellen!" „Was?" „Ein goldenes Ei! Stell dir ein goldenes Ei um dich herum vor!!! Dann fühlst du dich sicherer!", ruft Tanja aus meinem Windschatten nach vorne. Da mir im Augenblick auch nichts Besseres einfällt, radle ich nun in meinem goldenen Ei dahin und bin froh, dass wir schon nach kurzer Zeit auf eine Nebenstraße treffen, auf der wir unsere Fahrt nach Regensburg fortsetzen können. Dort kaufen wir uns in einem großen Fahrradgeschäft Schutzhüllen für unsere Schuhe, um sie bei der Dauernässe trocken zu halten. Dann suchen wir den Campingplatz. Außer zwei weiteren tropfnassen Radlern sind wir die einzigen Radfahrer hier. „Bei den Preisen können wir uns gleich überlegen, ob wir nicht besser in eine Pension einchecken“, schlage ich vor. Mit 18,20 Euro ist dies der bislang teuerste Zeltplatz unserer Reise. Wegen dem Hochwasser sind wir auf einer höher gelegenen Notwiese untergebracht. Direkt nebenan befinden sich Mülltonnen und Abfallhaufen. Kaum haben wir unsere immernasse Behausung aufgestellt, geht der Regen wieder richtig los. Schnell kriechen wir ins Zelt und essen in kauernder Haltung ein paar Brötchen mit Aufstrich. Wegen meiner Rücken- und Knieschmerzen weiß ich nicht, wie ich mich setzen soll. Tanja schaut mich fürsorglich an. „Du solltest dir eine heiße Dusche genehmigen. Schließlich zahlen wir hier viel Geld und der Mann an der Rezeption hat den hohen Preis mit den gepflegten Sanitärräumen gerechtfertigt. Lass dir den heißen Wasserstrahl auf den Rücken plätschern. Das tut dir bestimmt gut“, schlägt sie vor.

Duschakrobatik

Pflichtbewusst schreibe ich erst meine Kurzaufzeichnungen und bearbeite die Fotos. Dann mache ich mich um 21:30 Uhr auf den Weg zu den Duschen. Draußen umwabert mich eine dicke Regenwolke, die sich offensichtlich in ihrer Flughöhe getäuscht hat. Der Strahl meiner Stirnlampe kann das Nebelgeschöpf kaum durchdringen. Bibbernd vor Kälte laufe ich nur in Unterhemd und Hose zum Duschraum. Ich gehe in die erste Kabine, ziehe meine Klamotten aus, hänge sie an den Haken und drücke auf den Knopf. Kaltes Wasser plätschert auf den Boden, spritzt nach oben und benetzt meine Beine. Ein eiskalter Schauer läuft mir über den ganzen Körper. Kaum ist der Wasserstrahl auf den Boden aufgetroffen, um alles mit seiner Kälte zu ergötzen, zieht er sich wieder in seine Leitung zurück. Ich drücke erneut auf den Knopf und das Spiel beginnt von vorn. Nach einigen Versuchen kommt endlich warmes Wasser, doch ich bin mittlerweile total ausgefroren. Die Sparsamkeit der Campingplatzbetreiber produziert ein durchweg unangenehmes Duscherlebnis: Kaum plätschert warmes Wasser auf mein Haupt, ist der Strahl schon wieder zu Ende. Wütend trommle ich auf den Druckknopf, es kommt warmes Wasser, aber jedes Mal ist das Vergnügen nach einigen Sekunden vorbei. Um den Wasserstrahl am Laufen zu halten, drücke ich mit der Linken den Knopf, während ich mich mit der Rechten einseife. Dann glitscht mir die Seife aus der Hand und rutscht über den nassen Boden davon. Diesmal lehne ich mich mit dem Rücken gegen den Druckknopf. Zufrieden wasche ich meine Haare, doch kann ich so den Knopf wieder nicht gedrückt halten. „Von wegen - lass dir den heißen Wasserstrahl auf den Rücken plätschern. Diese Dusche gehört verboten!“, fluche ich und beende den Wellness-Versuch.

Bevor ich den Duschraum verlasse, schaue ich aus reiner Neugier in eine andere Duschkabine. Zu meinem Entsetzen entdecke ich dort einen normalen Wasserregler, den man nicht drücken muss. Auch die anderen Duschkabinen sind mit normalen Reglern ausgestattet. Zu spät! Für heute habe ich genug.

Hungrige Fluten

In einer Regenpause packen wir unsere Habseligkeiten zusammen und suchen ein Internetcafe auf. Zum ersten Mal auf unserem Trip haben wir die Gelegenheit, unsere E-Mails abzurufen. „Oh, schau mal, wer da geschrieben hat!“, rufe ich. Wir freuen uns über die vielen Zuschriften. Nach einer Stunde haben wir die meisten Mails überflogen. Für eine ausführliche Korrespondenz müssen wir aber ein anderes Internetcafe finden, denn hier kostet es sechs Euro pro Stunde.
Wenig später treten wir wieder in die Pedale und treiben unsere Lastzüge die mächtige Donau entlang. Nach ein paar hundert Metern müssen wir das Ufer verlassen. Das Hochwasser hat den Radweg überspült. Über kleine Gassen nähern wir uns langsam der Regensburger Innenstadt. „Ich möchte mir unbedingt den Dom ansehen!“ „Kein Problem, ich passe derweil auf die Räder auf“, antwortet Tanja. Staunend wandle ich durch das Wahrzeichen Regensburgs und spüre 1.200 Jahren Kirchengeschichte nach.
Der Wasserpegel der Donau ist bedenklich gestiegen. Nur noch wenige Zentimeter und die braunen Wogen erfassen die Häuser. Schon jetzt lecken sie

Der Regensburger Dom.

über Wege, Gehsteige und Straßen. Je weiter wir vordringen, desto mehr Häuser sehen wir, die bereits meterhoch im Wasser stehen. Wir erreichen die steinerne Brücke, die älteste funktionsfähige Brücke Deutschlands. Sie wurde bereits im 12. Jahrhundert von Herzog Heinrich dem Stolzen in Auftrag gegeben und diente dem Fernhandel. Wir stehen auf dem über 300 Meter langen steinernen Baukunstwerk und beobachten den bedrohlich anschwellenden Fluss. Rauschend und brüllend pressen sich die Wassermassen durch das architektonische Wunderwerk. Auf einer Landzunge ertrinken die ersten Häuser und Gärten in der reißenden Flut. Wie ein Ungetüm breitet die Flut ihre Arme aus, greift nach allem, was sie unter normalen Umständen nie erreichen würde.

Touristen warten gebannt darauf, dass die Donau über die Ufer tritt.

Ladenbesitzer sichern ihre Geschäfte mit Sandsäcken vor der nahenden Flut.

Der Kampf um die Stadt ist in vollem Gange. Niemand weiß, wie weit sich die Donau über die Ufer wagen wird und welchen Schaden sie diesmal anrichtet. Die Flutkatastrophe von 1999 steckt den Menschen noch in den Knochen. Viele befürchten, dass das Drama, das sich im Allgäu abspielt, hier seine Fortsetzung findet. Einige sitzen auf den Parkbänken am Ufer, spannen ihre Regenschirme auf und bewundern das Naturschauspiel wie im Kino. Städtische Mitarbeiter schlichten eifrig Sandsäcke an der Uferpromenade auf, Ladenbesitzer haben ihre Geschäfte bereits mit Sandsäcken geschützt.
Wir lassen Regensburg hinter uns. Noch einmal werfen wir einen Blick auf den mächtigen Dom und auf die Schiffe, die wohl noch einige Zeit warten müssen, bis sie ihre Fahrt fortsetzen können.

Das erste Bett

Der Radweg auf der anderen Flussseite liegt hinter einem Damm und ist nur an wenigen Stellen überflutet. Wir kommen gut voran. Unter einer Brücke suchen wir vor einem starken Regenschauer Schutz. Eine Rentnergruppe hat den Ort ebenfalls für eine Pause aufgesucht. „Na, wo fahrt ihr denn hin?“, fragt ein älterer Herr und schaut belustigt auf unsere Anhänger. „Wir fahren nach Burma“, antworte ich und warte auf den bereits bekannten Gesichtsausdruck. „Ah, Burma! Ha, ha, ha. Morgen hier und heute da, dralala! Ha, ha, ha! Lustig ist das Zigeunerleben, dralala!“, singt er lauthals lachend. „Und in den Anhängern habt ihr wohl die Heizung!“, kichert er weiter. „Klar, die Zeltheizung. Den restlichen Strom nutzen wir aber für unseren Kühlschrank“, antworte ich sarkastisch. Dann frage ich die Radgruppe nach ihrem Ziel. Wir erfahren, dass sie sich in eine Pension bei Wörth an der Donau eingemietet haben. „Was kostet denn ein Zimmer?“, will ich wissen. „17 Euro mit Frühstück pro Person.“
Nachdem wir letzte Nacht über 18 Euro für einen ungemütlichen Zeltplatz bezahlten und mir mein Duscherlebnis noch immer in den Knochen steckt, schalte ich sofort und rufe per Handy die Pension an. Leider ist sie ausgebucht, doch bekommen wir die Adresse der Familie Fuchs, die Zimmer und Ferienwohnungen vermieten. „Ja, wir haben noch Zimmer frei“, antwortet Frau Fuchs mit sympathischer Stimme. Wir freuen uns riesig, wieder in einem Bett schlafen zu dürfen. Als der Regenschauer vorüber ist, verabschieden wir uns von den Rentnern, die inzwischen unsere Geschichte glauben, und radeln unserem wunderbaren Ziel entgegen.
Am Fuße des Bräuberg bei Donaustauf strahlt uns der anmutige weiße Marmor der Walhalla entgegen. König Ludwig der Erste hat hier eines der be-

deutendsten Nationaldenkmäler Deutschlands geschaffen. Bis in jüngste Zeit werden dort Marmorbüsten berühmter Deutscher aufgestellt. Gerne würden wir dem Ehrentempel einen Besuch abstatten, aber wir scheuen den steilen Anstieg.

Es ist bereits 18:30 Uhr, als wir Wörth erreichen. Frau Fuchs begrüßt uns freundlich und zeigt uns gleich unsere Unterkunft. Begeistert betreten wir eine nagelneue Ferienwohnung, in der wir uns auf Anhieb wohl fühlen. „Ihre Räder können Sie in die Garage stellen. Ich bringe Ihnen auch gleich den Schlüssel. Morgen werde ich nicht da sein. Ich muss meine Tochter zum Bahnhof fahren und mit meinem Sohn einkaufen gehen", informiert sie uns und fragt noch, auf wann sie das Frühstück richten soll.

„Wir sollten öfters in einer Ferienwohnung übernachten", lacht Tanja zufrieden. „Vor allem, wenn es kaum teurer als Zelten ist. Im Vergleich zu unserem letzten Zeltplatz mit nebenliegendem Abfallhaufen bekommt man hier für sein Geld doch richtig Leistung geboten."

Als ich in der Garage die Anhänger auslade, rollt ein schweres Motorrad auf den Hof. Ein Mann mit langem Bart und langen Haaren steigt von der Maschine. „Das wird meine letzte Nacht in Deutschland sein", meint er lachend. Ingo, der wie ein Wikinger aussieht, stellt sich als überaus interessanter und angenehmer Gesprächspartner heraus. Er ist seit zwei Tagen unterwegs, hat alles, was er besessen hat, hinter sich gelassen. Er hat seinen Wohnsitz abgemeldet und befindet sich jetzt auf dem Weg nach China. „Nach China?" Ich bin ernsthaft überrascht. „Du bist der erste Reisende auf unserem Trip, der ebenfalls nach China möchte." „Wollt Ihr wohl mit euren Fahrrädern dorthin?" „Ja, vielleicht treffen wir uns ja wieder", scherze ich. Im Laufe unseres Gespräches erfahren wir, dass Ingo Kunstprofessor ist und während seiner zeitlich unbegrenzten Motorradreise in China ein Jahr an einer Uni Kunst unterrichten wird. „Vielleicht bis morgen", verabschiede ich mich. Ich habe Tanja versprochen, mit ihr essen zu gehen. Sie wird schon auf mich warten.

Zwangsurlaub

„Uaaahh, habe ich gut geschlafen", gähne ich und rekle mich unter der warmen Decke. „Es ist schön, einmal nicht vom ewigen Getrommel des Regens geweckt zu werden", gurrt Tanja zufrieden. „Und es ist ein Traum, nachts nicht durch eine nasse Wolke stolpern zu müssen, um sich in einer Dusche eine kalte Abfuhr erteilen zu lassen", strahle ich Tanja an. „Da lernt man den Luxus eines Betts und einer Warmwasserleitung erst richtig zu schätzen", meint Tanja und springt energiegeladen aus den Federn, um das Bad noch vor mir zu erreichen.

Im Frühstücksraum treffen wir Ingo, der heute noch nach Wien möchte. Wir setzen unsere Unterhaltung von gestern Abend fort und erfahren, dass er eine Werkzeugmacher-, Tischler- und Bildhauerlehre abgeschlossen hat, bevor er promovierte und einen Lehrstuhl an der Uni annahm. „Neben meinem Job an der Uni habe ich als freier Künstler mein Geld verdient. Ich habe in einem Bauwagen auf dem Land gelebt und in meinem Atelier geschnitzt", erzählt er.

Nach dem Frühstück gehe ich los, um meinen Anhänger zu beladen. Mit Schrecken stelle ich fest, dass der Garagenschlüssel nicht passt. „Ich weiß, dass Frau Fuchs mir irgendwas über den Schlüssel erzählt hat, kann mich aber nicht mehr genau erinnern." „Eigentlich wollte ich ja jetzt weiterfahren, aber meine Ersatzreifen sind da drin", meint Ingo schulterzuckend. Uns bleibt nichts anderes übrig, als auf Frau Fuchs zu warten. Während Ingo und Tanja die nächsten Stunden angeregt über Kunst philosophieren, arbeite ich an meinen Aufzeichnungen.

Um 15:30 Uhr kommt Frau Fuchs zurück. Sie ist sichtlich überrascht, uns noch anzutreffen. „Ich habe den Schlüssel in die Garage gelegt", erklärt sie. „Na dann liegt er da noch drin. Ich habe die Tür gestern von innen abgeschlossen", meine ich peinlich berührt. Obwohl es schon so spät ist, fährt Ingo doch noch los. „Ich schaffe es auf jeden Fall bis Passau", erklärt er und belädt seine Maschine. „Wie viel Gepäck hast du denn dabei?" möchte ich wissen. „Etwa 120 Kilogramm plus meine 60 Kilogramm Körpergewicht." „Hm, kein Wunder, dass meine Oberschenkel jeden Tag wimmern, wenn sie 110 Kilogramm Gepäck inklusive Fahrrad zuzüglich meine 80 Kilogramm Körpergewicht fortbewegen müssen. Das ist deutlich mehr als dein schwerer Bock schaffen muss", stöhne ich. „Das wäre nichts für mich", meint Ingo lächelnd und schwingt sich in den Sattel. Wir verabschieden uns und winken ihm hinterher. „Ob wir ihn tatsächlich in China treffen?", fragt Tanja. „Wer weiß, die Welt ist manchmal kleiner als man denkt."

Wir freuen uns über die geschenkte Zeit und genießen unser Abendessen auf dem Balkon der Ferienwohnung. Der heutige Tag war regenfrei und hat uns Hoffnung auf eine Wetterbesserung gemacht. „Hm, schmeckt der Wein gut", lobe ich Tanjas Wahl. „Den habe ich in einem Eineweltladen in Wörth gekauft. Die Verkäuferin ist 75 Jahre alt und hat mir erzählt, dass in ihrem Laden nicht viel los ist. Ich dachte mir, ich kurbele ihr Geschäft mit der Flasche Wein ein wenig an. Sie war übrigens Krankenschwester und eine begeisterte Radfahrerin. 1971 hat sie das Radfahren allerdings aufgegeben." „Warum? Hat sie keine Lust mehr gehabt?" „Nein. In dem Krankenhaus, in dem sie arbeitete, wurden viele Radfahrer behandelt, die sich bei Stürzen verletzt hatten. Eines Tages musste der diensthabende Arzt die leichte Schnittwunde am Arm eines Radfahrers nähen. Eine reine Routinebehandlung. Sie hatte in diesem Fall nichts zu tun als den Arm zu verbinden. Der Radfahrer ist noch während der Behandlung gestorben." „Was! Wie denn das?" „Er hatte schwere innere Verletzungen und Blutungen. Keiner konnte das ahnen." „Und dann hat sie das Radfahren aufgehört?" „Genau. Sie schenkte ihr Fahrrad einer Kollegin. Ich habe ihr daraufhin erzählt, dass manche Menschen vom Stuhl gefallen sind und sich dabei das Genick gebrochen haben. Man muss nicht Radfahren, um sich lebensgefährlich zu verletzen. Das Schicksal kann überall zuschlagen." „Und was hat sie geantwortet?" „Es war ein Fehler. Heute bereut sie ihren damaligen Entschluss. Aber jetzt sei es zu spät, um wieder anzufangen." „Hm, mit 75 das Radfahren anfangen wäre tatsächlich kritisch. Das tut mir leid für sie."

Ich fühle mich wie neugeboren

Frau Fuchs lässt sich die gestrige Nacht nicht bezahlen. „Es war doch meine Schuld, Ihnen nicht genau zu sagen, wo der Schlüssel liegt", entschuldigt sie sich nochmals. „Ich denke, ich habe nur nicht richtig hingehört", antworte ich.

Neu gestärkt kommen wir gut voran. Das Radeln bei schönem Wetter bereitet richtig Freude und wir wissen wieder, warum wir uns auf diese anstrengende, aber gesunde Art fortbewegen. Beschwingt und kraftvoll brause ich voraus und warte immer wieder auf Tanja. Wir sind gut gelaunt und könnten die Welt umarmen. Bei Bogen folge ich aus Versehen dem falschen Radweg. Nach sieben Kilometern werde ich stutzig und stelle fest, dass wir in eine komplett falsche Richtung fahren. Trotzdem bleibt unsere Laune hervorragend. Was kann es schöneres geben, als bei angenehmen Temperaturen durch eine wunderschöne Landschaft zu radeln.

In der Altstadt von Straubing legen wir eine Rast in einer Italienischen Eisdiele ein und vertilgen zwei riesige Eisbecher. Kalorienmäßig können wir es uns ja leisten, denn unsere Muskeln verbrennen alles, was wir in uns hineinschlichten. Grünes Licht zum Schlemmen, denke ich mir und bestelle eine doppelte Portion Sahne. Die Donau wird jetzt an manchen Stellen breiter. Sie mausert sich zu einem richtigen Strom, obwohl das Hochwasser zurück-

Pause in der Altstadt von Straubing.

geht. Viele Teile des Radweges sind wieder befahrbar. Wer weiß - vielleicht hat uns der eintägige Zwangsurlaub bei Familie Fuchs vor dem einen oder anderen Dilemma bewahrt.
In einem Dorf fragen wir einen Mann nach dem Weg. Er stellt gerade Wahlplakate auf. Es stellt sich heraus, dass er der stellvertretende Bürgermeister ist. Er ist sehr interessiert an unserer Reise und wir philosophieren über Gott und die Welt.
Brückenauffahrten sind immer eine besondere Anstrengung. Kaum sind wir oben angekommen, lassen wir unsere Räder wieder nach unten rasen. Mittlerweile sind wir so gut trainiert, dass wir diese kurzen, aber heftigen Steigungen hochradeln können, ohne absteigen zu müssen. Zwei ältere Herren schieben ihre Zweiräder gerade die Dammhöhe hinauf. Als ich oben ankomme und auf Tanja warte, beginnen sie, mich auszufragen. Es ist immer wieder schön, die Verblüffung in den Gesichtern zu sehen. Als Tanja kommt, haben sie schon wieder ihre Drahtesel bestiegen und fahren die Böschung hinunter. Kurz darauf rollen auch wir wieder los. Mein Gefährt beschleunigt so sehr, dass ich sie schnell einhole. Um nicht den Schwung zu verlieren, betätige ich statt der Bremse nur die Klingel. Anscheinend hören sie mich nicht, denn sie fahren weiter nebeneinander. Gut gelaunt und übermütig fahre ich knapp an ihnen vorbei. Die Äste der Büsche am Wegesrand peitschen meine Arme. „Uuuuaaaahh!“, rufen die beiden Alten vor Schreck, als ich an ihnen vorbeidonnere und winken mir dann gutmütig und freundlich hinterher. Ich fühle mich an diesem Tag wie ein kleiner Lausbub - es könnte ewig so weitergehen.

Gute Tipps und schlechte Zähne

Unterwegs treffen wir auf einen Radler, der ebenfalls nach Budapest unterwegs ist. Als wir ihm erzählen, welches Ziel wir ansteuern, gibt er uns einige Tipps. „Um Entzündungen am Hintern vorzubeugen, empfehle ich Hirschtalg. Das wirkt Wunder! Arnikapillen sind gut für die Muskeln. Ich lasse immer ein paar unter der Zunge zergehen. Gegen Schmerzen in den Oberschenkeln gibt es Pferdecreme. Die hat sich bei Pferden bewährt und wirkt auch ganz hervorragend bei Menschen. Könnt ihr in der Apotheke kaufen. Was ihr auf jeden Fall dabei haben solltet, ist ein Pulsmesser, damit ihr euch immer im aeroben Bereich befindet." Ich bin verblüfft über sein Wissen und nehme seine Tipps dankbar auf.

Zur Pulsmessung möchte ich Menschen, die davon noch nichts gehört haben, folgendes erklären: Allgemein kann man damit den Stoffwechsel des Körpers während der Belastungsphase optimieren. Der Puls sagt etwas aus über die Energiegewinnung aus Blutfett. Treibt man den Puls zu hoch, ermüdet der Körper sehr schnell. Er befindet sich dann im sogenannten anaeroben Bereich. Als Langstreckensportler sollte man sich im aeroben Bereich befinden, um so lange wie möglich dem Körper Energie abverlangen zu können. Durch viel Training kann man den Puls reduzieren und damit seinem Körper längere Zeit Hochleistung abverlangen.

Natürlich darf man seinen Körper nicht in kurzer Zeit auspowern. Ein normaler Radfahrer wird sich mit diesem Thema wohl kaum befassen. Für uns würde es eventuell Sinn machen. Auf der anderen Seite frage ich mich was die Menschen früher getan haben? Da gab es noch kein Wissen über den Laktatgehalt im Blut, über anaerob, aerob und dergleichen. Trotzdem sind die Menschen weit gekommen und konnten Hochleistung vollbringen. Ich denke dabei nur an unsere Herkunft, als wir noch als Jäger und Sammler durch die Lande zogen. Heute wird vieles wissenschaftlich betrieben. Selbst wenn man nicht an der Olympiade teilnehmen möchte. Wenn der Sportler seinen Körper kennt, ist ein Pulsmesser meiner Ansicht nach nicht nötig. Wenn er allerdings seine persönliche Bestleistung körperschonend und optimal verbessern möchte, ist diese Möglichkeit mit Sicherheit eine der besten.

Ein weiterer Radfahrer bietet uns seine Hilfe an und führt uns vor Vilshofen um die immer noch total überschwemmten Radwege. Nach 70 Kilometern erreichen wir erschöpft, aber glücklich die Dreiflüssestadt Passau. Unter einer Brücke, die noch die Feuchtigkeit der Überschwemmung ausdampft, bleiben wir stehen und suchen auf der Karte nach dem besten Weg durch die Stadt. Der als Tiefgarage genutzte Ort hat eine unangenehme Ausstrahlung. Wasser tropft von der Brückendecke. Entfernte Motorengeräusche hallen von Stützpfeiler zu Stützpfeiler und vereinzelte Autos stehen verweist herum. Große Wasserlachen, der Geruch von Fäulnis und das dämmrige Licht tragen dazu bei, dass man sich hier nicht lange aufhalten möchte. „Wo wollen Sie hin?", fragt uns plötzlich ein junger Mann. „Äh, es muss nicht weit weg von hier einen Zeltplatz geben", antworte ich wegen seines unverhofften Erscheinens etwas überrascht. „Den kenne ich. Da müssen Sie auf der anderen Seite der Donau etwa vier Kilometer den Berg hinauf. Dort gibt es eine Jugendherberge und den Campingplatz, den Sie suchen", grinst er freundlich und zeigt uns sein zerstörtes Gebiss. Als ich seine Zähne sehe erschrecke ich im ersten Augenblick, lasse mir aber nichts anmerken. „Hm, vier Kilometer? Das ist ja Wahnsinn. Da müssen wir die schweren Räder rauf schieben. Das schaffen wir heute nicht mehr", stöhne ich. „Was meinst du Tanja, sollen wir uns wieder eine Unterkunft suchen?" „Wie du möchtest."

Mein Blick fällt wieder auf den Mann, der mir absichtslos seine schrecklichen Zähne zeigt. „Gibt es noch einen Campingplatz in der Nähe?" „Nein, außer Sie fahren flussabwärts. Es ist nur die Frage, ob die nicht unter Wasser stehen. Die haben nämlich alle Schleusen geöffnet." Seine etwa 19 Jahre junge Frau steht neben ihm. Sie hält sich an ihrem Kinderwagen fest und lächelt mich schüchtern an. Ich nicke ihr freundlich zu und bin entsetzt, als ich auch ihre völlig verstümmelten Zähne sehe. Eindeutig Karies im Endstadium. Ob das von zu viel Zucker kommt? Verwirrt über die zwei jungen Menschen und ihre zerstörten Zähne, studiere ich meine Karte. Das kleine Baby im Kinderwagen quäkt leise vor sich hin. Es öffnet den Mund und schaut mich mit großen Kulleraugen an. Babys in dem Alter haben noch keine Zähne, denke ich beruhigt.

„Kennen Sie eine günstige Unterkunft hier in der Nähe?", frage ich in die von tropfendem Wasser untermalte Stille. „Klar, gleich da hinten, nur 200 Meter von hier finden Sie das Fluss-Rotel. Das kenne ich gut. Ich bin beim THW und öfter dort. Ein gutes Hotel", empfiehlt er sehr freundlich und nickt wichtig mit dem Kopf. Obwohl der Mann maximal 24 Jahre alt ist, hat er einen Spitzbauch von beachtlicher Größe. Ich frage mich, ob sich das eigenartige Paar hauptsächlich von Fastfood ernährt. Wie sonst kann man sich in diesem Alter so herrichten? „Vielen Dank", sage ich freundlich. „Gern geschehen", antwortet er lachend und gönnt mir einen letzten Blick auf seinen dentalen Steinbruch. Schnell verlassen wir den freudlosen Ort.

Beim Betreten des Fluss-Rotels habe ich ein ungutes Gefühl in der Magengegend. Trotzdem gehe ich hinein. „40 Euro inklusive Frühstück", antwortet die Dame an der Rezeption auf meine Frage nach dem Preis. Um ein Zimmer

ansehen zu können, bekomme ich den Schlüssel. Im ersten Stock empfängt mich ein menschenleerer großer Saal, der offensichtlich für Massenabfertigung von Frühstücksgästen gedacht ist. Retorten-Hintergrundmusik unterstreicht die skurrile Atmosphäre. Ich folge einem langen, schmalen und dunklen Gang. Links und rechts niedrige Türen, hinter denen sich wohl die Zimmer befinden. Mein Schlüssel passt in das Schloss der Tür 218. Ich sperre auf und lasse die Tür langsam aufgleiten. Entsetzt blicke ich auf einen etwa vier Quadratmeter kleinen Raum. Das Doppelbett wird links und rechts von Wänden begrenzt, für Gepäck ist lediglich Platz auf dem Fußboden. Ich erinnere mich an das Schuhschachtelhotel in Hongkong. Tanja und ich hausten dort unter ähnlichen Bedingungen. Sofort mache ich auf dem Absatz kehrt und verlasse ungläubig das Haus. Kopfschüttelnd, so eine Unterkunft auch in Deutschland vorzufinden, schwinge ich mich aufs Fahrrad. „Nichts wie weg!", rufe ich und trete hastig in die Pedale.
Da ich der Aussage des Zahnlosen nicht mehr traue, frage ich auf der anderen Seite der Donau eine Frau nach dem Zeltplatz. Ihr kleiner Hund kläfft mich laut an. Sie trägt eine Sonnenbrille, an der noch das Preisschild baumelt. Als sie ihren Mund aufmacht, wird mir schlecht. Essensreste der letzten Tage hängen zwischen ihren Zahnlücken. Tanja und ich sehen uns an. „Sie müssen da hinauf. Dort oben ist irgendwo ein Zeltplatz", sagt sie und fuchtelt mit ihrer Hand in Richtung Berg. „Aber der Campingplatz in meiner Karte ist nicht auf einem Berg eingezeichnet", bemerke ich etwas entnervt. „Das Hinweisschild dort zeigt doch eindeutig in eine andere Richtung", unterbricht uns Tanja und macht mich auf die Informationstafel an der Straße aufmerksam. „Der Platz da oben ist aber schöner", antwortet die Frau, die wegen ihres kläffenden Hundes kaum zu verstehen ist.

Zeltplatz an der Ilz bei Passau.

Am Rande meiner Kräfte frage ich einen Radfahrer. Als der völlig verschüchtert zu stottern anfängt, bin ich der Verzweiflung nahe. „Ich zzzeige ihnen deden Weg." „Okay, danke, wir folgen Ihnen", antworte ich. Schon nach 100 Metern deutet er auf einen Straßentunnel. Wir reißen uns zusammen und fahren durch. Tatsächlich finden wir auf der anderen Seite den Wegweiser zu dem in der Karte eingezeichneten Zeltplatz. Er befindet sich an der Ilz kurz vor der Mündung in die Donau. Auf einer saftigen Wiese, etwas oberhalb des Flusses, dürfen wir unser Zelt aufstellen. Enten schnattern und schwimmen vergnügt auf dem glatten Wasser. Schwäne lassen sich elegant vorbeitreiben und einige Kajakfahrer paddeln flussaufwärts davon. Schnell sind unsere Gemüter besänftigt und die Anstrengung des Tages vergessen. Beim letzten Licht der Sonne essen wir mit Hochgenuss zu Abend und tauschen gut gelaunt unsere Erlebnisse aus.

Wir dürfen in den Gärten der Bodensee-bewohner zelten.

Auch im Camp zaubert Tanja ein schmackhaftes Essen.

In der lieblichen Bodenseelandschaft
macht das Radfahren richtig Vergnügen.

Ein willkommener Ort, um sich ein wenig auszuruhen.

Eine Einsiedlerin freut sich über unseren Besuch.

Ehrwürdige Baumallee
in der warmen Abendsonne.

An der Ilz kurz vor ihrer
Mündung in die Donau.

Die älteste Brücke Deutschlands
– die Steinerne Brücke in Regensburg –
überspannt die Hochwasser führende Donau.

Die Dreiflüssestadt Passau.

Überflutete Donauauen vor Straubing.

Donaudurchbruch
bei Weltenburg.

„Denk nicht so viel an morgen.
Du weißt doch, dass das Ziel das Ende einer Reise bedeutet.
Du weißt doch, dass die Reise des Lebens
mit dem Erreichen des Ziels, dem Ankommen, aufhört.
Erfreue dich des Augenblicks!"

Mutter Erde

Rekordstrecke und Besuch bei Freunden

Österreich
Tag 36
Camp 22
1006 Kilometer
Ort: Hacking
Breitengrad 48° 21'722"
Längengrad 013°58'859"

Heute wache ich mit Schwindelgefühlen auf. „Vielleicht Überanstrengung?" „Bestimmt nichts Schlimmes, mir war gestern auch ein wenig schwindelig", beruhigt mich Tanja.

Nachdem die Sonnenstrahlen den Morgennebel weggeleckt haben, verspricht der blaue Himmel einen wunderschönen Tag. Wir packen unsere Räder und fahren ins Zentrum der Dreiflüssemetropole. Passau gilt als eine der schönsten Städte Deutschlands, ihre Geschichte reicht bis ins Jahr 500 v. Chr. zurück. Man kann sich leicht ausmalen, warum sich an diesem kraftvollen, von der Natur begnadeten Ort bereits die Kelten niederließen. Kein Wunder, dass sie bereits vor 2.000 Jahren von den Römern vertrieben wurden. Im 6. Jahrhundert übernahmen die Bajuwaren die Herrschaft über die letzte römische Festung. Staunend schieben wir unsere Räder durch die Gassen dieser faszinierenden Stadt.

Nach einem kurzen Rundgang verlassen wir Passau und folgen dem Radweg auf der linken Seite der Donau. Es gibt keine Steigungen und wir kommen gut voran. Einige Abschnitte des Weges sind bereits vom Schlamm und Unrat des Hochwassers befreit. Steilaufragende Hänge bilden den Südrand des Bayerischen Waldes. Die Donau hat sich hier bis zu 300 Meter in das harte Gestein des Mittelgebirges eingefressen. Auf der anderen Seite des Stromes liegt Österreich. Aus den mit Mischwald dicht bewachsenen Berghängen ragen vereinzelt bizarre Felsen. Bei Engelhartzell geht es über die Grenze nach Österreich. Deutschland liegt jetzt hinter uns. Obwohl in Österreich die gleiche Sprache wie in Deutschland gesprochen wird, hat auch dieses Land eine unverwechselbare Atmosphäre, ein eigenes Volk mit eigenem Charakter. Gespannt darauf, was wir hier erleben werden, fahren wir voran.

Auf dem perfekt ausgebauten Weg, an dem früher Pferde die Schiffe flussaufwärts zogen, erreichen wir die Fährstation bei Schlögen. Der Radweg endet hier kurz vor einem Naturschutzgebiet und wir schieben unsere Lastenzüge auf eine Radfähre. Mit uns besteigt eine Rentnergruppe, die uns

Mit der Radfähre bei Schlögen über die Donau.

vormittags mehrere Male überholt hat, das Fährschiff. „Das sind bestimmt Australier", denkt Tanja laut. „Ach was, die kommen aus England", widerspreche ich. „Where you come from?", frage ich. „Australia", antwortet mir ein älterer Herr. „Siehst du, ich habe auch mal Recht", zwinkert mir Tanja zu. „Wo fahrt ihr denn hin?" „Wir radeln von Passau nach Budapest", hören wir erstaunt. „Nach Budapest? Da habt ihr ja einen tollen Trip vor euch", entgegne ich, worauf wir uns angeregt unterhalten und von unserer Kamelexpedition in Australien berichten. Am anderen Ufer schieben wir alle unsere Zweiräder vom kleinen Holzboot ans Ufer. Wir verabschieden uns von den Australiern, die um die halbe Welt geflogen sind, um mit eigener Muskelkraft die bezaubernde Landschaft der Donau zu erkunden.

„Ich bin müde. Ich brauche einen Kaffee", gähnt Tanja, nachdem wir heute über 40 Kilometer zurückgelegt haben und unser Ziel noch lange nicht in Sicht ist. Wir wollen meinen Freund Franz Roithmayr und seine Frau Maria besuchen. Sie leben auf einem Bauerngut in Hacking bei Aschach. „Ihr dürft auf keinen Fall weiterfahren, ohne ein paar Tage bei uns zu bleiben", haben sie uns eingeladen. „Wie weit ist es denn noch? Franz hat doch irgendwas von 50 Kilometern erzählt", meint Tanja. „Ich glaube, er hat sich getäuscht. Er hat bestimmt Straßenkilometer gemeint und nicht die Windungen der Donau mit einkalkuliert."

An einem gemütlichen Bauernhofrestaurant, direkt am Ufer des Flusses, lassen wir uns einen Cappuccino schmecken. Ein wenig ausgeruht, aber wieder mit brennenden Oberschenkeln geht es weiter. Die Spätnachmittagsstimmung ist paradiesisch schön. Ein Schlepper tuckert neben uns fast lautlos den Fluss hinunter. Er hat etwa die gleiche Geschwindigkeit wie wir.

Tanja hängt in meinem Windschatten und fährt heute seit unserem Aufbruch das erste Mal rund wie eine Maschine. Nur noch wenige Kilometer und der Tacho überschreitet die magische Grenze von 1.000 Kilometern. Unsere Muskeln haben sich mehr und mehr an den Bewegungsablauf gewöhnt, aber das Gewicht der Ausrüstung macht uns immer noch zu schaffen. Die Oberschenkel sind gut durchblutet, doch werden wir wohl noch weitere 1.000 Kilometer fahren müssen, bis unsere Muskeln sich nicht mehr wie ein ungezähmtes Kamel gebärden und schon nach 50 Tageskilometern in den Streik treten wollen. Meine Beine kommen mir so vor, als wären sie wilde Hengste, die man erst noch zähmen muss. Es wird noch dauern, bis sie sich friedlich verhalten und das tun, was ich von ihnen verlange.
Der Weg führt uns an Burgen und Schlössern vorbei, die ihre Mauern stolz präsentieren. Es begegnen uns nur noch wenige Radfahrer, die meisten sitzen um diese Zeit wahrscheinlich schon in einer der vielen Pensionen und Hotels beim Essen. Wie ein Tour de France Team pedalen wir mit etwa 19 Stundenkilometern nach Aschach. Als wir dort ankommen, beginnt mein rechtes Handgelenk ernsthafte Schmerzsignale zu senden. Vor acht Stunden haben wir Passau verlassen und der Tacho zeigt uns einen neuen Rekord von 76 Tageskilometern an. Wir lassen die Uferpromenade hinter uns, folgen der Straße nach Hartkirchen und erreichen mit letzter Kraft den wunderschönen Bauernhof unserer Freunde. Maria hat uns sofort gesehen und empfängt uns herzlich. Wir umarmen uns. „Willkommen! Kommt rein! Ruht euch aus. Franz ist gerade in Tschechien. Er kommt erst morgen Abend." Wir entladen unsere Räder und betreten das ehrwürdige alte Haus.

Kirchturmglocken

Nach einer guten Mahlzeit liegen wir satt und zufrieden im Bett. Durch das große Fenster schaue ich in den klaren Sternenhimmel. Unsere Muskeln wimmern von der Anstrengung der letzten Tage. In nur drei Tagen haben wir mehr als 220 Kilometer zurückgelegt – und das mit unseren so schwer beladenen Rädern. Ich hoffe, dass wir unsere Leistung in den kommenden Monaten noch steigern können. Vielleicht schaffen wir auch mal 100 Kilometer am Tag. Aber was soll's - wer bestimmt schon, wie viel Kilometer wir in welcher Zeit zurücklegen? Hauptsache, wir kommen heil an und haben während unserer Reise trotz der Anstrengungen auch Spaß. Ehrlich gesagt hoffe ich, noch mehr Freude an der Dokumentation zu haben, denn sie ist oftmals anstrengender und erfordert mehr Disziplin als das Radeln selbst.

Meine Gedanken kommen trotz der Müdigkeit nicht zur Ruhe. Ich lausche in die Nacht und höre das Läuten der Kirchturmglocken. Eigenartigerweise läuten die Glocken zehn Minuten später immer noch. Mit schmerzenden Gliedern stehe ich auf und schlurfe zum Fenster. Ich öffne es und blicke in die Nacht. Komisch, da draußen ist es mucksmäuschenstill. Wieder lege ich mich ins Bett und höre die Kirchturmglocken. Ich frage mich, ob mit meinen Ohren etwas nicht in Ordnung ist. „Tanja, bist du noch wach?“, flüstere ich leise. „Ja. Was ist?“ „Hörst du auch die Kirchturmglocken?“ „Ja.“ „Gott sei Dank. Ich habe schon geglaubt, ich hätte einen an der Mütze. Es gibt da draußen keine Kirchtürme und es läuten auch keine Glocken. Was glaubst du, was es ist?“ „Keine Ahnung. Lass mich bitte in Ruhe. Ich will mich auf dieses Geräusch gar nicht konzentrieren, ich will nur schlafen“, beendet sie das Gespräch. Grübelnd erhebe ich mich wieder aus dem Bett, setze meine Stirnlampe auf, um Tanja nicht zu stören und untersuche das Zimmer. Ich robbe auf dem Boden herum und stelle fest, dass das eigenartige Geräusch vom Fenster her kommt. Ich lege mein Ohr an den Heizkörper, drehe dabei den Regler auf und zu und bin erleichtert, als ich damit das Läuten beeinflussen kann. Zufrieden begebe ich mich wieder ins Bett. Dongg, dongg, dongg, läutet es leise weiter. Einige Moskitos surren um meinen Kopf, ihr ekelhaftes Geräusch vereint sich mit den Glocken aus dem Heizkörper. Als es mir dann auch noch zu warm wird und mein ermatteter Körper heftige Schwitzattacken erleidet, beschließe ich, morgen wieder ins Zelt zu ziehen.

Tanjas Geburtstag

Gerädert von einer schlaflosen Nacht schaue ich auf die Uhr. Es ist 7:00 Uhr. Tanja dreht sich gerade genüsslich auf die Seite. „Guten Morgen, Geburtstagskind! Ich wünsche dir alles Gute und ein langes, glückliches Leben. Mögen alle deine Wünsche in Erfüllung gehen! Ich wünsche dir viele Abenteuer ohne Gefahr. Dass du noch lange so wunderschöne Bilder malst und immer Freude an deiner Kunst hast. Vor allem wünsche ich dir ewige Gesundheit und die Kraft der Mutter Erde. Dir und mir wünsche ich, dass unsere Liebe ewig hält“, flüstere ich, während ich Tanja ganz fest umarme. „Danke. Das hast du schön gesagt“, antwortet sie zärtlich. „Was hältst du davon, wenn wir uns einen freien Tag an der Promenade von Aschach genehmigen?“ „Gute Idee, nichts wie los!“

Nach einem ausgiebigen Frühstück mit Maria schwingen wir uns auf die Räder und fahren bei herrlichem Sonnenschein an die Donau. „Pass auf, dass dein Hengst dich nicht abwirft!", ruft Tanja. „Stimmt. Er gebärdet sich völlig wild. Unglaublich was es ausmacht, wenn er keinen Wagen ziehen und die Satteltaschen nicht tragen muss. Ist richtig gefährlich dieses Tier!", rufe ich vergnügt und treibe ihn in Sekundenschnelle auf ein ungeahntes Tempo. Ein Lastwagen überholt mich. Sofort hänge ich mich hinten dran und würde ihm am liebsten die Lichthupe geben. Tanja und ich reiten unsere Gäule durch Aschach, bis wir unsere widerspenstigen, sich aufbäumenden Räder neben einer Eisdiele an der Donaupromenade anbinden. „Du hast Geburtstag, darfst dir also aussuchen, was du willst", scherze ich. „Hm, dann esse ich ein Eis." „Gute Idee. Ich esse auch eins und weil du Geburtstag hast bestelle ich mir noch Sahne dazu. Ha, ha, ha." Nachdem jeder von uns zwei Portionen Eis vertilgt hat und wir das Treiben an der Promenade ausgiebig genossen haben, besteigen wir wieder unsere Gäule und geben ihnen die Sporen. Wir reiten den Uferradweg hin und her, nur um uns dann neben der Eisdiele, diesmal in einem Restaurant, niederzulassen. Tanja bestellt sich einen Salat und ich ein Wiener Schnitzel. Dazu trinken wir zwei Bier. „Magst du eine Nachspeise?", frage ich. „Uff, ich kann nicht mehr, aber vielleicht magst du noch was?" „Schön, dass du Geburtstag hast. Ich glaube, ich bestelle mir noch zwei Pfannkuchen", lache ich.

Nach einer herrlichen Schlemmerei fahren wir nach Hacking zurück. Maria hat für uns ein Abendessen zubereitet, das wir uns schmecken lassen. „Wollt ihr noch ein Stück Erdbeerkuchen? Ich habe einen für Tanja gebacken", bietet sie uns an. „Puh, ich bin pappsatt", stöhne ich. „Ach was, Tanja hat nur einmal im Jahr Geburtstag. Jetzt hab dich nicht so, Denis!" Maria legt mir ein großes Stück Erdbeerkuchen auf den Teller.

Gegen 22:30 Uhr kommt Franz von seiner Geschäftsreise nach Hause. Wir begrüßen uns herzlich, aber leider habe ich so viel gegessen, dass ich mich mit Franz nicht lange unterhalten kann und meinen schweren Bauch ins Zelt tragen muss.

Stolz auf meinen Freund

Vor über 20 Jahren habe ich Franz bei einer meiner ersten Asienreisen auf Bali kennen gelernt. Wir waren uns sofort sympathisch und verbrachten eine unbeschwerte, intensive und unvergessliche Zeit zusammen. Seitdem hält unsere Freundschaft. Durch unsere Große Reise sehen wir uns manchmal für Jahre nicht, aber der Kontakt ist nie abgebrochen. Franz ist wie fürs Reisen geboren. Er liebt Asien und seine Bewohner. Er kann mit den Menschen dort so gut umgehen wie kaum ein anderer Europäer. Mit

gefühlvoll vorgetragenen Diavorträgen begeisterte er die Menschen in seiner Heimat. Durch seine charmant vermittelten Erlebnisse hat er eine Brücke zwischen der hiesigen und der asiatischen Dorfbevölkerung gebaut.
Gerne hätte er weitergemacht und die Welt für sich entdeckt, doch musste er den heimischen Hof übernehmen. Heute managt er einen großen landwirtschaftlichen Betrieb in Oberösterreich.
Zusammen mit seiner Frau Maria erzeugt er Erdbeeren und Gurken im großen Stil. Schon vor 20 Jahren besuchte ich Franz und freute mich auf ein Wochenende mit Erdbeeren bis zum Platzen. Damals waren die Erntehelfer noch Einheimische, doch heutzutage sind für solche Jobs keine Österreicher mehr zu gewinnen. Die Erntehelfer kommen zum großen Teil aus der Ukraine. Franz hat den elterlichen Hof rechtzeitig umgestellt. Innovation, Einfühlungsvermögen, genaue Marktbeobachtung und zukunftsorientiertes Denken haben aus dem Familienbesitz ein Vorzeigeunternehmen werden lassen, in dem in der Hauptsaison bis zu 75 Erntehelfer eine Tätigkeit finden. Schon damals wollte Franz dazu beitragen, die Situation in den strukturschwachen Ländern zu verbessern. Er hat es aus meiner Sicht geschafft.
Aus dem Fenster sehe ich dem Treiben der Ukrainer zu. Sie sind gerade von der Arbeit gekommen, lachen und scherzen und sind offensichtlich glücklich. Sie haben hier auf dem Hof für ein paar Monate im Jahr eine zweite Heimat gefunden. Eine extra angestellte ukrainische Köchin versorgt die Arbeiter mit deren Leibspeisen. Sie leben in schönen sauberen Zimmern, die eher mit Hotelzimmern zu vergleichen sind als mit Arbeiterunterkünften. Sie haben die Möglichkeit, für ihre Verhältnisse viel Geld zu verdienen - zehnmal soviel wie im eigenen Land. Oftmals haben sie Familien zu unterstützen, ihren Kindern

Erntehelfer arbeiten liegend auf den Auslegern des Traktors.

Ukrainische Erntehelfer beim Gurkenpflücken.

zahlen sie mit dem Geld die Schulbildung und ihren Eltern die ärztliche Behandlung.
Eigentlich wollte Franz immer reisen, um sich mit fremden Kulturen auszutauschen und jetzt kommen die Menschen aus anderen Kulturen zu ihm. Jedes Jahr reisen sie nach Hartkirchen, manche schon seit zehn Jahren. Auf diesen Freund kann ich stolz sein.

Das schwarze Meer ruft

Es ist eine angenehme, erholsame Zeit bei unseren Freunden. Seit Tanjas Geburtstag bin ich damit beschäftigt, meine Gedanken und unsere Erfahrungen schriftlich festzuhalten. Zum Glück muss ich diesmal nicht unter einem zugigen Scheunendach sitzen, unter das der Regen seine feuchten Finger streckt. Die fremdartigen, doch angenehmen Gespräche der ukrainischen Erntehelfer und deren frohes Lachen im Hof dringen durch das Fenster zu mir herauf. So bekomme ich schon einen atmosphärischen Vorgeschmack auf die Ukraine. Die Bekanntschaft mit diesen freundlichen Menschen lässt mich alle Horrorgeschichten über Russland vergessen. Franz und ich sitzen an manchen Tagen bis spät in die Nacht am Küchentisch und sprechen über vergangene Zeiten. Aber wir unterhalten uns auch über die gigantische Reise, die vor uns liegt. „Wenn du von Ungarn aus in die Ukraine willst, musst du die Karpaten überqueren“, meint er und deutet mit seinem Zeigefinger auf den grauen Gebirgszug auf der Landkarte. „Stimmt, aber bis dahin sind wir auch besser trainiert.“ „Du hast gehört, was unsere Vorarbeiterin Ljuba gesagt hat. Die Passstraßen dort sind beachtlich. Vielleicht solltet ihr bis ans Schwarze Meer fahren und von dort aus in die Ukraine einreisen?" „Hm, lass mal sehen. Ist ein verdammt weiter Weg. Und dann müssen wir wieder die gesamte Strecke nach oben." „Stimmt, aber ihr umgeht die Karpaten. Und die Gegend am Schwarzen Meer soll wunderschön sein. Ihr würdet sogar an Odessa vorbeikommen. Da fahren alle Russen hin, die Geld haben. Die wissen, wo es schön ist." „Na ja, hm, ich weiß nicht. Wenn wir dieses Jahr noch bis ans Schwarze Meer wollen, müssen wir uns beeilen. Das sind noch 2.000 Kilometer. Aber warum eigentlich nicht? Was meinst du, Tanja?" „Du weißt doch, dass ich dir überallhin folge. Wenn du meinst, wir sollten erst bis zum Schwarzen Meer radeln, dann machen wir das. Wir müssen aber auf jeden Fall Anfang November wieder in Deutschland sein. Du weißt, dass wir am 11. November einen Vortrag in Brixen halten." „Klar, das ist ja meine Überlegung. Wenn wir von Ungarn in die Ukraine fahren, dort in den Bergen festsitzen und keine Möglichkeiten finden, da wieder rechtzeitig rauszukommen, haben wir ein Problem. Vielleicht hat Franz Recht, und wir sollten tatsächlich Richtung Schwarzes Meer fahren. Dort finden wir bestimmt eine Rückreisemöglichkeit", überlege ich. „Wir können ja nächstes Frühjahr unsere Reise dort fortsetzen", schlägt Tanja vor. „Klar, das müssen wir sogar. Aber ob wir dann noch vor Anbruch des Winters Sibirien erreichen? Nun, es ist sowieso ein Abenteuer und solche Unsicherheiten gehören dazu. Ich denke, wir sollten den Vorschlag von Franz ins Auge fassen und uns auf den Weg ans Schwarze Meer machen. Was meinst du, ist das nicht eine reizvolle Vorstellung?" „Ja, damit kann ich mich anfreunden. Das Schwarze Meer ruft!" lächelt Tanja zuversichtlich.

Selbstzweifel und Bestätigung

Die Tage bei unseren Freunden waren wunderschön, aber auch sehr arbeitsintensiv. Wie schon erwähnt, ist das Schreiben für mich manchmal mindestens genauso anstrengend wie die aktive Zeit unserer Expeditionsreisen. Vor allem, wenn ich müde bin, kann es Stunden dauern, bis ich mich in eine erlebte Situation wieder hineinversetzen kann. Mein Geist muss sich dann erst durch eine dicke Nebelwand graben, deren Grund in scheinbar unerreichbaren Tiefen liegt. Erreiche ich den Boden, wird es schlagartig klar und ich bin wieder ein Teil der Geschichte, befinde mich also wieder da, wo wir vor Tagen oder Wochen waren. Je weniger Zeit zwischen dem Erlebten und meinen Aufzeichnungen liegt, desto besser gelingt die

Rekonstruktion. Ich bin unschlüssig, ob es sinnvoll ist, wenn ich einige Erfahrungen und Gespräche manchmal so detailliert wiedergebe. Oft aber liegt gerade der Sinn eines Gespräches, der Witz eines Dialogs, die Spannung einer Situation oder die Anmut der Natur im Detail. Vielleicht ist das vergleichbar mit der Struktur eines Blütenblattes, dessen Schönheit uns erst bei genauem Hinsehen auffällt. Ich weiß oft nicht, warum ich mir die Mühe mache, unser Leben in alle Einzelheiten zu zerpflücken, um diese dann mit Hilfe von Buchstaben wieder zusammen zu setzen. Ich folge dabei meiner inneren Stimme, hadere aber bis heute gerade in diesem Punkt mit mir. Könnte ich die Zeit nicht sinnvoller einsetzen?

„Was meinst du mit sinnvoll?", fragt meine innere Stimme im gleichen Atemzug. „Naja, vielleicht ein wenig Faulenzen. Schlafen. Schneller Vorankommen", überlege ich. „Für deine Ruhephasen bekommst du genügend Zeit. Zu viel Faulenzen hat noch keinem Menschen etwas gebracht. Sei froh, dass du eine Aufgabe hast und Befriedigung darin findest. Du kannst sogar dem einen oder anderen Leser etwas von der schönen Welt mitteilen - etwas, das er sonst nie erfahren würde. Schnelleres Reisen? Das soll wohl ein Witz sein. Du weißt doch, dass es bei euren Reisen und Expeditionen nicht auf die Geschwindigkeit ankommt. Das habe ich dir schon oft versucht verständlich zu machen. Mit Geschwindigkeit wirst du nicht mehr erleben. Im Tempo wirst du keine Bienen summen hören oder den eigenwilligen Duft von Wildkräutern im Wald wahrnehmen. Es kommt nicht auf die Geschwindigkeit an, sondern darauf, was ihr erlebt, was ihr fühlt, was ihr spürt. Du wirst am Lagerfeuer unendlich mehr erfahren als der beste Hollywoodspielfilm dir zeigen kann. Nicht das Reisen an der Oberfläche ist für dich wichtig, sondern das Reisen in die Tiefe der Länder, Völker und in die Tiefen deines Selbst. Das ist dir doch klar?" „Ja, natürlich. Es ist nur so schwer, meinen inneren Schweinehund zu überwinden und bei Schwierigkeiten nicht davon- oder weiterzulaufen. Es fällt mir nicht leicht, die Disziplin aufzubringen, mich immer wieder hinzusetzen, um unsere Erlebnisse niederzuschreiben, sie schriftlich festzuhalten. Manchmal ist es mir einfach zu viel." „Ich verstehe. Nimm dir mehr Pausen. Erhole dich zwischendurch und wenn du wieder voller Energie bist, mach da weiter, wo du aufgehört hast." „Aber so kommen wir nie nach China. Wir werden ewig brauchen, bis wir vernünftige Strecken zurücklegen."

„Es ist immer wieder das Gleiche mit dir. Wer bestimmt denn, was eine vernünftige Strecke ist? Deine und eure Dokumentationsarbeit schafft genauso Meilensteine wie der Tritt in die Pedale. Du machst dir zu viele Gedanken. Wir, die Mutter Erde, die Wüsten und alles, was ist, haben dir schon oft gesagt, dass du dir über das Ankommen keine Sorgen zu machen brauchst.

Du weißt doch, dass Ankommen das Ende einer Reise bedeutet. Du weißt doch, dass die Reise des Lebens mit dem Ankommen aufhört. Also sei froh über eure Reise und über deine Fähigkeiten. Vor allem sei dankbar dafür, dass ihr euch ohne Zeitdruck fortbewegen dürft. Das tiefere Leben, also ein Leben weg von der Oberfläche, wird ein längeres Leben sein. Es wird sich potenzieren und intensivieren. So ein Leben wird sich um ein Vielfaches länger anfühlen und dadurch auch länger sein. Deine Schatztruhe der Erfahrungen füllt sich von Stunde zu Stunde, von Tag zu Tag und bildet somit einen Reichtum, der mit nichts vergleichbar ist. Würdest du all deine Erfahrungen und Erlebnisse in Geld umtauschen, wärst du zwar materialistisch gesehen ein reicher Mann, aber in deiner Emotions- und Gefühlswelt bettelarm. Teile deinen Schatz der Erfahrungen und Geschichten mit den Menschen. Sei nicht geizig damit. Alles, was du gibst, bekommst du zurück. Das ist unser Gesetz." „Hm, klingt gut, was du erzählst. Ich bin ja auch bereit, die Geschichten aufzuschreiben. Ich denke nur, manchmal könnten sie zu banal, zu langweilig sein." „Das haben wir auch schon besprochen. Nichts ist banal und langweilig. Es kommt immer nur auf den Blickwinkel an." „Und warum laufen die Dinge nicht leichter? Es könnte doch alles glatt gehen, ohne Schwierigkeiten, ohne Hürden?" „Vergiss nicht, das Leben ist ein Kreislauf mit Höhen und Tiefen. Ein Auf und Ab, was Würze bedeutet, das Salz in der Suppe. Freue dich über die Höhen und Tiefen, die das Leben dir bietet. Freue dich darüber, dass eure Expeditionsreise so lange dauert, wie sie dauert, dass deine Schreibarbeit ein Teil davon ist, dass sie einen Teil deines Lebens ausmacht und vor allem ein Teil ist von allem, was existiert. Lasse es einfach geschehen, dann wirst du noch mehr Freude und Befriedigung finden. Obwohl wir dir das schon oft erzählt haben werden wir es dir immer wieder vermitteln - so lange, bis du es in der Tiefe deines Herzen verstanden hast." „Glaubst du, das wird jemals geschehen? Werde ich je alles, was du sagst, wirklich aus der Tiefe meines Herzen begreifen können?" „Ganz sicher. Du musst es nur zulassen und darfst nie aufgeben."

Letzte Vorbereitungen vor dem Aufbruch

Durch die inneren Gespräche gestärkt, mache ich mich wieder an die Arbeit. Zuerst stelle ich die Aufhängung der neuen Ortlieb-Taschen ein. Ab sofort werden wir nämlich auch vorne mit großen Fahrradtaschen fahren. Immer wenn wir an einem Laden etwas zum Essen für uns kauften, hatten wir Schwierigkeiten, es unterzubringen. Es war eine unangenehme

Schlichterei. Christoph von der Firma Ortlieb hat uns auf unser Bitten hin sofort die neuen Taschen geschickt und Gott sei Dank sind sie rechtzeitig bei Franz angekommen.
Kurz vor unserem Aufbruch schlichtet Tanja noch einmal ihre Nahrungsmitteltaschen um. Rapunzel und Simpert Reiter haben uns ebenfalls mit Nachschub versorgt. Obwohl wir in Österreich und auch in Ungarn alles kaufen können, was wir zur Versorgung benötigen, wollen wir möglichst wenig auf unsere spezielle Ernährung verzichten. Für die psychischen und physischen Anforderungen unserer Reise benötigen wir die richtigen Lebensmittel. Bionahrung steht dabei an erster Stelle, aber auch die gefriergetrockneten Mahlzeiten von Simpert Reiter sind fantastisch. Da wir nur heißes Wasser in die Beutel schütten müssen, sparen wir viel Zeit und Nerven. Das Beste an unserer Spezialnahrung ist, dass sie sehr gut schmeckt. Auch die vielen Nahrungsmittelergänzungen von Sanatur, wie zum Beispiel Vitamine, Mineralien und Algen sind für uns unverzichtbar.
Wegen der Dokumentationsarbeit der letzten Tage komme ich erst jetzt dazu, den Kettenantrieb unserer treuen riese und müller Fahrräder zu reinigen und zu ölen. Bis heute haben sie trotz der enormen Belastung problemlos durchgehalten - mittlerweile bereits 1.000 Kilometer. Vor dem Trip machte ich mir noch Sorgen, womöglich jeden Tag an den Rädern schrauben zu müssen. Doch erwiesen sich diese Bedenken als Hirngespinste. Unsere Maschinen laufen fantastisch und fehlerfrei. Auch die 14 Gang Nabenschaltung von Rohloff funktioniert perfekt.
Verglichen mit unserer australischen Kamelexpedition ist diese Reise geradezu erholsam. Auf dem Donauradweg bewegt man sich wie auf einem Himmelbett für Fahrräder, doch es werden sicher auch noch andere Zeiten kommen...
Ich leihe mir von Franz die große Erdbeerwaage aus, um die Ladung zu wiegen. Obwohl ich das eine oder andere abgespeckt habe, schockt mich das Ergebnis: „110 Kilogramm, es sind immer noch 110 Kilogramm!“, sage ich zu Tanja. „Mit dem neuen Lebensmittelnachschub für deinen ständig knurrenden Magen muss ich ganze 88 Kilo transportieren“, antwortet sie. „Wieso meinen knurrenden Magen? Deiner steht dem wohl in nichts nach. Manchmal hörst du dich wie ein Grizzlybär an“, foppe ich zurück. „Wie schwer ist denn dein Anhänger jetzt?“, möchte Tanja dann wissen. „53,7 Kilogramm.“ „Meinst du, das hält er auf Dauer aus?“ „Ich denke schon. Die Firma Used hat einen sehr guten Hänger konstruiert. Er ist simpel, funktionell und megastabil. Das System ist genial. Ich glaube nicht, dass uns die Hänger Schwierigkeiten bereiten. Und wenn, kann man sie bestimmt leicht beheben“, bin ich zuversichtlich.

Ärgerlicher Versicherungsfall

Endlich ist es so weit. Die Räder sind bis auf ein paar Kleinigkeiten beladen und für die nächsten 1.000 Kilometer gerüstet. Ungarn und die Slowakei können kommen. Ich eile noch ins Bad, um meinen Waschbeutel zu holen. Schnell packe ich alles hinein, als mein Blick wie hypnotisiert an einem fetten roten Fleck auf der Ablage des neuen und teuren Bades hängen bleibt. „Oh Gott!", entfährt es mir. Sofort schnappe ich mir Seife und Handwaschbürste. Trotz großer Anstrengung strahlt mich der Klecks unverändert an. Wütend starre ich auf das kleine Fläschchen, das ich von Ingo, dem Kunstprofessor, geschenkt bekommen habe. „Das tut gut gegen Muskelverspannungen. Ein reines Wundermittel. Ich habe es von meinen chinesischen Freunden, weiß aber nicht, was drin ist. Es hilft aber fantastisch. Nimm das Fläschchen mit, du wirst es bestimmt noch brauchen", hatte Ingo das Teufelszeug gelobt. Jetzt ist ein winziger Teil davon an der Flasche heruntergelaufen und hat sich deutlich sichtbar auf der weißen Ablage verewigt. „Na, dir helfe ich in die Strümpfe", drohe ich flüsternd der rot glänzenden fremdländischen Flüssigkeit. Ich gehe in die Küche, um mir härtere Putzmittel zu besorgen. Franz liegt derweil auf dem Sofa und sieht fern. Wieder im Bad behandle ich den Fleck mit energischem Einsatz. Nichts, absolut nichts tut sich. „Pah!", rufe ich leise und laufe schnell wieder in die Küche. Franz hebt seinen Kopf und wirft mir einen belanglosen Blick zu. Hoffentlich merkt er nichts, denke ich mir und schütte etwas von dem aggressiveren Putzmittel auf die eingefärbte Fläche. Wieder nichts! Bösartig blitzt mich der rote Fleck an. Verzweifelt renne ich wieder in die Küche. „Denis! Was machst du da eigentlich?" Die Stimme von Franz lässt mich zusammenzucken. „Ich komme gleich", antworte ich ausweichend. Diesmal rücke ich dem hartnäckigen Kerl mit Stahlwolle zu Leibe. Siehe da - es tut sich was. Dem Fleck vergeht sein freches rotes Grinsen und nach wenigen Minuten ist fast nichts mehr von ihm zu sehen. Erleichtert atme ich auf. Ich habe es geschafft. Noch einmal gehe ich über die Stelle, um sicher zu sein, alles erwischt zu haben, als das ehemalige Rot sich gräulich verfärbt. „Was ist das denn?", flüstere ich. Ich reibe noch einmal über die jetzt graue Stelle. Oh Schreck, sie wird größer! Wie kann das geschehen? Ich nehme den Mutanten etwas genauer unter die Lupe, als mir vor Schreck fast die Augen aus dem Kopf fallen. Ohne Zweifel habe ich der ganze Sache zuviel Energie gewidmet und die Beschichtung der Ablage glatt durchgescheuert. Geknickt schlurfe ich wieder in die Küche um die Stahlwolle in den Müll zu werfen. „Was machst du denn die ganze Zeit?", fragt Franz freundlich. „Ich glaube, ich habe gerade einen Versicherungsfall produziert."

Unterwegs

Um 14:45 Uhr geht es los. Franz begleitet uns bis zur Donau und schießt ein paar Fotos. Von Maria haben wir uns schon gestern verabschiedet, da sie übers Wochenende nach Tschechien gereist ist. Am Fluss lässt Franz sein Auto stehen und schwingt sich auf sein Rad. „Ich leiste euch noch für ein paar Kilometer Gesellschaft“, erfreut er uns. Nicht viel später ist dann doch der Zeitpunkt des Abschieds gekommen und ich umarme meinen Freund. „Ich hoffe es dauert nicht wieder Jahre, bis wir uns wiedersehen“, meine ich. „Vielen Dank für eure Gastfreundschaft“, sagt Tanja und schließt Franz ebenfalls in ihre Arme.

Fähre nach Ottensheim.

Nach wenigen Kilometern endet der Radweg und wir setzen mit der Fähre nach Ottensheim über. Auf dem betagten Fährschiff trinken wir heißen Tee aus der Thermoskanne. Drei ältere Damen und ein Herr wollen ebenfalls auf die andere Seite des Flusses. Sie stehen neben mir und unterhalten sich. „Wo fahren Sie denn mit all dem Gepäck hin?“, fragt eine der Damen. „Haben Sie in der Box einen Hund?“ „Nein, Ausrüstung. Wir brauchen so viel, weil wir nach China radeln“, antworte ich pflichtbewusst und mittlerweile sehr geübt. „Ach, fahren Sie wohl nach Shanghai? Mein Neffe hat eine Chinesin aus Shanghai geheiratet. Wir waren alle zur Hochzeit eingeladen. Das war ein Fest, sag ich Ihnen. Ich war auch an der chinesischen Mauer. Ein großartiges Bauwerk“, erzählt sie stolz. „Ist das die Klagemauer?“, fragt eine andere. „Nein, die Klagemauer ist in Israel. Die Chinesische Mauer ist in China“, berichtigt sie ihre Freundin mit ernster Miene.

Tanja und ich schlürfen unseren Tee und lauschen der Unterhaltung der Damen. „Die Chinesische Mauer ist das längste Bauwerk der Welt, musst du wissen. Und das einzige, das man auch vom Weltall aus erkennen kann", erklärt die Chinakundige weiter. „Waren Sie schon mal in China?", fragt sie mich unvermittelt. „Ja. Wir haben mit Kamelen die Taklamakan Wüste durchquert", antworte ich brav. „Ah, die Taklamakan ist doch die kälteste Wüste der Erde. Da wird es bis zu minus 40° kalt. Das habe ich in einer Fernsehdokumentation gesehen", blabbert sie. Hoffentlich legt die Fähre bald an und befreit uns aus dem Geografieunterricht, denke ich mir.
Als wir auf der anderen Seite das Ufer erreichen, schiebt Tanja ihr Gefährt die steile Böschung hoch. „Kann ich Ihnen helfen?", fragt die Frau, die sich über den Standort der Klagemauer hat aufklären lassen. Tanja bleibt nicht die Zeit für eine Antwort, als sich die Hände der Dame von schräg hinten gegen die Satteltaschen drücken. „Neiiin, nicht!", ruft Tanja entsetzt, denn sie kann auf der steilen Zufahrt der Fähre kaum noch ihr Rad halten. Kurz bevor die alte Dame Tanjas Fahrrad umgedrückt hat, löst sie ihre helfenden Hände. Kaum ist Tanja von der gut gemeinten, aber destruktiven Hilfe befreit, fasst die Frau schon wieder an den Anhänger. „Nein danke. Ich schaffe das alleine!" Mit letzter Kraft bewahrt Tanja ihr Rad vor einem Absturz von der Rampe. „Lass sie doch! Wenn sie keine Hilfe möchte!", befiehlt die Chinaexpertin ihrer Freundin, woraufhin diese sich endgültig zurück hält.
Wir lassen die ehemalige Römersiedlung Lentia, das heutige Linz, hinter uns. An den Ufern erinnern alte Fabriken an die frühe Industrialisierung der Stadt. Kaiser Maximilian leitete schon 1497 die Entwicklung der Stadt ein, die vor allem durch ihre Jahrmärkte im 16. und 17. Jahrhundert europaweit bekannt war. Gerne würden wir Linz, das sich in letzter Zeit zu einer international anerkannten Kulturstadt entwickelt hat, einen Besuch abstatten, aber wir müssen heute noch unseren Zeltplatz erreichen.
Unsere Räder schnurren auf der linken Seite der Donau über den Damm. In den frühen Abendstunden kommen uns viele Radfahrer und Freizeitsportler auf ihren Inline Skates entgegen. Die saftigen Wiesen links und rechts der Donau werden von den Stadtbewohnern ausgiebig genutzt. Es wird Fuß-, Federball und Schach gespielt. Inder oder Pakistaner üben sich in Kricket. Einheimische Jugendliche brausen zu heißer Musik mit ihren Skateboards über eine dafür vorgesehene Anlage. Wieder andere nutzen den Sonntagabend um die letzten Würstchen auf den Grill zu legen oder das letzte Bier zu schlucken. Das Treiben ist bunt und schön anzusehen.
Am Pleschinger Badesee finden wir unseren Campingplatz. Nur drei kleine Zelte stehen auf der Wiese. „Sieht eigenartig aus", stelle ich fest. Eine Chi-

nesin kommt, öffnet den Reißverschluss ihrer kleinen Behausung und schlupft kommentarlos hinein. Dann wirft sie ein paar Taschentücher vor ihren Eingang und zündet sie an. Die Flammen züngeln nur wenige Zentimeter neben der Zeltbahn nach oben. Verwundert sehe ich der Inszenierung zu und frage mich, was die Frau aus dem Reich der Mitte mit dieser Aktion wohl bewirken möchte. Dann öffnet sich der Reißverschluss erneut und weitere Taschentücher füttern das schwach gewordene Flämmchen. Andere Länder andere Sitten. Vielleicht vertreibt die Frau mit dem Rauch die Moskitos, vermute ich und kümmere mich um meine eigenen Angelegenheiten.

Müde

Trotz neun Stunden Schlaf fühle ich mich müde und gerädert. Gestern habe ich noch bis halb elf Bilder von den Kameras in den Itronix kopiert, nummeriert und beschriftet. Vor der Weiterfahrt unterhalten wir uns mit zwei Radlern, die ebenfalls gestern Abend angekommen sind. Sie warnen uns vor dem Radweg in Ungarn, der sehr schlecht sein soll. „An eurer Stelle würde ich auf der slowakischen Seite weiterfahren. Auf dem ersten Stück in Ungarn reiht sich ein Schlagloch ans andere. Mit eurem vielen Gepäck ist das bestimmt eine Katastrophe.“ Die beiden wollten eigentlich von Passau bis ans Schwarze Meer radeln. Doch mussten sie umkehren, weil sich einer von ihnen wider Erwarten an der Uni persönlich einschreiben muss.
Obwohl wir auf einer fantastischen Fahrradautobahn fahren, erweist sich die heutige Fahrt als sehr anstrengend. Starker Gegenwind bläst uns über die

Frühe Pause auf einem idyllischen Campingplatz.

weite Donau entgegen. Er fängt sich in den Fronttaschen und im Rad. Tanja duckt sich in meinem Windschatten und mir kommt es so vor, als würde ich eine tiefe Spur durch frischen Neuschnee ziehen. Mit etwa 12 bis 15 Stundenkilometern kämpfen wir uns vorwärts.
Diesmal erreichen wir schon nach 27 Kilometern einen Zeltplatz. „Eigentlich solltest du dich ausruhen. Bleiben wir doch da und nutzen den Nachmittag zum Faulenzen. Du könntest dich auf die Isomatte legen und ein wenig schlafen", verlocken mich Tanjas Worte und ich denke an mein kürzlich mit Mutter Erde geführtes Gespräch. Zum nächsten in der Karte eingezeichneten Campingplatz sind es etwa 40 Kilometer. Ich überlege noch einige Augenblicke, dann ist die Entscheidung gefallen: „Gute Idee, lass uns den Nachmittag auf der Isomatte faulenzen."

Neuer Rekord

Voller Energie beginnen wir einen neuen sonnigen Tag. Auch der aufkommende leichte Gegenwind kann uns nicht bremsen. An einem Bauernhof kaufen wir für den Abend eine Flasche frischen Most und in Grein legen wir auf dem Marktplatz eine Vesperpause ein. Dann folgen wir versehentlich dem Weg auf der falschen Donauseite. Immer wieder müssen wir auf die stark befahrene Straße. Neidisch blicke ich rechts zum Südufer hinüber. „Wir hätten bei Grein auf die Fähre gehen sollen. Bei dem Verkehr hier und dem kaum vorhandenen Radweg wundert es mich nicht, dass auf unserer Seite keine Radfahrer unterwegs sind", ärgere ich mich. Die Sonne brennt mit knapp 30 Grad vom Himmel und unser Wasservorrat neigt sich dem Ende entgegen. Ein schwer beladener Sattelschlepper versperrt uns den Weg. Gerade wird Baumaterial für ein Haus abgeladen. Nur mit Mühe kommen wir vorbei. Tanja bekommt starke Kopfschmerzen und das Wasser ist endgültig ausgegangen.
In Persenbeug bremse ich mein Rad vor einer Jausenstation. Wir bestellen zwei große Apfelsaftschorlen, um unseren Wasser- und Elektrolythaushalt wieder auf Vordermann zu bringen. „Bei solchen Temperaturen müssen wir mehr Wasser trinken. Es ist gefährlich, unsere Körper so trocken zu fahren!" „Stimmt, aber das geht schnell. Ich habe gar nicht mitbekommen, dass mein Körper dringend Wasser braucht. Erst die Kopfschmerzen haben mich gewarnt", antwortet Tanja. „Wenn man Kopfschmerzen hat, ist es meistens schon zu spät. Der Kreislauf kann unter solchen Anstrengungen schnell zusammenbrechen." „Ich weiß. Wir müssen einen extra Wasserbehälter in die Sattelta-

schen laden", meint Tanja und schluckt gierig den restlichen Inhalt ihres Glases hinunter. „Wie weit ist es noch bis zum Zeltplatz?", will sie wissen. „Nach meiner Karte sind wir bald da." „Gott sei Dank. Mannomann, bin ich heute geschafft", antwortet sie und wischt sich den Schweiß von der Stirn. Nach 62 Tageskilometern im Gegenwind erreichen wir unseren Übernachtungsplatz kurz hinter Persenbeug. „Was? 13 Euro die Nacht?" Erschrocken lasse ich meinen Blick über den Campplatz gleiten. Der schmale Landstreifen ist wie eine verdorrte Wurst zwischen Donau und der Hauptverkehrsader eingequetscht. Lastwägen donnern nur wenige Meter neben der angrenzenden Hecke vorbei und bringen einen Miniaturrasen zum Beben. Neben der Stelle, auf die wir unser Zelt stellen sollen, steht ein Wohnwagen. Die Fenster sind offen und der Fernseher spiegelt sich flimmernd in den Scheiben. „Das ist ja ein furchtbarer Platz. Wenn du noch kannst, würde ich gerne weiterfahren. Auf der Karte ist ein Zeltplatz nur 5 Kilometer von hier eingezeichnet. Was meinst du?", frage ich Tanja. „Ich bin müde, aber bevor ich dein Jammern anhören muss, weil es dir hier nicht gefällt, fahren wir lieber weiter." „Wir können schon bleiben und ich werde mich bemühen, nicht zu klagen", komme ich Tanja entgegen. „Wir können aber auch weiterfahren." „Also was jetzt, bleiben oder fahren? Es liegt an dir", sage ich als die Managerin des Zeltplatzes kommt. „Machen wir das schnell mit der Anmeldung? Sie können gleich hier das Formular ausfüllen", bietet sie etwas zu aufdringlich an. Tanja und ich sind uns einig. „Wir überlegen gerade, ob wir nicht heute noch unsere Freunde aufsuchen. Sie wohnen ganz in der Nähe", schwindle ich. „Wenn Sie meinen", antwortet sie und lässt uns stehen.

20 Minuten später erreichen wir den Zeltplatz vor Klein-Pöchlarn. Er liegt genauso ungünstig zwischen dem Fluss und der Verkehrsader eingeklemmt, nur dass er bis auf eine kleine Ecke völlig ausgebucht ist. „Ist der Platz immer so voll?", frage ich den Besitzer. „Um diese Jahreszeit schon." „Was machen denn die Leute hier? Urlaub?", will ich wissen. „Keine Ahnung. Ist eine streng christliche Glaubensgemeinde. Die kommen jedes Jahr und diesmal sind sie schon über fünf Wochen da", antwortet der Geschäftsmann zufrieden. „Vielleicht sollten wir noch heute zu Gerda fahren", schlägt Tanja vor. Gerda Gassner haben wir durchs Internet kennen gelernt. Sie besitzt eine Kamelreitschule und eine Gummifabrik und hat mit uns vor Jahren Kontakt aufgenommen. Weil sie eine Kamelliebhaberin ist und selbst 13 dieser Wüstentiere besitzt, war sie von unserer Australienexpedition fasziniert. Bald lernten wir sie auch persönlich kennen und sie besuchte mehrere unserer Shows. Durch unsere Routenänderung könnten wir ihre Einladung annehmen und einige Tage bei ihr verbringen. Ihr Domizil liegt direkt an der Donau. Vom

Zeltplatz aus rufen wir Gerda an. „Gerne könnt ihr schon heute kommen. Ich freue mich sehr!" Also schwingen wir uns wieder in die Sättel lassen die Tretkurbeln unserer Räder kreisen. „Gott sei Dank habe ich eine Tafel Schokolade gegessen. Die hat mir richtig Energie gegeben". Tanjas Müdigkeit ist zum Glück verflogen.
Als mein Tacho 70 gefahrene Kilometer anzeigt, kommt uns eine Radlerin entgegen. Es ist Gerda. Die Wiedersehensfreude ist groß. Wir umarmen uns herzlich und folgen ihr bis Weitenegg. „Ab hier geht es nur noch sechs Kilometer die Straße hoch, dann sind wir in Eitental", sagt sie. Ich zucke bei ihren Worten regelrecht zusammen. Noch sechs Kilometer bergauf! Ob das unsere Beine noch mitmachen? „Los Jungs, den Berg machen wir fertig. Das wäre doch gelacht", sporne ich die zwei strampelnden Kameraden unter mir an. Es wirkt! In meinem Gehirn legt sich ein Schalter um und jeglicher Schmerz ist betäubt. Wie eine Dampfwalze schiebt sich meine Maschine mit knapp 20 Stundenkilometern voran. Das Sonnenlicht hat sich aus dem engen Tal zurückgezogen und die Dämmerung setzt langsam ein. Als wir die Ferienwohnung erreichen, in der uns Gerda für die nächsten Tage unterbringt, zeigt der Tachometer einen neuen Tagesrekord von 82,85 Kilometern an. „Wenn wir müssten, würden wir heute die 100 knacken", meine ich lachend.
Nach einer Dusche holt uns Gerda ab und lädt uns zum Chinesen in Melk ein. Ihr Mann Werner gesellt sich zu uns und wir verbringen einen schönen Abend voller Geschichten.

Kamelreitschule

„Das ist Kreka." Gerda streichelt den Schnabel eines großen schwarzen Raben. Auf dem Weg zum Frühstücksraum zeigt uns Gerda das Gelände der Gummifabrik und stellt uns die vielen anderen Bewohner vor. Ein Lama namens Gelio streckt den Kopf eigenwillig durch das Gitter seiner Behausung und wackelt mit seinen riesigen Ohren. Die Katze No Name kreuzt unseren Weg. Der einjährige Kameljunge Marselle (später auf Bochri umgetauft) äugt neugierig um die Hausecke. Einige seiner erwachsenen Artgenossen sehen ebenfalls auf, als wir vorbeikommen. Andere naschen genüsslich an Heuhalmen. Mehrere Strauße kullern mit den Augen, doch als ich meine Kamera zücke, zeigen sie mir ihre Rücken. „Du hast ja einen richtigen Zoo hier!", stelle ich fest und bin über die exotische Tierwelt erfreut. Zwei französische Hirschhunde begrüßen uns schwanzwedelnd und schnuppern an unseren Hosenbeinen. Auf der nahen Weide grasen Pferde und in den Stallungen entdecken wir Ponys. „Für unsere kleinen Reiter", erklärt

Kamelherde in den Bergen von Niederösterreich.

Auch Strauße fühlen sich hier wohl.

Der Papagei Jacko hat sich in mein Ohr verliebt.

Gerda. In dem lichtdurchfluteten Frühstücksraum stellt uns Gerda ihre Schwestern Hilde und Ilse vor. Auch der Papagei Jacko sitzt als Gast auf der Stuhllehne und leistet uns Gesellschaft. Schnell freunden Jacko und ich uns an. Während ich von unseren Reisen erzähle, macht er es sich auf meiner Schulter bequem und knabbert vorsichtig an meinem Ohrläppchen.

Kameltreiben im Privatwald

Spätnachmittags ziehe ich mich am Sattelknauf von Hermann Muli hoch. Gerda hat uns angeboten, mit ihr und den Kamelen einen Ausritt in die Berge zu unternehmen. Obwohl ich eigentlich schreiben, zumindest meiner täglichen Dokumentationsarbeit nachgehen müsste, habe ich spontan ja gesagt. Wann hat man schon die Gelegenheit, in Niederösterreich am Fuße der Wachau auf Pferden zu reiten, um Kamele in die Berge zu treiben? „Exotischer kann es wohl kaum werden. Die Krönung wären natürlich Elefanten, aber die habt ihr in Österreich ja nicht", lache ich laut. „Also wenn du möchtest, kann ich euch schon mit Elefanten bekannt machen", schlägt Gerda vor. „Ha, ha, ha", pruste ich. „Ein guter Witz!" „Nein. Kein Witz. Wenn du Elefanten sehen willst, können wir nach dem Reiten hinfahren." „Wie meinst du das? Entschuldige bitte, aber die Vorstellung, hier in Österreich Elefanten zu treffen, ist einfach zu komisch." „Meine Freundin hat einen Bauernhof und zwei Elefanten. Sie ist als kleines Mädchen mit einem Elefanten aufgewachsen. Wenn du möchtest, rufe ich sie gleich an. Sie hat bestimmt nichts dagegen, wenn wir sie heute Abend besuchen." „Du meinst, wir können noch heute zwei Elefanten in einem Bauernhaus besuchen?" „Ja." „Richtig große, lebende Elefanten?" „Ja." „Natürlich will ich die sehen! Unbedingt! Das dürfen wir uns doch nicht entgehen lassen!", rufe ich begeistert und immer noch etwas ungläubig. Auf dem Pferd sitzend zückt Gerda ihr Mobiltelefon, um unser Treffen mit den Dickhäutern zu arrangieren. „Sie wird da sein", sagt sie einige Augenblicke später, steckt ihr Handy wie einen Colt ein und treibt ihr Pferd an. „Man braucht gar nicht erst nach Indien oder Afrika, um Ungewöhnliches zu erleben", meine ich und bringe mein Pferd in Trab.

„Bleibt bitte hinter den Kamelen", sagt Gerda. Auf ihre Kommandos treiben wir die dreizehnköpfige Kamelherde vor uns her. Die Wüstentiere freuen sich über den Ausflug. Hüpfend und springend stürmen sie voraus. Sie kennen ihren Weg und galoppieren durch das Tor der Gummifabrik hindurch und gleich danach links ab. Dann geht es steil den Berg hinauf. Die Blätter eines dichten Waldes wölben sich über unsere Köpfe zu einem Dach zusammen,

ihr dunkles Grün saugt uns auf. Von Zeit zu Zeit erblicken wir scheue Mufflons und Damhirsche, die in diesem Privatwald ihr Zuhause haben.
Auf einem gewissenhaft angelegten Weg treiben wir nun ohne Hast die Höckertiere vor uns her. „Wir nutzen den Berg, um sie für Kamelrennen zu trainieren. Jeden Tag werden sie mindestens einmal hier hinauf geführt. So haben meine Kamele den nötigen Auslauf und gleichzeitig bekommen sie eine gute Kondition", erklärt uns Gerda. „Hopp, hopp, hopp!", treiben wir die Tiere weiter sobald sie unter einem Baum verweilen, um daran zu naschen. Fasziniert vom exotischen Anblick der Kamele in einem westeuropäischen Mischwald genießen wir zugleich das Bild der kraftvollen und sehr gut gepflegten Tiere. Ohne Zweifel hat jedes vierbeinige Familienmitglied von Gerda im Lotto gewonnen. Nicht selten hat sie Tiere bei sich aufgenommen, die von ihren Besitzern schlecht behandelt wurden, die auf einmal genug von ihnen hatten, sie nicht richtig pflegten oder mit ihnen nicht umgehen konnten. Jedes der Pferde, Kamele, Strauße, Lamas und was es sonst noch auf dieser exotischen Farm gibt, lebt im Tierparadies auf Erden.
Auf dem Bergrücken angekommen, dürfen die Vierbeiner an den Bäumen naschen. Gerda, die anderen Reiter und wir achten darauf, dass sie in einer Gruppe zusammenbleiben und beobachten die länger werdenden Schatten. „Okay, treibt sie wieder nach unten!", ruft Gerda, worauf wir die Lichtung verlassen, um dem Pfad zu folgen, der sich im dunklen Wald verliert. „Hurra, nach Hause! Schneller, Jungs, schneller! Es gibt was zu fressen! Lass mich vorbei, du Langweiler! Ich habe großen Kohldampf!", scheinen die Tiere durcheinander zu brüllen, während sie den Pfad hinunterstürmen. Unten angekommen nehmen einige von ihnen ein Bad im kleinen Weiher. Dann traben sie in den Hof und warten ungeduldig auf ihr leckeres Abendmahl.
„Bevor wir nach Linz fahren und die Elefanten besuchen, essen wir erst eine Kleinigkeit im Kamelsalon", sagt Gerda. In der Vorfreude auf die Dickhäuter lassen wir uns mitten zwischen den Tieren frischen Ziegenkäse, Brot und Gebäck schmecken. „Vielen Dank für den Ausritt. Es war fantastisch!", bedanken wir uns bei Gerda.

Das Brüllen des Löwen

Es ist bereits dunkel, als Gerda ihr Auto auf dem Mursberg bei Walding parkt. Gespannt betreten wir den gepflegten Bauernhof. „Hallo! Hallooo, keiner da?", ruft Gerda. Wir folgen ihr auf Schritt und Tritt durch das ehrwürdige Haus. An den Wänden hängen Bilder von exotischen Tieren. Ein

Löwe gähnt mich im dämmrigen Licht an. „Aber Löwen gibt es hier nicht? Oder doch?", frage ich vorsichtig. Gerda sieht mich kommentarlos an. Warte es ab, scheinen ihre Augen zu sagen. Gerlinde öffnet die Küchentür und kommt uns mit strahlendem Lächeln entgegen. Die Freundinnen begrüßen sich herzlich. „Das sind Freunde aus Deutschland. Sie sind erst kürzlich 7.000 Kilometer mit ihren Kamelen durch Australien gelaufen und haben unter anderem Nepal mit einem Elefanten durchquert. Als ich von dir erzählte, wollten sie unbedingt deine Elefanten sehen", stellt sie uns vor. „Dann lasst uns mal nach draußen gehen", schlägt die uns auf Anhieb sympathische Frau vor.
Die beiden Freundinnen laufen voraus und unterhalten sich lebhaft. Am Kamelgehege bleiben sie stehen. Ein wunderschönes zweihöckriges Kamel streckt seinen mächtigen Kopf über das Gatter. Vorsichtig streichle ich es. Schnell geht es weiter. Gerlinde nutzt unseren Besuch, um ihre letzte Kontrollrunde durch ihren privaten Zoo zu drehen. Sie zeigt uns die äußerst geschmackvoll gestaltete Außenanlage, die mit Steinen, Wegen und Blumen verziert ist. Es geht vorbei an Straußen, lustig aussehenden Guanakos, Lamas, Eseln, Gänsen und einem Vogelhaus. „Den Papagei habe ich noch nicht lange", sagt sie und deutet auf einen der zahlreichen Vögel. „Er ist recht aggressiv. Sobald man den Käfig betritt, hackt er auf den Eindringling los. Neulich hat er mich im Nacken erwischt. Also jetzt betrete ich sein Reich nur noch mit Helm", erklärt sie. Dann knipst sie das Licht der Vogelanlage aus und wir treten wieder in die laue Spätsommernacht. Grillen zirpen lauthals und untermalen die fremdartige Szene mit einer exotischen Klangkulisse. Doch das ist erst der Anfang: „Rrroooohhrrrr! Rrrrrroooooohhhhhrrrr! Rrrrrroooooohhhhhrrrr!", fährt uns ein markerschütterndes Brüllen durch die Glieder. Sofort stellen sich meine Nackenhaare auf. „Also gibt es hier doch Löwen", flüstere ich Tanja zu. „Rrroooohhrrrr! Rrrrrroooooohhhhhrrrr! Rrrrrroooooohhhhhrrrr!", durchfährt das urige Brüllen wieder die Schwärze der Nacht und hallt in einem furchterregenden Echo von den nahen Wäldern zurück. „Unheimlich!", sagt Tanja leise. „Und wie!" Ich bin hypnotisiert. „Stell dir vor, du liegst im Zelt und hörst dieses Brüllen." „Ich würde mir in die Hosen machen!"
Auf dem weiteren Weg brüllt der König der Tiere mehrfach in den sternenklaren Himmel. Andächtig schleichen wir in ein Gebäude. Das Gemecker verschiedener Ziegenrassen erfüllt den Raum. Gerlinde schaltet das Licht ein und die Stallbewohner blicken uns neugierig an. Ein Alpaka biegt seinen Kopf vorwitzig über einen Holzbalken. Vorsichtig strecke ich meine Hand vor, um ihn hinter den großen Ohren zu streicheln. Erschrocken weicht er zurück und gibt ein würgendes Geräusch von sich. „Ob der spucken will?", frage ich. Noch einmal versuche ich, dem Wuschelkopf eine Streicheleinheit zu geben.

„Kchchchchttt!" höre ich und spüre eine Ladung Spucke dicht an mir vorbeifliegen. Tanja und Gerda lachen. Der braucht noch etwas Zielwasser, denke ich mir und lasse ihn in Ruhe.
„Hier waren Mary und Bindi einmal angekettet. Das war früher unser Kuhstall. Der wurde natürlich zu klein für die beiden und wir mussten ein Elefantenhaus bauen", erklärt Gerlinde. Im Gehege der Zebras nehme ich den intensiven Geruch von Großkatzen wahr. Gerlinde öffnet eine eiserne Tür und wir betreten das Raubtierhaus durch den Hintereingang. Gedämpftes Licht beleuchtet einen langen Gang. Uns verschlägt es fast den Atem. Tanja und ich stehen direkt vor dem Käfig von Mitschu, dem Löwen. Er hebt seinen Kopf und beobachtet jede unserer Bewegungen. „Darf ich ein Bild schießen?", frage ich respektvoll. „Gerne", antwortet Gerlinde. Mitschu sieht uns mit seinen goldbraunen Augen an und lässt den Kopf wieder auf die Holzbohlen sinken. „Na, Bubi. Komm mal her", spricht Gerlinde mit ihm, worauf er wieder seinen mächtigen Kopf hebt. „Wie kommst du zu dem Löwen?", möchte ich wissen. „Mitschu wurde in einem Zirkus geboren. Leider hat ihn seine Mutter nicht angenommen. Dann hat ihn ein Tierarzt in Wien aufgezogen, den ich gut kenne. Als er zu groß wurde, bot er ihn mir an. Das war 1990 und seitdem lebt er hier bei uns." Gebannt beobachten wir Mitschu noch eine Weile, bis wir dem Gang ins Gebäudeinnere weiter folgen.
Plötzlich stehen wir vor dem Käfig Sharifs. „Ich glaub's nicht", rutscht es mir heraus. Ein Bengalischer Tiger springt von seiner Bettstatt und drückt seinen muskulösen Körper gegen das Gitter. „Mei Buale" (Mein kleiner Junge), flüstert Gerlinde dem König des Dschungels liebevoll zu und streichelt durch

Die Begegnung mit dem Bengalischen Tiger Sharif.

das Gitter sein Fell. Tanja und ich halten den Atem an. Noch nie in unserem Leben waren wir der großen Raubkatze so nah. Trotz des Gitters ist die Begegnung mit dem Tiger für uns tief beeindruckend. „Sharif kommt aus einem Zirkus in Berlin. Er ist 1988 geboren und trat oft in der Manege auf. Der Zirkus löste seine Tigergruppe auf und seit 2000 ist er bei uns.“ „Darf ich ihn auch mal streicheln?“, frage ich ehrfürchtig. „Gerne“, antwortet Gerlinde. Tanja und ich knien vor dem Stahlgitter und streicheln das Fell des Tigers. Unsere Herzen schlagen heftig und das Glücksgefühl, sich in den tiefgründigen Augen einer Raubkatze zu verlieren, ist ein Erlebnis der Extraklasse. Immer wieder kommt Sharif ans Gitter, um sich sein Fell kraulen zu lassen. Dann richtet er sich vor Tanja sogar auf und stemmt sich mit seinen Pranken am Gitter ab, während sie ihn am Bauch krault.
Es ist schon spät, als wir die Raubtierkäfige verlassen. Auf dem Weg zum Elefantengebäude erfahren wir, dass Gerlinde Tiere bei sich aufnimmt, die für Privatleute zu groß oder gefährlich geworden sind oder aus einem Zirkus stammen. Hier bei Gerlinde, die einen privaten Tiergarten bei Walding gegründet hat, finden die Tiere ein wunderschönes Zuhause, in dem sie in Würde und mit Lebensfreude alt werden können.

Entfesselte Kraft

„Ihr bekommt heute noch späten Besuch“, begrüßt Gerlinde ihre Lieblinge und legt den Lichtschalter im Elefantenhaus um. Mary und Bindi erwidern ihre Grüße mit verhaltenem Trompeten. Gebannt von der gewaltigen und kraftvollen Ausstrahlung der größten Landsäuger stehen wir vor der Stahlabsperrung. Unsere zierliche Gastgeberin klettert unter der Absperrung hindurch und stellt sich zwischen die beiden Kolosse. Obwohl ich weiß, dass die Dickhäuter mit ihr aufgewachsen sind, stockt mir der Atem. Tanja und ich haben vor einigen Jahren Nepal mit einem Elefanten durchquert. Ich wollte mir damit einen Jungendtraum erfüllen. Leider war die Elefantendame namens Bawan Kumari ein Killer und hatte im Lauf ihres Lebens drei ihrer Mahuts (Herren) umgebracht. Wir erfuhren erst während der Expedition davon. Bawan wollte auch mich und unseren Übersetzer mehrfach töten. Nur mit viel Glück sind wir unverletzt davongekommen. Nie mehr werde ich das vergessen. Mit pochendem Herzen sehe ich, wie Gerlinde die Rüssel der Tiere streichelt. „Ihr dürft sie ruhig füttern“, lädt sie uns ein, näher zu kommen. Mary streckt mir ihren langen Rüssel durch die Stahldrähte entgegen. Aufgeregt stecke ich ihrer verlängerten Nase ein paar von den gepressten Wür-

Mit großem Respekt streichle ich die Elefantendame Mary.

felchen entgegen, die wir von Gerlinde bekommen haben. Mary kann davon gar nicht genug bekommen und ich entleere meinen Tascheninhalt in ihr saugendes Rohr.
„Geh rein“, höre ich plötzlich die vertraute Stimme. „Wie? Du meinst, ich soll da wirklich rein? Niemals!“ „Wenn du deine Angst loswerden willst, solltest du es tun.“ „Wirklich?“, frage ich zweifelnd. „Klar. Dir wird nichts geschehen. Hab Vertrauen. Frag Gerlinde. Sie wird es dir erlauben.“ „Hm“, zweifle ich. „Nur, indem du auf deine Angst zugehst, kannst du sie bekämpfen. Du weißt doch, dass Angst euch Menschen davor abhält, euch zu verwirklichen. Mary hat mit Bawan Kumari aus Nepal nichts zu tun“, überzeugt mich die Stimme der Mutter Erde. „Darf ich auch rein?“, höre ich mich fragen. „Gerne“, antwortet mir die zarte Frau, deren feinfühlige Ausstrahlung mich in ihren Bann geschlagen hat. Wie wild trommelt mein Herz gegen den Brustkasten. Verspannt stehe ich neben Mary und streichle ihren Rüssel. Dann gebe ich ihr ein paar der Leckereien, die mir Gerlinde wieder zugesteckt hat. „Bist eine schöne Elefantendame“, sage ich leise und streichle sie mutig in den Achseln ihrer mächtigen Vorderbeine. „Sie spürt deine Angst. Sie ist etwas verspannt“, stellt Gerlinde leise fest. „Verstehe. Tiere haben ein feines Sensorium. Man kann ihnen nichts vormachen - sie fühlen unsere Empfindungen. Das habe ich oft auf unseren Expeditionsreisen erlebt“, antworte ich und versuche mich zu entspannen.
Gerlinde liebkost Mary. Sie spricht zu ihr in angenehmem Tonfall und setzt sich zwischen ihre Vorderbeine auf das Heu. Fasziniert sehen wir, wie sie sich mit ihrem Rücken gegen den Unterschenkel des Elefanten lehnt. Es dauert nicht lange und Mary erwidert die Zärtlichkeit. Mit ihrem Rüssel untersucht sie zärtlich Gerlindes Gesicht. Gerlindes Antlitz ist ein einziges Lächeln. Mil-

de lässt sie zu, was die riesige Elefantenkuh mit ihr anstellt. Als Gerlinde sich dann langsam auf den Rücken gleiten lässt und dem riesigen Tier auf Gedeih und Verderb ausgeliefert ist, halten wir den Atem an. Mary nimmt mit ihrer langen Nase ein Bündel Stroh vom Boden und reicht es Gerlinde. Es sieht so aus, als wolle Mary ihre Herrin damit füttern. Dann breitet Gerlinde beide Arme aus und legt sie links und rechts zwischen die baumstammdicken Beine. Überrascht glaube ich, auch im Gesichtsausdruck der Elefantendame ein Lächeln zu sehen. Ihr Rüsselende gleitet über Gerlindes Gesicht, zupft zärtlich an der kleinen Menschennase, stülpt sich über ihren Hinterkopf. Dann hebt Mary das linke Bein und berührt mit einem ihrer drei Zehennägel Gerlindes Wange. Mit einer unglaublichen Feinfühligkeit streicht Mary mit ihrem menschenhandgroßen Zehennagel an Gerlindes Gesicht entlang. Sie streichelt tatsächlich ihre feine Haut. Nur ein kleiner Ruck und Gerlindes Kopf wäre zerquetscht. Ich bin von dem Schauspiel so gebannt, dass ich fast vergesse, es zu fotografieren. Und dann, als ob es nicht schon genug des Guten ist, umfassen Gerlindes zarte Hände plötzlich Marys Fußsohle. Langsam führt sie den gewaltigen Fuß über ihr Gesicht. In einem Abstand von vielleicht einem Zentimeter schwebt die Sohle der ca. 4.000 Kilogramm schweren Elefantendame über ihrer Stirn. Die Spannung ist kaum zu ertragen, als etwas Unerklärliches geschieht. Mary ist plötzlich von irgendetwas irritiert. Mit einem gewaltigen Trompeten trötet sie in Gerlindes Ohren. Mary steigt über Gerlinde hinweg und gibt eigenartige Geräusche von sich. Bindi, die Elefantenkuh nebenan kniet auf ihren Oberschenkeln und versucht unter den Stahlseilen durchzurobben. Gerlinde setzt sich, offensichtlich überrascht über die unverhoffte, urplötzliche Aktion, im Stroh auf und kommt kopfschüttelnd

Der baumstamm-große Fuß, der ca. 4.000 kg schweren Elefantendame Mary über Gerlindes Gesicht.

auf die Beine. Das laute Trompeten muss ihr in den Ohren klingeln. Sie wischt sich die Flüssigkeit, die Mary ihr beim Trompeten ins Gesicht geblasen hat, aus Haaren und Gesicht und stellt sich zwischen die beiden Elefantendamen. Leise beginnt sie ein Lied zu singen, worauf die beiden Tiere mit ihren großen Ohren wackeln. Mary und Bindi geben jetzt sanfte Geräusche von sich. Sie lassen sich von der friedlichen Stimmung ihrer Herrin anstecken und treten von einem Bein auf das andere. Ihre grauen Körper schwanken im Takt eines leisen Liedes langsam und ruhig hin und her, während sie den Gesang von Gerlinde immer wieder mit anmutigen Lauten untermalen.
Schließlich verlassen wir das Reich der Dickhäuter. Die finstere Nacht legt sich über uns. Gedankenversunken trotte ich Gerlinde, Gerda und Tanja hinterher. Was ist eben geschehen? War Gerlinde in Gefahr? „Jetzt befinden wir uns im Außengelände der Raubtiere", lenkt mich die leise Stimme unserer Gastgeberin ab. Der beißende, aber nicht unangenehme Geruch der Großkatzen steigt mir wieder in die Nase. Geballte Kraft und die Gnadenlosigkeit der wilden Jäger sind mit diesem Geruch verbunden. Ein Schatten huscht in der Dunkelheit an dem nahen Gitter vorbei. Augen blitzen und dann erkenne ich die Umrisse des schwarzen Panthers. Verwirrt über die vielen Ereignisse der letzten Stunden überschlagen sich meine Gedanken. Das Zirpen der Grillen, das leise Tapsen der Sohlen, das Meckern der Ziegen, das Würgen der Lamas und Alpakas, das Fauchen des Tigers, das Trompeten der grauen Dickhäuter und das Gebrüll des Löwen haben mich in eine völlig andere Welt versetzt.
Später sitzen wir in der Küche des schönen Bauernhauses. Bei Kaffee und Kuchen lauschen wir Gerlindes Geschichten und erzählen im gleichen Atemzug von unseren Abenteuern. Wir erfahren auch, warum Mary so seltsam reagiert hat. Mary und Bindi haben seit Jahren schon Kämpfe miteinander. „Die Kämpfe wurden so schlimm, dass wir die Elefanten nicht mehr reiten oder mit ihnen gemeinsam Ausflüge in die nahen Wälder unternehmen konnten. Sie begannen sich zu hassen und gingen aufeinander los. Ich wusste nicht mehr, was zu tun war und hatte große Angst. Die Tiere hörten nicht mehr auf mich. Wir mussten sie voneinander trennen. Kein Mensch konnte mehr gefahrlos ins Gehege gehen. Jetzt haben sie sich wieder aneinander gewöhnt, aber wir können sie nie mehr zusammenlassen. Vorhin im Elefantenhaus war es wahrscheinlich so, das Bindi dachte, Mary würde mir etwas antun. Deswegen wollte sie mir zu Hilfe kommen."
Als wir uns von der beeindruckenden Frau verabschieden schenkt sie Tanja ein Bild von Sharif und mir einen kleinen Elefanten aus Marmor. „Ich hoffe, wir sehen uns wieder", sagt sie mit gütigem Lächeln. „Wir auch!" Beeindruckt von ihrer Ausstrahlung und ihrem Mut machen wir uns auf den Weg.

Mittelpunkt eines Weltreiches

Unsere Nürnberger Freunde Jessy und Pfleidi besuchen uns wieder. Gemeinsam besuchen wir die ehemalige Kaiserstadt Wien. Weil die beiden nicht mit den Rädern unterwegs sind, fahren wir bei ihnen im Auto mit. Auf diese Weise können wir Wien sehen, ohne unsere Fahrräder irgendwo unterstellen zu müssen. Wien war über sieben Jahrhunderte Residenzstadt, gehört zu den kulturellen Zentren Europas und bildete einst den Mittelpunkt eines Weltreiches. Das heutige Wien präsentiert sich als facettenreiche Großstadt, von deren Vielfalt wir während des kurzen Besuches nur ansatzweise einen Eindruck bekommen. In der Innenstadt wimmelt es an diesem Tag wie in einem Ameisenhaufen. An vielen Plätzen warten Fiakerfahrer auf Touristen. Die beeindruckenden Gebäude mit ihrem herrschaftlichen Prunk, der Jugendstil, die vielen Kirchen, Paläste, Schlösser und Parkanlagen ziehen uns in ihren Bann. Wir genießen im berühmten Hotel Sacher eine Sachertorte und machen einen Abstecher zum bekannten Prater. Wien ist für uns ein Ausflug in eine Welt mit geballter Kultur, in eine Stadt, in der noch heute der Geist eines Kaisers Franz Josefs oder einer Kaiserin Sissi lebt.
Der anschließende Ausflug zum Benedektinerstift Melk ist ein weiterer kultureller Höhepunkt unserer Reise und macht uns die reiche religiöse Geschichte dieser Gegend deutlich. Nie hätten wir gedacht, in so einem kleinen Ort Architektur und Kultur der Weltklasse erleben zu können. Das Kloster hatte nach Jahrhunderten wechselvoller Geschichte eine glanzvolle Blütezeit, vor allem nach den Türkenkriegen. Erst vor wenigen Jahren wurden die aufwändigen Restaurierungsarbeiten abgeschlossen. Die monumentalen barocken

Im Wiener Hotel Sacher.

Prachtbauten glänzen heute erhaben über den Dächern der Stadt. Ehrfürchtig wandeln wir durch die prachtvollen Säle und bestaunen prunkvolle Bilder und Ausstellungsstücke von ungeheurem Wert. Besonders beeindruckend ist die Bibliothek des Benediktinerklosters. In insgesamt zwölf Räumen lagern hier 1.888 Handschriften und 750 Frühdrucke aus dem 15. Jahrhundert, 1.700 Werke aus dem 16. Jahrhundert, 4.500 aus dem 17. und 18.000 aus dem 18. Jahrhundert - zusammen mit den neueren Werken insgesamt an die 100.000 Bücher! Ehrfürchtig gehen wir durch den Saal und bestaunen die kunstvollen Deckenfresken. Über eine Wendeltreppe gelangen wir in die Klosterkirche. Man braucht nicht religiös zu sein, um die prunkreich bemalte und bis ins Detail verzierte Kirche hoch zu schätzen. Gerne würden wir noch lange im Klosterpark lustwandeln, doch langsam müssen wir an den Aufbruch denken. Wenn man sich hier im Donauraum alle Burgen und Schlösser ansehen wollte, bräuchte man wahrscheinlich Jahrzehnte.

Ungarn ruft

Die Kamelreitschule von Gerda Gassner hat uns in ihren Bann gezogen. Jeden Tag entdecken wir Neues und lernen interessante Leute kennen. Ich unterbreche meine Schreibarbeit oft, denn Ablenkung gibt es mehr als genug: Anregende Gespräche, erlebnisreiche Ausritte in die Berge und Ausflüge zu spannenden Sehenswürdigkeiten.

Wir müssen uns zwingen, wieder aufzubrechen. Schließlich sind wir ja mit dem Fahrrad unterwegs nach Burma. So leicht kann es geschehen, dass man

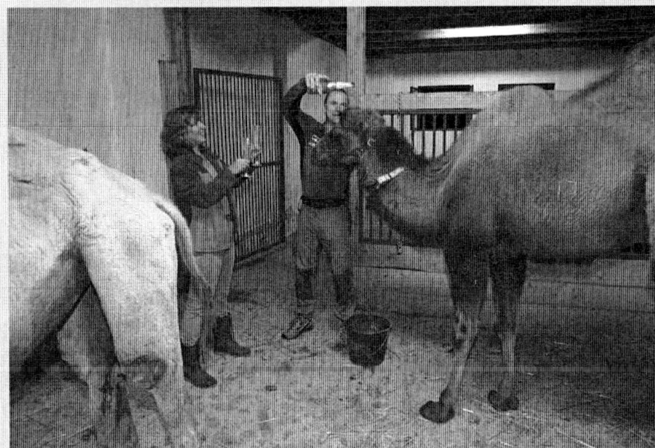

Ich taufe den Kameljungen auf den Namen Bochri.

an schönen Orten bei lieben Menschen hängen bleibt und sein eigentliches Ziel aus den Augen verliert. Gestern Abend habe ich die 400 Bilder, die wir die letzten Tage geschossen haben, archiviert, nummeriert und beschriftet. Bis nachts um 22:00 Uhr arbeitete ich an den Aufzeichnungen. Wir müssen uns beeilen, denn nach unserem Plan soll es morgen weitergehen. Wenn alles gut geht, erreichen wir am Freitag Wien und befinden uns kommende Woche schon in Ungarn.

Wir freuen uns auf weitere Abenteuer - dass man diese auch in Westeuropa erleben kann, haben uns die letzten Wochen und Monate zur Genüge gezeigt. Bevor wir weiterfahren, feiern wir heute Abend unseren Abschied mit einer kleinen Überraschung: Ich werde Taufpate beim einjährigen Kamel Marselle. Gerda möchte ihm einen anderen Namen geben. Tanja schlug Bochri vor. Bochri war eines unserer tapferen Kamele bei unserer Durchquerung der Taklamakan Wüste.

Schlechter Plan für gute Fotos

Heute brechen wir auf und ich stecke immer noch mitten in der Büroarbeit! Es dauert Stunden, bis ich das Chaos in meinem Laptop geordnet habe. Hunderte von Bildern sind aus unerfindlichen Gründen plötzlich durcheinander geraten. Besonders schlimm ist, dass viele Beschriftungen spurlos verschwunden sind. Ich stehe vor einem Rätsel und bin am Rande der Verzweiflung. Mit viel Geduld bekomme ich bis 13:00 Uhr wieder Ordnung in meinen Itronix. Jetzt kann ich es kaum mehr erwarten, mich wieder bewegen zu können. Ich hole unsere Drahtesel aus dem Schuppen und unterziehe sie einer kurzen Inspektion. Zufrieden über den einwandfreien Zustand unseres Equipments laden wir auf. Unsere Reise kann weitergehen. Wir verabschieden uns von Gerda, bedanken uns für ihre großzügige Gastfreundschaft und rollen ausgelassen den Berg hinunter, den wir uns vor einer Woche hochgekämpft haben.

Obwohl der Wetterbericht Regen gemeldet hat, klart es am Nachmittag auf. Die angenehm warmen Sonnenstrahlen verzaubern die Landschaft. Es ist befreiend, die Beine wieder kreisen zu lassen und das Blut in den Adern zu spüren. Ich denke an den Beginn unserer Reise. Was anfangs noch Schmerzen bereitet hat, ist jetzt pure Freude. Wir sind jetzt wie mit unseren Rädern zusammengewachsen. Bestens gelaunt gleiten wir durch die Wachau, einem landschaftlichen Höhepunkt an der Donau. Wir sind bezaubert von der Milde und Heiterkeit dieser Gegend mit ihren Heurigen, den Jausenstationen, den vielen lieblichen Gärten, in den Himmel ragenden Weinbergen, den prachtvollen Schlössern, Burgen und bilderbuchschönen Orten. Auf unserem Weg liegt die Fundstätte der berühmten Venus von Willendorf. Die Entdeckung der elf Zentimeter kleinen, fettleibigen Frauenfigur aus der Altsteinzeit war eine wissenschaftliche Sensation. Sie gilt als Ausdruck eines Fruchtbarkeitskultes und soll im Vergleich zu 130 ähnlichen Figuren, die man von Südwestfrankreich bis Sibirien gefunden hat, die schönste sein.

Wir radeln durch Weinterrassen und lassen den Tausendeimerberg hinter uns, der so heißt, weil seine Reben in guten Jahren 1.000 Eimer Wein einbringen sollen, das entspricht 56.000 Litern. Wein wird hier seit der Zeit Karl des Großen angebaut. Eine Klimaverschlechterung im Mittelalter und die chaotischen Verhältnisse des Dreißigjährigen Krieges führten zum Verfall der Weinanbaukultur. Heute jedoch hat sich der Anbau wieder vollständig erholt und die hiesigen Trauben reifen zu weltweit hochgeschätzten Weinen heran.

Hinter jeder Biegung entdecken wir etwas Neues. Auf den Hügeln und Hängen thronen auf schroffen Felsen Ruinen, die mit ihren Mauern und Rundtürmen ruhmreiche und auch traurige Geschichten ins Donautal rufen. Wie die romantische Ruine Dürnstein, in deren heute verlassenen Mauern Richard Löwenherz gefangen war. An die 3.000 Burgen, Schlösser und Ruinen stehen auf österreichischem Boden, immerhin 2.100 davon sind bewohnt. Die meisten dieser prächtigen Gebäude befinden sich noch heute in Familienbesitz.

„Denis! Halt doch mal an! Du musst unbedingt ein Foto schießen!“, ruft Tanja. Wegen der vielen Arbeit, die die Archivierung macht, habe ich mir eigentlich heute Morgen vorgenommen, weniger zu fotografieren. Also radle ich konsequent an der wunderschönen Kulisse vorbei in der Absicht, erst morgen die Kamera wieder auszupacken. Tanjas Ruf macht mir jedoch ein schlechtes Gewissen. „Schau doch, wie schön es hier ist! Ich kann ja verstehen, dass du die Nase voll hast von der lästigen Dokumentationsarbeit, aber die Pracht hier musst du festhalten", fordert sie mich ebenso bestimmt wie freundlich auf. Ich ändere also meinen Plan, doch leider habe ich kaum mehr Gelegenheit, etwas mit meiner Kamera einzufangen, denn wir erreichen schon bald den Zeltplatz bei Krems, der ältesten Stadt Niederösterreichs.

Motivationstraining mit Hexenschuss

Wie leistungsfähig doch der Körper ist, wenn man ihn langsam und bedacht trainiert! Am Anfang unserer Radreise waren wir froh, wenn wir an einem Tag 30 Kilometer zurücklegten. Muskelkater, Verspannungen und andere kleinere Wehwehchen waren unsere ständigen Begleiter. „Lasst es bloß nicht zu schnell angehen!", wurden wir ja zur Genüge gewarnt. Obwohl es manchmal nicht leicht fällt, eine Stunde früher als nötig zu stoppen, haben wir unsere Kraftreserven geschont. Doch haben wir uns dabei auch oft verschätzt – mittlerweile wissen wir, was es bedeutet, wenn man sich ausbrennt und alle Energie in die Pedale steckt. Der nächste Tag beginnt dann mit sehr unangenehmen Schmerzen und diese können sich hochschaukeln, bis man Kraft, Lust und Spaß völlig verloren hat und am liebsten aufgeben möchte. Allerdings ist es ebenfalls unbefriedigend, wenn man keine größeren Strecken zurücklegt. Das goldene Mittelmaß ist eben auch bei der Etappenplanung angebracht. Im Augenblick gelingt uns eine ausgewogene Symbiose zwischen Krafthaushalt, zurückgelegter Strecke, Kultur, Arbeit und Spaß. Nachdem wir uns in den ersten Wochen mit durchschnittlich 35 Kilometern am Tag zufrieden gaben, lag der spätere Mittelwert bei 55 Kilometern. Im Augenblick radeln wir uns auf Tagesetappen von etwa 70 Kilometern ein. Für uns sind das echte Erfolge. Ein Problem jedoch sind nach wie vor die längeren Pausen für die Dokumentation, da diese jedes Mal erneut für Muskelkater sorgen. Aber mittlerweile können wir damit umgehen und erleben körperliche Belastungen eher als angenehm – die Schmerzen sind erträglich geworden und tragen eher zu einem gesunden Körperempfinden bei als dass sie eine Belastung wären.

Mit der Wachau im Rücken begegnen wir einer etwa 40 Mann starken Radgruppe, die gerade eine Rast einlegt. „Hu! Hu! hu! Schaut euch das Gepäck an!", rufen sie und lachen freundlich. Einige von ihnen klatschen in die Hände und grüßen gutgelaunt. Im Laufe des Tages überholen wir uns mehrmals

gegenseitig. Nach einer Brückenüberquerung lassen sie uns wieder einmal an sich vorbei. Um nicht andauernd von ihnen eingeholt zu werden, gebe ich Gas und versuche, uns zu motivieren. Lauthals fordere ich Tanja und mich auf, schneller zu radeln. Die Selbstmotivation wirkt so stark, dass wir lachen müssen und mir immer mehr Sprüche einfallen. „Ja, das Team Katzer hat sich erfolgreich von der Gruppe abgesetzt! Im Augenblick beträgt der Vorsprung etwa 10 Sekunden und er wird zusehends größer. Die Pedale kreisen und die Räder ziehen eine Schneise in den Asphalt!", kommentiere ich unser Dahinbrausen. „Hiii, hiii, hör bloß auf. Ich kann bald nicht mehr vor Lachen!", ruft Tanja ganz außer Atem. „Auf Wien rast eine Sensation zu! Die zwei Radfahrer mit ihren schweren Anhängern leisten Übermenschliches. Sie hängen ihre Verfolger ab. So etwas gab es noch nie", brülle ich mich in Rage. „Die Bäume biegen sich, das Gras legt sich flach. Sie brechen jegliche Rekorde! Applaus! Applaus! Applaus! Und jetzt kommt das Unfassbare!", rufe ich einem gemächlich radelnden Rentnerpaar vor uns entgegen. „Das Team Katzer wird in die Radfahrgeschichte eingehen. In wenigen Augenblicken werden sie das erste Mal seit Menschengedenken eine Überrundung einleiten!" „Denis! Hör auf! Ha, ha, ha! Ich kann nicht mehr. Wenn du möchtest, dass ich in deinem Windschatten bleibe, dann hör auf mit deinen Sprüchen." Als wir das ältere Ehepaar auf ihren wackeligen Drahteseln überholen, kommentiere ich etwas leiser: „Noch halten die zwei Roadtrainrennfahrer die Freude über ihren sensationellen Erfolg zurück. Sie möchten die Überrundeten nicht demoralisieren. Aber nach der nächsten Kurve werden sie ihre Freude in den Himmel jubeln!", rufe ich wieder lauter. Noch viele Kilometer schiebe ich uns mit Motivationssprüchen voran, bis mir plötzlich ein Hexenschuss ins Kreuz fährt. „Wir müssen kurz mal anhalten, Tanja." „Warum?" „Mir ist gerade was in den Rücken geschossen. Ich muss mich einrenken." Kleinlaut stoppe ich und nach einer erfolgreichen Einrenkungsübung geht es etwas stiller und langsamer weiter.
Wir wollen uns bei einem Glas Sturm stärken und suchen eine Jausenstation. Sturm heißt hier der trübe Traubenmost, der in den ersten Wochen einer Gärphase entsteht. Leider finden wir kurz vor Wien keinen so gemütlichen Radlertreff mehr, wie es sie zahlreich in der paradiesisch schönen Wachau gab. Wir müssen also ohne Rast weiterfahren. Es ist bewölkt, als wir den Zeltplatz am Fuße des Klosters Neuburg erreichen. Da es nach unserer Karte die nächsten 60 Kilometer keinen Campingplatz gibt, bleiben wir hier. Kaum haben wir es uns auf einer Holzbank gemütlich gemacht, werden wir von Moskitos überfallen. Tanja reibt sich sofort mit Moskitomittel ein, wir wedeln und schlagen wild um uns, doch die Stechmücken lassen sich von alledem nicht beeindrucken. Tanja flüchtet in die Dusche und ich verziehe mich ins

Vorzelt. Als Tanja zurückkommt, kann ich in den Waschraum gehen und mich vom Moskitoangriff erholen. Manchmal ist es eine Qual, dass immer einer am Zelt sein muss - wir können es uns aber einfach nicht erlauben, unsere teure Technik unbeaufsichtigt zu lassen.

Kurz vor der Grenze

Heute sitzen wir bereits um 9:00 Uhr auf unseren Rädern und lassen die vielen Moskitos hinter uns, die uns beim Frühstück zur Eile angetrieben haben. Unser heutiges Ziel ist Pratislava in der Slowakei. Doch erst einmal müssen wir an Wien vorbei. Da wir kürzlich mit unseren Freunden schon mit dem Auto da waren, können wir Wien schnell hinter uns lassen. Im Vorstadtbereich passieren wir ein von der Hauptstraße und einer Bahnstrecke begrenztes Wohngebiet. Mit seinen kleinen Häuschen, den verfallenen Zäunen und heruntergekommenen Dächern wirkt das Viertel recht ärmlich. Schließlich erreichen wir den Hafen. Riesige Kreuzfahrtschiffe liegen vor Anker, es herrscht geschäftiges Treiben. Braun gebrannte Menschen gehen von Bord, sie scheinen geradewegs vom Schwarzen Meer zu kommen. Andere machen es sich auf Deck bequem und warten auf die Weiterfahrt. Wir radeln an den riesigen schwimmenden Hotels vorbei und werfen scheue Blicke durch die großen Fenster in die Speiseräume, Kajüten und Küchen.
An einer Brücke radeln wir einen spiralförmigen Aufgang hinauf und überqueren den Donaukanal zur linken Seite. Zügig lassen wir die Skyline von Wien hinter uns. Auf langgezogenen Dämmen fahren wir durch das Naturschutzgebiet Lobau. Radfahrer begegnen uns jetzt nur noch selten, der wochenlang anhaltende Strom der Zweiradfahrer ist abgebrochen. Ab und zu bleiben wir stehen, um zu trinken. Bei jedem Halt werden wir von Stechmücken überfallen, die uns zum Weiterfahren zwingen. An einer der letzten Jausenstationen vor der Grenze, in der wir noch mal ein Glas Sturm genießen, müssen wir uns trotz des strahlenden Sonnenscheins vor dem Ansturm der blutsaugenden Mücken ins Innere retten.
Wieder überqueren wir die Donau, diesmal auf einer mächtigen Spannbrücke. Es dauert nicht lange und wir stehen an den Toren der mittelalterlichen Stadt Hainburg. Wir haben eine der wichtigsten Pforten der Donau erreicht. Die Stadt imponiert mit ihren drei Stadttoren und 15 Stadttürmen aus dem 13. Jahrhundert. Einst war Hainburg der wichtigste östliche Vorposten des Heiligen Römischen Reiches. Schon im Nibelungenlied als alt bezeichnet war

Typischer Parkplatz für unsere schwer beladenen Räder.

In rauschender Fahrt von der Donaubrücke hinter Wien.

Hainburg über Jahrhunderte uneinnehmbar. Erst die Türken überrannten die Stadt im Jahre 1683.

„Bis zur Grenze sind es noch elf Kilometer. Sollen wir in der Slowakei eine Unterkunft suchen? Noch dazu in einer Großstadt? Was hältst du davon, wenn wir uns doch noch mal in Österreich einquartieren und uns erst morgen früh über die Grenze begeben?“, frage ich Tanja. „Ich bin eigentlich noch fit. Wenn es nach mir geht, könnten wir weiterfahren. Aber du hast Recht. Für heute ist es genug“, antwortet sie.

Im Hotel Krone finden wir ein nettes, günstiges Zimmer. Wir genießen die letzten Stunden des spätsommerlichen Nachmittags im Freien und gehen nach Sonnenuntergang in ein Restaurant. Der Fisch auf der Speisekarte klingt verlockend. „Schmeckt irgendwie ranzig“, stelle ich fest. „Willst du das Essen zurückgehen lassen?“ „Ich weiß nicht, der Kellner ist zugleich der Koch und ich will ihn nicht brüskieren“, antworte ich. „Glaubst du der Fisch ist verdorben?“ „Nein, er schmeckt nur etwas zu fischig“, beruhige ich mich und überdecke den Geschmack mit Tomatensoße. Stunden später bereue ich meine falsche Rücksichtnahme und wälze mich mit Magenkrämpfen im Bett hin und her. Ich verbringe eine schreckliche Nacht und bin froh, als es draußen zu dämmern beginnt.

Schnell umdisponiert

Eine schreckliche Nacht und der verbaute Ausblick aus unserem Zimmerfenster nagen an meiner Motivation. Mein Elan von gestern schmilzt dahin. Die Autos ziehen direkt vorm Haus eine schmatzende Spur über den dunklen Asphalt. Die Dorfkirche hat ihren abendlichen, goldenen Glanz verloren. Eigentlich wollten wir von hier aus mit den Rädern nach Bratislava fahren und am Abend wieder ins Hotel Krone zurückkehren. „Die Stadt ist sehr teuer. Ihr werdet dort schwerlich eine günstige Unterkunft finden. Ich arbeite schon seit einigen Jahren als Ingenieur in der Slowakei und kenne mich in Bratislava aus. Hier in Hainburg ist alles viel günstiger“, hat uns einer der Gäste gestern während des Abendessens überzeugt, Hainburg als Ausgangspunkt zu nutzen.
Doch ein starker Dauerregen durchkreuzt unser Vorhaben. „Dann nutze ich eben die Zeit und schreibe über die vergangenen Tage. Wir können ja morgen mit allem Gepäck in die Stadt fahren und haben danach noch genug Zeit, außerhalb der Stadt eine Unterkunft zu suchen“, schlage ich vor. „Das habe ich mir auch gerade gedacht“, antwortet Tanja und unser neuer Plan ist besiegelt.

Am Donauradweg
vor der Stadt Melk.

Von der Abendsonne liebkost genießen wir
unser Campingessen.

Mit unseren schwer beladenen Rädern an der Donau in Oberösterreich.

Tanja stärkt sich mit den Spirulina Bären von Sanatur.

Weinreben in der wunderschönen Wachau, Niederösterreich.

Das Hotel Sacher in Wien.

Kunstvolle Wendeltreppe
im Kloster Melk.

Kloster Melk.

Auf den Nebenstraßen sind wir vom Verkehr unbehelligt.

Das Archivieren der Bilder beschäftigt mich manchmal bis in den späten Abend.

„Euere Lebensenergie besteht aus Höhen, dem Plus,
und Tiefen, dem Minus.
Die Lebensenergie ist vergleichbar mit Wasser
und benötigt ebenfalls ein Gefälle, um fließen zu können.
Der Energiefluss ist für alles, was lebt, lebensnotwendig.
Euer Leben braucht die Höhen und auch die Tiefen,
vergiss das nie - vor allem nicht
an den dunklen Tagen deines Lebens."

Mutter Erde

Schlagartige Veränderung

Slowakei
Tag 56
Camp 29
1422 Kilometer
Ort: Gabsikovo
Breitengrad 47° 53'423"
Längengrad 017°36'613"

Die wunderschönen Spätsommertage sind spurlos verschwunden und ich stecke in einem Stimmungstief. Der Marktplatz von Hainburg liegt feucht, kalt und trist vor den Häusern. „Wenigstens hat der Regen aufgehört", brummle ich, als ich meinen Anhänger, den wir bei unserer Ankunft ins Zimmer geschleppt haben, zur Weiterreise packe.
Das einfache und lieblose Frühstück mit latschigen Brötchen, bitterem Kaffee und viel zu kurz gekochten wabbeligen Eiern macht meine Laune nicht besser. „Wenigstens ist das Zimmer günstig", tröstet mich Tanja. „Ja, und der polnische Inhaber ist sehr nett", suche auch ich mir etwas Positives aus. „Der Chef hier ist gleichzeitig Koch, Barmann, Kassier und Rezeptionist." „Ja, aber vom Kochen sollte er besser die Finger lassen. Das Fischfilet von vorgestern liegt mir immer noch im Magen", jammere ich und reibe meinen strapazierten Bauch. „Wie weit müssen wir heute fahren?", wechselt Tanja das Thema. „Keine Ahnung, wie es mit Übernachtungsplätzen in der Slowakei aussieht. Es sind nur wenige Zeltplätze auf der Karte eingezeichnet. Lassen wir es auf uns zukommen."
Während Tanja die restlichen Satteltaschen aus unserem Zimmer holt, mache ich die Räder fertig und bestelle die Rechnung. „Was? Wieso 100 Euro? Sie hatten doch von 25 Euro für das Doppelzimmer gesprochen?", frage ich erschrocken. „Mir Leid tun. Ich ihnen hätte sagen sollen 25 Euro pro Person", antwortet der Allroundmann. Zähneknirschend lege ich die 100 Euro auf den Tresen. Die zwei Tage hier in Hainburg strapazieren nun doch noch unser Budget über Gebühr. Zumal wir als Hotelgäste auch nicht mehr selbst kochen können und Essen gehen müssen, was in Euro-Ländern meist eine kostspielige Angelegenheit ist. Hoffentlich wird es außerhalb der Eurozone finanziell erträglicher.
Wir verlassen Hainburg und das erste uns unbekannte Land dieser Reise liegt vor uns. Schon bald sehen wir die Hauptstadt der Slowakei, die sich eng an die Donau schmiegt. Bis zur Gründung der Tschechoslowakischen Republik

hieß die Stadt Pressburg. 1919 wurde sie umbenannt und heißt seitdem Bratislava.
Vor den Grenzgebäuden steht ein Militärfahrzeug. Soldaten beobachten durch ihre Feldstecher das andere Donauufer. Wie immer bei Grenzübergängen wächst in uns eine unangenehme Stimmung. Aber es läuft alles glatt: Ohne Zwischenstopp rollen wir an der österreichischen Grenze vorbei. Die slowakischen Zollbeamten werfen nur einen kurzen Blick in unsere Pässe. Ehe wir uns versehen, gelangen wir über eine 431 Meter lange Hängebrücke in die Stadt. Heute ist der kälteste Tag seit unserem Aufbruch vor knapp neun Wochen. „Ich muss mir eine lange Hose anziehen", sagt Tanja und lehnt ihr Rad an eine Betonmauer. Die Menschen hier sind alle winterlich gekleidet, tragen Jacken, Mäntel oder Anoraks und lange Hosen. Orientierungslos schieben wir unsere Räder durch ein dichtes Häusermeer. „Ich habe keine Ahnung, wo sich die Altstadt befindet", stelle ich verunsichert fest. Auf grobem Kopfsteinpflaster holpert uns eine rote Touristenbummelbahn entgegen, in der sich Touristen auf Englisch etwas über die Stadt erzählen lassen. „Wir heften uns einfach an ihre Fersen. Solche Dinger fahren nur da herum, wo es etwas zu sehen gibt", kombiniere ich. Kurz darauf finden wir einen Bankautomaten. Heute ist Sonntag, aber ich versuche trotzdem, ihm etwas Geld zu entlocken. Ich stecke meine Kreditkarte in den Schlitz, doch wie erwartet spuckt sie der Automat wieder aus. „Pass bloß auf. Beim dritten Fehlversuch frisst er die Karte", warnt mich Tanja. Ich konzentriere mich und tippe noch einmal meine Geheimzahl. Diesmal funktioniert es. Da ich nicht weiß, wie die slowakische Krone momentan zum Euro steht, wechsle ich nur einen kleinen Betrag.

Grenzübergang Österreich - Slowakei.

Ein Passant spricht uns in gutem Deutsch an und zeigt uns die Richtung in die Altstadt. „Wo kommen Sie denn her?“, fragt uns ein anderer Herr perfekt auf Deutsch. Wieder erzählen wir unsere Geschichte, worauf er sich als Restaurator vorstellt, der schon seit 40 Jahren in Berlin wohnt. „Ich habe mir hier eine 300 Quadratmeter große Wohnung gekauft. Sie können dort gerne übernachten“, bietet er uns an. „Wenn sie möchten, begleite ich Sie ein Stück“, schlägt er vor. Wir willigen gerne ein und bekommen eine kleine Stadtführung geboten: „Das ist das berühmte Michaelertor. In diesem Gebäude hat einmal Wolfgang Amadeus Mozart als junger Mensch musiziert. Dort oben in der Burg tagt der slowakische Nationalrat und hier an der Universität habe ich promoviert. Wissen Sie, warum die Hörnchen so gebogen sind? Das kommt noch von den Türken. Die Form bezieht sich auf den türkischen Halbmond“, erklärt er ohne Punkt und Komma. Wir sind beeindruckt von seinem Wissen. Eine halbe Stunde später verabschieden wir uns dankbar für die informative und angenehme Führung. Auf dem Weg zur Donau halten wir vor einem kleinen Kaffee, um vor der Weiterfahrt noch einen Cappuccino zu trinken. „Sperren Sie besser Ihre Räder ab“, warnt uns der junge Besitzer. Kaum nehmen wir auf einen der Stühle Platz, kommt unser Stadtführer herein. „Darf ich mich setzen?“, fragt er höflich. „Natürlich“, antworte ich und erfahre noch mehr über die Stadt und ihre bewegte Vergangenheit.
Wir setzen die Fahrt fort und kommen auf dem perfekt ausgebauten Damm sehr gut voran. Zu unserer Linken weitet sich die Donau immer mehr zu einem Stausee. Die Donau wurde damals unter Stalin gegen den Willen der Bevölkerung aufgestaut. Mit dem riesigen Stauseeprojekt wurde die Auenlandschaft der Donau zerstört und das sensible Ökosystem zwischen dem ungarischen

Der Megastausee hinter Bratislava.

Dunakiliti und dem slowakischen Polkovicovo erheblich beeinträchtigt. „Unglaublich, was Menschen zugleich schaffen und zerstören können“, rufe ich Tanja zu. Die Dimension des aus drei Staudämmen bestehenden Megaprojekts ist gewaltig. Am Seeweg gehen viele Bewohner Bratislavas spazieren. Heute ist Sonntag und sie haben Zeit, um ihre Hunde auszuführen, Rad zu fahren oder um sich auf Inline-Skatern fortzubewegen. Alle paar Kilometer sind schattige Rastplätze angelegt. Einige Verkaufsbuden haben bereits geschlossen, doch an vielen bekommt man immer noch Getränke und kleine Speisen. Etwa 15 Kilometer außerhalb der Stadt hören die Freizeitaktivitäten schlagartig auf. Wir überqueren eine der drei Staustufen und blicken über den künstlichen See. Starker Wind bläst uns entgegen. Kilometer für Kilometer kämpfen wir uns voran. Ich entdecke eine Straße unterhalb des Dammes. „Lass uns da unten weiterfahren, dort ist es windgeschützt!“, rufe ich erschöpft.
Wir sind vom langen Tag völlig geschafft, doch haben wir noch ein gutes Stück vor uns - die nächste Übernachtungsmöglichkeit ist in Gabcikovo. Zum ersten Mal müssen wir die Beleuchtung unserer fahrbaren Untersätze einschalten. Immer wieder brausen Autos und Lastwägen an uns vorüber. Die Fahrer sind überraschend rücksichtsvoll und halten genügend Abstand. Tanja leidet unter Schulterschmerzen. Schon am Vormittag sind ihre Hände plötzlich taub geworden. „Ich kann kaum mehr den Löffel halten“, hat sie mich erschreckt, als wir im Café saßen. Jetzt beginnen ihre Knie zu zittern. Ich kenne das: Meine Hände schlafen schon seit Beginn unserer Reise ständig ein und das rechte Handgelenk fühlt sich entzündet an. Alle paar Kilometer lockere ich die Handgelenke, indem ich meine Hände hin und her schüttele. Diese Methode hilft ganz gut - sobald das Blut wieder fließt, löst sich das Taubheitsgefühl. Auch mein Rücken schmerzt zunehmend. Das viele Gewicht und die ungewohnte Haltung auf dem Rad gehen eben nicht spurlos an einem vorüber. Obwohl wir nur langsam die Belastungen steigern, tauchen Schwierigkeiten auf, die wir in dieser Stärke nicht einkalkuliert hatten. Die Sättel sind sehr gut, aber mein Steißbein fühlt sich so an, als wäre es grün und blau geschlagen.
Mit letzten Kraftreserven strampeln wir eine steile Dammauffahrt hoch. Es beginnt zu dämmern, kalter Wind bläst uns durch die Knochen. Kinder stehen in kleinen Gruppen am Stahlgeländer und schauen in die Fluten, ein paar Soldaten schlendern den Gehweg entlang. Alte Autos klappern an uns vorbei. Viele von ihnen gehören zur Marke Skoda. Obwohl die Slowakei zur EU gehört, ist hier der Ostblock noch lebendig. Schnaufend treten wir unsere Stahlrösser über das riesige Kraftwerk. Die Wellen des Sees schlagen wuchtig gegen die 18 Meter hohe Staustufe. Um möglichst viel Energie zu gewinnen, werden die Schleusen zweimal am Tag geöffnet. Das Wasser der

auf 17 Kilometer aufgestauten Donau schießt dann in die acht Turbinen des Speicherkraftwerkes. Für diesen Bau mussten 150 Millionen Kubikmeter Erde bewegt werden. 4.600 Hektar Auwald und Wiesen sind vernichtet.
Wir grüßen die ernst dreinblickenden Sicherheitsposten und fahren auf der anderen Seite des Kraftwerkes die Straße hinunter. Die letzten Sonnenstrahlen blitzen gerade durch ein Wolkenloch. Unsere Hänger holpern über die Straßenrillen. Verfallene Industrieanlagen gähnen uns an. Auf einem Hinweisschild entdecken wir in drei Sprachen „Zimmer frei." „Nein, kein Zimmer", sagt die freundliche junge Frau auf Deutsch und schickt uns zu einer anderen Pension. Die Häuser, an denen wir vorbeifahren, sind fast alle neu gebaut oder frisch renoviert. Die Gegend sieht ganz und gar nicht arm aus. Beißender Kohlenrauch schwängert plötzlich die abendliche, kalte Luft. Offensichtlich muss man hier schon viel früher als in Deutschland heizen.
Wir erreichen die nächste Pension. Diesmal haben wir es mit einer ziemlich unfreundlichen Frau zu tun. Sie zeigt mir ein Zimmer. „Euro 11, nicht Frühstück dabei", sagt sie mürrisch in gebrochenem Deutsch. Verärgert über das miserable Preis-/Leistungsverhältnis schieben wir unsere Drahtesel auf die andere Straßenseite. Dort gibt es ein Hotel, das einen einladenden Eindruck macht. Im Restaurant gegenüber versucht man, den Besitzer über Mobiltelefon zu erreichen. „Kaffee trinken. Innen warten", lockt uns ein Kellner herein. Zehn Minuten später überqueren wir noch mal die Straße und ziehen in ein kleines Zimmer im ersten Stock. Mit letzter Kraft schleppen wir den schweren Anhänger hinauf. Der Itronix, das Satellitentelefon und die anderen Ausrüstungsgegenstände, die sich darin befinden, sind zu wertvoll, um sie unten im Hof stehen zu lassen. „Räder später in Garage", sagt die Frau jetzt etwas freundlicher. Kaum sind unsere Sachen im Zimmer, begeben wir uns wieder in das Restaurant auf der anderen Straßenseite. Das Essen schmeckt vorzüglich. Wir unterhalten uns über unsere Eindrücke in diesem uns neuen Land, über die Atmosphäre und die Menschen, die zum Teil ungarisch oder slawisch sprechen. Mit vollen Bäuchen kehren wir in unsere Unterkunft zurück. Die Räder befinden sich mittlerweile wie versprochen in der Garage.
Da heute Wahlen in Deutschland sind und ich mich über die Ergebnisse informieren möchte, schließe ich den kleinen Fernseher an, ziehe das Antennenkabel quer durchs Zimmer und stecke es in die Antennenbuchse. Da wir im Regelfall kaum fernsehen, sitzen wir gespannt vor der Glotze. Das orientierungslose Ergebnis enttäuscht uns. „Es wurden mehr oder weniger alle Parteien gewählt. Man darf gespannt sein, ob die Politiker wirklich etwas für die Gesellschaft tun oder ob sie mal wieder nur an sich und ihre Klientel denken." Frustriert schalte ich den Kasten aus.

Moskitoinvasion

Unsere Tretkurbeln kreisen monoton die verlassene Donaustauung entlang. Der Himmel ist trüb und es ist kalt. Alle paar Kilometer müssen wir unsere Räder durch einen Schrankendurchlass manövrieren. Autos und Motorräder dürfen hier nicht fahren. „Reise gut?“, fragt uns ein russisches Pärchen, das uns auf Rennrädern entgegen kommt. „Charascho“ (gut), antworten wir. Ein paar Kilometer später wissen wir, warum die zwei uns nach der Qualität des Weges gefragt haben. Der Asphaltstreifen löst sich zu einem von Grasnaben durchsetzten Pfad auf. Unterhalb des Dammes verläuft eine Schotterpiste. „Wir versuchen es da unten“, entscheide ich. Jetzt versinken unsere Reifen in Kies und Schotter und wir kommen nur schwer voran.

Der Schrankendurchlass ist für uns gerade groß genug.

Der Weg ist feucht und wir rutschen mit unseren Rädern durch unzählige Pfützen. Außer dem Fahrweg steht fast alles unter Wasser - ein idealer Brutherd für Stechmücken. Eine Rast ist fast unmöglich, denn Millionen von Moskitos warten nur darauf, uns mit ihren Stacheln zu malträtieren. Auch während der Fahrt greifen sie uns unentwegt an, fliegen in unsere Nacken und durch die Helmschlitze. Sie laben sich an der Kopfhaut oder jagen ihre Rüssel durch die Radhosen. Wir plagen uns stundenlang unterhalb des Dammes entlang, jetzt einen Platten zu fahren wäre der blanke Horror. Endlich erreichen wir einen Asphaltstreifen, der unseren Weg kreuzt und sich über den Damm windet. Eine alte Frau hütet ihre Ziegen und sieht uns freundlich entgegen. „Ist das hier Vel'ke Kosihy?“, frage ich in der Hoffnung, dass sie Deutsch versteht. „Vel'ke Kosihy, ja. Woher kommen?“, fragt sie in gebrochenem, aber verständlichem Deutsch. „Aus Deutschland“, antworte ich schnaufend und wild um mich schlagend. „Welche Stadt?“, Sie lacht und greift mit einer Hand meinen Lenker. „Aus Nürnberg“, antworte ich gequält - die Stechmücken fliegen gerade eine volle Attacke. „Nürnberg, ich kennen. Freunde aus Deutschland haben.“

Während die Ziegen meckern und die alte Dame mich ausfragt, arbeiten die gefräßigen Stechmücken weiter an ihrem Projekt, meine Beine lückenlos mit Stechwunden zu versehen. Ich muss der Ziegenbesitzerin irgendwie klar machen, dass ich es hier nicht mehr lange aushalte. Tanja kommt gerade fluchend über die Dammkuppe gefahren. Ich löse mich so freundlich wie möglich aus der Umklammerung der Dame und rausche befreit den Damm hinunter. „Das ist ja der Wahnsinn! So einen Weg will ich nie mehr fahren!“, schimpft Tanja laut. „Ich konnte doch nicht wissen, dass es hier so viele Stechmücken gibt“, antworte ich genervt. „Ich bin ja nicht wütend auf dich, sondern auf die Scheißviecher!“

Die riesigen Felder, an denen wir jetzt vorbeifahren, wirken traurig. Fast alle sind abgeerntet, man sieht bis zum Horizont nur braungraue umgepflügte Erde. Eine Maschine erntet die letzten farblosen Sonnenblumen. Ab und zu säumen Apfelbäume die Straße. Vereinzelte Äpfel hängen noch in den blattlosen Ästen oder faulen auf dem Boden. „Lass uns eine kurze Pause einlegen“, stoppt mich Tanja, als wir das Jagdgebiet der Stechmücken hinter uns gelassen haben.

Am Straßenrand stärken wir uns mit einem Nussmix und ein paar Feigen, deren Zucker uns wieder Energie für die nächsten Kilometer gibt. Bei Okanikovo wagen wir uns auf die stark befahrene Hauptstraße und folgen ihr auf dem Seitenstreifen bis nach Zlatna. Obwohl wir heute erst spät losgekommen sind, zeigt unser Tacho bereits 52 Kilometer an. In der Stadt Zlatna finden wir eine Gaststätte, in der wir uns etwas aufwärmen und stärken wollen. Die Besitzerin bittet uns herein, obwohl sie vor einer halben Stunde geschlossen hat. „Möchten sie einen Erbseneintopf und etwas Gemüsesuppe?“, fragt sie auf Englisch. Gerne nehmen wir ihr Angebot an.

Als wir Zlatna verlassen, hat der Regen zugenommen. An so einem Tag will man sich am liebsten in eine Ecke verziehen. Lastwägen und unzählige Autos donnern an uns vorbei. Der Fahrtwind bedeckt uns mit einem nasskalten Schauer. Lichter blenden uns und kurz vor der Industriestadt Komarno müssen wir all unsere Energie aufbieten, um nicht im Verkehrswahn unterzugehen. Zielsicher steuern wir einen Punkt auf der Karte an, der als Unterkunft gekennzeichnet ist. Ich frage Passanten in mehreren Sprachen nach dem Weg, doch einzig mit Zeichensprache kommen wir hier weiter. Hinter einer Brücke parkt ein Auto am Seitenrand. Ich möchte gerade mit einer leichten Kurve

daran vorbeifahren, als lautes Hupen hinter mir mich zu einer Vollbremsung zwingt. Gerade noch rechtzeitig halte ich vor dem parkenden Auto an und knapp neben mir donnert ein Lastwagen in schäumender Gischt vorbei. Mit klopfendem Herzen und zitternden Knien umfahre ich das Hindernis.
Am Stadtrand erfahren wir, dass es die von uns angesteuerte Unterkunft nicht mehr gibt. „In Zentrum müssen", sagt ein junger Tankwart. Tanja und ich radeln wieder die stark befahrene Brücke zurück. Dann biegen wir links ab und fahren an einem dunklen Seitenarm der Donau entlang. „Wenigstens gibt es hier keine Autos!", rufe ich Tanja genervt zu. Hässliche Industrieanlagen und verlassene, baufällige Gebäude säumen den Weg. Die Schlaglöcher sind mit Wasser gefüllt und wir müssen Slalom fahren. Wieder diese Rückenschmerzen! „Da vorne ist eine Pension!", ruft Tanja. „Wo?" „Da rechts. Ich habe das Hinweisschild gesehen!". Wir biegen in eine Nebengasse, stellen unsere Räder vor der Pension ab und erkundigen uns nach einem Zimmer. „Tut mir leid. Alles voll", enttäuscht mich die englisch sprechende junge Frau. „Gibt es hier eine weitere Pension in der Nähe?", möchte ich wissen. „Ja, Pension Dunai. Sie ist nicht weit von hier", höre ich erleichtert. Ich lasse Tanja bei den Rädern und mache mich zu Fuß auf die Suche. Kreuz und quer laufe ich durch unwegsame Straßen, deren Asphalt wie bei Eisschollen in großen Stücken aufgeschoben ist. Der ganze Bezirk ist eine riesige Straßenbaustelle. Offensichtlich wird hier gerade der Belag erneuert. Ich irre ziemlich lange durch dieses Labyrinth, bis mir ein junger Mann den Weg weist. „Ja wir haben Zimmer", höre ich erfreut. So schnell wie möglich spurte ich zu Tanja zurück.

Miese Laune trotz günstiger Umstände

Vor unserem Aufbruch stärken wir uns im fantastischen Restaurant der Pension mit einem köstlichen und sehr preiswerten Mittagessen. Wir stellen fest, dass die meisten Menschen hier in der Slowakei freundlich sind. Wir fühlen uns wohl in diesem Land. Unser Geld profitiert vom Wechselkurs und wir müssen nicht mehr so sehr auf unser Budget achten. Beispielsweise kostet eine Suppe zum Nachschöpfen und Rindfleisch mit Klößen nur etwa 2 Euro. Ein Bier bekommt man hier für 50 Cent - und das in einem guten Restaurant.
Obwohl die Umstände günstig sind und mein Rücken wieder schmerzfrei ist, stecken wir irgendwie in einem Stimmungstief. Bei bewölktem Himmel und mit vollem Magen steigen wir auf unsere Räder. Wir müssen wieder durch

die ganze Stadt und über die Brücke, um auf den Donauradweg zu kommen. „Oh weh, sieh dir das an!“, rufe ich. „Was denn?“, hechelt Tanja, als sie gerade nach mir am höchsten Punkt der Brücke ankommt. „Der Radweg ist völlig zugewachsen. Bei dem vielen Regen der letzten Tage werden wir dort im Matsch versinken“, stelle ich frustriert fest. Also fahren wir auf der Bundesstraße weiter. Leider kommen wir auf diesem Weg nicht am römischen Militärlager Kelemantia vorbei und verpassen diese historische Sehenswürdigkeit aus dem 2. Jahrhundert. Die Anlage soll einmal aus 20 Türmen und 4 Toren bestanden haben. Noch immer befinden wir uns im ehemaligen Machtbereich der Römer, die den gesamten Donauraum durch ihre Kultur prägten.
Die Bundesstraße nach Iza ist verhältnismäßig schwach befahren. Die Lastwagenfahrer nehmen auf uns Rücksicht und steuern ihre schweren Maschinen in großzügigem Abstand an uns vorbei. Schweigend radeln wir zügig voran. Bei der erstmöglichen Abzweigung verlassen wir die Straße und fahren auf den Damm. Unsere Räder holpern hart über die Betonplatten. Dicht bewachsene Büsche strecken uns ihre regennassen Äste entgegen und streifen uns glitschig an den Armen. Seit langem sind wir nur noch die einzigen Radfahrer. Die meisten beenden ihren Trip wohl in Wien. Obwohl es hier immer noch Übernachtungsmöglichkeiten gibt, ist die Infrastruktur merklich schwächer als in Österreich. „Bremsen!“, rufe ich laut, um Tanja zu warnen die dicht hinter mir fährt. Der Weg endet schlagartig an einem schmalen Wasserarm. „Wir müssen da unsere Räder drüber schieben“, zeige ich auf eine Art Betonplatte, die sich über den Zulauf stülpt. Kaum sind wir von den Rädern gestiegen, überfallen uns sofort wieder die Moskitos. „Wie sollen wir da rüber kommen?“, fragt Tanja während sie wild um sich schlägt. „Ganz einfach. Du lenkst, ich schiebe“, antworte ich und lehne mein Rad an einen Baum. Mit viel Schwung überwinden wir das Hindernis und setzen unsere Fahrt schweigsam fort.

Das Verstehen des Wasserfalls

Es ist bereits 17:30 Uhr als wir nach 55 Kilometern die Grenzstadt Sturovo erreichen. Noch immer ist die Stimmung gedrückt und wir haben nicht einmal einen Blick für die traumhaft schöne Basilika übrig, die von einer Erhebung der Nachbarstadt Esztergom aus zu uns herüber strahlt. Auch sind wir zu schlapp, um den Campingplatz zu suchen. „Sollen wir in dem Kurhotel dort einchecken?“, versuche ich die Stimmung zu heben. „Wie du willst", antwortet Tanja knapp. „Ich weiß nicht", zögere ich und wir radeln weiter, bis wir an einer Pension vorbei kommen. Nach einigem Hin und Her ziehen wir ein. An der Rezeption verlangt man Vorauskasse, 30 Euro. Nachdem wir unser Gepäck ins Zimmer gebracht haben, schleppen wir uns in eine fast leere Kneipe. Wir essen viel und reden lange. Unsere Stimmung hellt auf und wir können unserem Trip wieder etwas Positives abgewinnen. Als ich im Bett liege, denke ich über unsere Stimmungsschwankungen nach. „Höhen und Tiefen sind nichts anderes als der Fluss von Energie", höre ich plötzlich die Stimme von Mutter Erde. „Wie, Energie?" „Du weißt selbst, was wir damit meinen!" „Ja. Höhen kann man als Plus und Tiefen als Minus begreifen. Beide machen unsere Lebensenergie aus. Die Energie fließt wie Wasser und benötigt wie dieses auch ein Gefälle, um zu fließen."

„Genau. Euer Leben braucht die Höhen und auch die Tiefen. Stell dir vor, wie langweilig es wäre, wenn es euch fortwährend nur gut ginge. Euer Leben wäre so monoton, dass ihr irgendwann nicht mehr wüsstet, was gut für euch ist. Ihr würdet nichts mehr unternehmen, wozu auch? Aber reine Passivität bedeutet Stillstand. Gemütswandel hingegen bedeutet Veränderung und ermöglicht, Glück von Unglück zu unterscheiden. Die Würze des Lebens besteht aus beiden Polaritäten." „Hm, ich verstehe. Aber ich möchte keine großen Gefühlstiefs mehr haben, um das zu lernen. Es ist einfach zu schmerzhaft." „Irgendwann wirst du selbst steuern können, wie groß dein Schmerz ist." „Aber widerspricht das nicht der These vom Energiefluss?" „Nein. Deine Gefühle müssen ja nicht wie ein Wasserfall stürzen, damit du am nächsten Tag mit einem Lachen aufwachen kannst. Gehe den Weg des Verstehens. Es ist wichtig, bewusst zu leben, den Augenblick zu erfahren, zu inhalieren und ihn auch zu schätzen." „Das versuche ich ja ständig. Doch kaum geschieht etwas, was ich nicht eingeplant habe und der Spaß ist vorbei."

„Nichts läuft so wie geplant. Das zu akzeptieren ist ein großer Schritt. Du wirst noch einige Zeit brauchen, bis du das verstanden hast. Wenn du so weit bist, wirst du jeden Tag mit Freude aufwachen und mit Freude schlafen gehen. Kein Gemütszustand, keine Situation ist für ewig. Alles vergeht, auch der Schmerz. Wenn du den Moment einer unangenehmen Situation verstehst, wirst du wissen, dass dieser Moment wieder vorüber geht. Dann kannst du auch diesen Augenblick schätzen lernen. Es ist wichtig, alle Momente und Gefühle als Erfahrungsschätze zu begreifen. Sie sind Ansammlungen sehr wertvoller Schlüssel." „Was für Schlüssel?" „Jede neue Gefühlsregung und jede Erfahrung sind Schlüssel zu Türen in eine andere Welt. Eure Reisen sind auch spirituelle Reisen." „Das klingt ja fantastisch", freue ich mich über diese Offenbarung. „Ja, also freue dich über dein und euer Leben. Akzeptiere die Tiefen und genieße die Höhen.

Lerne unerschrocken und lass dich nicht unterkriegen. Vermeide den Sturz in den emotionalen Wasserfall durch Verstehen." „Ich werde mein Bestes geben". Mit einem Lächeln schlafe ich ein.

„Um das Leben zu verstehen, ist es wichtig,
bewusst zu leben, den Augenblick zu erfahren,
ihn zu inhalieren und zu schätzen.“

Mutter Erde

Erste Eindrücke von Ungarn

Ungarn
Tag 60
Camp 32
1.621 Kilometer
Ort: Budapest
Breitengrad 47° 33' 994"
Längengrad 019° 03' 675"

Das Frühstück von heute ist miserabel, kein Vergleich mit dem leckeren Essen unserer letzten Unterkunft. Die in der Mikrowelle aufgewärmten Pfannkuchen sind gleich wieder kalt, der Kaffee schmeckt bitter. Wir lassen uns die wiedergewonnene Motivation aber nicht von einem lächerlichen Frühstück vermiesen. Also schwingen wir uns in die Sättel und fahren frohen Mutes Richtung slowakisch-ungarische Grenze. Die Grenzbeamten sind freundlich und lassen uns nach einem kurzen Blick in unsere Pässe passieren. Wir fahren unsere Räder über die im zweiten Weltkrieg zerstörte Maria Valeria Brücke, die erst 2001 wieder aufgebaut wurde. Sie verbindet die Städte Sturovo und Esztergom und damit auch die Slowakei und Ungarn. Nach knapp 1.600 Kilometern haben wir mit Deutschland, der Schweiz, Österreich und der Slowakei jetzt schon vier Länder bereist. Das fünfte liegt jetzt direkt vor uns. Wie vielfältig und abwechslungsreich Europa ist!
Auf der anderen Seite der Brücke rauschen wir mit Vollgas hinein in das sogenannte ungarische Rom. Esztergom ist seit dem 11. Jahrhundert der Sitz

Über die Maria Valerien Brücke von der Slowakei nach Ungarn.

des Erzbischofs von Ungarn. Auf dem Burgberg thront eine beeindruckende Basilika. Schon in der Steinzeit war dieser Ort besiedelt. Die Römer nutzten den strategisch wichtigen Platz für eine Befestigungsanlage zum Schutz ihrer Grenzen. Im 13. Jahrhundert wurde Esztergom von den Tataren besetzt und im 16. Jahrhundert von den Türken, die dann 140 Jahre blieben. Bis die Türken vertrieben wurden, hatten sie die Stadt zu einer Ruine heruntergewirtschaftet, in der nur noch 400 Menschen lebten. Da unser heutiges Ziel Budapest ist, halten wir uns in Esztergom nicht lange auf.
In zügiger Fahrt lassen wir das hübsche Städtchen hinter uns. „Stopp!“, warnt mich Tanja. „Was ist denn?“ „Da geht es nicht weiter. Der Radweg endet an einer Treppe.“ Wir machen kehrt und kurz darauf finden wir den richtigen Radweg. Schon nach wenigen Kilometern stoßen wir auf die Bundesstraße. Mit der Fähre wollen wir auf die ruhigere linke Seite der Donau übersetzen. „Forint?“, fragt der Fährmann. „Nein, wir haben keine Forint“, antworte ich schulterzuckend. In Zeichensprache will mich der Fährmann dazu bewegen, im nahegelegenen Restaurant Geld zu wechseln. Doch ich lasse mich nicht darauf ein und wir setzen unsere Reise auf der Bundesstraße fort. Zu diesem Zeitpunkt ahnen wir noch nicht, dass es auf unserer weiteren Reise keine ausgebauten Radwege mehr geben wird.
Vor uns liegt das Donauknie, eine der reizvollsten Landschaften Ungarns. Die steilen Berghänge bestehen zum Teil aus vulkanischem Gestein, das Tal wurde vom mächtigen Strom schon vor Urzeiten geformt. „Schau, wie schön!“, rufe ich freudig, als wir auf die dunklen Berghänge mit ihren romantisch geformten Felsen zufahren. Zu unserer Rechten die Visegrader Berge und das Pilis-Gebirge, die ihre gebogenen Rücken in den blauen Himmel strecken. Die Höhenzüge sind dicht mit schattigen Laubwäldern bewachsen. Baumalleen wölben ihre Kronen schützend über uns. Wir erreichen das Uferstädtchen Visegrad, das seit dem 1. Jahrhundert nach Christus ein wichtiger strategischer Vorposten der Römer war. Es liegt auf der rechten Donauseite und war ein Teil des Limes an der Grenze zu Panonien. Schon im 4. Jahrhundert errichteten die damaligen Machthaber auf dem 180 Meter hohen Sibrik-Hügel eine befestigte Anlage, die später zu einer Burg ausgebaut wurde.
Wir besuchen ein Restaurant und wollen die berühmte ungarische Küche kennen lernen. Leider werden wir enttäuscht. Das Fleisch schmeckt ranzig, der Koch scheint das von gestern übrig gebliebene Essen einfach aufgewärmt zu haben. Wir bestellen die Rechnung und erschrecken über einen Zuschlag von 10 %. „Es liegt im Ermessen des Wirtes, ob er Steuer verlangt oder nicht“, entschuldigt sich der Kellner in gutem Englisch. Verglichen mit der Slowakei ist es in Ungarn wieder richtig teuer. Ein Bier kostet hier 2 Euro und eine

Mahlzeit je nach Wahl 10 bis 20 Euro. „Das liegt wohl an den Touristen, die hier wieder verstärkt unterwegs sind", vermute ich. „Wahrscheinlich. Da können wir uns in Budapest ja auf was gefasst machen", legt Tanja nach.
Weil es bis zur Hauptstadt noch ziemlich weit ist, können wir auch dieser sehenswerten Siedlung keinen Besuch abstatten. Wir kommen noch an einigen reizvollen Städtchen vorbei. Vor allem fällt es uns schwer, den Ort Szentendre links liegen zu lassen, in dem man bei Ausgrabungen auf steinzeitliche Siedlungsreste gestoßen ist.

Brutale Fahrt nach Budapest

Die Hauptstraße wird immer schlechter und der Verkehr immer schlimmer. Der Straßenrand ist an manchen Stellen kaum noch befahrbar. Schmutz, Sand und gefährliche Rillen zwingen uns unaufhörlich zum Ausweichen. Unsere Anhänger rumpeln mit lautem Krachen in tiefe Löcher. Der Ruck ist manchmal so groß, dass es mir fast den Lenker aus der Hand reißt. Wir müssen höllisch aufpassen, nicht unter die Räder der Autos und Lastwagen zu kommen. Manchmal verengt sich die Hauptverkehrsader und die Fahrer hinter uns müssen stark bremsen, um nicht in den Gegenverkehr zu rasen. Einige Blechhaufen brausen hautnah an uns vorbei. Tanja leidet unter dem aufgewirbelten Staub. Ihr Knie beginnt zu streiken. „Bleib um Gottes Willen dran!", brülle ich nach hinten in den Motorenlärm. Ich befürchte, dass wir besonders für Lastwägen ein schwieriges Hindernis darstellen, wenn der Abstand zwischen uns zu groß ist. Die schweren LKWs setzen bei der erstbesten Gelegenheit zum Überholen an und wenn ihnen etwas entgegenkommt, quetschen sie sich zwischen Tanja und mich. Ich drossle meine Geschwindigkeit, damit Tanja dicht in meinem Windschatten fahren kann. Als kompakte Einheit rumpeln wir nun über Asphalt. Tote Vögel, Ratten, Katzen und Igel säumen den Straßenrand. Oft endet der fransige Teerstreifen abrupt in einer steil abfallenden Kante. Wenn einer der Monsterlastzüge zu nahe kommt, erfordert das Ausweichen geradezu akrobatisches Können. In letzter Sekunde müssen wir dann unsere schwer beladenen Räder die abschüssige Kante hinuntersausen lassen. Es rumpelt und rüttelt. Der Rahmen stöhnt unter der Belastung auf. Die schwarzen, lebensgefährlich wirkenden Gummireifen der Sattelschlepper rauschen an uns vorbei. „Ein Wahnsinn. Diese Straße ist ja der reinste Killer!" Ich frage mich, wie wir die restlichen 23.000 Kilometer unserer Reise bewältigen wollen, ohne dabei unter die Räder zu geraten.
„Denis! Wir dürfen nicht mehr weiterfahren!", warnt Tanja. „Was, warum nicht?" „Schau mal das Verkehrsschild an!", ruft sie und deutet nach vorne.

Jetzt sehe ich es auch: Räder, Traktoren und Pferdewagen sind auf dieser Straße nicht erlaubt. Nach ein paar hundert Meter retten wir uns in eine Tankstelle und überlegen, wie wir weiterkommen. „Die Bundesstraße hat sich für uns erledigt. Ob es einen anderen Weg gibt?“ Ich studiere ergebnislos die Karte, deren Maßstab sich jetzt als zu klein erweist. „Lass uns doch den Weg hinter der Tankstelle probieren“, meint Tanja und deutet auf einen schmalen Asphaltstreifen. Wir sind sehr erleichtert, als uns die schmale Straße zu einem Radweg führt, der direkt neben der Bundesstraße liegt. Es dauert allerdings nicht lange, bis der Weg wieder über die Hauptstraße führt. Wir sind in einem Vorort von Budapest angekommen.
Wegen der dunklen Wolken setzt die Dämmerung früher ein als sonst. Fast alle Fahrzeuge haben jetzt Licht an. „Da unten muss die Donau sein. Vielleicht finden wir dort unseren Radweg wieder“, hoffe ich und überquere einen Fußgängerüberweg. Auf einem reparaturbedürftigen Asphaltstreifen holpern wir im starken Berufsverkehr dahin. Es ist kalt und düster, die Luft dröhnt laut und ist schmutzig. Mein Magen knurrt und ich habe keine Ahnung, wo wir übernachten sollen. Endlich ein Hotelschild. „Ich schau mal, was es kostet“, sage ich und betrete auf wackligen Beinen die Rezeption. „120 Euro die Nacht. Wir sind aber ausgebucht“, werde ich informiert. Erschrocken über die hohe Summe und darüber, dass schon ein Hotel so weit außerhalb des Zentrums ausgebucht ist, radeln wir weiter. „Wir finden schon noch was“, beruhigt mich Tanja. Auf den nächsten fünf Kilometern klappern wir mehrere Hotels und Pensionen ab. Die Preise liegen zwischen 40 und 130 Euro für ein Doppelzimmer. „Ob es im Zentrum besser ist?“, fragt Tanja. „Sicher nicht“, antworte ich genickt. Der Verkehr nimmt jetzt noch zu. Wir geraten in einen Stau und müssen unsere Räder schieben, bis wir endlich die Stadt erreichen. Da ich keine genaue Karte besitze, sind wir orientierungslos. Wir kommen wieder auf einen Radweg und folgen ihm bis zum Schluss. Seit geraumer Zeit sehen wir keine Hotels oder Pensionen mehr. Die Passanten, die wir fragen, haben keine Ahnung oder sprechen nicht unsere Sprache. Es wird dunkel. Wir sind jetzt acht Kilometer von da entfernt, wo es die letzten Unterkünfte gab. „Wir kehren um“, beschließe ich und wir radeln die acht Kilometer zurück. Wir fragen einen älteren Herrn, der uns auf Ungarisch etwas erklärt, was sich für uns nach Campingplatz anhört. Mit Zeichensprache zeigt er uns den Weg.
Mittlerweile ist es dunkel und wir frieren. Mein Thermometer zeigt 13 Grad an. Zum Glück finden wir den Campingplatz, doch die Rezeption hat bereits geschlossen. Der Pförtner spricht Ungarisch. Er zeigt uns die Preistabelle. Knapp 18 Euro für zwei Personen und ein Zelt. „Ich glaub´s nicht, auch Zelten kostet hier ein Vermögen“, schüttle ich verblüfft den Kopf. „Was meinst du? Sollen

wir hier bleiben?", frage ich Tanja unschlüssig. „Einen echten Preisvorteil haben wir hier nicht. Und wenn wir uns Budapest ansehen wollen, können wir unsere Ausrüstung hier nicht alleine lassen". Wir machen kehrt und fahren zu einer Pension von vorhin, von der ich weiß, dass sie noch ein Doppelzimmer für drei Tage frei hatte. Obwohl wir 52 Euro mit Frühstück bezahlen, ist das besser als zelten, da hier unsere Ausrüstung sicher ist. Wir bringen unsere Sachen in ein nettes Zimmer. Unsere Räder dürfen wir unter der Treppe des Hotels abstellen. Erschöpft lassen wir uns in die Stühle sinken. „Ich habe nicht weit weg vom Hotel einen kleinen Laden gesehen. Während du deine Aufzeichnungen machst, könnte ich uns doch eine Flasche ungarischen Wein besorgen", schlägt Tanja vor. „Eine ausgezeichnete Idee!" Wir sind erleichtert, die schreckliche Bundesstraße mit heiler Haut überstanden zu haben.

Als Traveller in Budapest

Nach dem Frühstück fragen wir an der Hotelrezeption, wie man am besten in die Stadt kommt. „Mit dem Zug oder Bus", erfahren wir und lassen uns erklären, wo der nächste Bahnhof liegt. Dann machen wir uns auf den Weg, eine der schönsten Metropolen Europas zu erkunden. „Siehst du hier irgendwo einen Ticketautomaten?", frage ich Tanja. „Nein. Wahrscheinlich kann man die Fahrkarte im Zug lösen."

Als der Zug ankommt, steigen wir ein und suchen jemand, bei dem wir eine Fahrkarte kaufen können. „Es scheint keinen Schaffner zu geben", meint Tanja. „Wenn wir jetzt erwischt werden - wie sollen wir dann erklären, dass wir wirklich eine Karte kaufen wollten?" Doch zum Glück kommen wir ohne Kontrolle in der Innenstadt von Budapest an. Gleich gegenüber der Haltestelle gibt es eine Buchhandlung. Ich kaufe eine Landkarte von Ungarn, auch unsere E-Mails können wir dort abrufen. Dann laufen wir bei herrlichem Wetter über die Kettenbrücke zur anderen Seite der Stadt.

Bevor wir die Hauptstadt erkunden, wollen wir uns noch schlau machen, ob wir ein Visum für Kroatien oder Serbien benötigen. Wenn wir weiterhin der Donau folgen, sind das die nächsten Länder, durch die wir radeln werden. Wir besuchen ein Reisebüro nach dem anderen, doch niemand kann uns eine richtige Auskunft geben. „Seit dem Jugoslawienkrieg hat sich alles verändert. Es gibt nur wenig Ungarn, die im ehemaligen Jugoslawien Urlaub machen", erklärt uns eine Dame in einem Reisebüro. „Ich werde für Sie Informationen einholen", verspricht sie. Stunden später melden wir uns wieder bei ihr. „Es war nicht einfach, jemand bei der jugoslawischen Botschaft zu erreichen.

Auch spricht dort niemand Ungarisch. Aber eines konnte ich herausfinden: Sie brauchen kein Visum", erleichtert sie uns.
Weil Essen gehen in Budapest für uns zu teuer ist, machen wir es uns in der Fußgängerzone auf einer Bank gemütlich, packen unsere Thermoskanne aus und verzehren am Fuße eines Denkmals unser Fertigessen. „Hier ist es doch viel schöner als im Edelrestaurant nebenan", freut sich Tanja und prostet mir zu.
Später machen wir eine Donaurundfahrt - die beste Möglichkeit, in kurzer Zeit möglichst viel über Budapest zu erfahren. Die Sonne steht schon tief, als das Ausflugsschiff ablegt. Die Künstler- und Operettenstadt zeigt sich von ihrer besten Seite. Prächtige Häuser und Kirchtürme, das beeindruckende Parlamentsgebäude mit seinen 365 Spitztürmchen, die Burgen und Schlösser der einstigen Königsstadt ziehen an uns vorbei. Noch heute strahlt diese pulsierende Metropole den Glanz der vergangenen Monarchie aus.
Als die Sonne untergeht, beobachten wir vom Ufer aus, wie sich Budapest in Szene setzt. Häuser, Türme, Schlösser, Burgen und Brücken werden illuminiert, die Stadt setzt sich eine leuchtende Krone auf. Aus den Passagen und den Restaurants der Uferpromenade ertönt leise Musik, Menschen dinieren ausgelassen bei Kerzenlicht. Gläser klirren, Gelächter hallt durch die Gassen und in der Ferne hören wir ganz leise das tiefe Brummen der vielen Autos, Busse und Lastwägen, die wie glühende Lichtbänder durch die Straßen, Boulevards und Alleen rauschen.

Budapest, die Perle Ungarns, kurz nach Sonnenuntergang.

Ticketkontrolle

Weil es uns gestern in Budapest so gut gefallen hat und wir noch mehr von der Stadt erfahren möchten, bleiben wir einen Tag länger. „Lass uns doch heute mal mit dem Bus fahren. Das ist bestimmt eine gute Alternative zur Bahn und wir sehen was Neues", schlage ich vor. „Eine gute Idee", stimmt mir Tanja zu. Bestens gelaunt überqueren wir die Straße vor unserer Pension zur Haltestelle gegenüber. Wieder kein Ticketschalter. „Bestimmt können wir das Billett beim Fahrer kaufen", vermutet Tanja. Als wir in einen nagelneuen Bus einsteigen, stellen wir fest, dass der Fahrer hinter einer hermetisch verschlossenen Glaswand sitzt und für keinen seiner Gäste ansprechbar ist.

Wieder steigt ein ungutes Gefühl in uns hoch. Wir lassen uns auf einen der freien Plätze nieder und fahren bis zur Endstation. „Und wie geht es jetzt weiter?", fragt Tanja. „Das Mädchen an der Rezeption hat gesagt, wir sollen an der Endstation in die Untergrundbahn umsteigen." Wir folgen den Fahrgästen des Busses. Über eine Treppe geht es unter die Erde wie in eine andere Welt. Lotterieverkäufer bieten den eiligen Passanten ihre Lose an. Aus Blumenläden leuchten bunte Pflanzen und verschönern die triste Passage. Aus einem Laden strömt der Duft von frisch gebackenem Brot in die Gänge, vermischt sich mit dem Rauch von Zigaretten und dem Gestank von abgestandenem, billigem Alkohol. Wir laufen über schmutzige, verklebte Wege bis zur Haltestelle. Eine Luftwelle schlägt uns aus dem dunkel gähnenden Tunnel entgegen. Zwei kleine Lichter flimmern in der Schwärze, zerschneiden die Finsternis und werden immer größer, bis die schmutzige Schnauze eines Zuges erscheint, der laut kreischend anhält. Man merkt, dass dies nach der Londoner die zweitälteste U-Bahn der Welt ist. Wieder ist kein Ticketautomat zu sehen. Ich frage einen jungen Mann, ob er Englisch spricht. „Ein bisschen Deutsch", antwortet er freundlich und erklärt uns, wo wir Fahrscheine kaufen können. Der Fahrkartenschalter ist ganz in der Nähe, hinter einer Glasscheibe sitzt ein Mann, der mir durch einen Schlitz unsere Tickets zuschiebt. Dann fragen wir uns zur richtigen Linie durch, die uns ins Zentrum bringt.

Wenige Stationen später steigen wir glücklich aus. Wir sind ohne Sprachkenntnisse und ohne uns zu verfransen im Herzen Budapests angekommen. Als wir gerade die Rolltreppe betreten wollen, reißt uns plötzlich eine übel gelaunte Stimme aus unserem Frohsinn: „Ticket!" Vor mir steht eine dicke Frau in dunkler Uniform. „Ticket!", wiederholt sie in fremdländischen Akzent. „Ah, Tickets. Na klar!" Ich greife in meine Hemdtasche und ziehe unsere zwei Tickets heraus. Mit wurstigen Fingern grabscht die Kontrolleurin nach den

Belegen. Ihre Augen blitzen einen kurzen Augenblick auf, als sie die Fahrscheine untersucht. Sie hebt einen Finger und ruft: „2.000 Forint!" Um ihrer Forderung Nachdruck zu verleihen, wendet sie sich Tanja zu und kläfft: „Two thousand Forint!" Tanja und ich schauen uns verunsichert an. Wir wissen nicht, was die Frau von uns will. Sie deutet energisch auf unsere Fahrscheine und sagt etwas auf Ungarisch. Dann hören wir „4.000 Forint" auf Englisch. „Wie?", frage ich verärgert. „Strafe!", sagt die Kontrolleurin auf Deutsch. „Warum? Wir haben doch zwei Tickets gelöst", antworte ich. Die Beamtin lächelt gezwungen, dann wiederholt sie laut und deutlich die Wörter „4.000" und „Strafe". „Wir zahlen keine Strafe. Wir haben Tickets", sage ich ernst. Plötzlich taucht ein männlicher Kontrolleur wie aus dem Nichts auf und springt seiner Kollegin zur Seite: „Sie zahlen!" „Wir nicht zahlen!", rufe ich, worauf er sein Handy zückt, um die Polizei anzurufen! Wir werden wie Verbrecher behandelt und die Passanten laufen desinteressiert vorbei. „Das sind gültige Tickets und wir zahlen keinen Pfennig!", sage ich bestimmt. Der Mann hält mir die Fahrscheine unter die Nase und zeigt auf ein leeres, eingerahmtes Feld. Ich verstehe jetzt: Wir haben unsere Tickets nicht entwertet. „Woher sollen wir das denn wissen?", frage ich verdutzt. „Wir sind Ausländer und verstehen die Sprache nicht. Sie sehen doch, dass wir keine Schwarzfahrer sind", schlage ich einen versöhnlichen Ton an. Der Mann führt uns zu einem Hinweisschild an der Wand, auf dem kleingedruckt in deutscher Sprache steht, wie man Tickets löst und entwertet. „Das sieht doch kein Mensch!" Mir wird klar, dass man hier so Touristen abzockt.
Der Kontrolleur zückt wieder drohend sein Handy. Dann kramt er eine auf Englische geschriebene Info hervor, auf der steht, dass sich die Strafe beim Hinzuziehen der Polizei von 2.000 auf 6.500 Forint erhöht. „Das ist nicht fair!", beschwere ich mich. Als wir sagen, dass wir kein Geld haben, wollen sie einen von uns als Pfand zurückbehalten. Um dem Ärger ein Ende zu machen, ziehe ich 8 Euro aus dem Geldgürtel, was ungefähr dem Betrag von 2.000 Forint entspricht und drücke sie dem Kontrolleur in die Hand. Gnadenlos fordert er den gleichen Betrag auch von Tanja ein, dann lässt er uns gehen.
„So eine Sauerei!", fluche ich, als wir wieder oben im Freien sind. Vor lauter Ärger laufen wir einige Minuten orientierungslos umher, bis wir uns wieder besinnen. „Lassen wir uns von diesem Erlebnis nicht den Tag verderben", reiße ich mich zusammen. „Stimmt. Vergessen wir die leidige Geschichte und genießen die Stadt".
In der Fußgängerzone kommen wir an einen Informationsstand, an dem Stadtrundfahrten angeboten werden. „Zu teuer", sage ich dem Verkäufer und erzähle ihm, gerade erst 4.000 Forint Strafe bezahlt zu haben. „Mit Einheimi-

schen können die so was nicht machen", behauptet er. „Wie meinen Sie das?", frage ich. „Die Kontrolleure sind üble Leute. Sie sind meistens sehr unfreundlich und suchen sich immer die leichteste Beute aus, also Touristen. Die wissen ganz genau, dass ein Tourist nicht weiß, wie er sein Ticket lösen soll. Beim kleinsten Fehler werden Leute wie Sie zur Kasse gebeten. Bei einem Ungarn werden sie es sich dreimal überlegen, ob sie ihm eine Strafe aufbrummen. Es ist nämlich leicht, die Adresse eines Kontrolleurs herauszufinden. Und es kann dann geschehen, dass er auf dem Nachhauseweg einen übergezogen bekommt. Nein, mit uns machen die das nicht, dazu haben sie viel zu viel Angst. Von den Einheimischen werden nur arme Leute, denen man ansieht, das sie nichts entgegensetzen können, zur Kasse gebeten", erklärt er. „Unglaublich", sage ich verblüfft. „Sie hätten nicht bezahlen dürfen. Sie hätten vor Gericht einfach nur sagen brauchen, man habe Sie festgehalten. Oder noch besser, man habe Sie wie einen Verbrecher behandelt. Dann hätten sie sogar noch Geld aus der Sache geschlagen", erklärt er mit wissend-spöttischem Lächeln.

„Na, dafür braucht man aber Zeit. Oder wie lange dauert es, bis man zur Gerichtsverhandlung geladen wird? Und wer weiß, wo man in der Zwischenzeit untergebracht ist. Vielleicht sogar im Gefängnis? Nein, dann besser so, obwohl es wirklich eine Sauerei ist, wenn der ungarische Staat solche Menschen auf die Touristen loslässt." „Ich mache Ihnen einen Vorschlag: Ich gebe Ihnen die Tickets um 2.000 Forint billiger, dann haben Sie nur die Hälfte an Strafe bezahlt. Wollen Sie die Stadtrundfahrt unter diesen Umständen machen?" Wir stimmen zu, denn der Grund für unseren verlängerten Aufenthalt war ja unter anderem eine Stadtrundfahrt. Wer weiß, wann wir jemals wieder nach Budapest kommen?

Bis die Besichtigungstour beginnt, haben wir noch etwas Zeit. Wir schlendern ein wenig durch die Innenstadt und an der Uferpromenade entlang. Am späten Nachmittag werden wir dann in einem Cabriolet-Bus zu den schönsten Bauwerken Budapests chauffiert. Die Reiseleiterin spricht abwechselnd in drei Sprachen. Man erfährt einiges über die Geschichte der Stadt: Über die sieben aus dem Ural kommenden Stämme, deren Führer sich hier niederließen. Über Kaiser Franz Josef und Kaiserin Sisi, die in der Matthiaskirche zu ungarischen Königen gekrönt wurden. Und über König Stephan I., der im Jahr 1001 als erster König Ungarns anerkannt wurde. Wir lauschen den Geschichten über die Entstehung des Landes, die Anwesenheit der Römer, die Völkerwanderungen germanischer Stämme, hören vom Reich der Hunnen unter Attila, deren Vertreibung durch die Germanen, deren Vertreibung durch die Awaren, der Eroberung durch die Mähren, der Eingliederung des Landes unter Karl dem Großen usw. Mir brummt der Kopf. Ehrlich gesagt, kann ich kaum etwas von den vielen Details behalten. Doch unser Eindruck von Budapest ist rundum schön und wir werden morgen mit dem guten Gefühl weiterfahren, hier viel gesehen, gelernt und erlebt zu haben.

Blick über Budapest.

Verkehrswahn

Mit dem Rad aus Budapest herauszukommen ist mindestens genauso schwer wie hineinzukommen. Der kariöse Radweg führt uns erstmal über eine Brücke auf die linke Seite der Donau. Weil die Beschilderung irreführend ist, wissen wir dort nicht mehr weiter. Die ungarische Karte, die ich

in Budapest gekauft habe, ist sehr ungenau. Ich spreche einen Passanten an, der mir in Zeichensprache klar macht, dass wir wieder über die Brücke hinüber zur rechten Donauseite fahren müssen. Wir folgen seinen Anweisungen und kommen tatsächlich auf einen Radweg, der uns am Ufer des Flusses in die Innenstadt führt. Als wir die letzte der sechs Stadtbrücken erreichen, müssen wir heute bereits zum dritten Mal die Donau überqueren. Erneut wissen wir nicht mehr weiter. Die Hochstimmung von gestern hat sich verflüchtigt. Wir sind gestresst von unserer Orientierungslosigkeit und vom Straßenverkehr. „Es ist wirklich zum Haare raufen. Wie soll man denn den richtigen Weg finden, wenn man keine vernünftige Karte hat!“, fluche ich und versuche mich zu konzentrieren. „Wissen Sie, wie man nach Rackeve kommt?“, frage ich einen Radfahrer. Der Mann ist sehr hilfsbereit. Er steigt von seinem Rad und zeichnet mehrere Orte auf einen Zettel. „Sie müssen zurück und dann auf der Hauptstraße immer Richtung Süden fahren“, erklärt er in gebrochenem Englisch.
Nun ist es endgültig vorbei mit dem Radweg, der ja schon vor Budapest nur noch in Bruchstücken vorhanden war. Selbst die Hauptstraße ist in einem miserablen Zustand. Die schweren Reifen der Lastwägen haben tiefe Rillen hinterlassen, die für uns echte Hindernisse darstellen. Es holpert und schüttelt kräftig. Die Abgase der Autos und Lastwägen legen sich über uns wie eine Decke. Der Verkehr ist hektisch und wir vermissen die Ruhe und den Schutz des Radwegs. Die Fahrt erfordert unsere gesamte Konzentration. Ununterbrochen haben wir die unebene Straße im Blick, denn schon ein kleiner Fehler könnte fatale Folgen haben. Wir fahren wie mit Scheuklappen und bekommen nichts von der Umgebung mit. Häuser, Fabriken, Ampeln, Schilder, Baustellen huschen in den Augenwinkeln vorbei. Bislang ist nichts vom Agrarland Ungarn zu sehen – keine Felder, keine strohgedeckten Häuser und Ställe, keine Pferdefuhrwerke. Von wegen ländliches Flair! Ungarn kommt uns so vor, als hätte es seine Identität schon vor Jahren an den Nagel gehängt, um ein Teil der Europäischen Union zu werden. Ich bin enttäuscht und hoffe, dass sich die triste Umgebung bald ändern wird.
„Tuuuhhht!“, warnt uns das tiefe Horn eines Lastzuges. Meine Nervosität überträgt sich auf den Lenker, der sofort zu wackeln beginnt. Schwankend warte ich auf die großen Räder, die gleich vorbeirasen. „Sssuuuhhsch! Sssuuhhsch! Sssuuuhhsch!“, drücken sich die schwarzen Gummipaare durch die tiefen Asphaltrinnen. Der Luftdruck bringt mich noch mehr aus dem Gleichgewicht. Aus Angst vor dem Sog des Lasters sause ich in den schlammigen Straßengraben. „Was machst du denn?“, ruft Tanja. „Ich verstecke mich vor einem Monster!“ Auch die Sonne scheint sich verstecken zu wollen: Sie ist hinter einer dichten Wand aus verschiedenen Graustufen verschwunden.

Es ist relativ kühl und wir kommen trotz des schweren Verkehrs gut voran. Die Orte Dunaharaszti, Sezigetszentmiklos und Taksony gehen mehr oder weniger ineinander über. Es kommt uns vor, als dehne sich Budapest über ganz Ungarn aus. Unser Tacho zeigt bereits 40 Tageskilometer an und noch immer fahren wir durch städtische Gebiete. Von der Donau ist seit der letzten Brücke nichts mehr zu sehen. Wir finden keine kleineren Uferstraßen, auf die wir ausweichen könnten. In Kiskunachaza frage ich eine fröhlich dreinschauende Frau, ob es in Rackeve eine Unterkunft gibt. Sie lacht, aber versteht mich nicht. „Pansion? Pansion?", frage ich und lege meine gefalteten Hände ans Ohr, um ihr zu erklären, dass wir nach einem Platz zum Schlafen suchen. „Pansion", lacht die Frau und nickt mit ihrem Kopf. Sie erzählt uns etwas auf Ungarisch. Wir verstehen, dass es bis Rackeve nicht mehr weit ist und es dort eine Pension gibt. Wir winken ihr zum Abschied und verlassen die abgasverseuchte und hektische Bundesstraße. Ein deutlich ruhigerer Weg führt uns in die Abenddämmerung.
„Oh oh, das sieht ja richtig teuer aus!", rufe ich, als wir an einem Kurhotel ankommen. „Ich frag trotzdem mal, was die Nacht kostet". An der Rezeption des Edelschuppens wird meine Einschätzung bestätigt: „106 Euro pro Nacht. Wir sind aber ab morgen ausgebucht", gibt mir die Frau hinterm Tresen Auskunft. Ich bedanke mich für die Information und begebe mich wieder zu unseren Rädern. „Und? Was kostet es?", will Tanja wissen. „Zu teuer. Außerhalb des Ortes soll es ein Schloss geben. Lass es uns dort versuchen".
„55 Euro die Nacht", ernüchtert uns der Rezeptionist im Schloss und schickt uns zu einer Bahnhofspension. Als wir dort immer noch 40 Euro pro Nacht ohne Frühstück zahlen sollen, suchen wir den Zeltplatz auf. Der hat zu dieser Jahreszeit natürlich schon geschlossen und man empfiehlt uns eine Sportgaststätte. „Sieht ziemlich heruntergekommen und verlassen aus", stelle ich bei einem Blick durchs Fenster fest. „Was wollen?", fragt ein Mann in gebrochenem Deutsch, der gerade mit dem Auto gekommen ist. Ich erkläre ihm, dass wir eine Unterkunft suchen, die für uns bezahlbar ist. Er führt mich hinters Haus. Dort herrscht reges Treiben. Männer sitzen an Tischen, rauchen und trinken Bier. Es ist wie in einer ländlichen Sportgaststätte in Deutschland. Mein Begleiter fragt den jungen Mann am Ausschank, ob wir hier übernachten können. Er nimmt den Hörer in die Hand und wählt eine Nummer. Dann nickt er mit dem Kopf. Die beiden unterhalten sich in ihrer Sprache. „40 Euro pro Nacht ohne Frühstück", sagt mein Helfer, sichtlich verärgert, mir so einen stolzen Preis nennen zu müssen. „Danke, zu teuer", antworte ich und verabschiede mich. Wir fahren fünf Kilometer und kehren dann doch wieder um, da es jetzt dunkel wird. Notgedrungen ziehen wir in

die Bahnhofsunterkunft ein, die moskitoverseucht ist, wie sich herausstellt. „Hier kann ich nicht schreiben“, seufze ich.
Damit wir uns setzen können, hole ich zwei Stühle aus der Kneipe. Ein junges Mädchen rät mir, unsere Räder in einem Nebengebäude einzusperren. Während ich meine Aufzeichnungen in den Computer hacke, geht Tanja duschen. „Denis, kannst du mal kommen? Das Wasser riecht so komisch!“ Tatsächlich, es stinkt nach faulen Eiern. „Ob das Thermalwasser ist?“, will sich Tanja beruhigen. „Wer weiß, vielleicht kommt das Wasser auch aus dem Tümpel hinterm Haus. Für unser Abendessen nehmen wir besser unser mitgebrachtes Wasser“, entscheide ich und begebe mich auf Moskitojagd.

Ungarn zaubert sich aus dem Hut

Tanjas Knieschmerzen melden sich wieder. Vorbeugend stelle ich ihren Sattel höher. Mark, der stellvertretende Produktionsleiter von riese und müller, hat mir erklärt, wie man den richtigen Abstand zwischen Hüfte und Pedal definiert: Wenn die Fußsohle mittig auf dem Pedal liegt, sollte das Knie nur noch ganz leicht angewinkelt sein. Bei Tanja war das Knie zu stark gebeugt. Auf Dauer können sich so Sehnen und Bänder verkürzen und sich entzünden.
„Und, wie ist es jetzt?“, frage ich Tanja, als sie mit neuer Sattelhöhe hinter mir herradelt. „Besser. Man könnte den Sattel sogar noch etwas höher stellen.“
„Das machen wir morgen. Gewöhne dich erst Mal an diese Höhe“, bremse ich Tanja und schlage den Weg Richtung Hauptstraße ein.
Wir geraten in einen Stau. Als wir links an den Autos vorbei fahren, kurbelt ein Lastwagenfahrer sein Fenster herunter und warnt uns: „Polizei! Karambolage!“ Er zeigt auf den Seitenstreifen und empfiehlt uns damit, besser am Straßenrand zu fahren. Wir folgen seiner Warnung und reihen uns rechts hinter einem Auto ein. Nach etwa 10 Minuten gelangen wir an den Unfallort. Ein Lastwagen hat sich überschlagen und liegt mit mehreren Pkws verkeilt im Straßengraben. Die gesamte Straße ist mit Wrackteilen übersät und eine große Planierraupe räumt die Straße frei. Die Polizisten leiten den Verkehr auf einen Feldweg um. Wir holpern den Autos hinterher und kommen bald wieder auf die Bundesstraße, auf der sich der Gegenverkehr kilometerweit staut. Ein freundlicher LKW-Fahrer sichert uns den Rücken. So können wir an den stehenden Fahrzeugen vorbeiradeln und haben den Stau bald hinter uns.

Wir erreichen Dömsöd. In einem kleinen Supermarkt kaufen wir ein paar Lebensmittel, die wir sofort hungrig verschlingen. „Wir müssen die Hauptverkehrsader möglichst schnell verlassen. Auf Dauer ist das zu gefährlich. Irgendwann passt ein Lastwagenfahrer nicht auf und wir sind platt", stelle ich mir vor, während ich an meinem Kakao nippe. „Was haben wir für eine Alternative?" „Wir fahren von hier etwa acht Kilometer Richtung Osten. Dort gibt es eine Nebenstraße. Die ist zwar ein bisschen länger, führt aber genauso zur serbischen Grenze." „Gute Idee", stimmt Tanja meinem Vorschlag zu.
Kaum biegen wir in die Nebenstraße nach Apaj ein, sind wir in einer anderen Welt. Ungarn hat sich aus dem Hut gezaubert! Wir fahren an Feldern vorbei, die gerade geerntet werden. Alte Landmaschinen rollen gemächlich vorüber. Autofahrer grüßen freudig und heben den Daumen nach oben. Viele Menschen schauen uns nach und winken. Ein älterer Herr möchte sich mit uns unterhalten. Er spricht in seiner Sprache und wir in unserer. „China?", versteht er plötzlich, zieht die Augenbrauen nach oben und schüttelt ungläubig, aber lachend den Kopf. „Wir fahren auf dem schönsten Radweg aller Zeiten!", rufe ich entzückt. Ab und zu kommt ein Lastwagen, der uns leicht und mit viel Platz überholen kann. Manche Fahrer warnen uns mit einem vorsichtigen Hupen, das eher wie ein Hüsteln klingt. Wir sind ganz in der Nähe des Nationalparks Kiskusagi Nemzeti. Ewig dehnt sich die flache Steppenlandschaft zu allen Seiten hin aus. Schäferhunde treiben eine Schafherde über weite Wiesen. Ein Pferdewagen kommt uns entgegen, der Wagenlenker winkt uns zu. Paprikafelder säumen den Weg. Dunkelrot blitzen die Schoten im Sonnenlicht. Die Anhänger der Traktoren sind voll beladen mit frisch geernteten Trauben.

Ungarischer Paprika säumt unseren Weg.

Immer wieder liegen tote Schlangen auf der Straße. Wahrscheinlich wollten sie sich auf dem warmen Asphalt wärmen und mussten ihren Leichtsinn mit dem Leben bezahlen. Dann tauchen einige mit Stroh gedeckte Scheunen und Hütten auf. Hunde schlagen an, als wir an den Gütern langsam vorbeiziehen. An den Ortsrändern gibt es viele Apfelplantagen. Die Äpfel sind reif und warten darauf, geerntet zu werden.
In Szabadszallas empfiehlt man uns eine Pizzeria. Ich esse liebend gern Ungarisch, da wir aber kein einheimisches Restaurant finden, lassen wir uns eine köstliche Pizza munden. Pizzerias scheinen in Ungarn Mode zu sein - es gibt sie überall, in jeder kleinen Stadt. Auch Solarien finden bei der Bevölkerung Anklang, selbst in kleinen Ortschaften werben Schilder für die Bräune aus der Steckdose.
Nach 75 Tageskilometern machen sich Tanjas Knie wieder bemerkbar. „Der Schmerz ist heute viel später als sonst", stellt Tanja fest und führt das auf die höhere Satteleinstellung zurück. Trotzdem geht es uns richtig gut. Unsere Gemüter segeln auf einem weiten Meer. Je nach Wetterlage werden sie stürmisch durchgeschüttelt oder relaxen – wie heute - in sonniger Ruhe.
Unser Tacho zeigt 94 Tageskilometer an, als wir die Stadt Kiskörös erreichen. Zwei sehr hübsche und sympathische Ungarinnen beschreiben uns den Weg zu einer Pension. „Lass uns doch erst mal was fürs Abendessen einkaufen", rät Tanja und zeigt auf die andere Straßenseite zu einem Supermarkt. Während sie auf die Räder aufpasst, kaufe ich Essen ein.
„Unsere Übernachtung für heute ist gebongt. Ich habe vier deutsche Touristen getroffen. Sie haben von einem Thermal-Campingplatz ganz in der Nähe geschwärmt", erzählt Tanja, als ich mit einer vollen Einkaufstüte zurückkomme. „Wunderbar, der Campingplatz ist sicher günstiger als ein Zimmer. Dort kann ich hoffentlich in Ruhe schreiben."
An einer Kreuzung winkt uns ein älteres Ehepaar zu. „Das sind die zwei von vorhin. Sie haben extra gewartet, um uns den Weg zu zeigen", freut sich Tanja. Auf dem Campingplatz ist richtig was los. 30 bis 40 Camper haben auf dem großzügig angelegten Platz ihre Wohnwägen in lockerer Anordnung aufgestellt. Wir bauen unser Zelt gleich neben dem Wohnmobil des netten Ehepaars auf und freuen uns darauf, wieder einmal im Zelt zu schlafen. Als ich unsere Räder abstelle, werfe ich einen Blick auf meinen Tacho. Mit knapp 96 Tageskilometern haben wir heute einen neuen Rekord aufgestellt.

Ein Walross in der Therme

Nach einer unruhigen Nacht erholen wir uns bei strahlendem Sonnenschein vor unserem Zelt. Eine nette Nachbarin bringt uns zwei Tassen Capuccino. „Zur Stärkung“, sagt sie freundlich. „Oh, das ist ja nett“, bedanken wir uns. „Darf ich Ihnen ein Frühstück machen?“ Da Tanja mit ihrem Rapunzelmüsli am glücklichsten ist, lehnt sie ab. Ich hingegen nehme das Angebot gerne an. Kurz darauf bringt sie mir einen Teller mit üppig belegten Weißbroten. Zwei Scheiben sind mit einer etwa einen halben Zentimeter dicken Butterschicht bestrichen, darauf eine ebenso dicke Schicht Honig. „Ungarischer Honig“, erklärt sie. Zwei weitere Scheiben sind ebenfalls dick mit Butter bestrichen, darüber dicke Salamischeiben. „Ungarische Salami!“ Auf noch zwei Scheiben glänzt eine fette Schicht Schweineschmalz. „Selbst gemacht. Alles beim Metzger gekauft und gekocht.“ Ich frage mich, wie ich diesen riesigen Teller mit Fett, Speck und Schmalz vertilgen soll, ohne krank zu werden. Seit unserer Mongoleidurchquerung vertrage ich kein Fett mehr und habe entsprechend meine Ernährung umgestellt. Die Mongolen ernähren sich ja hauptsächlich von Fleisch und von sehr fetthaltigen Milchprodukten. Sie halten Schafe, Ziegen, Rinder, Pferde und Kamele als Lieferanten von Käse, Milch und Sahne. Auch Alkohol trinken sie viel – diesen gewinnen sie aus gegorener Milch.

Ich schaue starr auf meinen reichhaltigen Frühstücksteller, greife zum Salamibrot und beiße ein kleines Stück ab. Als die Dame wieder zu ihren Wohnmobil geht, stelle ich den Teller schuldbewusst beiseite. Wie hätte ich ihr erklären sollen, dass ich all das nicht essen kann? Neidisch sehe ich zu Tanja hinüber, die mir mit sichtbarem Wohlbefinden ihr leckeres Müsli vorlöffelt. „Schmeckts?“, frage ich angefressen. „Hm, sehr gut“, schmatzt sie amüsiert.

Ich lasse den Tag langsam angehen und gehe erst mal ins Thermalbad. Im fast dunkelbraunen Wasser liegen und sitzen überwiegend ältere Menschen. Ich lasse meinen Körper in das 40° Grad warme Becken gleiten und lege mich neben einen Herrn. Er erzählt mir, dass er schon seit 15 Jahren hierher kommt. „Für was ist das Wasser denn gut?“, möchte ich von ihm wissen. „Ehrlich gesagt weiß ich das gar nicht genau. Aber es soll die Durchblutung anregen. Warmes Wasser ist doch immer gut und hier kann man richtig lange drin bleiben.“ „Wie lange liegen Sie denn so im Wasser?“ „Meistens zwei bis drei Stunden.“ „Das ist ja ewig. Da lösen Sie sich doch auf?“, wundere ich mich. „Nein, nein. Die Ärzte sagen zwar, man solle nicht länger als 20 Minuten im Wasser bleiben, aber viele halten sich nicht daran. Das sollte jeder selber wissen.“ „Wie ist es denn hier mit der Hygiene?“, erkundige ich mich. „Das

Wasser wird jeden Tag abgelassen und der Bademeister reinigt das Becken mit einer Art Säure. Ich glaube schon, dass es sauber ist. Früher war das anders. Da waren hier viele Zigeuner. Damals konnte man öfters beobachten, wie sie sich gegenseitig die Pickel ausgedrückt haben." „Iiih, ist ja ekelhaft", graust es mich. „Wieso? Sehen sie sich doch mal um. Glauben sie, die Menschen hier gehen alle auf die Toilette, wenn sie mal müssen? Manche bleiben stundenlang im Wasser und keiner verläst derweil das Becken. Sie wissen doch, Wasser treibt." „Dann ist es also doch unhygienisch?" „Nein, das salzige und mineralienhaltige Wasser tötet die meisten Keime ab. Sicher bin ich mir da aber nicht. Bei uns in Deutschland wird das Wasser in den Thermalbädern ja gechlort", denkt er nach. Irgendwie fühle ich mich nicht mehr wohl. Ich komme mir wie ein Nilpferd vor, das sich im Matsch suhlt. Aber egal: Ich stelle fest, dass sich meine Muskulatur wunderbar entspannt. Man muss seinen Kopf ja nicht unter Wasser tauchen, beruhige ich mich und bleibe noch eine Viertelstunde. Dann geht's zur Massage. Meinen geplagten Körper wollte ich schon lange wieder einmal kräftig durchkneten lassen. Im Thermalbad von Kiskörös wird eine medizinische Massage angeboten, die mehr als erschwinglich ist. Entspannt und müde beginne ich am Nachmittag mit meinen Aufzeichnungen. Einige Camper wollen wissen, woher wir kommen und wohin wir gehen. Ich antworte immer wieder ausführlich. Mit den netten Leuten hier unterhalte ich mich gerne, obwohl ich weiß, dass meine Arbeit dadurch liegen bleibt.

Wertvolle Gespräche und rumänischer Schnaps

Dichter Bodennebel liegt über dem nasskalten Platz. Es hat die gesamte Nacht genieselt. Widerwillig setze ich mich in aller Frühe vor unser Zelt und beginne zu schreiben. Mit eiskalten Fingern tippe ich ungelenk in die Tasten. Obwohl ich eine lange Unterhose trage, eine Fjällräven-Hose und eine wasserdichte Überhose darüber, ein Unterhemd, zwei Fleecejacken und eine Mütze, friert es mich gotterbärmlich. Um der Nässe von unten vorzubeugen und meine Eiszapfenfüße aufzutauen, habe ich über die Halbschuhe von Hanwag meine Neoprenüberschuhe gezogen. Eigentlich sind diese dafür gedacht, die Füße beim Radeln trocken zu halten. Der Wind bläst mit 12° Grad über mich hinweg und ich weiß nicht, wie ich schreiben soll, wenn erst der Winter kommt. Ich bewege meine steifen Knochen und schlurfe durch das nasse Gras zur Toilette. Ein Herr stellt sich neben mich ans

Schon am frühen Morgen schreibe ich frierend über unsere Erlebnisse.

Pinkelbecken. Schweigend verrichten wir unser Geschäft, ein alter Mann hinkt herein. „Na, wie geht's, Willi?", erkundigt sich der Mann neben mir nach dem Befinden des sichtbar angeschlagenen Alten. „Ooouuuhhhh!", klagt der Alte. „Na dann ist ja gut", höre ich noch die lapidare Antwort, als ich die Bedürfnisanstalt verlasse. Als Tanja aus dem Zelt kommt, blitzt bereits die Sonne durch die tief liegenden Wolken und bald gewinnen ihre Strahlen die Oberhand. In der zunehmenden Wärme fällt mir meine Schreibarbeit wieder leichter und ich komme gut voran.
Es ist bereits dunkel, als wir überraschend Besuch bekommen. „Seid ihr mit den Rädern unterwegs?", fragt uns ein junger Mann in perfektem Englisch. Sofort sind wir in ein Gespräch vertieft. Niel kommt mit seiner Freundin Andrea aus England. Sie sind schon seit sechs Monaten mit einem Tandem unterwegs, befinden sich auf dem Nachhauseweg und kommen gerade aus Rumänien. „Rumänien?", fragen Tanja und ich begeistert. „Wo habt ihr geschlafen? Wie war der Grenzübergang? Wie sind die Menschen dort?", bestürmen wir Niel mit Fragen. Wir vereinbaren, uns nach dem Essen zusammenzusetzen, um uns weiter auszutauschen.
„Das ist Selbstgebrannter aus Rumänien", erklärt Niel zu fortgeschrittener Stunde und schenkt großzügig ein. Wir prosten uns zu und ich nehme einen kräftigen Schluck. Das Teufelszeug läuft brennend meinen Rachen hinunter. „Hua, ein furchtbares Gesöff", schüttelt es mich. Niel lacht herzhaft und erklärt. „Das Zeug bekommt man in Rumänien überall, es kostet fast nichts. Was für ein wunderbares Land! Dort ist die Zeit vor hundert Jahren stehen geblieben. Es fahren fast nur Pferdekutschen herum. Uns hat es sehr gut gefallen und wir würden jederzeit wieder hinfahren. Ihr müsst aber auf die

Zigeuner aufpassen. Uns haben sie zwar nicht bestohlen, wir wurden aber immer wieder gewarnt. Das sind wirklich sehr arme Menschen. Magst du noch einen?" Bevor ich antworten kann, gießt er mir noch einen Schluck ein. Tanja hat sich mittlerweile schlafen gelegt. Obwohl Andrea und Niel wegen einer Hochzeit in wenigen Wochen in England sein müssen und morgen weiter wollen, sind sie trotz der fortgeschrittenen Stunde sehr relaxt. „Also, wenn ihr von Rumänien in die Ukraine wollt, wird das schwierig. Ihr müsst nämlich durch Moldawien und da gibt es kein Visum. Man braucht eine persönliche Einladung. Wir haben die nicht bekommen und mussten deshalb die Fähre von Odessa nach Istanbul nehmen. Magst du noch einen Schluck?" Obwohl das Gesöff am Anfang widerlich geschmeckt hat, gewöhne ich mich langsam daran. „Ich will euch nicht alles wegtrinken", kichere ich. „Kein Problem. Das Zeug gibt es auch hier zu kaufen. Also, noch mal zu Moldawien.

Die Engländer Andrea und Niel verabschieden sich.

Ich zeige Andrea und Niel verkehrsarme Strecken nach Budapest.

Ihr müsst ja nicht unbedingt ans Schwarze Meer, oder? Es gibt eine Passage über die Karpaten. Und zwar von der Slowakei aus. Dazu müsstet ihr allerdings zurückfahren." „Nein, zurück wollen wir nicht. Ich finde diese Route durch Rumänien reizvoll. Gibt es auch eine andere Fährverbindung nach Odessa?" „Ja, von Varna aus, das ist in Bulgarien." „Wie sieht es mit Visa aus? Brauchen wir Visa für Rumänien und Bulgarien?" „Mit unseren europäischen Pässen konnten wir dort problemlos einreisen. Auch für die Ukraine haben wir kein Visum benötigt. Allerdings war die neu gewählte Regierung gerade wieder am Wackeln. Wer weiß, wie es aussieht, wenn ihr dort ankommt." Niel und Andrea sind eine fantastische Informationsquelle. Wann trifft man schon Radfahrer, die aus dieser Richtung kommen? Für uns sind sie jedenfalls die ersten Langzeitradreisenden, die wir treffen. Wir unterhalten uns noch bis spät in die Nacht. Ziemlich angetrunken vom rumänischen Schnaps finde ich meinen Zelteingang und falle in tiefen Schlaf.

Ungarisches Fernsehen

Die Sonne küsst uns wach. Mit schwerem Kopf krabble ich auf allen Vieren ins Freie und muss mich erst einmal an das grelle Licht gewöhnen. Dann freue ich mich auf unser leckeres Müsli. Seit dem ungarischen Fettfrühstück schätze ich die Körner mehr denn je.

Niel und Andrea kommen mit ihrem Tandem vorbei. „Ich hatte gehofft, ihr habt einen Kater und bleibt wegen der Kopfschmerzen eine Nacht länger", scherze ich. „Nein, wir müssen weiter. Aber heute werden wir bestimmt keine große Strecke bewältigen", antwortet Niel lachend. Wir machen noch ein paar Erinnerungsfotos, dann begleiten wir die beiden zur Straße, bedanken uns nochmals für die vielen interessanten Informationen und winken ihnen nach. „Die beiden sind sehr erfrischend und positiv", stellt Tanja fest, als wir wieder zu unserem Zelt laufen. „Ja, ein Glück, dass wir sie getroffen haben".

In den folgenden Stunden versuche ich trotz meiner trüben Gehirnwindungen über die letzten Tage zu schreiben.

„Wollen sie nach China?", fragt mich eine junge Ungarin in gutem Deutsch. „Ja, woher wissen sie das?" „Die Masseurin hat uns davon erzählt. Wir sind vom Fernsehen und würden gern ein Interview mit ihnen drehen", sagt sie. „Ist uns eine Ehre", antworten wir. Kurz darauf erzählen wir vor laufender Kamera von unserer Reise, von Mutter Erde, unseren Erlebnissen und unserer Lebensphilosophie.

Am Abend ziehen erneut dunkle Wolken auf. Wir setzen uns bei leichtem Regen zu Nachbarn ans Lagerfeuer. Sie spielen Mundharmonika und singen. Einer von ihnen bläst verblüffend gut Trompete. Es wird viel gelacht. Obwohl in meinem Kopf noch Reste des rumänischen Geistes herumwabern, sind es sehr schöne Stunden in einer unbeschwerten Gemeinschaft.

Einheimische öffnen ihr Herz

Viele Menschen auf dem Thermal-Campingplatz sind uns ans Herz gewachsen. Anfangs war die Atmosphäre noch etwas unterkühlt, aber mit jedem Tag öffneten sich uns die Angestellten des Thermal-Bades mehr und mehr. Gestern hat mich Agi, die Masseurin, richtig durchgeknetet, um mich für die weiteren Kilometer fit zu machen.
Als ich Agi bezahlen wollte, lehnte sie ab. „Ein Geschenk für die Reise". Auch Tanja bekam eine Spezialmassage gratis. Die Welt ist manchmal kaum zu verstehen. Manche negativen Erlebnisse sind nicht leicht zu ertragen, aber es gibt immer wieder auch beglückende Erfahrungen. In der Untergrundbahn von Budapest haben uns unnachsichtige Kontrolleure 4.000 Forint aus der Tasche gezogen. Jetzt bekommen wir ein Geschenk von ähnlichem Geldwert zurück, das zugleich viel, viel mehr wert ist.
Wegen der Kälte von durchschnittlich 14° Celsius darf ich es mir im geheizten Raum der Rezeption gemütlich machen. Tanja und ich haben einen Tisch und Stühle hineingetragen und nun sitze ich hier neben der Empfangsdame und schreibe. „Wollen Sie heute Nacht hier drin schlafen?" „Wie? Ich verstehe nicht?", frage ich, weil sie in ihrer Landessprache spricht. „Draußen kalt", sagt sie und schüttelt ihren Körper. Sie legt die gefalteten Hände an ihr rechtes Ohr und deutet auf den Empfangsraum. „Vielen Dank", sage ich gerührt. „Wir schlafen gerne in unserem Zelt." Der Bademeister kommt und sperrt alle Räume ab. Ich bin noch immer beim Schreiben. Er lacht mich an, deutet auf den Türschlüssel und seine Hosentasche und zeigt auf seine Uhr. „Ich verstehe. Danke, dass ich noch hier bleiben darf. Ich werde absperren, den Schlüssel einstecken und ihn morgen um acht Uhr wieder bringen. Vielen Dank!" Der Bademeister lächelt und freut sich, dass ich ihn verstanden habe.
Als die Schreibarbeit geschafft ist, kann es wieder weitergehen. Wir haben noch viel vor uns. Zwar wissen wir nicht, was es für Zugverbindungen von Belgrad oder Bukarest aus gibt und haben keine Ahnung, wie wir vorankommen werden. Wichtig ist nur, dass wir rechtzeitig nach Hause kommen, da

wir noch einige Showtermine bewältigen müssen. Außerdem wollen wir natürlich so weit wie möglich kommen. Denn wir setzen ab Mai nächsten Jahres unsere Reise dort fort, wo wir sie heuer beenden. Je weiter wir jetzt kommen, desto kürzer ist es dann bis Sibirien. Unser Traumziel wäre Bukarest. Doch gibt es eine Zugverbindung von dort nach Deutschland? Müssen wir etappenweise nach Hause fahren? Können wir unsere Räder im Zug mitnehmen? Viele Fragen sind noch ungeklärt. Aber noch haben wir einen Monat vor uns - inklusive der Heimreise. Das Wetter scheint wieder schlechter zu werden, jeden Tag wird es kälter. Das ist ein weiteres Kriterium, weshalb wir Gas geben. Mal sehen, was die nächsten Kilometer bringen. Wir sind auf Serbien gespannt.

Viel Gastfreundschaft und Teamgeist

Feuchtigkeit wabert durch unser Zelt, alles ist klamm. Müde schlage ich die Augen auf und stiere im matten Dämmerlicht auf die Stoffbahn unserer Behausung. Der Itronix, die Kameras und einige Klamotten liegen neben mir. Tanjas gleichmäßiger Atem verrät, dass sie noch schläft. Leichter Nieselregen trippelt aufs Zelt. Motorengeräusche dicht neben uns lassen auf den Aufbruch eines Urlaubers schließen. Wahrscheinlich nutzt er die Morgenstunden, um zügig nach Hause zu fahren. Seit gestern ist der Campingplatz fast leer. Die herbstlichen Temperaturen und das nahe Ende der Saison bringen die Leute dazu, ihre mobilen Häuser zu packen. Außer unserem Zelt stehen noch drei Wohnwägen auf dem Campingplatz. „Es regnet schon wieder“, flüstere ich im Halbschlaf und lausche dem leisen Nieseln. „Vielleicht können wir unser Zelt heute Abend irgendwo trocknen?“, überlegt Tanja gähnend. Ich beginne den Tag mit meiner Gymnastik, die ich jetzt schon seit Wochen jeden Morgen durchführe, um meine Rückenmuskulatur zu stärken.

Wir stellen uns der Realität des Tages und packen unsere Sachen. Tanja bereitet das Frühstück und ich rolle unser klatschnasses Zelt zusammen. Dann verstaue ich es mit den Isolationsmatten in der wasserdichten Ortliebtasche. Nach dem Frühstück reinigen und ölen wir noch schnell die Ketten. Es dauert heute lange, bis unsere Räder komplett beladen sind und wir in die Pedale treten können. Josef, der Bademeister, hat mir noch geraten, an der Lampa, der Ampel, rechts abzubiegen. Dank seiner Beschreibung verlassen wir Kiskörös in die gewünschte Richtung. Um die Bundesstraße zu vermeiden, nehmen

wir wieder einen Umweg in Kauf und fahren 24 Kilometer nach Westen. Vor der Stadt Kaloska treffen wir planmäßig auf eine kleine Straße, die uns wieder nach Süden leitet.
„In spätestens 30 Minuten brauche ich was zu essen!", ruft Tanja. „Ich habe aber noch gar keinen Hunger." „Ich aber", hallt es bestimmt zurück. Wir biegen gerade um eine enge Kurve einer schmalen Dorfstraße, als ich eine Haltestelle entdecke. Unter dem Glasvordach steht eine Frau, sie wartet anscheinend auf den Bus. „Dort drüben können wir uns hinsetzen. Es ist sogar windgeschützt. Was hältst du davon?", frage ich Tanja. „Sehr gut", antwortet sie, worauf wir es uns an der Bushaltestelle bequem machen. Die Dame beobachtet interessiert unsere Vorbereitungen zum Mittagessen. Doch schon kommt der Bus und sie muss einsteigen. Der Busfahrer hat anscheinend noch nie zwei Radler wie uns gesehen, die dazu auch noch seine Haltestelle zum Mittagessen nutzen. Es reißt ihn regelrecht auf seinem Sitz herum. Als er erkennt, was wir tun, lächelt er uns zu und hält den Daumen nach oben.
Gestärkt setzen wir bei 16 Grad und leichtem Nieselregen unsere Fahrt fort. Heute liegen knapp 90 Kilometer vor uns, unser Ziel ist die Grenzstadt Bacsalmas. Wir überholen einen Pferdewagen, der Wagenlenker ruft uns freudig zu. Dann geht es leicht aufwärts. Links und rechts säumen kleine seltsame Häuser die Straße, die meisten wirken verlassen. Vor einem Häuschen sitzt eine Menschengruppe. „Kommt, nehmt Platz. Esst und trinkt mit uns", lädt uns ein Mann in gutem Deutsch ein. Wir halten an, werfen einen Blick auf die Uhr und entscheiden uns spontan für eine kurze Pause. „Ihr seid im Weinort Hajos. Die Häuser hier sind kleine Privatkeltereien. Im Mai gibt es ein großes Fest und wir bieten unsere Weine zum Probieren und Kaufen an.

Im Weinort Hajos werden wir zum Essen eingeladen.

Da solltet ihr noch mal kommen", erzählt Ludwig, unser Gastgeber. „Wenn ihr fotografieren wollt, bitte. Komm, ich zeig dir unseren Weinkeller. Da drüben steht die Weinpresse. Wir pressen unsere Trauben mit Muskelkraft. Magst du Fleisch? Nimm. Es hat kein Fett". Ludwigs Gastfreundlichkeit ist eine wahre Freude. Am Tisch sitzen noch andere Männer. Einer von ihnen spricht uns auf Schwäbisch an. „Bin einer der Donaudeutschen, die hier seit langem leben. Wir sprechen noch immer unsere Heimatsprache", erklärt er uns in schwer verständlichem Dialekt. Ein anderer Tischgast sieht aus wie ein Sumoringer, und tatsächlich: „Ich bin Sumoringer. Habe für mein Land die Bronzemedaille geholt", erzählt er stolz und zeigt eine Zeitung mit einem Foto von ihm im vollen Kampfgewicht. „Trainierst du viel?", frage ich. „Nein, schon lange nicht mehr. Ich jetzt 50 Jahre alt", antwortet er und lässt seine Gabel in ein weiteres Steak fahren. Wir werden verwöhnt wie Familienmitglieder. Tanja als Nichtfleischesserin isst gegarte Folienkartoffeln mit Zwiebeln, Senf und Tomatensoße. Ich lasse mir das bisher beste Fleisch Ungarns munden. „Hmmm, lecker. Was ist denn das für ein Fleisch?", frage ich. „Schweinefleisch", antwortet Ludwig. Tanja sieht zu Boden und hat Schwierigkeiten, keinen Lachanfall zu bekommen, denn Schweinfleisch ist das einzige Fleisch, das ich normalerweise nicht mehr esse. Doch die Gastfreundschaft und der gute Geschmack lassen mich meine Vorsätze vergessen. „Wirklich gut", sage ich und genehmige mir noch ein Stück. Dann bekommen wir selbstgebrannten Schnaps. „Aber nur einen ganz Kleinen", lacht Tanja. Kaum haben wir das köstliche und aromatische Feuerwasser in unseren Rachen gekippt, wollen sie unsere Gläser wieder füllen. „Nein danke, wir haben heute noch einen weiten Weg vor uns", lehne ich ab. Es ist bereits 16:30 Uhr als wir uns schweren Herzens verabschieden.

Das Hotelsuchteam

Es geht stetig und leicht bergauf. Sofort spüre ich die 110 Kilogramm, die meine Oberschenkel vorantreiben müssen. Der heutige Tag ist nicht mein bester. Ich schnaufe wie ein Ross. Wir durchqueren dichte dunkle Wälder. Obwohl der Regen schon vor Stunden aufgehört hat, tropft es unaufhörlich von den Ästen. Wir lassen die Stadt Janoshalma hinter uns und als wir Melykut erreichen, suchen wir nach einer Übernachtungsmöglichkeit. Im ganzen Ort gibt es keine Unterkunft und wir fahren weiter unserem Planziel, der Stadt Bacsalmas, entgegen. Die Wolken und der wieder einsetzende Nieselregen sorgen für eine frühe Dämmerung. Zum ersten Mal be-

festigen wir an unseren Uvex-Radhelmen die kleinen Blinklampen. Als wir Bacsalmas erreichen, ist es schon seit geraumer Zeit dunkel. „Gibt es hier eine Pension?“, frage ich eine Frau und ihre Tochter. Sie überlegen eine Weile. „Chicko“, sagen sie wie aus einem Munde und erklären uns den Weg. „Da ist es“, sage ich und stelle mein Rad an eine Hauswand. Als ich auf den Eingang zugehe, schwant mir übles. Ich drücke den Türgriff nach unten und tatsächlich lässt sie sich nicht öffnen. „Die haben heute zu“, vermute ich. „Ich frage mal in der Kneipe.“ Die junge Bedienung sieht mich nicht einmal an und murmelt etwas von Chicko. „Chicko geschlossen“, antworte ich, worauf sie nur mit den Schultern zuckt. Wieder draußen laufe ich um den Gebäudekomplex herum und schaue durch die Fenster, um zu sehen, ob der Laden überhaupt noch in Betrieb ist. „Kann sein, dass wir unser Zelt irgendwo am Ortsrand aufstellen müssen. Es gibt hier keine weitere Übernachtungsmöglichkeit und diese hier hat heute anscheinend Ruhetag“, erkläre ich Tanja.
Auf dem Gehsteig läuft ein älteres Ehepaar. Sofort gehe ich auf sie zu und spreche sie an. Sie sprechen kein Wort Deutsch, aber sie sind sehr freundlich und ahnen, was ich möchte. „Kommen Sie mit“, scheinen sie zu sagen. Während Tanja auf die Räder aufpasst, folge ich den beiden in eine Nebenstraße. Der Mann klingelt an einem Haus. Es tut sich nichts. Wieder klingelt er, doch auch diesmal regt sich nichts. „Klingel kaputt“, meine ich. Der Mann lacht und nickt mit dem Kopf. Ratlos stehen wir nun da und bemerken im ersten Stock des Wohnhauses das Flimmern eines Fernsehers. „Hier Besitzer“, geben mir meine beiden Helfer mit Zeichensprache zu verstehen. Während wir dastehen und die nächsten Schritte überlegen, erkläre ich mit den Worten China und Deutschland und mit Umeinanderkreisen meiner Hände unseren Fahrradtrip. „China!?“, ruft der Mann und schüttelt ungläubig seinen Kopf. Jetzt scheine ich das Mitleid der beiden erregt zu haben, denn sie beginnen intensiv zu diskutieren. Anscheinend wollen sie alles versuchen, uns nicht in der regennassen Nacht im unbekannten Dunkel der Stadt allein zu lassen. Plötzlich geht die Tür auf. Ich höre die Wörter China und so etwas Ähnliches wie Bezikle, was wohl Fahrrad heißen soll. Die Nachbarin ist sofort Feuer und Flamme, sieht mich mitleidig an und verschwindet wieder im Haus. „Telefon“, erklärt mein Helfer. Es dauert nicht lange und die Frau kommt mit enttäuschtem Gesichtsausdruck wieder heraus. Soweit ich verstehe, haben sie nicht die Telefonnummer des Hotelbesitzers. Wir stehen nun zu viert vor dem Haus und sehen zum Fenster hoch, aus dem das Flimmern des Fernsehers dringt. Da oben muss der Besitzer wohnen, denke ich mir und frage mich, wie wir auf uns aufmerksam machen können. Neben mir wird diskutiert. Ein weiterer Passant kommt hinzu und ist sofort Mitglied des Besprechungsteams.

Wie es wohl Tanja geht? Sie steht mutterseelenallein mitten in der Nacht vor einer zwielichtigen Kneipe und bewacht unsere Räder. Ich muss zu ihr zurück, doch die Diskussion über die Chinaradler ist in vollem Gange. Dann erscheint der Ehemann der Nachbarin. Er hat die Telefonnummer der Besitzerin ausfindig gemacht und hält mit Siegerpose sein Mobiltelefon in die Höhe. Tatsächlich tut sich was im Haus des Hotelbesitzers. Ein Licht geht an, das Fenster öffnet sich und eine Frau streckt den Kopf heraus. Ich verstehe nur „China", und „Bezikle", worauf sich die Frau vom Fenster entfernt. Es dauert nur wenige Minuten, bis eine edel gekleidete Dame aus dem Haus mit der defekten Klingel kommt und wir ihr folgen. Sie eilt kommentarlos im Stechschritt voraus. Am Chicko angekommen sperrt sie die Tür auf, sagt uns, wo wir unsere Räder parken sollen, gibt uns den Schlüssel zu einem schönen Zimmer, wünscht uns eine angenehme Nacht und geht. Mittlerweile sind unsere Helfer in der Dunkelheit verschwunden ohne dass wir die Gelegenheit gehabt hätten, uns bei ihnen zu bedanken. „Schade, ich hätte dich und dein Team gern fotografiert", sagt Tanja lächelnd. Wir schlichten unsere Ausrüstung in die kleine, hübsch eingerichtete Wohnung und besuchen dann ein Restaurant. Wir haben einen Bärenhunger.

Fischerbastei
in Budapest.

Mathiaskirche in Budapest.

Kettenbrücke in Budapest.

Blick auf Budapest.

Königspalast
in Budapest.

Königspalast
und Kettenbrücke
in Budapest.

Parlament
in Budapest.

Tanja beim Kettenputzen.

Ein ungarischer Sumo-Ringer und ehemaliger Gewinner der Bronzemedaille mit seiner Frau im Weinort Hajos.

In der Innenstadt von Budapest.

Auf dem Land werden heute noch Pferdefuhrwerke eingesetzt.

Die Eisenbahn kreuzt häufig unseren Weg.

„In den Wüsten haben wir dir immer gesagt,
du sollst es fließen lassen.
Auf dem Fahrrad hier in Serbien ist das nichts anderes.
Lass es fließen. Akzeptiere. Berichte über deine Gefühle.
Das ist ein wichtiger Teil deiner Aufgabe.
Lebe das Leben, lasse es zu und freue dich über Neues.
Neue Erfahrungen sind wie ein Schatz,
sie füllen deine Truhe der Geschichten und Erlebnisse weiter auf.
Der Fundus ist unendlich.
Ein Menschenleben würde nicht in tausend Jahren ausreichen,
um alle Erfahrungen zu machen, die es zu machen gibt.
Also freue dich, ständig Neues erfahren zu dürfen,
auch wenn dir die Lungen brennen
und deine Muskulatur zu zittern beginnt.
Freue dich, am Leben zu sein
und deinen Körper so einsetzen zu dürfen, wie du es tust."

Mutter Erde

Serbien empfängt uns mit offenen Armen

Serbien
Tag 71
Camp 36
1937 Kilometer
Ort: Subotica
Breitengrad 46°05'708"
Längengrad 019°39'735"

Gestern habe ich noch bis spät in die Nacht an meinen Aufzeichnungen gearbeitet. Dementsprechend schwer fällt es mir heute aufzustehen. Tanja ist gerade zur Post gefahren, um unsere Bilder-CDs nach Hause zu schicken. Derweil packe ich meinen Anhänger. Als sie wieder zurück ist, kaufen wir mit unserem letzten ungarischen Geld noch ein paar Lebensmittel und setzen dann unsere Fahrt fort. Zuerst folgen wir einer kleinen Straße zur ungarisch-serbischen Grenze. „Komisch, hier fahren kaum Autos", wundere ich mich. „Meinst du, der Weg ist richtig?", fragt Tanja verunsichert. „Keine Ahnung. Laut Landkarte sollte es eigentlich stimmen. Aber langsam müssten Hinweisschilder zur Grenze auftauchen", antworte ich. „Ich mag keine Umwege. Hoffentlich müssen wir nicht wieder umkehren." „Da vorne stehen ein paar Leute auf der Straße herum, das scheint die Grenze zu sein", ruft Tanja plötzlich. Wir kommen näher und können die Grenzposten erkennen. Einer der Männer beobachtet uns durch ein Fernglas. „Wie fühlst du dich?", fragt Tanja. „Wie immer vor einer Grenze. Ich habe ein ungutes Gefühl im Bauch."

Grenzübergang Ungarn - Serbien.

Als wir am Schlagbaum anhalten, begegnen uns die ungarischen Zöllner sehr freundlich. Schnell bringen sie in Erfahrung, woher wir kommen und wohin wir wollen. Als ich um ein Foto bitte, stellen sie sich bereitwillig in Positur. Einige von ihnen schießen zurück - mit ihrem Handy. „Keine Ahnung, ob ihr da drüben weiterkommt. Dies ist eigentlich nur eine Grenze für Ungarn und Serben. Viel Glück“, geben sie uns noch mit auf den Weg.
Kurz darauf stehen wir vor dem serbischen Schlagbaum. Der Zöllner zuckt richtig zusammen, da er uns erst wahrnimmt, als wir an seinem Häuschen anhalten. Hastig legt er eine Zeitung beiseite und kommt freundlich lächelnd heraus. Auf Englisch erklärt er uns, dass dieser Grenzübergang nicht für den internationalen Verkehr zugelassen ist. „Ihr müsst nur nach Kelebija. Das ist nicht weit.“ „Was? Kelebija bedeutet 40 Kilometer Umweg für uns“, stöhne ich. „Es tut mir wirklich leid, aber hier ist nur ein lokaler Übergang. Wir dürfen Sie nicht durchlassen.“ Eine Kollegin verlässt jetzt ebenfalls das Grenzhäuschen, begrüßt uns und bewundert unsere Räder. Wir unterhalten uns ein wenig und kommen auf den Krieg zu sprechen. „Ach, der Krieg. Wir sind froh, dass er vorüber ist. Wir haben alle die Nase voll und sehnen uns nach Frieden“, meint sie. „Wollen Sie wenigstens einen Stempel in ihren Pass?“, fragt der Beamte. „Gerne“, freuen wir uns. Dann verabschieden wir uns von den Beamten und radeln die 200 Meter zur ungarischen Grenze zurück. „Pässe bitte!“ Wir trauen unseren Ohren nicht, zeigen aber bereitwillig unsere Reisepässe. Ungläubig beobachten wir, wie die Beamten unsere Ausweise mittels Computer überprüfen, kopieren und einen Stempel hinein geben. Dann lassen sie uns weiterfahren. „Seltsam, nur weil wir für ein paar Minuten im Niemandsland zwischen den beiden Grenzen waren, mussten sie uns jetzt überprüfen und die Pässe stempeln. Sie konnten doch auf die kurze Distanz beobachten, dass wir der anderen Grenzstation nur einen Besuch abstatteten. Dieser Bürokratismus ist mir ein Rätsel“, wundere ich mich. „Wer weiß? Die Beamten müssen sich hier zu Tode langweilen. Vielleicht wollten sie zur Abwechslung nur ein bisschen Beschäftigung“, vermutet Tanja.
Wir radeln 40 Kilometer Umweg bis kurz vor den Grenzübergang bei Kelebija. Auf der mehrspurigen Zufahrtsstraße herrscht reger Verkehr. Busse, Lastwagen und Autos verpesten die Luft. Viele Menschen dösen im Gras und warten. Einige von ihnen stehen am Straßenrand und diskutieren aufgeregt mit Blick Richtung Grenze. Der Fahrer eines Kleintransporters unterhält sich mit ihnen, dann fährt er zur Grenze zurück. Menschen mit slawischem Einschlag kriechen durch ein Loch im Zaun aus dem nahen Gebüsch. „Ob sie von Schleusern hergebracht wurden?“ „Kein Ahnung. Eine seltsame Szene“, wundert sich Tanja.

Vor einigen Hallen stehen hunderte fabrikneue Fahrräder fein aufgereiht nebeneinander. Autoreparaturwerkstätten und andere Kleinbetriebe bieten ihre Dienste an. Wir erreichen den Schlagbaum. Ernst dreinblickende Beamte stempeln unsere Pässe und winken uns dann weiter. „Passt auf eure Ausrüstung auf“, warnt uns ein Ungar, der mit uns gerade die Grenze überquert. „In Ungarn mögen eure Räder sicher gewesen sein, ab jetzt aber nicht mehr. Es wird hier sehr viel gestohlen“, meint er beiläufig und fährt weiter.
Die ersten Eindrücke berühren uns stark. Die Straßen sind schmutzig, die Autos deutlich älter und es sind viel mehr Radfahrer unterwegs als in Ungarn. Ein Bauer bestellt seinen Acker mit dem Pferdepflug. „Man sieht gleich, dass Serbien viel ärmer als Ungarn ist“, stelle ich fest. Seit der Grenze fahren wir auf einem Radweg. Es holpert und rüttelt und wir müssen andauernd großen Pfützen und irgendwelchem Unrat ausweichen. Aber es ist angenehmer und sicherer als auf der Hauptstraße. Schon während der ersten halben Stunde begegnen wir drei Pferdefuhrwerken. Die Leute machen große Augen, wenn sie uns sehen. Wir scheinen hier noch mal eine Spur exotischer zu wirken als in der Slowakei oder in Ungarn.
Serbien leidet unter sehr hoher Arbeitslosigkeit, fast die Hälfte der Bevölkerung hat keinen Job. Der Krieg hat das ehemalige Jugoslawien in die Armut gestürzt. Wie unterschiedlich Länder und Kulturen doch sein können! Wie in einer anderen Welt radeln wir voran. Es ist seltsam: Trotz der heruntergekommenen Häuser, der schmutzigen Straßen und der arm aussehenden Menschen fühlen wir uns wohl. Wir haben das Gefühl, als empfange uns Serbien mit offenen Armen.
An einer Tankstelle tauschen wir ein paar Euro in Dinar um. Der verblüffte Tankwart studiert unsere Räder. Mit Kennerblick untersucht er jedes Detail und wünscht uns eine gute Reise, als wir weiterfahren. Am Stadtrand von Subotica parken die Autos weit in die Straße hinein und wir müssen sie im großen Bogen umfahren. Auch Stützwerke, mit denen Häuser gesichert sind, stehen mitten im Weg. Wir verlassen den Straßenrand und reihen uns in den Verkehr ein. „Schau, rechts geht´s ins Zentrum!“, ruft Tanja. „Glaubst du Centra heißt Zentrum? Das könnte auch ein Ortsname sein!“ Wir hören auf unser Gefühl und folgen dem Schild. Tatsächlich erreichen wir die Innenstadt. „How can I help you?“, fragt uns ein Taxifahrer. „Wir suchen eine Übernachtungsmöglichkeit.“ „Ich kann Sie mit dem Taxi hinführen“, versucht er ein Geschäft herauszuschlagen. Wir gehen nicht darauf ein und bitten ihn um eine Wegbeschreibung, die er uns in knappen Worten gibt.
Das Hotel liegt in einer Nebenstraße. „60 Euro“, muss ich hören. „Wir suchen etwas Günstigeres.“ „Ein paar Meter weiter gibt es Privatzimmer“, gibt mir

die Frau hinterm Tresen einen Tipp. Auch dort erschrecken wir wegen des hohen Preises: 40 Euro! „Wir sind die Besitzer. Wir können es für Sie auch billiger machen. 30 Euro?", schlagen uns die Vermieter vor. „25 Euro ist unser Budget. Wenn Sie uns ihr Zimmer zu diesem Preis vermieten, bleiben wir gerne", verhandle ich weiter. Die beiden nicken und schlagen ein. „Kommen Sie", bitten sie uns in ihr Haus. Kurz darauf sind unsere Räder im Hinterhof sicher abgestellt und unsere Ausrüstung liegt in einem neuen, geschmackvoll eingerichteten Zimmer. Der Hausherr beschreibt uns den Weg zu einem Restaurant. Hungrig laufen wir los.

Inspirierende Atmosphäre

Das Restaurant ist schnell gefunden und wir setzen uns im Hinterhof ins Freie. Der Spätsommer ist zurückgekehrt und es ist trotz der fortgeschrittenen Zeit noch angenehm warm. Das Essen ist vorzüglich. Die deutschsprachige Köchin freut sich, uns etwas Leckeres kochen zu können. Ein Hauptgericht kostet zwischen 3 und 4 Euro, ein Bier 50 Cent. Die Preise sind wieder so günstig wie in der Slowakei. Der Kellner ist sehr zuvorkommend und gibt sich Mühe. Wir schlagen uns die Bäuche voll und genießen die laue Nacht. Plötzlich verzaubert tiefes Trommeln und heller melodischer Mädchengesang die Nacht. „Woher kommt die Musik?" Die Restaurantchefin nimmt Tanja an die Hand und führt sie in eine Sporthalle direkt nebenan. Etwa 30 bis 40 junge Mädchen und Jungs tanzen und singen zum Rhythmus tiefer Trommelschläge und zur Melodie einer Ziehharmonika. Der Gesang ist laut und wild. Gebannt schauen wir der Folkloregruppe lange zu. „Eine Vorstellung nur für uns", flüstere ich Tanja ins Ohr. Sie ist sichtlich gerührt und greift meine Hand. Freudentränen glitzern in ihren Augen.
Der Schall der tiefen Trommel vibriert durch unsere Körper. Zusammen mit der Harmonika und dem Gesang entsteht ein wunderbarer Klang. Der Trommler schlägt einen fremdartigen Rhythmus. Er ist zugleich der Lehrer der Truppe und gibt den Tänzern knappe Anweisungen. Die jungen Leute tanzen sich regelrecht in Trance. Ihre Beine bearbeiten rhythmisch den Holzboden und wirbeln in berauschendem Tempo durch die Luft. Die Tänzer greifen sich in Vierergruppen an den Bauchgürteln und drehen sich im Kreis. Wir spüren einen warmen Luftsog, als sie dicht an uns vorbeitanzen. „Volkstanz in Mazedonien. Training", erklärt uns die Restaurantbesitzerin.
Dieses Erlebnis inspiriert uns, noch einen Tag zu bleiben. Wir möchten morgen tiefer in die faszinierende Atmosphäre dieser Stadt eintauchen.

Flanieren durch Subotica

Die Entscheidung, einen Tag länger zu bleiben, hat sich gelohnt. Wir schlendern an einem wunderschönen Spätsommertag durch die Straßen und genießen den Charme dieser ehemals ungarischen Stadt. Mittags essen wir in einem ungarischen Restaurant und stellen fest, dass es uns hier viel besser schmeckt als in Ungarn. Dann tauschen wir wieder ein bisschen Geld und flanieren im Zentrum durch einen schön angelegten Park. Gerne würden wir noch einen Tag bleiben, doch müssen wir weiter. Noch wissen wir nicht, wo das vorläufige Ziel der ersten Etappe unserer Trans-Ost-Expedition sein wird. Wenn wir gut vorankommen, könnten wir es bis Bukarest schaffen.

Der Tanzlehrer Davor Dulic

Am Abend speisen wir wieder im Restaurant neben der Tanzschule. Wir sind gespannt, ob der Tanzlehrer noch einmal seinen Unterricht hält. Punkt 20:00 Uhr kommt er tatsächlich. Wir sprechen ihn sofort an. Begeistert überhäufen wir ihn mit Komplimenten. „Dein Talent als Tanzlehrer und das Können deiner Schüler ist beeindruckend", lobe ich. „Davor Dulic", stellte er sich lächelnd vor, gibt uns die Hand und setzt sich zu uns an den Tisch. Wir führen ein angenehmes, interessantes Gespräch. „Ihr dokumentiert also eure Reisen, um den Menschen zu beschreiben, wie ihr andere Völker erlebt, welche Kultur sie besitzen und zu welchen Göttern sie beten. Das ist eine schöne Aufgabe, finde ich. Ihr gebt aus der Sicht von Reisenden einen Einblick in die vielfältige Gegenwart auf der Erde. Künftige Generationen werden bei euch nachlesen können, wie die Menschen zu Beginn des 21. Jahrhunderts gelebt haben", fasst er unser Lebensprojekt auf eine Weise zusammen, die uns überrascht und schmeichelt.

„Ich mache etwas Ähnliches. Ich habe mein Leben ganz dem Volkstanz und den Bräuchen slawischer Völker verschrieben. Auch ich bin viel gereist, wenn auch nicht in die Ferne wie ihr. Ich lernte von alten Leuten fast vergessene Tanzschritte, sammelte alte Instrumente und schrieb alte Lieder auf. Heute stelle ich aus diesem Material eigene Choreografien zusammen. Unsere Tanzgruppe will unserer Generation ihre eigenen Wurzeln näher bringen. Wir wollen zeigen, wie schön Folklore ist und wie beglückend es sein kann, seine Kultur zu leben. Ich werde dabei nicht reich, aber mir geht es wie euch: Ich widme mich einer Herzensangelegenheit. Ich habe eine Mission, es ist

mein Schicksal und bin dankbar dafür." Davor unterrichtet 220 Schüler. Die Jüngsten sind sechs, die Ältesten 25 Jahre alt. Mit den besten von ihnen tritt er ab und zu vor großem Publikum auf, manchmal sogar im Ausland. Auch um das Sponsoring kümmert er sich selbst - genau wie wir. „Keine Ahnung wie ich es immer wieder schaffe, aber wir schlagen uns durch, trotz schwieriger Zeiten", sagt er.
Dann führt uns Davor stolz durch seine Schule. Wir dürfen filmen und fotografieren so viel wir wollen. Er stellt uns seinen Schülern vor und zeigt uns in der Garderobe bis zu über 100 Jahre alte, wertvolle Gewänder und Trachten, die zu besonderen Anlässen auch heute noch getragen werden. „Vieles ist schon vor langer Zeit verloren gegangen, aber wir haben schöne Stickereien und Originale erhalten können", erklärt er. „Was ist, wenn auch diese Sachen kaputt gehen?", interessiert es mich. „Wir nähen und reparieren viel. Niemand weiß, wann sich die Stoffe endgültig auflösen, aber wir tun unser Bestes, um diesen Zeitpunkt so lange wie möglich nach hinten zu schieben."

100 Kilometer Gegenwind

Es dauert lange, bis wir aus Subotica herauskommen, denn es herrscht hektischer und gefährlicher Verkehr. Am Stadtausgang bläst uns ein stürmischer Wind entgegen. Das Land hier draußen ist monoton, nirgends stehen Bäume. Die Planwirtschaft des ehemaligen kommunistischen Landes hat offensichtlich sehr extensiven Feldanbau betrieben. Nicht nur die Menschen, auch die Natur ist verarmt. Der Wind kann sich ungebremst wie auf dem offenen Meer entfalten. Unsere Geschwindigkeit verringert sich von 19 auf 11 Stundenkilometer – und das trotz doppeltem Krafteinsatz. Es fühlt sich so an, als würden unsere Räder von jemand festgehalten. „Was für ein irrer Herbststurm!", brülle ich gegen den Wind. Lastwagen brausen in hoher Geschwindigkeit an uns vorbei. Kaum sind sie auf unserer Höhe, erfasst uns eine Druckwelle, die uns nach vorne schiebt als wären wir Spielzeug oder vertrocknetes Laub im Wind. Am schlimmsten sind die entgegenkommenden LKWs, die uns wuchtige Windlawinen entgegen werfen. Unsere Räder bleiben fast stehen, obwohl wir bei niedrigster Übersetzung die Zahnkränze in Höchstgeschwindigkeit kreisen lassen. Wir fühlen uns wie in einer Waschmaschine im Schleudergang, die alle paar Sekunden die Trommel stoppt, um kurz darauf in entgegengesetzter Richtung weiterzulaufen. Stop and Go. Stop and Go.
Das Radfahren macht so definitiv keinen Spaß. Wir fühlen uns wie ausgespuckt, wie Schleim, der von den laut donnernden schwarzen Gummis der

Überall liegen Tierkadaver auf der Straße.

Plattgefahrene Hunde werden von Ameisen angefressen.

LKW-Reifen in die scharfkantigen Asphaltfugen gepresst wird. „Tuuuuuhhhhhttt!", brüllt das Horn eines Schwertransporters hinter uns. Ob er uns freudig begrüßt oder vor irgendetwas warnen will, ist uns egal. Bei jedem Hupen erschrecken wir dermaßen, dass wir fast aus dem Sattel fallen.
Manchmal schreie ich vor Angst laut auf, wenn eine Luxuskarosse mit über 180 Stundenkilometern an uns vorbeirast. Das schon von weitem hörbare Surren der Räder klingt wie der Angriff wilder Hornissen. Dann glauben wir, das Aufschlagen eines scharfen Fleischermessers neben uns zu hören. Unsere Nerven liegen blank. Wir können nicht ausweichen, es gibt keine Nebenstraße, auf die wir fliehen könnten. „Tuuuuuhhhhhttt!", brüllt es wieder. „Das überleben wir nicht!", schreie ich.
Die Idiotie des Rasens: Entfesselte Menschen mit unkontrollierten Emotionen scheppern, donnern und rauschen über ein Band des Todes. Überall liegen Tierkadaver auf der Straße, Opfer dieses losgelassenen Wahnsinns. Tote Kat-

zen kleben wie platt gedrückte Comicfiguren auf dem schwarzen Teer. Aus ihrem Fell ragen die Füße in makabrer Symmetrie. Die Tiere hatten nicht einmal die Gelegenheit, ein Gelenk abzuwinkeln, um zu fliehen. Aus den Mäulern unzähliger toter Hunde hängen klebrige Zungen, die von Ameisen angefressen werden. Ratten, Mäuse, Schlangen, Vögel jeglicher Art liegen leblos auf der Straße. Mir wird schlecht. Warum radeln wir hier herum? Was war noch unsere Idee? Wo wollen wir überhaupt hin?
Alle paar Kilometer sehen wir Gedenktafeln, die an Unfallopfer erinnern. Es ist nur eine Frage der Zeit, bis wir ebenfalls platt gedrückt auf dem Boden liegen. Wir müssen etwas unternehmen, nur was? Wir spielen Russisch Roulett und irgendwann schießt eine Kugel aus dem Lauf. Der Wind kommt jetzt von der Seite und bläst uns fast von der Straße. Ein LKW kommt von hinten, ein anderer von vorne. Sie passen nicht aneinander vorbei und der Lastwagen

Viele Gedenktafeln erinnern an Unfallopfer.

Hoffentlich entkommen wir diesem Verkehrswahnsinn.

hinter uns muss eine Vollbremsung hinlegen. Der 38-Tonner kommt direkt hinter uns zum stehen. Wir sind schweißgebadet.
„Ich muss mal!“, schreit Tanja so laut sie kann gegen den Verkehrslärm an. Da die schwer beladenen Räder nicht auf ihren Ständern stehen bleiben, halten wir nebeneinander am Straßenrand und lehnen uns routiniert mit den Satteltaschen aneinander. Dann kann einer von uns absteigen, während der andere sitzen bleibt und das Rad des Partners am Lenker festhält.
Bei all dem Stress haben wir keinen Blick für die Landschaft, was nicht schlimm ist, da sie ziemlich hässlich ist. Überall liegt Müll herum. An manchen Stellen häufen sich große, aufgeplatzte Mülltüten zu Bergen auf. Müllentsorgung auf Serbisch. Das Land ist völlig verdreckt. Die Menschen treten ihre Heimat mit Füßen. Klar, für Umweltschutz hat man hier kein Geld, das hat man ja für den Krieg ausgegeben. Wirtschaftlich ist das Land am Ende und die Menschen sind abgestumpft. So kommt es mir im Moment jedenfalls vor.
Der Wind vermischt Abgase und Dieseldämpfe zu einem üblen Giftcocktail. Keines der Fahrzeuge dürfte mit einem Katalysator ausgerüstet sein. Wir haben Kopfweh. Außer Atem saugen wir mit offenem Mund das giftige Gemisch in die tiefsten Winkel unserer Lungen. Unsere Körper setzen sich hustend zur Wehr. „Wenn wir hier jemals rauskommen, brauchen wir einen dreimonatigen Kuraufenthalt in den Bergen!“, ruft Tanja.
In der Stadt Bac Tobola holt mich ein Autofahrer beinahe vom Rad. Es fehlen nur wenige Zentimeter. Ein kleiner Schlenker und er hätte mich gerammt. Der Fahrer bleibt hundert Meter weiter an einer roten Ampel stehen. Als ich neben ihm anhalte, schaue ich durch das Beifahrerfenster zu ihm hinüber. „Nur ein Zentimeter und ich wäre jetzt tot!“, rufe ich und signalisiere dem Raser mit den Händen, wie knapp er mich verfehlt hat. Der etwa fünfzigjährige Anzugträger schaut mich mitleidig an. Er zuckt mit den Schultern und wendet seinen Blick der Ampel zu.

Endlich bietet sich eine Gelegenheit, die stark befahrene Verkehrsader zu verlassen! „Wir müssen zwar einen Umweg fahren, können dafür aber eine kleinere Straße nach Becei nehmen“, erkläre ich Tanja und zeige ihr die Strecke auf der Karte. Wir haben 35 Kilometer Wahnsinn hinter uns. An einem kleinen Laden in der Nähe von Bac Tobola kaufen wir Saft und Schokolade ein. Weil ich in den Häuserschluchten von Subotica mit dem Satellitentelefon keinen Empfang bekam, sende ich meine Aufzeichnungen nun vom Dorfplatz aus in den Äther.
Alle 10 bis 15 Kilometer legen wir eine Verschnaufpause ein. Wir trinken Wasser, stärken uns mit Rapunzelnussmix und nehmen dann wieder den Kampf mit dem unverändert starken Gegenwind auf. Der Verkehr ist zum Glück etwas ruhiger geworden.
Es ist spät, als wir Becei erreichen. 45 Euro für die Nacht sind zu teuer. Also treten wir weitere 13 Kilometer nach Novi Becei. Im Freien kann man hier nicht zelten, der Boden ist matschig und überall wimmelt es von Moskitos. Wir müssen eine Unterkunft finden. An einem Wehr überqueren wir den mächtigen Theis, Europas größten Nebenfluss der Donau. Er entspringt in den Waldkarpaten in der Ukraine und mündet nach 970 Kilometern im Norden Serbiens und Montenegros in die Donau.
Mittlerweile ist es dunkel und wir befestigen wieder die Blinkleuchten an unseren Uvex Helmen, um besser gesehen zu werden. „Ahh! Schnell! Die Moskitos saugen mich aus!“, stöhnt Tanja. In Windeseile ziehen wir uns Jacken über und fahren weiter. Der Wind hat sich gelegt. In schwärzester Nacht erreichen wir die Stadt. Nach genau 100 Tageskilometern steigen wir in einem hässlichen Hotel aus der Zeit des Kommunismus ab. Als erstes werfen wir die schmutzigen Zudecken auf die Seite und legen unsere Schlafsäcke auf die Matratzen. Tanja kocht in der Dusche heißes Wasser, zum Glück befindet sie sich in ausreichender Entfernung zum verdreckten Klo. Wir bleiben für heute im moskitoverseuchten Zimmer, denn zum Ausgehen haben wir keine Energie mehr. Da der Heißwasserboiler nicht funktioniert, fällt auch das Duschen aus. Trotz allem sind wir zufrieden, denn wenigstens können wir in einem Bett schlafen. Und wir haben diesen Horrortag überstanden.

Unter Truckern

„Hat es Ihnen bei uns gefallen?“, fragt mich die Frau an der Rezeption freundlich. „Wenn man davon absieht, dass die Toilette schmutzig ist, es kein heißes Wasser gab und die Bettlaken braune Flecken hatten, war die Nacht ganz brauchbar“, fasse ich zusammen, worauf sie sich

wieder an ihre Arbeit macht, als hätte sie mich nie gefragt. „2.400 Dinar bitte" (ca. 30 Euro), sagt sie und reicht uns die Pässe, die wir während unseres Aufenthalts vorschriftsmäßig abgeben mussten.
Schon um 9:00 Uhr sind wir Richtung Belgrad unterwegs. Wieder bläst uns ein starker Gegenwind ins Gesicht und fordert unsere gesamte Kondition, die wir während der letzten 2.000 Kilometer aufgebaut haben. Wir hängen uns hinter einen Pferdewagen und fahren in dessen Windschatten. Ein paar Zigeuner sitzen darauf, um sie herum liegen verrostete Metallteile, altes Plastik, Eimer und sonstiger Müll. Der rechte Vorderreifen ist platt und das Gefährt holpert in gleichmäßigem Rhythmus. Das Pferd muss sich mit seiner Last richtig plagen. Die Geschwindigkeit des Wagens variiert so stark, dass wir aufpassen müssen, nicht aufzufahren. Deshalb verlassen wir den angenehmen Windschatten und kämpfen wieder gegen die Böen. Auch diese kleine Straße bietet reichlich Abgase und Verkehr. Die Luft ist trüb. Nach wie vor liegt viel Müll zwischen den Feldern, die Bauern haben ihn an vielen Stellen einfach unter die Erde gepflügt. Wilde Müllhalden allenthalben, der Wind verstreut leichteres Material wie Papier oder Plastiktüten weit übers Land.
Die Zuckerrohr- und Maisernte ist voll in Gang. Feldarbeiter winken uns zu. Bremsen quietschen, Autos hupen und stinken. Manche Felder werden abgebrannt, der Rauch vereint sich mit den Abgasen. Wieder diese pochenden Kopfschmerzen. Die vielen Gedenktafeln am Straßenrand stimmen uns traurig und machen uns Angst. Radfahren durch ein vom Krieg ruiniertes Land ist ein Alptraum!
Vor Zrenjanin stoppen wir, um uns des Weges zu vergewissern. Eine Frau kommt auf einem Rad angefahren und spricht uns an. Als wir auf Deutsch antworten, ist sie hocherfreut: „Ich arbeiten in Deutschland. Woher kommen?" „Wir haben unsere Reise am Bodensee begonnen." „Am Bodensee? Ich in Konstanz wohnen. Wenn Sie wollen, kommen Kaffeetrinken. Mein Haus gleich hier an der Straße", lädt sie uns ein. „Vielen Dank. Wir müssen weiter", entgegne ich. „Aufpassen wenn durch die Stadt fahren. Dort Polizei Geschwindigkeitskontrolle." „Äh, wieso? Haben die was gegen Fahrradfahrer?", frage ich besorgt. „Oh, das Fahrräder. Dachte, Sie Motorrad fahren", lacht sie herzhaft.
Nach 80 Tageskilometern machen wir uns auf die Suche nach einem Campingplatz, denn bis Belgrad sind es noch 37 Kilometer. Es beginnt bereits zu dämmern. Die Lastwägen schieben sich auf der steil abfallenden Straße dicht an uns vorbei. Kinder bewerfen uns aus einem Busfenster mit Popkorn und kugeln sich vor Lachen. Wir sind müde und ausgelaugt und brauchen dringend einen Übernachtungsplatz. So weit das Auge reicht, gibt es keinen geeigneten

Ort, an dem wir unser Zelt aufbauen könnten. Unser Schlafplatz darf jedenfalls nicht von der Straße aus einsehbar sein, denn Wildcampen soll hier verboten sein. Neben der Hauptstraße ist es sumpfig, überall befinden sich große Pfützen. Bäume sind nach wie vor sehr selten, nur manchmal stehen dünne, lange Baumreihen zwischen den Feldern. Der Wind bläst den Staub von der Straße direkt in unsere Augen. Wir ziehen wieder unsere Jacken an, um uns vor den kalten Böen zu schützen.
Die ersten Häuserburgen der Vorstädte tauchen auf. Ihre Lichter versprechen uns Wärme und Schutz, doch der Schein trügt. Die Menschen schauen ernst und blicken uns verwundert nach. Viele Zeitungsstände sind bunt beleuchtet. Unser Tacho zeigt 105 Tageskilometer an, als wir nach über zehn Stunden die Vorstadt Borca erreichen. „Gibt es hier ein Hotel?“, frage ich einen Imbissverkäufer. „Was zahlen?“, fragt er in schlechtem, aber für uns erfreulichem

Wir funktionieren die Dusche zur Küche um.

Es gab schon bessere Schreibplätze.

Deutsch. „Nicht viel“, antworten wir. „Motel Panonija. Nicht weit weg. Sieben Straßenlaternen zurück.“ Sofort kehren wir um. Wir sehnen uns nach einer warmen Mahlzeit und einem trockenen, moskitofreien Ort zum Schlafen. Panonija erweist sich als eine Truckerunterkunft für Lastwagenfahrer. „Eine Nacht?“, fragt der Kellner etwas irritiert. „Ja, eine Nacht“, antworte ich. „Frage Boss“, meint er müde lächelnd und verschwindet. „Okay, eine Nacht 1.300 Dinar“ (16 Euro), sagt er, als er wieder kommt. „Kann ich das Zimmer sehen?“ Er nickt und führt mich kurzatmig einen Stock höher. Im Zimmer stehen vier frisch bezogene Betten und ein alter Schrank, auf dem ein paar runzlige Tomaten vom Vorgänger liegen. Der fleckige Heizkörper und die Bettgestelle sind mit ausgetrockneten Kaugummis übersät, den schmutzigen Spiegel zieren Aufkleber mit Pin Up Girls. Der Topf einer traurigen Pflanze wurde zum Aschenbecher umfunktioniert. Die Decke ist rissig, der Putz blättert ab und das Tür-

Stinkende Schuhe auf dem Gang.

Unsere Toilette in der Truckerunterkunft.

schloss wurde schon mehrmals notdürftig repariert. Kerzen liegen herum - wohl für den Fall, dass der Strom ausfällt. „Ähm, ich frage mal meine Frau", sage ich höflich. „Kein Problem", antwortet der Kellner überfreundlich. „Können wir unsere Räder unterstellen?" „Kein Problem", wiederholt er und führt mich in einen schmutzigen Hof, dessen Tor weit geöffnet ist.

Tanja und ich besprechen die Lage. Ratlos und überfordert stehen wir an der dunklen Hauptstraße und versuchen, klar zu denken. „Iiihhhuuuummm! Iiihhhuuuummm! Iiihhhuuuummm!" Ununterbrochen rauschen LKWs und Autos vorbei und es fällt uns schwer, uns zu konzentrieren. „Also, was machen wir?", frage ich. „Entscheide du." „Ich weiß nicht, ich kann nichts mehr entscheiden." „Lass dein Gefühl sprechen. Es hat immer Recht", ermutigt mich Tanja. „Meine Gefühle? Die sind schon lange im Verkehr untergegangen. Ich geh noch mal rein und frage, ob man das Tor absperren kann." „Kein Problem", repetiert der Kellner und sperrt das Tor ab. „Wenn das Tor zu ist und wir im Zimmer bleiben, kann eigentlich nichts schief gehen. Die Räder sperren wir an einen Pfosten im Hof und die Ausrüstung ist in unserem Zimmer sicher." „Gut, dann bleiben wir. Das ist auch besser, als so spät noch in einer Stadt umherzuirren", bestätigt Tanja meinen Entschluss.

„Wir bleiben", sage ich zum Kellner. „Gleich zahlen", antwortet er und schreibt 1.800 Dinar auf den Zettel. „Was? Ich dachte, es kostet 1.300 Dinar!", entsetze ich mich. „Preis 1.800. Ich nicht Boss. Sorry." „Dann bleiben wir nicht", meine ich bestimmt und mache auf dem Absatz kehrt. „Halt! Kein Problem. Frage Boss!", ruft er mir hinterher. Es dauert keine Minute und unser anfänglich vereinbarter Preis von 1.300 Dinar ist wieder bestätigt. Wir beziehen das Drecksloch. Nach 20 Minuten haben wir die Räder entladen, an einen Pfosten gesperrt, mit einer Folie abgedeckt, die Anhänger zerlegt und zusammen mit den Satteltaschen ins Zimmer geschleppt. Dann gehen wir in die Truckerkneipe, um etwas zu essen. Die Tischdecken strotzen vor Dreck und auf dem Tisch steht ein Glas mit eingelegten Peperoni, in dem schon viele Fliegen einen langsamen Tod gestorben sind. Als das Essen kommt, sind wir über die großen Portionen und den guten Geschmack überrascht. „Wenn morgen die Räder noch da sind, ist die Unterkunft vielleicht doch nicht so schlecht", sage ich erleichtert und nehme einen kräftigen Schluck serbisches Bier.

Als wir ins Zimmer gehen, ist die Zargesbox nicht aufgebrochen und alles noch genau so, wie wir es verlassen haben. Bevor ich mich auf die Matratze fallen lasse, tippe ich noch ein paar Aufzeichnungen. Zum Abschluss des Tages jage ich noch Moskitos und flicke das Moskitonetz am Zimmerfenster. Tanja schläft schon lange, als ich endlich zur Ruhe komme und mich hinlege. Sofort falle ich in tiefen Schlaf.

Belgrad

„Sollen wir uns nicht doch besser eine andere Unterkunft suchen?“, frage ich Tanja, nachdem wir aufgewacht sind und unsere Truckerunterkunft mit müden Augen betrachten. „Wir verlieren zu viel Zeit, wenn wir was Neues suchen. Die Räder sind noch da und wir wollen hier sowieso nur schlafen. Also können wir auch bleiben“, überlegt Tanja. Also bleiben wir noch eine Nacht.

Zuerst müssen wir herausfinden, ob man von hier mit dem Zug nach Bukarest fahren kann und ob man die Fahrräder im Zug transportieren darf. Wenn es von Belgrad nach Bukarest funktioniert, dann sicher auch anders herum. Langsam wird die Zeit knapp und wir müssen jetzt sicherstellen, dass wir von Bukarest aus schnell nach Deutschland zurückkommen. Sollten wir an der Bahnhofsauskunft eine positive Information erhalten, können wir wie geplant die 800 Kilometer bis Bukarest weiterfahren.

Per Linienbus fahren wir in die Innenstadt. Der Straßenverkehr ist chaotisch, wir hatten nichts anderes erwartet. Es graust uns davor, da morgen mit dem Rad durchfahren zu müssen. „Wir sollten einen Weg um Belgrad herum suchen“, grübelt Tanja. „Wenn wir wieder zurück sind, werde ich die Landkarte genau studieren“, beruhige ich uns. Der Bus fährt über eine riesige Donaubrücke.

An der Endstation begleitet uns ein hilfsbereiter Serbe einen Stück des Weges und erklärt uns beim Abschied noch, wie wir zum Bahnhof finden. Wir bedanken uns und stehen wenig später vorm Belgrader Hauptbahnhof. Am Ticketschalter bekommen wir alle Informationen, die wir brauchen. „So weit ich weiß, können Sie Ihre Räder mitnehmen. Es kann aber sein, dass der Schaffner die Fahrräder als Übergepäck verrechnet“, erklärt uns der freundliche Bahnangestellte.

Mit diesen nützlichen Informationen ausgestattet verlassen wir den Bahnhof. Wir haben einen größeren Spaziergang in die Innenstadt vor uns und stellen fest, dass wir einen gewaltigen Muskelkater haben. Die großen Strecken der letzten Tage und der unerbittliche Gegenwind hat unseren Muskeln alles abverlangt, was in ihnen steckt. Trotzdem schaffen wir es bis zur Festung Kalemegdan. Wir setzen uns auf eine der mächtigen Mauern und blicken auf den spitzen Mündungsabschnitt zwischen Save und Donau. Seit Budapest haben wir endlich wieder Gelegenheit, die Donau zu bewundern. Sie ist in der Zwischenzeit noch weiter, noch mächtiger geworden, sicher auch, weil sich genau hier das Wasser der Save mit ihr vereint. Von hier oben haben wir einen fantastischen Blick über die Stadt. Wie die meisten Städte an der Do-

nau strotzt auch Belgrad nur so vor Geschichte. Im 4. Jahrhundert v. Chr. haben sich hier die Kelten niedergelassen. Die Römer errichteten im 1. Jahrhundert v. Chr. das Legionslager Singidunum, das wegen seiner strategischen Lage lange hart umkämpft war.
Am späten Nachmittag kaufen wir uns noch eine Landkarte von Rumänien, trinken einen Capuccino und machen uns auf den Rückweg. In unserer Unterkunft ist alles in Ordnung. Die Räder sind noch da und auch sonst fehlt nichts. Hoffentlich ist morgen der Gegenwind nicht mehr so schlimm.

Sturmböen

Wir schleppen unsere Ausrüstung und die zerlegten Anhänger über die schmalen Treppen der Truckerbude in den Hof. Nach dem Beladen unserer Radzüge fahren wir erst einmal in die Richtung zurück, aus der wir vorgestern gekommen sind. Es gibt eine Möglichkeit, die Hauptstadt zu umfahren, allerdings kostet diese Variante einen zusätzlichen Tag. Diesen Tag opfern wir gerne, wenn wir dadurch nur dem Wahnsinnsverkehr entkommen.
Schon immer ist eines der wichtigsten Gebote für uns, auf Nebenstraßen zu fahren, um schweren Verkehr zu umgehen. Leider haben wir in Serbien bisher noch keine ruhigen Nebenstraßen gefunden - auch diese sind vom Verkehr stark strapaziert. Wie sich die Leute den Treibstoff leisten können, ist mir ein Rätsel. Angeblich verdient man hier durchschnittlich 100 Euro im Monat. Das Benzin ist aber fast genau so teuer wie in Deutschland. Wie soll das gehen? Vielleicht sind wir zufällig auf den Hauptverkehrsverbindungen nach Belgrad unterwegs? Ich weiß es nicht.
Der Wind hat sich noch gesteigert, doch diesmal bläst er uns sturmartige Böen ins Kreuz. Wir schießen mit 22 bis 26 Stundenkilometern über den Asphalt und sind trotz Kälte in Jubelstimmung. Die meisten Lastwagen kommen uns auf der anderen Straßenseite entgegen, fast keiner fährt um diese Zeit wie wir aus Belgrad heraus. Wir haben nahezu freie Fahrt und düsen unbeschwert dahin.
Die unbeschwerte Fahrt währt nicht lange: „Hier hört der Spaß auf!“, rufe ich Tanja zu. „Wie meinst du das?“, fragt sie, euphorisiert vom wilden Surfen auf der Hauptstraße. „Wir müssen in Richtung Pancevo abbiegen. Ab sofort führt uns die Straße wieder nach Süden. Uns bleibt also nichts anderes übrig, als wieder gegen den Wind anzukämpfen.“ „Oh nein!“ „Oh doch!“, stöhne ich. Wir sind gezwungen, uns gegen eine ganze Armada von Windmühlen zu werfen, unsere

Geschwindigkeit fällt auf sechs Stundenkilometer ab. Es fehlt nicht mehr viel und wir müssen schieben. Wir radeln auf dem vordersten kleinen Zahnkranz und haben die Rohloff auf den vierten Gang gestellt. Der Wind bläst uns so laut an, dass wir den Straßenverkehr nicht mehr hören. Kein Geräusch warnt uns mehr vor den großen schwarzen Reifen und wie aus dem Nichts tauchen die Monster urplötzlich neben uns auf.

Das Radfahren bietet einem fast täglich ungeahnte Überraschungen. Manchmal nehmen die negativen Erfahrungen überhand und ich trauere den gut ausgebauten, sicheren Radwegen in Deutschland nach. Die Bodenseeumrundung, die liebliche schwäbische Alb, der fantastische, kulturreiche Radweg an der Donau - all das liegt weit hinter uns. Alle Strapazen, die wir dort durchmachen mussten, waren aus jetziger Sicht nur ein kleines Training für die Killerstraßen in Serbien, für diesen abnormen Wind mit seinen extremen Böen.

„Wwwuuuuu", bläst es mir wieder unter den Helm. Öfter als uns lieb ist müssen wir anhalten um zu trinken und zu verschnaufen. Vor uns liegt ein schmaler Asphaltstreifen, dessen eine Hälfte von Baumaschinen aufgerissen ist. Die Bauarbeiter stecken in dicken Jacken. Überrascht beobachten sie, wie wir uns an ihnen vorbei kämpfen. Die Sicherheit lässt es nicht zu, die Hand vom Lenker zu nehmen, um zu grüßen. Wenigstens nicken wir zum Gruß mit dem Kopf.

Tanja und ich wechseln uns beim Windschattenfahren ab. Einmal fahre ich voraus, einmal sie. So schonen wir unsere Kräfte und haben die Hoffnung noch nicht verloren, heute Pancevo zu erreichen. „Verdammter Wind!", rufe ich den Böen entgegen. „Wann hörst du endlich auf?", rufe ich wieder und will mich gegen die Natur auflehnen, die mir diesen Tag so vermiest. Ich konzentriere mich darauf, möglichst direkt hinter Tanja zu fahren, um so viel Windschatten wie möglich abzubekommen. Der Tacho zeigt gerade mal 35 Tageskilometer an und bis Pancevo sind es noch weitere 25 Kilometer. Keine Ahnung, wie wir das schaffen sollen.

Nur nicht aufgeben, denke ich mir nicht zum ersten Mal auf dieser Radtour. „Was ist denn? Wir schicken euch nur ein bisschen Wind. Es gibt keinen Grund zum Jammern. Ihr seid gesund und wohlauf. Du wirst doch nicht schon wieder am Sinn eurer Unternehmung zweifeln?", höre ich eine Stimme in mir. „Oh, da bist du ja wieder", antworte ich Mutter Erde, die sich diesmal zu einem sehr unpassenden Zeitpunkt meldet. „Es gibt keine unpassenden Zeitpunkte, um sich über Gedanken zu unterhalten", fühle ich mich ertappt. „Konzentriere dich auf deinen Weg. Lass dich nicht ablenken und akzeptiere deine und eure Erlebnisse. Es macht keinen Sinn, sich ständig aufzulehnen. Du bist hier, um zu lernen. Was wäre denn, wenn wir euch weiterhin wie im

Paradies dahinreisen ließen? Was würdet ihr denn erleben? Über was könntest du berichten? Welche Erfahrungen würdest du sammeln? Wie sollst du reifen, wenn wir dir nicht ständig neue Varianten der Gefühle präsentieren? Sehe es als Geschenk an, so viel erleben zu dürfen. Wir haben dir das schon oft erzählt und wir werden dir weiterhin unsere Geschenke schicken - bis du Dinge, die unabänderlich sind, akzeptieren kannst. In den Wüsten haben wir dir immer gesagt, du sollst es fließen lassen. Auf dem Fahrrad hier in Serbien ist das nichts anderes: Lass es fließen. Akzeptiere, nehme die Erfahrungen auf, schreib sie nieder. Berichte über deine Gefühle und freue dich über Neues. Neue Erfahrungen sind wie ein Schatz, deine Truhe füllt sich mit Geschichten und Erlebnisse, der Fundus ist unendlich. Nicht in tausend Jahren könntest du all die Erfahrungen machen, die wir jeden Augenblick in uns tragen. Also freue dich, an uns teil zu haben und ständig Neues erfahren zu dürfen. Auch wenn dir deine Lungen brennen, auch wenn dir der Rücken schmerzt und deine Muskeln zittern. Freue dich, am Leben zu sein und deinen Körper so einsetzen zu können wie du es tust. Du weißt genau, was das bedeutet und welche Einschränkungen ein Mensch hat, der nicht so gesund ist wie du. Du hingegen bist frei. Genieße dieses wunderbare Geschenk. Genieße, was es heißt, bei Gegenwind zu radeln. Erfahre, was Straßen für die ungeschützte Tierwelt bedeuten. Sieh, wie viele Kinder, Frauen und Männer darauf ihr Leben lassen müssen. Spüre, wie Abgase in der Lunge brennen. Schau dir die Landschaften an, die von euch Menschen verschandelt werden. Wir können dir nur immer wieder sagen, dass diese Erfahrungen wichtig sind. Denke darüber nach, schreibe es auf und berichte ... wwwuuuuu! Wwwuuuuu ...“, weitere Windböen verdrängen die eben noch klar gehörten Worte.
Gerade hat Mutter Erde über den Wind zu mir gesprochen, aber ich bleibe mürrisch. Ich will nicht verstehen, was ich gehört habe. Ich will nicht begreifen, was es heißt, fließen zu lassen und zu akzeptieren. „Wwwuuuhhuu!“, reißt mich urplötzlich eine Windböe fast aus dem Sattel. Tanja und ich bringen reflexartig unsere Beine auf den Boden und können so einen Sturz verhindern. „Ttuuuuuhhhhhttt!“, erschreckt uns das Horn eines Busses direkt hinter uns. Der Fahrer schüttelt den Kopf. Er konnte anscheinend gerade noch rechtzeitig bremsen. Nachdem der Bus an uns vorbei geschlichen ist, steigen wir wieder in den Sattel. Ich denke über die Situation nach, denke darüber nach, was mir vor wenigen Minuten Mutter Erde oder der Wind versucht haben zu erklären und entschließe mich, ab sofort alle Anstrengungen zu akzeptieren.
Wir erreichen eine kleine Ortschaft. An einem Laden halten wir an. „Willst du mit reinkommen?“, frage ich Tanja, da ich sie nicht im kalten Wind stehen lassen will.

„Geh ruhig erst du. Ich schau mich drin um, wenn du wieder draußen bist". Ihre Vorsicht in Ehren, aber in so einem kleinen Kaff könnte sie ruhig mit reingehen. Fünf Minuten später betrete ich wieder die staubige Straße. „So, Sheriff, jetzt kannst du rein und ich passe auf", meine ich scherzend. Tanja bewegt ihre Augen nach rechts und verschwindet jetzt kommentarlos in dem Krämerladen. Sofort verstehe ich, was sie meint. Ein betrunkener Serbe umschleicht wie ein hungriger Wolf unseren Besitz. Er tut so, als würden wir ihn gar nicht interessieren. Im Straßengraben sucht er nach Nüssen und schaut dabei immer wieder herüber. Dann verschwindet er hinter einem Haus.
„Falscher Alarm", denke ich mir und lasse mich im Windschatten neben dem Laden auf einem Holzpflock nieder, um etwas Schokolade zu naschen. Es dauert nur Sekunden, bis der Mann wieder um die Häuserecke kommt. Erschrocken verharrt er einen Augenblick, sieht zu Boden und geht in den Laden. So wie es aussieht, hat er nicht damit gerechnet, mich direkt vor unseren Bikes anzutreffen. Tanja hatte Recht. Es wäre ein Fehler gewesen, wenn wir zusammen ins Geschäft gegangen wären. Man hat uns ja auch mehrmals gewarnt, unsere Ausrüstung nie alleine zu lassen.
Die Dörfer wirken hier alle verlassen – wie leergefegt. Die Menschen halten sich bei diesem Wetter wohl lieber drinnen auf. „Lass uns da drüben fragen, ob wir was Heißes zu trinken bekommen", schlage ich vor. In einem winzigen Bistro brüht uns eine freundliche Frau türkischen Kaffee auf. Während ich mich auf einen Stuhl setze und durch die angeschlagene Fensterscheibe die Räder beobachte, kauft Tanja im Laden nebenan Weißbrot und Thunfisch für unser Mittagessen. Als einzige Gäste essen wir in der windgeschützten Bude unser Mitgebrachtes und trinken dazu frisch aufgebrühten Kaffee. Es schmeckt herrlich! Als wir uns von der netten Gastgeberin verabschieden, gibt uns die Frau noch eine Tüte Bonbons mit auf den Weg.
Um 16:30 rollen wir nach 60 Tageskilometern durch die etwa 20 Kilometer von Belgrad entfernte Stadt Pancevo. Wir hatten nicht mit diesen gnadenlosen Sturmböen gerechnet. Immerhin mussten wir hauptsächlich nur gegen den Wind ankämpfen und nicht auch noch gegen einen Wahnsinnsverkehr. Gerade schieben wir unsere Räder über mehrere Bahngleise, als uns ein Mann heftig zuwinkt. „Mach schnell Denis! Da kommt ein Zug!", ruft Tanja. Wir spurten los, um schnell von den Schienen zu kommen. Tatsächlich donnert kurz darauf eine Eisenbahn vorbei. Die Schranke des Bahnübergangs ist offen und die roten Lichter der Warnblinkanlage sind kaputt.
Ein fremdes Land! Plastiktüten und Staub fliegen durch die Luft. In Gleisnähe zieren die hässlichen Dinger die Äste vieler Bäume. Der Wind bläst einige von ihnen zu Ballons auf. Soweit das Auge reicht liegt Müll herum. „Unglaublich,

wie es hier aussieht", sage ich angewidert. Pancevo wirkt mit seinen kaputten Häusern wie ein Mahnmal des Krieges. Die Gebäude sind heruntergekommen, einige scheinen bald einzustürzen.
Als wir eine Pension finden, erklärt mir ein ärmlich gekleideter Mann vorm Eingang, dass hier Menschen schlafen, die sonst auf der Straße bleiben müssten. „Das hier ist die unterste Kategorie aller Übernachtungsmöglichkeiten. Es gibt keine Duschen und die Toiletten sind auf dem Gang. Ich bin nur hier, weil ich nicht mehr arbeiten kann. Krank, verstehst du? Der Doktor hat mir gesagt, ich darf mich nur noch ganz langsam bewegen. Mein Herz und meine Lungen sind kaputt. Kommt von der Arbeit", erzählt er ohne Pause. Er steht direkt vor mir, so dass ich keine Möglichkeit habe, wegzukommen. „Ist ja furchtbar", gehe ich auf ihn ein. „Ja, ist furchtbar. Ich spreche Französisch, Englisch und Russisch. Und was hat es mir gebracht? Mein Vater war ein Königstreuer. Wir waren immer politisch engagiert", erzählt er weiter, während ich mich vor Erschöpfung kaum noch aufrecht halten kann. „Entschuldigung, es tut mir leid, aber ich muss weiter", sage ich und schiebe mein Rad langsam an. Er zieht seinen Fuß zurück und gibt mir den Weg frei. „Auf Wiedersehen", rufe ich noch und winke.
Dann erreichen wir das einzige, absolut heruntergekommene Hotel der Stadt. Hässlich bestimmt es einen großen Platz und steigert die Trostlosigkeit des Ortes. Der Wind jagt Blätter durch die Luft. Der aufgewirbelte Staub, unsere Kraftlosigkeit und die Kälte geben uns das Gefühl, als würde jeden Augenblick die Welt untergehen. Am liebsten würden wir weiterfahren, doch bis zur nächsten Stadt sind es noch 31 Kilometer. Selbst wenn keine Sturmböen mehr durch die Straßen fegen würden, wäre das zu weit. Auch wissen wir nicht, ob es in Kovin nicht ähnlich aussieht. Da drin kann ich nicht schreiben", bin ich mir sicher, als wir das Gebäude einer untergegangenen Epoche betreten. „Sie dürfen ihre Räder in der Tiefgarage abstellen", meint ein mürrischer Mann hinterm Tresen. „Aber da werden sie uns wahrscheinlich gestohlen. Die Räder sind alles, was wir besitzen und sehr wichtig für unsere Reise. Wir wollen mit ihnen nach China", führe ich aus, um Mitgefühl heischend. „Also gut, Sie können Ihre Fahrräder dort in der Garderobe abstellen. Es ist die gesamte Nacht jemand am Empfang. Die Räder sind da gut aufgehoben", bietet er mir an und ich bedanke mich herzlich.
Die Menschen hier in Serbien wirken nur im ersten Augenblick abweisend. Wenn man die erste Barriere genommen hat, werden sie meist freundlicher und haben auch mal ein Lachen übrig. Natürlich kann man keine Menschen pauschal beschreiben. Aber das sind die Eindrücke, die wir täglich machen. Was ich sagen will: Es gibt auch hier sehr freundliche, offene Menschen. Aber sie sind

sehr zurückhaltend in ihren Gefühlsäußerungen und wir müssen lernen, damit umzugehen.
Wieder ist es ein Kraftakt, unser Hab und Gut ins Zimmer zu schleppen. Gott sei Dank gibt es einen Aufzug. Für 35 Euro die Nacht ziehen wir in ein unfreundliches und ernüchterndes Ostblockzimmer ein.

Erleichterndes Lachen

Der Frühstücksraum ist groß, unbeheizt und ungemütlich. Wir kauen gummiartiges Weißbrot, trinken lauen Kaffee und sehen durch die schmutzigen Fenster den Staubfontänen zu, die der Wind in den grauen Himmel wirbelt. „Bei dem rauen Wind war es eine gute Entscheidung, hier zu bleiben“, meint Tanja. „Ach du Schreck!“, rufe ich plötzlich. „Was denn?“ „Das darf doch nicht wahr sein!“, schimpfe ich, ohne Tanjas Frage zu beantworten. „Was ist denn los?“, wiederholt sie. „So ein Mist! Jetzt hat mir dieses Kaugummibrot ein Inlay aus dem Backenzahn gezogen.“ „Zeig mal her – oh, das ist aber ein großes Inlay“, stellt Tanja fest. „ Das ist ja auch ein großes Loch im Zahn!“ „Tut es weh?“ „Nein, noch nicht. Aber ich kann jetzt nicht mehr kauen.“ „Warum?“ „Weil ich mir vor ein paar Tagen auf der anderen Seite mit einer heißen Kartoffel den Gaumen verbrannt habe“, jammere ich. „Hmmpf“, amüsiert sich Tanja. „Was gibt´s denn da zu lachen?“ „Das ist doch zum Lachen und zum Weinen. Lachen finde ich besser. Hhmmff, ha, ha. Ha“, prustet sie los, was mich erst noch ärgerlicher macht, aber bald lache ich mit und fühle mich gleich besser.
Dafür, dass mir gestern wieder diese Hexe in den Rücken geschossen ist, ich ein großes Loch im Zahn habe und wir in einem furchtbaren Ostblockbunker

Blick aus unserem hässlichen Hotelzimmer in Pancevo.

sitzen, um den herum unangenehme Sturmböen pfeifen, bin ich erstaunlich gut gelaunt. Ich mache es mir im Zimmer bequem und setze mich an die Arbeit. Während ich die Erlebnisse der letzten Tage festhalte, jagt draußen der Wind die dunklen Wolken davon. Warme Sonnenstrahlen scheinen ins Zimmer und unsere Unterkunft sieht jetzt gar nicht mehr so übel aus.

Rocky Spezial

Der Deutsch sprechende nette Rezeptionist zeigt auf meine Landkarte: „Nach Kovin nehmt ihr am besten diese Straße. Sie führt zwar durch ein Industriegebiet und ist ein paar Kilometer länger als der direkte Weg auf der Hauptstraße, aber dafür fahren dort fast keine LKWs."

Wenig später stecken wir in einem Inferno aus Abgasen, heruntergekommenen Industrieanlagen, dampfenden Schloten und zischenden Rohren. Auf dem Asphalt gähnen uns große runde Löcher an, so groß, dass die ein ganzes Rad komplett verschlucken könnten. Um nicht in eines der Löcher zu geraten, fahren wir sehr langsam durch den gelbgrauen Dunst. Nach ein paar Kilometern haben wir es geschafft. Die menschenfeindliche Gegend liegt hinter uns.

Jetzt befinden wir uns auf besagter Nebenstraße, die tatsächlich kaum befahren ist. Der Gegenwind lässt nach und die Sonne wärmt unsere Rücken. Auch die Kleinstadt Kovin ist ziemlich hässlich. Wieder stoßen wir auf eine Truckerkneipe, an der wir rasten und türkischen Kaffee trinken. „Das ist für euch. Schmeckt sehr gut." Ein Serbe legt uns zwei große Packungen Schokowaffeln auf den Tisch. Bevor wir uns bedanken können, ist er in einer der Werkstätten verschwunden. Verwundert blicken wir uns an. Ich reiße die Packung auf und probiere eine Waffel. Sie schmeckt so wunderbar, dass wir den gesamten Inhalt in kürzester Zeit verschlingen. Der Serbe kommt wieder herein. „Na, haben sie geschmeckt?", fragt er uns im Vorbeigehen. „Fantastisch", lächeln wir ihm zu und reiben uns den Bauch.

Wir verlassen Kovin und fahren weiter Richtung rumänische Grenze. Die Landschaft wird jetzt immer schöner. Zum ersten Mal erleben wir in Serbien Natur pur. Es gibt kaum noch Autos, unsere Straße führt durch dichte Wälder. Die Sonnenstrahlen fallen im schrägen Winkel durch die Baumschneise. Es ist windstill und wir fühlen uns wie im Paradies. Wir genießen die Ruhe - Vögel zwitschern und zart rauschen die gelbroten Blätter. Wir sind im Herzen eines Nationalparks.

Rocky beim Angeln.

Nach den Anstrengungen der letzten Wochen können wir endlich aufatmen. Wir überqueren einen Donaukanal. Angler sitzen am Ufer und werfen ihre Ruten aus. Ein paar altersschwache Autos stehen herum. Vogelschwärme streifen durch den Spätnachmittagshimmel, ziehen wie dunkle Fahnen am rot glühenden Sonnenball vorbei und lassen sich laut zwitschernd auf den Uferbäumen nieder. Wir halten an und genießen die Szene, trinken Wasser, essen eine Handvoll Studentenfutter. Dann schwingen wir uns wieder zufrieden mit uns und der Welt in die Sättel.

„Schau mal! Da vorne ist ein Zeltplatz!", ruft Tanja freudig. „Ob hier um die Jahreszeit noch jemand ist?", frage ich mich und schiebe mein Rad an der geschlossenen Schranke vorbei. Der Zeltplatz liegt lieblich an einem See. Ein

Einsamer Zeltplatz vor der rumänischen Grenze.

Mann angelt und als er uns sieht, kommt er auf uns zu und begrüßt uns herzlich. Er ruft mit seinem Handy den Besitzer an und fragt, ob wir bleiben dürfen. Dann macht er uns mit einer ausladenden Handbewegung deutlich, dass wir unser Zelt aufstellen dürfen, wo wir wollen. „Was kostet die Nacht?", möchte ich wissen. „No kost", antwortet er lachend und ist sichtlich erfreut, nicht mehr alleine zu sein. „Kaffee? Tschai (Tee)? Bivo (Bier)? Schnaps?", fragt er. „Äh, ich würde gerne einen Kaffee trinken", antworte ich, überrascht von so viel Gastfreundschaft.
Während wir unser Lager aufstellen, brüht der Serbe türkischen Kaffee auf. Dann bittet er uns an seinen Tisch. Glücklich über diesen wunderbaren Ort und den liebenswerten Nachbarn nehmen wir Platz. „Mein Name sein Rocky", stellt er sich vor und platziert neben den dampfenden Kaffeetassen eine riesige Flasche Bier. Er öffnet sie und schenkt drei große Becher voll. Wir unterhalten uns angeregt in einer Mischung aus Zeichensprache, etwas Russisch, ein wenig Deutsch und viel für uns unverständlichem Serbisch. Die zwei Platzhunde, Jumbo und Fitzgo, liegen schwanzwedelnd neben uns und schauen uns hoffnungsvoll an. „Ach Jumbo, du es nie aufgibst!" Rocky gibt einem der Hunde einen gutmütigen Klaps. Wir erfahren, dass er die Hälfte des Jahres hier verbringt. „Ich aus See schon großen 24 Kilo Fisch gezogen. Gleich in Zeitung gekommen. Großes Artikel. In Donau auch groß Fisch gefangen, 23 Kilo.", erzählt er in bester Laune und gestikuliert dabei wild mit seinen großen Händen und langen Armen. „Hier sehr schön. Ich nix arbeiten. Rocky nicht doof. Ho, ho, ho. Lange viel Arbeit. Ich Fahrer in Serbien, auch nach Rumänien und Bulgarien. Manchmal noch fahren. Vielleicht Dezember. Hier alles da. Hütte bauen. Strom da. Für Wasser dort drüben Leitung. Besitzer mir erlauben", plaudert er ohne Unterlass. „Noch Bier?", fragt er in einer kurzen Redepause. „Nein danke. Es wird bald dunkel. Ich muss noch mit dem Computer arbeiten, so lange es hell ist. Später komme ich wieder", erkläre ich. „Scheiß Computer, vergiss Computer. Trinken Bier und Schnaps. Dich und Frau Rocky einladen. Alles kalt haben, Kühlschrank". Ohne meine Antwort abzuwarten, steht Rocky auf und kommt mit zwei Flaschen Wein, einer Flasche Bier und einer Flasche Schnaps wieder. „Danke Rocky, aber ich muss jetzt wirklich arbeiten", bleibe ich hart. Rocky akzeptiert wiederwillig und trottet zu seinen fünf ausgelegten Angelrouten hinüber.
Bald darauf kommt er wieder und fragt Tanja, wann ich fertig bin. „Komme schon!", rufe ich und decke schnell noch die Räder ab. Dann sitzen wir gemeinsam an Rockys Tisch. „Wie ist das hier mit Moskitos?", will ich wissen als ich sehe, wie die Viecher meine Beine umkreisen. „Moskitos nix machen", antwortet er gönnerhaft. „Und was ist mit dem hier?", meine ich scherzend

und halte ihm meinen Daumen hin, auf dem gerade ein Moskito sitzt und sich den Bauch vollschlägt. „Mir Moskitos nix machen. Schau, kurze Hose, kurze Hemd. Mich nicht beißen." „Aber mich!" Mit einem Schlag mache ich gleich mehrere platt.

Rocky packt wieder Bier und Schnaps aus. „Jetzt du müssen", fordert er mich grinsend auf und schenkt einen kleinen Becher voll. „Huaa!", schüttle ich mich, als mir das Zeug die Kehle herunterläuft. Rocky lacht herzhaft und schüttet sich den Fusel hinter die Binde als wäre es Wasser. Sofort schenkt er meinen Becher wieder voll. Nach drei Attacken auf meine Kehle und meinen armen Magen lehne ich weiteren Schnaps ab. Jetzt schüttet er Bier nach. Wir müssen irgendwie die Bremse ziehen, so ein Besäufnis können wir uns auf dieser Tour nicht leisten.

„Schnaps trinken gut für Rad fahren", versucht er uns zu überreden. „Eine Flasche Schnaps 1.000 Kilometer. Nix Wasser brauchen", erklärt er im Brustton der Überzeugung. „Ein Liter Schnaps, nix Wasser brauchen. Gut Rezept. Hundert Prozent. Nix mehr schwitzen, ohne Pause fahren." „Und du? Wie viel Kilometer fährst du mit einer Flasche Schnaps?", versuche ich ihn zum Nachdenken zu bewegen. „1.000 Kilometer. Hundert Prozent, ho, ho, ho. Rocky radeln 300 Kilometer am Tag. Kein Problem. Hundert Prozent...", lallt er. Tanja und ich werfen uns einen genervten Blick zu und wissen, was zu tun ist. Bevor Rocky noch mehr Saufgeschichten erzählt und noch lauter wird, stehen wir auf und verabschieden uns. „Du nicht gehen. Frau schlafen ist gut. Aber du mit mir trinken", bettelt er. „Ich muss leider auch gehen. Du weißt doch, wir wollen nach Rumänien."

„Morgen ich Frühstück machen. Rocky Spezial. Alle Leute kennen Rocky Frühstück. Pilze suchen und Omelett machen", lädt er uns ein. „Das ist nett,

Eine Flasche Schnaps für 1.000 Radkilometer?

danke. Aber für Tanja bitte ohne Fleisch. Sie ist Vegetarierin." „Kein Problem, Für Tanja ich machen Omelett Rocky Spezial. Extra für Vegetarier, ho, ho, ho." „Was ist da drin?", fragt Tanja skeptisch. „Nix Fleisch, Innen von Schwein", antwortet er genüsslich und zieht die rechte Augenbraue vielversprechend nach oben. „Nein danke, ich esse auch keine Innereien." „Kein Problem. Für Tanja Rocky Spezial ohne Innen, ho, ho, ho", lacht er und lässt uns endlich gehen.

Gedenktafeln am Straßenrand erinnern an die Verunglückten.

Camp 40 am verlassenen Campingplatz vor Bela Crkva, kurz vor der rumänischen Grenze.

Tanja im Industriegebiet
von Pancevo.

Trans-Ost-Expedition
www.denis-katzer.com
ORTLIEB

Auf der gefährlichen Bundesstraße nach Belgrad.

Die LKWs auf den serbischen Straßen machen uns Angst.

„Es ist immer Zeit,
um über Gedanken und Gefühle zu sprechen.“

Mutter Erde

Karpaten

Rumänien
Tag 79
Camp 41
2334 Kilometer
Ort: Coronini
Breitengrad 44°41'853"
Längengrad 021°40'118"

Wegen dem Schnaps und dem Bier hat mein Magen rebelliert und ich habe die ganze Nacht kaum ein Auge zugemacht. „Frühstück fertig", begrüßt uns Rocky gut gelaunt, als wir aus dem Zelt kriechen. „Wir kommen gleich!", rufe ich freundlich. Ungeduldig schleicht Rocky um uns herum, bis wir bei ihm sind. Dann serviert er in Öl gebratenes Rührei mit Champignons. „Rocky Spezial, nimm!" Er hält mir einen Topf entgegen, in dem eine braune, ölige Masse schwimmt. Lachend stecke ich meinen Löffel hinein und hole mir einen Schlag davon auf den Teller. „Mit Rührei mischen und Schnaps trinken", empfiehlt er. „Nein danke, kein Schnaps vor dem Radfahren!" Ich muss mehrfach ablehnen, bis Rocky beleidigt die Flasche wegpackt und sein Glas alleine trinkt. Vorsichtig probiere ich und erkundige mich nach der Spezialität. „Innereien vom Schwein", erklärt er stolz. Mir wird leicht übel. Ich stochere im Essen herum und versuche an etwas anderes zu denken. Zum Glück mag Rocky sein Spezial selbst so gerne, dass ich mit meiner kleinen Portion davonkomme.
Dann kommt ein Freund von Rocky auf einem klapprigen Rad angefahren. Er lehnt es gegen einen Baum und gesellt sich zu uns. Wir diskutieren über unsere Reiseroute. „An der Donau fahren nicht möglich. Berge bis an Ufer." „Wie meint ihr das? Die Donau ist doch flach und Wasser fließt immer den Berg hinab!" Sie nehmen die Karte und zeigen auf die braunen Flächen direkt an der Donau. „Oh nein, ich glaube es nicht. Das ist mir noch gar nicht aufgefallen!" Mich beschleicht ein ungutes Gefühl. Ich weiß nicht, ob mir von Rockys Spezial, vom gestrigen Schnaps oder von der kommenden Herausforderung schlecht wird.
„Du andere Straße nehmen", empfiehlt Rocky und lässt seinen Zeigefinger in einem irrwitzig großen Bogen über die Karte gleiten. „Aber das ist ja ein riesiger Umweg!" Als ich den Vorschlag prüfe, muss ich erkennen, dass Rockys Finger 1.500 Meter hohe Berge überflogen hat. „Ich oft in Rumänien sein. Machen Musik und Land gut kennen. Auf eure Weg viel hohe Berg. Fahrrad

nix gut", bestätigt Rockys Freund. Meine Zuversicht, Bukarest rechtzeitig zu erreichen, bricht endgültig zusammen.

Wir bedanken uns bei Rocky für seine Gastfreundschaft und verabschieden uns von ihm und seinem Freund. Nicht gerade motiviert fahren wir der rumänischen Grenze entgegen. Im hübschen Örtchen Bela Crkva kaufen wir noch Wasser und ein paar Tafeln Schokolade zur Wegzehrung. Dann geht es weiter Richtung Osten. Schon wenige hundert Meter nach Bela Crkva bläst uns wieder starker Wind ins Gesicht. Die kerzengerade Straße steigt einen ausladenden Hügel hinauf und endet dort oben irgendwo am Horizont. Ein Verkehrsschild kündigt acht Prozent Steigung an. Der letzte Rest meiner angeschlagenen Moral hat sich verflüchtigt.

Im hübschen Grenzort Bela Crkva.

Starr klebt mein Blick kurz vor meinem Vorderreifen auf dem Asphalt. Die Steigung wird zunehmend stärker, die Lungen rasseln und wir schalten Gang für Gang nach unten. Hochkonzentriert arbeite ich mich Meter für Meter die Steigung hoch, dicht gefolgt von Tanja. Nur nicht aufgeben, rede ich mir zu, doch ich schaffe es nicht, mich zu motivieren. Ich befinde mich in einem tiefen Loch. Was ist, wenn Rocky und sein Freund wirklich Recht haben und wir die nächsten 700 Kilometer über die Karpaten müssen? Diese Route ist in der uns noch zur Verfügung stehenden Zeit nicht zu schaffen. Gerade weil wir dieses Hindernis umgehen wollten, sind wir ja der Donau bis hierher gefolgt. Und jetzt stellen sich die Karpaten uns doch noch in den Weg. Mit 1.300 Kilometer Länge und 50 bis 150 Kilometer Breite haben die Karpaten die Form eines Bogens. Sie ziehen sich von Bratislava in der Slowakei bis zum Eisernen Tor hinunter, dem Durchbruchstal der Donau in der Nähe von Orşova in Rumänien.

Solche endlosen Steigungen sind für Radfahrer wie uns ein Alptraum.

Ich mache mir Vorwürfe: Wie konnte ich nur glauben, dass wir uns um diese gewaltige Barriere herummogeln könnten? Wie kann man nur so blauäugig sein! Endlich erreichen wir das Ende der Steigung. Der Blick von hier oben auf das weite serbische Tiefland ist überwältigend. Ich halte an und trinke einen kräftigen Schluck. Nach dieser Anstrengung schmeckt das Wasser wie ein Getränk der Götter. „Jetzt ein Liter Schnaps und wir fahren durch bis Bukarest“, scherze ich müde. Tanja saugt gierig an ihrer Wasserflasche. Der Wind bläst kalt über den Hügelrücken. Bevor wir auskühlen, fahren wir weiter und strampeln den Berg hinunter. Der Gegenwind ist so stark, dass wir sogar bergab treten müssen. Die Straße führt durch den Grenzort Kaluderovo. Als ich das trostlose Grenzgebäude sehe, bin ich kurz davor, unsere Tour genau hier abzubrechen. Nicht oft in meinem Leben habe ich einen Rückzieher gemacht. Aufgeben ist nicht mein Ding, doch die körperliche Anstrengung, die Aussicht auf mörderische Passüberquerungen, die Gespräche mit Rocky, seinem Schnaps und seinem schrecklichen Spezial haben mich weich gekocht.

„Was ist das?“, fragt der serbische Beamte und zeigt auf unsere Solarpanelen. „Wir laden damit unsere Batterien“, erkläre ich und warte darauf, dass er mir einen Grund gibt, die Grenze nicht überschreiten zu müssen. Nur die kleinste Schikane, das Untersuchen unserer Ausrüstung oder andere Grenzschwierigkeiten würden mir sofort einen Grund geben, umzukehren. Bibbernd vor Kälte warten wir, während die Serben unsere Daten durch den Computer jagen. Wir ziehen die Regenjacken über, um uns vor dem Wind zu schützen. Relativ bald bekommen wir unsere Pässe kommentarlos und ohne weitere Fragen zurück. „Äh, wissen Sie, wie es auf der rumänischen Seite aussieht? Ich meine, sind dort hohe Berge?“, frage ich den desinteressierten Beamten

und halte ihm die Karte hin. „Grün ist flach und braun ist hoch“, antwortet er kurz angebunden.
Wir fahren weiter bergab bis zur rumänischen Grenze. Die Gebäude sehen hier noch trostloser und ärmlicher aus. Ich warte darauf, dass wir nicht weiter fahren dürfen, weil die Grenze nur für den lokalen Verkehr offen ist. Doch ich werde enttäuscht. Der Beamte gibt uns die gestempelten Pässe zurück. „Kommen jetzt gleich die Karpaten?“, will ich wissen. „Ja.“ „Was halten sie von dieser Route?“, frage ich weiter und zeige dem Beamten die Karte. „Nicht gut“, glaube ich zu verstehen. Völlig geschafft stehe ich über der Zwischenstange meines Rades und würde am liebsten heulen. „Sollen wir umkehren?“, frage ich Tanja, die mich erschrocken ansieht. „Wie meinst du das?“ „Na, wenn wir weiterfahren und die Berge höher werden, schaffen wir es nie bis Bukarest. Und wir werden nicht rechtzeitig nach Deutschland zurückkommen. Wenn wir jetzt aber umkehren, finde ich bestimmt eine gute Route zurück nach Belgrad und wir fahren dann mit dem Zug nach Hause. Wir können ja nächstes Jahr unsere Reise hier fortsetzen“, erörtere ich. „So leicht lassen wir uns doch nicht ins Boxhorn jagen“, sagt Tanja bestimmt und ich bin irgendwie erleichtert, dass mein letzter Umkehrversuch gescheitert ist. Nur ein kleines Wort der Bestätigung aus Tanjas Mund und ich hätte meiner Schwächeattacke nachgegeben. „Wir sehen uns die Sache mal an. Wenn die nächsten zwei Tage gut gehen, fahren wir weiter, wenn die Steigungen zu schlimm werden, haben wir immer noch die Möglichkeit umzukehren“, fasse ich wieder Mut.
„Nach Grenzgebäuden rechts Richtung Moldova. Dann fünf Kilometer über einen Pass. Dann an der Donau weiter“, beschreibt uns der Beamte in Zeichensprache und auf rumänisch den Weg. „Das ist genau die Route, die ich ursprünglich geplant hatte!“, rufe ich erfreut Tanja zu. „Rocky und sein Freund hätten uns mitten in eine Katastrophe geschickt“, füge ich hinzu und gewinne wieder an Selbstvertrauen. Nochmals studiere ich das Kartenblatt im Detail. Erleichtert verabschieden wir uns, winken dem Beamten zu und rollen nach Rumänien hinein. Gleich hinter den Gebäuden biegen wir nach rechts auf eine Landstraße ab. Ein paar verfallene Häuser stehen am Straßenrand. Eine verlassene Tankstelle welkt in rostigen Farben vor sich hin. Ein Schild zeugt von besseren Zeiten: „International Telefon“. Hunde bellen und in einiger Entfernung entdecken wir auf dem Berghang ein paar ärmliche Holzhütten. Es dauert nicht lange, bis erneut ein Schild acht Prozent Steigung ankündigt. Wir ergeben uns dem Schicksal und schrauben uns im Schritttempo Biegung für Biegung nach oben. Immer wieder legen wir Trinkstopps ein, essen eine Handvoll Kraftnahrung und machen weiter. Wir erkämpfen Serpentine für Serpentine und nähern uns in unermüdlicher, stundenlanger Schwerstarbeit

Biegung für Biegung schrauben wir uns die Passstraße hoch.

dem Höhepunkt des Passes. Nur selten kommen uns Autos entgegen, noch weniger begegnen uns Lastwagen. Alle Fahrer verhalten sich sehr rücksichtsvoll und überholen uns mit großem Sicherheitsabstand. Dann haben wir es geschafft. Wir sind auf der Passhöhe angekommen. Mein GPS zeigt nur 500 Höhenmeter an, doch uns kommt es so vor, als hätten wir einen Fünftausender bezwungen. Es ist kalt. Ein handgemaltes Schild erklärt etwas über den Nationalpark. Wir lesen „Okulul Silvic". „Ob das hier etwas mit Transilvanien zu tun hat?", fragt sich Tanja. „Meines Wissens liegt Transsilvanien in den Südkarpaten. Aber wer weiß? Vielleicht gehören diese Bergwälder Graf Dracula", scherze ich.

Tanja bekommt starke Schmerzen am Oberschenkel. „Deine Muskeln sind überbeansprucht", vermute ich. „Ich weiß nicht, es fühlt sich anders an. Ich brauche nur den Oberschenkel zu berühren und es tut schon weh." „Hm, seltsam." „Schau dir das an! Das darf doch nicht wahr sein! Mich hat eine Zecke gebissen. Das verursacht den Schmerz", ruft Tanja erschrocken. Aus einem kleinen Schlitz ihrer Radhose ragt das kleine Hinterteil des hässlichen Waldbewohners. Eine Zecke hat Tanja am einzigen aufgerissenen Teil der Radhose attackiert. Tanja zieht das Insekt sofort heraus und in wenigen Minuten bildet sich um die Bissstelle ein roter Hof. „Hoffentlich ist das kein Zeichen für Borreliose", erschrecke ich. „Das könnte ich jetzt überhaupt nicht gebrauchen! Ich hoffe bloß, dass unsere homöopathische Impfung wirkt!" „Du bist also nicht von Dracula gebissen worden, sondern von einem seiner Untertanen", witzle ich. „Hi, hi. Ich weiß nicht, was schlimmer ist!", lacht Tanja gequält.

Wir schwingen uns wieder in die Sättel und erleben die schnellste und schönste Abfahrt unseres gesamten bisherigen Trips. Sieben Kilometer rauschen wir jubelnd dem Tal entgegen. Die Abfahrt ist gekrönt von einem atemberaubenden

Trotz der Anstrengung genießen wir die wunderschöne Talsicht.

Auf der Passhöhe.

Anblick auf die mächtige Donau. Unten angelangt fahren Pferdekutschen an uns vorüber, die Menschen grüßen und rufen uns freundlich zu. Traktoren tuckern langsam vorbei. Der Mais wird hier noch mit der Hand geerntet. Bündelweise laden ihn Feldarbeiter auf Pferdefuhrwerke. Ein Bauer führt eine Kuh am Strick die Straße entlang. Sicher ist hier eine Kuh ein Vermögen wert. Es ist wie im Mittelalter, wir sind in einem früheren Zeitalter gelandet. Die Zeitreise bezaubert uns und wir kommen aus dem Staunen nicht heraus. Wir sind froh, dass wir nicht umgekehrt sind. Das ist Tanjas Verdienst! Glücklich darüber, dank Tanja und mit ihr da sein zu dürfen, genieße ich diesen Moment und sauge jede Sekunde in mich auf.

Im Städtchen Moldova Noua wollen wir Geld abheben, finden aber keine Bank. Eine Frau schickt uns irgendwo hin. Ein paar Meter weiter erzählt ein Mann etwas von einem Automaten. Wir vermuten, dass er einen Geldautomaten meint, auch wenn wir nicht glauben, dass es in dieser altertümlichen

Gegend so moderne Geräte geben kann. Langsam rollen wir durch den fremdartigen Ort. Wir kommen uns wie Akteure in einem Film vor. Alles erscheint uns unwirklich und ist doch zugleich sehr authentisch. Die Menschen rufen uns zu und sehen uns staunend an.
Wir erreichen eine Polizeistation, dort gibt es tatsächlich einen Geldautomaten. Da ich den Wechselkurs wieder nicht kenne, hebe ich „nur“ 2,5 Millionen ab. An einem kleinen Laden frage ich ein Mädchen nach dem Kurs. Sie spricht etwas englisch. Nach ihrer Erklärung bekommt man hier für einen Euro 10 Tafeln Schokolade oder 14 Flaschen Bier. Geld ist ein seltsames Medium! Erschöpft sitzen wir vor dem Geschäft und beratschlagen die nächsten Schritte. Es soll ein Hotel geben, allerdings müssten wir dorthin sieben Kilometer bergauf zurückradeln. Im Ort selbst gibt es keine Übernachtungsmöglichkeit. „Was sollen wir nun tun? Wir müssen unbedingt etwas essen. Ich habe neben ein bisschen Müsli nur das schreckliche Spezial von Rocky im Bauch“, lamentiere ich. „Und ich könnte einen ganzen Bären auffressen“, brummt Tanja. Fünf Kilometer weiter soll es ein Restaurant geben. Wir entscheiden uns, da hin zu fahren, etwas zu essen und dann gestärkt einen Campingplatz aufzusuchen.
Seit vielen Kilometern schmerzt mein rechtes Knie. Die Schmerzen steigern sich und ich befürchte, mir etwas Chronisches eingefangen zu haben. Tanjas Zeckenbiss hat sich noch mehr gerötet. Sie kann ihren Oberschenkel kaum noch bewegen. Angeschlagen zuckeln wir die Piste entlang und halten Ausschau nach dem Restaurant. 20 Minuten später taucht es auf und wir lehnen unsere Räder an das Gebäude. Wir betreten eine leere Gaststätte, nur zwei Frauen sitzen an einem Tisch. „Gibt es bei Ihnen etwas zu Essen?“, frage ich, indem ich meine Hand zum Mund führe und mir den Bauch reibe. „Da, da“, sagen sie: ja, ja. Wir setzen uns und bestellen ein Bier. Der Blick auf die Donau ist überwältigend. Große Frachter fahren im Abendrot vorbei. Ab und zu trägt der Wind das tiefe Tröten eines Schiffes zu uns herüber. Wir verschlingen das schmackhafte Essen und eine bleierne Müdigkeit überfällt uns. „Könntest du mal nachsehen, ob es hier ein Fleckchen gibt, auf dem wir zelten können?“, bittet mich Tanja. Sofort mache ich mich auf die Suche und finde hinterm Haus eine passable Wiese. „Gerne dürfen Sie bei mir ihr Zelt aufstellen“, erlaubt uns die Wirtin. Uns fällt ein Stein vom Herzen. Es bleibt uns erspart, zu fortgeschrittener Stunde und bei mittlerweile sechs Grad Kälte noch einen Zeltplatz suchen zu müssen.

Atemberaubend schöne Uferstraße

„Huuaah, ist das kalt“, schüttelt sich Tanja, als sie aus dem Zelt krabbelt. „4,5 Grad, kein Wunder, dass du frierst. So kalt war es bis jetzt noch nie“, stelle ich fest. Beim Packen stört uns eine Schar Truthähne. Sie haben unser Zelt und unserer Ausrüstung umzingelt und lassen sich nicht vertreiben. „Lasst uns in Ruhe!“, schreie ich sie an und bekomme nur Geklucker zu hören. Als zwei von ihnen in unserem Zelt zu kopulieren beginnen, platzt mir der Kragen: „Haut ab ihr perversen Viecher!“, plärre ich, jedoch ohne Erfolg. Nur Tanja reagiert mit einem heftigen Lachanfall.
Wir trotzen der Truthahninvasion und fahren schon bald weiter Richtung Osten. Die Donau ist jetzt wieder unser ständiger Begleiter. Der Wind bläst uns kräftig entgegen und wir müssen uns ziemlich anstrengen. Es geht aber ganz gut voran, denn hinter mancher Kehre können wir im Windschatten der Berge fahren. Die Donaulandschaft ist großartig! Das Gebirge kommt an manchen Stellen ganz nah an den Fluss heran. Unsere Straße gräbt sich tief in die Felsen und erlaubt uns immer wieder neue Einblicke in diese fantastische Landschaft.
Auf der anderen Seite der Donau liegt Serbien. Auch dort führt eine Uferstraße über Brücken, durch Tunnels und Röhren die Donau entlang. Eine Burg thront im Felsmassiv und zeugt von alten Zeiten. Wir überqueren eine Brücke über einen Bach, der sich von den Höhen der Karpaten herunterschlängelt. Enten schnattern an seinen Ufern und nehmen ein kühlendes Bad. Die Sonne wirft ihr grelles Licht über die Landschaft. Es ist ein Tag der Schönheit und des Friedens in einem Land, das aus einem Jahrhundertschlaf erwacht. Mit wachen Sinnen nehmen wir alles auf. Ziegen liegen am Straßenrand und dösen im Schatten der Bäume. Der Ziegenhirte liegt wenige Meter entfernt hinter einem grünen Busch und schläft.
Ärmliche und schmutzige Ansiedlungen trüben die Idylle. Müll brennt an einem Rohbau. Beißender Rauch legt sich über die Wohnhäuser und frisst sich in jede Ritze, schädigt jede menschliche und tierische Lunge. Wir halten die Luft an. Nichts wie durch, nichts wie weg von dem gelben giftigen Zeug. Hässliche, baufällige Wohnblöcke stehen da wie Spielzeughäuser. Aber das ist kein Spiel, es ist harte Wirklichkeit in einem schönen, jedoch geschundenen Land. Verlassene Fabriken tauchen auf. Rost, zerbrochene Fenster, aufgeplatzte Leitungen, zerrissene Förderbänder, bröckelnder Beton, Fässer und eingetrocknete Öllachen entstellen die Natur. Aufgerissene, nicht heilende Wunden. Der Anblick macht uns traurig. Eine kaputte Regierung und geisteskranke Machthaber haben Rumänien viel Leid zugefügt.

Nicht selten wird der Müll einfach vor den Häusern entsorgt.

Wegen der Kälte verzichteten wir auf unser Frühstück und sind mit leeren Mägen aufgebrochen. Seit Stunden ernähren wir uns von Studentenfutter, das wir uns von Zeit zu Zeit in den Mund schieben. In den kleinen Ortschaften gibt es keine Restaurants. Wir radeln so lange, bis Tanja rebelliert. „Ich brauche etwas zu essen und zwar so schnell wie möglich!", protestiert sie. „Hier gibt es aber keine Kneipen!" „Ist mir egal. Dann essen wir eben am Straßenrand. Wir können doch Wasser kochen!" „Okay, bei der nächstbesten Möglichkeit halten wir an", lenke ich ein. Weil die Berge hier ihre rauen Flanken bis ans Donauufer ausstrecken, ist es auf diesem Streckenabschnitt schwer, einen geeigneten Rastplatz zu finden. Aber ich will Tanja nicht noch wütender erleben und suche fieberhaft nach einer Haltemöglichkeit. „Hier auf der Brücke können wir den Kocher auf die Betonabsperrung stellen." Der Platz

Mittagsrast am Straßenrand.

direkt an der Straße stellt sich als gar nicht so übel heraus. Wir schieben uns das Fertigessen hinter die Kiemen, essen jeder noch eine Tafel Schokolade als Nachspeise und fahren weiter.
Am Nachmittag meldet sich wieder meine Sehne am rechten Knie. Auch Tanja klagt: Ihr Oberschenkel ist vom Zeckenbiss geschwollen, die Rötung ist handflächengroß. Unsere Angst, es könnte Borelliose sein, verstärkt sich. „Vielleicht reagiere ich nur allergisch auf den Biss?“, versucht sich Tanja zu beruhigen. Unser Wissen macht es uns nicht leicht: Alleine in Deutschland werden jedes Jahr zwischen 80.000 und 100.000 Menschen mit dem Bakterium Borrelia burgdorferi infiziert. Nach dem, was ich gelesen habe, beginnt die Krankheit im Allgemeinen mit grippeartigen Symptomen, manchmal zusammen mit einer sich ringförmig ausbreitenden Rötung um die Bissstelle. Erfolgt in diesem Frühstadium keine Behandlung mit Antibiotika, entwickelt sich in den meisten Fällen zwei Wochen bis zwei Monate nach Auftreten der ersten Krankheitszeichen eine Arthritis - vor allem an größeren Gelenken wie dem Kniegelenk. Diese kann in Schüben auftreten, die wochen- oder monatelang andauern und möglicherweise über Jahre hinweg chronisch wiederkehren. Die Infektion kann zudem das Herz- und Nervensystem schädigen und Meningitis verursachen. Borrelien werden in der Regel allerdings erst einen Tag, nachdem sich die Zecke festgesetzt hat, übertragen. Da Tanja die Zecke umgehend entfernt hat, ist das Infektionsrisiko stark gemindert. Trotzdem hat sie die rote Schwellung. Uns bleibt im Augenblick nichts anderes als abzuwarten.
„Oh nein, wieder eine Steigung!“, stöhne ich, als sich die Straße wieder nach oben windet. Mit dem Wiegeschritt teste ich eine neue Technik, mit der ich meine Muskulatur anders belaste. Weil ich bisher kaum Filmaufnahmen von uns gemacht habe, stelle ich das Stativ auf, um eine Bergauffahrtsequenz festzuhalten. Dann laufe ich wieder zurück, hole die Kamera und folge Tanja. Oben ruhen wir aus und genießen den Blick auf das Donautal. Wie ein Bergsee breitet sich der Fluss zwischen den Felswänden aus. Erst 1971 wurde die Donau durch einen Damm auf die Länge von 150 Kilometer aufgestaut. Die Talsperre war ein Gemeinschaftsprojekt zwischen Rumänien und dem früheren Jugoslawien. Ein Kreuzfahrtschiff bahnt sich einen Weg durch den fantastischen Bergeinschnitt. Etwas neidisch schauen wir ins Tal und stellen uns für kurze Zeit vor, umsorgte Touristen auf diesem Schiff zu sein, die bei angenehmer Musik und gutem Essen durch diese wunderschöne Landschaft gefahren werden. Ein zweites Kreuzfahrtschiff erscheint. Auf dem Deck lassen es sich die Passagiere in der Abendsonne gut gehen. Wir winken ihnen zu, freudig winken sie zurück. Es dauert nicht lange, bis uns alle Touristen

Kreuzfahrtschiffe in der Abendsonne.

ausgemacht haben und wie wild mit ihren Händen wedeln. „Hallo! Hallo! Hallo!“, rufen wir. Vielleicht winken wir sogar Landsleuten zu und ein wenig Wehmut macht sich breit.

Die Sonne steht mittlerweile sehr tief, bald haben wir kein Wasser mehr. Für wildes Zelten ist im Tal kein Platz. Wir sind schlapp, müssen aber weiterfahren. 75 Kilometer haben wir hinter uns gebracht, 35 Kilometer liegen noch vor uns. Im langen Schatten des Bergmassivs lassen wir unsere Räder ins Tal sausen. Ohne direkte Sonnenstrahlen ist es ziemlich kalt. Kaum sind wir unten angekommen, geht es schon wieder bergauf. Oben auf einem Bergrücken liegt das Dorf Ogradena.

Der Schmerz im Knie zwingt mich aus dem Sattel. Eine Viper kreuzt den Weg. Ich lehne das Rad gegen einen Pfosten und mache eine Filmaufnahme. Die Dokumentation unserer Reise in Bild, Film und Schrift ist anstrengend. Jedes mal müssen wir uns überwinden und motivieren, die Kameras in die Hand zu nehmen, auch wenn der Zeitpunkt gerade unpassend ist. Meistens gibt es nämlich die besten Motive gerade dann, wenn man völlig kaputt oder müde ist. Die Ausrede, es morgen nachholen zu können, funktioniert nicht, denn dann ist die Gelegenheit unwiederbringlich vorbei.

Mittlerweile haben wieder unsere Positionsleuchten an den Uvexhelmen angebracht. Die Dämmerung geht in Dunkelheit über. Tanja bleibt immer weiter zurück. Ich halte immer öfter an. Tanja kann nicht mehr, sie ist mit ihren Kräften am Ende und es sind noch 15 Kilometer bis zur nächsten Stadt!

Im Dorf Eselnita lädt ein Schild zum Essen und Schlafen ein. Sofort packen wir die Gelegenheit beim Schopf. „20 Euro“, erschreckt mich die Deutsch sprechende Rumänin. „Was, so viel?“, frage ich. Wir einigen uns auf 15 Euro pro Nacht ohne Frühstück. Mit letzter Kraft tragen wir unsere Ausrüstung in ein modern eingerichtetes Zimmer. Unsere Ferienpension liegt am so genannten Eisernen Tor, dem malerisch schönen Durchbruchstal der Donau zwischen den Südkarpaten und dem Serbischen Erzgebirge. Die Unterkunft bietet besten westlichen Standard. Es gibt heiße Duschen, ein sauberes Bett und eine fantastische Sicht auf die Bergseelandschaft. Müde gehen wir essen und fühlen uns vom hohen Preis über den Tisch gezogen. „Wenn man für einen Euro 10 Tafeln Schokolade oder 14 Flaschen Bier bekommt, dann haben die hier echte Wucherpreise“, brummle ich. Tanja lässt sich von meinem Unmut anstecken und so kommt es, dass wir einen großen Fehler machen: Wir nehmen uns vor, morgen weiter zu fahren. Eigentlich könnte ich hier meine Schreibarbeit in einem wirklich schönen Ambiente erledigen. Aber wir fühlen uns geneppt und wollen das Spiel nicht mitmachen.

Tanja stürzt

„Wollen wir jetzt bleiben oder fahren?“, fragt Tanja wieder. „Lass uns aufbrechen“, schlage ich vor, in der Hoffnung, bald eine günstigere Unterkunft zu finden. Nach sechs Kilometern erreichen wir das Zentrum von Eselnita. Heute liegen nur 12 Kilometer vor uns, da ich in der Stadt Orsova eine Schreibpause einlegen will. Also lassen wir es gemütlich angehen und trinken neben einem Krämerladen einen Cappuccino. „Die machen hier alle den gleichen Cappuccino.“ „Nun, der kommt aus der Tüte und ist fertig gemischt“, belehrt mich Tanja. „Es ist nett von der Frau, dass sie uns einen aufgebrüht hat. Das ist ja schließlich kein Bistro hier.“ Ich schaue aus dem Fenster und beobachte die Pferdefuhrwerke auf der Straße.

Eine Stunde später rauschen wir den Berg nach Orsova hinunter. Im ersten Hotel am Platz ist der Preis dreimal so hoch wie in unserer gestrigen Unterkunft. Außerdem stelle ich fest, dass sich vor zwei Tagen das Mädchen im Laden bei der Wertangabe des Euro um eine glatte Null vertan hat. Nach ihrer Aussage war ein Euro 350.000 Lei wert, tatsächlich sind es aber nur 35.000 Lei. Ziemlich betreten verlasse ich das Hotel und ärgere mich, dass wir die wunderbare und in Wirklichkeit günstige Pension am Donausee verlassen haben.

„Lass uns nach Drobeta-Turnu Severin radeln. Das sind nur 26 Kilometer von hier. Dort finden wir bestimmt eine schöne Pension“, schlage ich vor. Ab Orsova landen wir wieder auf einer stark befahrenen Bundesstraße, die direkt an der Donau entlang führt. Es ist hier bei weitem nicht so viel Verkehr wie auf serbischen Hauptstraßen, aber wir sehnen uns nach der schönen, ruhigen Uferstraße von gestern zurück. Plötzlich taucht ein Tunnel vor uns auf, ein für unsere Augen undurchdringlich schwarzes Loch. „Sieht gefährlich aus." „Was schlägst du vor?", fragt Tanja. „Wir befestigen unsere Positionslampen am Helm und wenn die Straße leer ist, radeln wir so schnell wie möglich durch." Aus dem Tunnel schießen Lastwagen heraus wie Torpedos. Die Röhre wirkt wie ein schwarzes, gefräßiges Loch. „Jetzt!", gebe ich das Kommando. Wie auf der Flucht treten wir in die Pedale und beschleunigen in kürzester Zeit auf Höchstgeschwindigkeit. Alles um uns herum ist schwarz. Autos kommen uns entgegen und blenden uns. Hinter uns hören wir, wie sich ein Lastwagen nähert. Sein Motor hallt brüllend durch das Rohr. Auf dem schmalen Asphaltstreifen gibt es keine Ausweichmöglichkeit für uns. Wenn uns jetzt ein Lastwagen entgegenkommt und im gleichen Moment einer überholt, dann wird es verdammt eng. Jetzt bloß keinen Schlenker machen. „Rrrroo-ohhhhh!", hallt es hinter uns und kommt immer näher. Wir sehen Licht am Ende des Tunnels und als der LKW vorbeischeppert, haben wir den Tunnel bereits verlassen.

Unversehrt erreichen wir die Stadt. Plötzlich kreuzen Eisenbahnschienen in einem schrägen Winkel die Straße. Ich kann gerade noch meinen Lenker herumreißen, um nicht mit dem Vorderrad in das Gleis zu geraten. Tanja, die mir dicht folgt, hat jedoch keine Chance. Als sie die Schienen sieht, ist es zu spät. Ich drehe mich um und sehe gerade noch, wie sie über den Asphalt schlittert. Panisch werfe ich mein Rad in den Straßengraben. Zum Glück sind gerade keine Lastwagen oder Autos unterwegs. Tanja liegt mitten auf der Fahrbahn, rappelt sich aber sofort hoch und springt geistesgegenwärtig auf

Tanja ist gestürzt und hat sich Gott sei Dank nur leicht verletzt.

die Straßenseite. Als ich bei ihr ankomme, hat sie ihr Rad schon aufgerichtet. Gemeinsam schieben wir es an den Fahrbahnrand. „Hast du dich verletzt?“. „Ich glaube nicht.“ Da man unter Schock manchmal keine Schmerzen verspürt, hake ich nach: „Fühlst du dich okay?“ „Ja, ich glaube schon.“ „Wohin bist du gefallen?“ „Auf den Ellenbogen. Da ist aber nichts.“ „Zeig mal.“ Tanja hebt ihr Shirt hoch und es erscheint eine harmlose Schürfwunde. „Sieht nicht schlimm aus“, beruhige ich Tanja. Dann untersuchen wir Hüfte und Knie. Beide Knie haben leichte Schürfwunden und Prellungen. An der Hüfte baut sich ein Bluterguss auf.
Wir atmen beide auf. „Da hast du echt Glück im Unglück gehabt!“ „Das kannst du laut sagen“, lächelt Tanja und reibt sich den Arm. Wir bleiben noch einige Minuten sitzen und verdauen, was gerade passiert ist. „So schnell kanns gehen“, sinniert Tanja. „Ja, meistens schneller als man denkt.“ Ich untersuche jetzt das riese und müller Rad nach Schäden. Außer ein paar Kratzern scheint es in Ordnung zu sein. „Die Bikes halten echt was aus“, bemerkt Tanja.
Auch in der Stadt sind die Hotels um ein Vielfaches teurer als die wunderschöne Pension an der Donau. Ohne Zweifel haben wir einen Fehler gemacht. Meine Laune verschlechtert sich, aber ich bin froh, dass Tanja den Sturz gut überstanden hat. Da Tanja Ruhe braucht und ich auch geschafft bin, lassen wir uns auf ein 22 Euro teures Zimmer in einem heruntergekommenen Zwei-Sterne-Hotel ein. Das Zimmer ist sehr einfach. Ich ziehe die Vorhänge zur Seite und blicke auf Abfall und Baracken. „Hier kann ich nicht schreiben“, meine ich müde. Also verlassen wir unser unfreundliches und kaltes Zimmer und gehen essen. Als wir die Rechung bekommen, stutze ich über den Preis und rechne nach. Die Bedienung hat sich um 150.000 Lei vertan. Ob aus Absicht, können wir nicht sagen, aber sie scheint sich ertappt zu fühlen. Kommentarlos korrigiert sie die Rechnung.

Berge

Als wir aufwachen, ist es im Zimmer 13° kalt. Bibbernd löffeln wir unser Müsli und schlucken die nötigen Vitamine und Mineralstoffe von Sanatur. Diese Nahrungsergänzung ist wichtig, denn das Angebot an Lebensmitteln hier ist einseitig. Gesättigt, aber unzufrieden dehne ich meinen steifen, müden Körper und gähne mich wach. Dann tragen wir unsere Sachen runter und beladen unsere Räder. Tanja geht es nicht besonders. Sie hat einen steifen Nacken. Knie, Hüfte und Ellenbogen leuchten blaugelb. Zum

Glück scheint sie sich wenigstens vom Zeckenbiss zu erholen - Schwellung und Druckschmerz lassen nach.
„In Vanju Mare finden wir bestimmt einen Schreibplatz für mich und können uns ein paar Tage ausruhen“, mache ich uns Mut. „Bis dahin schaffe ich es. Aber wenn es dort keine Absteige gibt?“ „Dann sieht es schlecht aus. Bis zum nächsten Ort danach sind es 80 Kilometer.“ „Oh weh. Na dann hoffen wir mal auf Vanju Mare.“
Bei relativ wenig Verkehr verlassen wir auf der Fernverkehrsstraße Drobeta Turnu Severin und biegen dann auf eine wenig befahrene Nebenstraße Richtung Süden ab. Diese führt uns wieder durch viele kleine Ortschaften. Nach 14 Kilometern halten wir an einer heruntergekommenen Pension an. „Ich schau mir den Laden mal an.“ Hoffnungsfroh betrete ich das Haus. Eine nette Dame zeigt mir die fensterlosen armseligen Zimmer. Ich frage mich, wie man für solche Zimmer überhaupt Geld verlangen kann, aber der Standard ist hier einfach auf niedrigem Niveau. Ich bedanke mich für die freundliche Führung und wir lassen uns vor der Weiterfahrt noch einen Cappuccino servieren.
500 Meter weiter führt die Straße von der Donau weg und wir stoßen auf ein Straßenschild: Sieben Prozent Steigung kündigt es an. Wir können es nicht fassen, schon wieder Berge! „Ob das an den Cappuccinos liegt? Immer wenn wir Cappuccino trinken, kommt ein Berg“, kombiniert Tanja. „Ab jetzt trinken wir keinen mehr“, gebe ich ihr spaßeshalber Recht.

Wolkenbruch

Kaum haben wir uns an den Aufstieg gemacht, beginnt es zu regnen und wir müssen uns die Regenjacken überziehen. Als es schlimmer wird, schlüpfen wir in die Regenhosen. „Wuuummm!“, kracht es plötzlich über uns. „Das darf doch nicht wahr sein. Um diese Jahreszeit ein Gewitter?“, rufe ich. Es blitzt und donnert wie verrückt und regnet erbarmungslos. Wir öffnen die wasserdichten Ortliebtaschen und holen unsere Überschuhe heraus. Sofort fließt Wasser auf meinen Schlafsack, fluchend mache ich die Packtasche wieder zu. Es wird neblig und wir setzen unsere Blinklampen auf. Ab und zu überholen uns Lastwagen, keiner grüßt. Die halten uns bestimmt für verrückt, schließlich fahren wir mitten in einem Herbstgewitter bei relativ dichtem Nebel eine Passstraße hoch. Unsere Atemluft kondensiert und wir stoßen mit jedem Atemzug große Rauchfahnen aus. Kleine reißende Flüsse schießen uns entgegen. Anhalten ist bei diesem Wetter keine Alternative, wir müssen uns warm halten. Als wir oben ankommen, rollen wir sofort wieder bergab. „Mach keinen

Mist! Fahr langsam!", warnt mich Tanja. „Klar!" antworte ich und habe beide Hände an den Bremsen. Aquaplaning ist eine Gefahr bei diesem glitschig glatten Asphalt, eine andere sind Schlaglöcher, die unter den Fluten nicht sichtbar sind. Fahrtwind und Nässe vereinigen sich zu einer brutalen gefühlten Temperatur. Mit steifen Fingern müssen wir unentwegt bremsen. Das war die erste Talfahrt, bei der uns das Jauchzen vergangen ist.

„Es gibt hier keine Pension. Auch kein Hotel", erfahren wir in Vanju Mare. „Wie weit ist es noch bis nach Calafat?", fragt Tanja. „70 Kilometer." „Ob es dort was zum Übernachten gibt?" „Calafat ist eine größere Stadt an der Grenze zu Bulgarien. Dort muss es was geben", schätze ich. „Dann lass uns Calafat in Angriff nehmen!" „Noch 70 Kilometer? Meinst du wirklich? Na ja, wenn uns keine weiteren Berge das Leben schwer machen, ist es machbar."

„Lass uns was essen. Dort ist ein kleines Straßenrestaurant, da gibt es bestimmt etwas Warmes für uns", schlage ich vor. Man begrüßt uns sehr freundlich. Völlig durchnässt und frierend setzen wir uns auf kleine Holzschemel. Ich bestelle eine Suppe, Tanja ein Omelett. Als ich meine Suppe bekomme, fische ich zuerst irgendwelche Innereien heraus. „Schmeckt es?", erkundigt sich der Wirt. Ich nicke. „Und wie ist dein Omelett?", frage ich Tanja. „Total verbrannt", antwortet sie und zeigt mir die schwarze Unterseite. „Aber wenn man die obere Schicht abkratzt, kann man es essen", meint sie tapfer. Nach meiner Suppe bin ich immer noch hungrig und riskiere es, mir auch ein Omelett zu bestellen. Auch diesmal hat die Köchin die Pfanne nicht rechtzeitig vom Herd genommen. „Die Menschen hier lieben eben schwarze Omeletts", meint Tanja lachend, als auch mein Omelett schwer verbrannt auf dem Teller klebt. Als wir zahlen wollen, verlangt der Wirt fünf Euro. „Wir haben mit Ihrer Frau

Vor einem Straßenrestaurant.

einen anderen Preis ausgemacht", antworte ich und lege den weit niedrigeren, passenden Betrag in Lei auf den Tresen. „Unser Land viel zu billig", antwortet er und steckt das Geld in die Hosentasche.
Auf der Weiterfahrt frage ich mich, wann ich wohl wieder einen Platz zum Schreiben finden werde. Im Zelt ist es zu kalt und es gibt im Augenblick kaum Möglichkeiten, es aufzustellen. In den Städten ist es zu teuer oder zu schmutzig, zu laut oder zu ungemütlich. Die Erlebnisse stauen sich in mir und ich hätte viel zu schreiben. „Ich brauche dringend einen passenden Ort zum Schreiben!", sage ich zu mir. „Du wirst einen sehr guten Platz finden. Er wird aber völlig anders sein als du es dir vorstellst", höre ich klar und deutlich die Stimme von Mutter Erde. „Wie meinst du das? Wie völlig anders?", frage ich, aber die Stimme bleibt stumm. „Vielleicht ist es ja ein fantastisches, preiswertes Hotel? Mit liebenswerten Menschen und bequemen Betten? Eine Massage wäre wunderbar, ach, und ein heißes Bad wäre fantastisch. So etwas wie die Pension vor ein paar Tagen? Das wäre fein. Mindestens eine Heizung sollte im Zimmer sein. Die ewige Kälte hier fährt einem auf Dauer in die Glieder. Ja! Ein schönes Hotel oder eine Pension mit Blick auf eine wunderbare Landschaft. Ist es das? Ich bräuchte allerdings auch einen guten Stuhl und einen Tisch in passender Höhe. Beim Schreiben sind die richtige Sitzhöhe und Haltung wichtig. Bekomme ich das?", plappere ich weiter und schwelge in den schönsten Vorstellungen. Doch die Stimme bleibt stumm.
Langsam reißen die Wolken auf und die Sonne zwinkert uns zu. Wir ziehen unsere Überschuhe, Jacken und Regenhosen aus und trocknen unsere von Schweiß und Regen durchnässten Körper im Fahrtwind. Auf einem Plateau düsen wir bis zu 26 Stundenkilometer schnell dahin. Ab und zu halten wir an, meistens, um etwas Wasser zu kaufen. Ein Rumäne möchte meine Jacke. „Die brauche ich selber. Schau dir mal das Wetter an. Und wir wollen noch nach Burma", erkläre ich ihm und zähle die Länder auf, die noch vor uns liegen. „Gib mir Jacke", zupft er weiter an meinem Ärmel.
Wir durchqueren viele Ortschaften und fühlen uns erneut wie im Mittelalter. Die Menschen winken und grüßen mit: „Tschau! Tschau!", wir winken und rufen „Tschau! Tschau!" zurück. Von hinten nähert sich eine Gewitterfront. Wir steigen in die Pedale und fahren dem Unwetter davon. Es ist trocken, kein Gegenwind, keine Steigung - wir sind in Topform und spulen Kilometer für Kilometer ab. Als wir nach 80 Tageskilometern wieder an einen Höhenzug kommen, ist es bei mir mit der Topform vorbei. Meine Sehne schmerzt und ich muss schieben. Vor und hinter mir quälen sich Pferdefuhrwerke die Steigung hoch. Die Pferde leisten Schwerstarbeit, gemeinsam kämpfen wir uns bei nahezu gleichem Tempo den Berg hoch.

In der Dämmerung verzaubert sich Rumänien in ein Märchenland. Wir fahren durch eine unwirklich schöne Landschaft. Bei Kilometer 90 biegen wir rechts nach Calafat ab. „Nur noch 13 Kilometer “, muntert mich Tanja auf. Der Schmerz im Knie ist fast unerträglich, doch ich beiße die Zähne zusammen und radle weiter. „Noch 10 Kilometer, dann kommt mein Traumhotel oder was Mutter Erde gut für mich findet.“ Es ist stockfinster, als wir durch Calafat rollen. Ob die hier Stromausfall haben? Schemenhaft erkennen wir einen Mann, der uns zum Trinken einlädt. Er führt seinen Daumen an den Mund, lacht und winkt uns zu. Gegenüber torkelt jemand und pinkelt in den Graben. Jugendliche rufen obszöne Schimpfwörter auf italienisch. Mehr und mehr Häuser erscheinen im diffusen Licht. Es ist unheimlich hier. Eine Windböe wirbelt Papierfetzen durch die Luft. Wieder rufen Jugendliche. Aus Angst, sie könnten uns nachsetzen, treten wir stärker in die Pedale. Als wir endlich im Zentrum ankommen, ist es auch hier ziemlich dunkel. In einer Pension frage ich nach einem Bett für die Nacht. Man zeigt uns wieder dunkle, fensterlose, heruntergekommene Zimmer. Die Toiletten und Duschen befinden sich auf einem schmuddligen Gang. „Nein danke“, lehne ich müde ab. „Gibt es in der Stadt noch andere Unterkünfte?“, frage ich. „Ja wir haben noch ein Hotel. Hotel Panoramic. Nicht weit weg von hier.“ „Das muss es sein“, flüstere ich und freue mich schon auf ein heißes Bad.

Diebe

In der Hotelrezeption ist es stockdunkel. „Hallo! Hallo!“, rufe ich zögerlich. Ein schummriges Licht geht an und ich erkenne hinterm Tresen eine dunkel gekleidete Frau. Mir gruselt leicht und ich würde am liebsten einen Schritt zurücktreten. Doch bewege ich mich zum Tresen vor. Auf einem vergilbten Schild werben zwei Sterne für die Qualität des Hotels. „Ähm, haben Sie ein Zimmer frei?“ „Ja“, antwortet die Frau. Sie spricht schlecht Englisch, unsere Verständigung ist stockend. „Kann ich das Zimmer sehen?“, möchte ich wissen und bekomme den Schlüssel. Im Aufzug traue ich meinen Augen nicht, alles ist alt und rostig, das Gerät ist aus der technischen Steinzeit. Ich drücke einen Knopf, auf dem gerade noch die Zahl Zwei zu erkennen ist und der Aufzug setzt sich ratternd in Bewegung. Hoffentlich bleibt er nicht stehen. Das Zimmer verschlägt mir den Atem. Es ist schwer heruntergekommen, feucht und eiskalt. Es stinkt nach Rauch und als ich das halbüberschwemmte Bad sehe, von dessen Wänden sich die Fliesen lösen, mache ich auf dem Absatz kehrt. Ein anderes Zimmer stinkt nicht nach Rauch,

ist aber in einem ähnlich miserablen Zustand. „Wir bleiben", sage ich zu der Gestalt an der lichtlosen dunklen Rezeption und bin den Tränen nahe.
„Da ist jemand hinter den Büschen. Er hustet und beobachtet mich schon länger", sagt Tanja, als ich wieder herauskomme. Sie war die ganze Zeit auf dem unbeleuchteten Vorplatz des Hotels gestanden und hat auf unsere Räder aufgepasst. „Wo?", frage ich. „Dort drüben." Ich sehe zu den Büschen und kann nur etwas Schemenhaftes ausmachen. „Das ist bestimmt der Wachmann. Jemand der sich verstecken will, hustet nicht", meine ich gelassen. „Lass uns die Sachen in den Empfangsraum bringen." „Und? Wie ist das Hotel?" „Frag besser nicht. Hotel Alptraum wäre zu wenig." „Wie dann?" „Hotel Dracula."
„Es muss immer einer draußen bleiben, wenn wir die Sachen reintragen. Ich hab ein ungutes Gefühl", warnt mich Tanja. „Okay", antworte ich und schaffe ein paar Ortliebtaschen nach innen. Als ich wieder ins Freie trete, kommt mir Tanja schwer bepackt entgegen. Schnell schnappe ich mir ein paar Ausrüstungsgegenstände und folge ihr ins Foyer. „Ich habe doch gesagt, einer muss draußen bleiben!", schimpft sie und spurtet an mir vorbei in die Nacht. Sofort folge ich ihr. „Jemand hat die Tasche genommen und wieder fallen lassen!", ruft sie bestürzt. „Wie meinst du das?" „Na, die Tasche liegt an einem anderen Platz. Ich bin mir ganz sicher, dass ich sie neben dem Fahrrad abgestellt habe und jetzt ist sie da hinten. Wären wir nur einen Moment länger im Hotel geblieben, wäre die Tasche und vielleicht sogar ein Rad weg!" „Da! Er hat sich hinter dem Busch versteckt! Schau dort! Siehst du ihn?" Sofort spurte ich zum Busch. Vorsichtig und leicht nervös versuche ich, in der Dunkelheit jemanden zu erkennen. Plötzlich bewegt sich etwas. Ich kann eindeutig die Umrisse einer Gestalt ausmachen. Aufgeregt und mit pochendem Herzen laufe ich wieder zu Tanja zurück. Wir müssen so schnell wie möglich unsere Räder in Sicherheit bringen. Kaum bin ich wieder im Foyer, höre ich Tanja rufen. „Da ist er!" Voll gepumpt mit Adrenalin hetze ich nach draußen. „Kaum warst du drin, kam er über den Hof geschlichen, hat sich dort an den Zaun gestellt und mich herausfordernd angesehen. Dann ist er über den Zaun gesprungen. Er hat wohl Angst, du holst Verstärkung!", erklärt sie hektisch und hält einen Pfefferspray in der Hand. Ich laufe los Richtung Zaun. „Mach keinen Blödsinn!" „Keine Sorge!"
Als ich den Zaun erreiche, sehe ich gerade noch, wie eine Gestalt im Dickicht verschwindet. „Komm her, du Mistkerl!", rufe ich ihm nach und rüttle am Zaun. Er soll denken, dass ich keine Angst vor ihm habe. Er bleibt stehen, macht kehrt und taucht etwa drei Meter vor mir aus dem hohen Gras auf. „Komm rüber du Dieb! Ich hau dich zu Schutt und Asche!", brülle ich mich

in Rage. „Komm du rüber!“, verstehe ich seine Gestik. „Da ist noch ein Zweiter!“, höre ich Tanja rufen. Sie schreit laut „Polizei! Polizei! Polizei!“ und rennt zum Hoteleingang, um besser gehört zu werden. Natürlich denke ich nicht daran, dem Dieb über den Zaun zu folgen. Wer weiß, wie viele dort auf mich warten? Ich mache kehrt und laufe Richtung Hotel. Die zwei Empfangsdamen sind sofort herausgekommen, als sie Tanja rufen gehört haben. Der Dieb oder die Diebe sind fort. „Sie haben nur Hunger“, meint eine der Damen. „Kommen Sie rein, die machen ihnen keine Probleme mehr. Sind Jugendliche vom Hafen“, beruhigen sie uns und fragen, ob etwas fehlt. Nach einer kurzen Bestandsaufnahme sind wir erleichtert. Alles ist vollzählig. Wir sperren unsere Räder mit zwei Schlössern an die Heizung in der Vorhalle und schlichten alles in den klapprigen Aufzug. „Das war knapp“, meint Tanja.
Als wir im Zimmer sind, möchte Tanja nicht mehr nach draußen. „Was ist, wenn die uns auflauern?“ „Mach dir keine Gedanken. Die planen doch jetzt keinen Racheakt, nur weil sie mit leeren Händen davon ziehen mussten. Wir lassen uns doch keine Angst einjagen!“ „Du hast Recht. Lass uns was essen gehen. Wir haben ja unser Pfefferspray.“ Laut redend eilen wir durch das beängstigend dunkle Calafat und finden ein schönes Restaurant. Wir genießen ein sehr gutes Essen und unterhalten uns noch lange, bis wir uns wieder auf den Rückweg machen.

Hotel Dracula

Es ist kalt und ungemütlich. Bibbernd tippe ich unsere Erlebnisse der vergangenen Tage in den Computer. Draußen zeigt das Thermometer 12 Grad an, der Wind pfeift durch die Ritzen des kaputten Fensters. Selbst der Blick auf die Donau ist deprimierend. „Wie soll man da in Schreibstimmung kommen? Nicht mal eine warme Dusche kann ich mir genehmigen. Wir sind die einzigen Gäste und wegen uns machen die kein Heißwasser an“, lamentiere ich. „Dracula hätte hier seine wahre Freude. Hier fühlen sich blutleere Gespenster wohl, aber doch keine lebendigen Wesen!“ „Huuuiiii!“, heult es in diesem Augenblick durch den Schlitz der Zimmertür. „Siehst du. Da ist schon so ein dämlicher Hausgeist.“ Tanja schaut ängstlich zur Tür und auch mich gruselt es ein wenig, doch dann müssen wir über uns lachen. „Stell dir vor, du wärst jetzt allein.“ „Bestimmt wäre ich hier nicht allein.“ „Und wenn?“ „Das will ich mir erst gar nicht ausmalen“, stoppt Tanja die Unterhaltung.
Ich knie vor unserem Bett und liege mit dem Oberkörper auf dem Laken. Wie gelähmt verharre ich in dieser Stellung viele Minuten lang. „Was machst du

Hotel Dracula.

da? Willst du dich selber quälen?", wundert sich Tanja. „Das ist sehr unbequem, aber ich weiß nicht, was ich tun soll. Ich bin so müde und kann nichts entscheiden, geschweige denn schreiben. Ich kann Mutter Erde nicht verstehen. Was soll das denn für ein toller Schreibplatz sein? Hier im Hotel Dracula? Das gibt's doch nicht!" „Sie hat nichts von toll gesagt, sondern nur von einem guten Ort, der anders ist, als du es dir vorstellst", erinnert mich Tanja an das, was ich ihr erzählt hatte. „Dieses Hotel ist genau das Gegenteil von dem, was ich mir vorgestellt habe" „Weißt du was? Ich frage die bleiche Gestalt an der Rezeption, ob wir ein anderes Zimmer haben können. Hier auf der Nordseite ist es zu düster. Wir brauchen dringend Sonnenlicht." Ich sammle meine restliche Energie und rapple mich hoch. „Huuuiiii!", pfeift mir der Wind unheimlich entgegen, als ich das Zimmer verlasse. „Du solltest hinter mir absperren", rufe ich zurück und gehe auf den langen, menschenleeren und unbeleuchteten Gang. „Huuuiiii! Huuuiiii!", heult es aus den Ecken und Nischen. Es knarrt und stöhnt aus allen Winkeln und ich laufe schnell zum Aufzug. Spontan verzichte ich auf den Lift und laufe die Treppen hinunter. Hunderte toter Fliegen liegen auf dem Boden, Vogelmist verklebt das Geländer. Der Wind hat eines der schmutzigen Fenster aufgedrückt.

„Hallo! Ist jemand da?", rufe ich an der Rezeption. Es raschelt hinter einer Tür. Moskau, London, New York und Tokio: Die Weltzeituhren an der Wand hatten schon bessere Zeiten gesehen. „Hallooo! Ist denn niemand da!", rufe ich erneut, um auf mich aufmerksam zu machen. Wieder raschelt es im Nebenraum. Mir fällt auf, dass die Uhren Moskau und Tokio kaputt sind. Mein Blick folgt dem rot gemusterten Teppich bis zu den Plastikblumen auf dem

Der einzige Hotelgast auf dem Parkplatz.

Empfangstisch. Die Tür geht auf und die Empfangsdame erscheint, sie ist in einen dicken Schal gewickelt. Traurig lächelnd fragt sie auf rumänisch nach meinen Wünschen. Ich bemerke ihre tiefen Augenringe und sie tut mir leid. Sie scheint krank zu sein und kann sich wohl keinen Arzt leisten. Und einen furchtbaren Job hat sie auch noch, muss in diesem öden und gruseligen Hotel den ganzen Tag bis spät in die Nacht alleine ausharren. Möglichst freundlich frage ich sie nach einem anderen Zimmer. Sofort gibt sie mir einen Schlüssel für ein Zimmer auf der Südseite. Mit Zeichensprache mache ich ihr noch deutlich, dass ich duschen will. „Morgen acht Uhr", glaube ich zu verstehen. Besser gelaunt taste ich mich durch die dunklen Gänge und das ungeputzte Treppenhaus in den zweiten Stock zurück.
Während Tanja unsere Sachen ins neue Zimmer bringt, richte ich mir einen Fensterplatz ein. Die Sonne strahlt herein und es ist gleich viel angenehmer. Hinter der Scheibe ist es schön warm. Schnell komme ich in Stimmung und erzähle von unseren Erlebnissen der letzten Tage. Ich bin ganz in meine Schreibarbeit versunken und bemerke gar nicht, wie die Zeit vergeht. Erst als die Sonne ihr wärmendes Licht zurückzieht, nehme ich wieder meine Umwelt wahr. Ich habe eiskalte Füße. Tanja ist in ein Buch vertieft. Draußen fliegt im Licht der untergehenden Sonne ein großer Vogelschwarm vorbei. Die Vögel lassen sich neben einem Kirchturm auf den Bäumen nieder und zwitschern aufgeregt, als würden sie sich um die besten Übernachtungsplätze streiten.
„Wir sollten bald etwas essen, ich habe Hunger", unterbricht mich Tanja. „Okay, ich schreibe nur noch die Geschichte von Rocky fertig." „Mach nicht zu lang, sonst muss ich dich auffressen." „Das wäre auch eine Lösung", überlege ich laut und mache mich wieder an das Gespräch mit Rocky. „Komm,

jetzt reichts für heute. Du hast genug geschrieben“, fordert mich Tanja auf. „Okay, okay“, lenke ich ein und klappe den Itronix zu.
Langsam tasten wir uns durch die Gänge und dann das Treppenhaus hinunter. „Wir hätten unsere Taschenlampe mitnehmen sollen.“ „Das schaffen wir auch so“, meine ich und reiche Tanja meine Hand. „Huuuiiii! Huuuiiii!“ stöhnt und pfeift es im Gemäuer. Dieser Schuppen ist wirklich etwas für Hartgesottene. „Mein Gott, da wird einem ja angst und bange. Ich muss dauernd an Dracula denken“, flüstert Tanja, als wir an einem offenen Fenster vorbei schleichen. Ein Luftzug bläst uns in den Rücken. Der Fensterrahmen schließt sich langsam mit einem lauten Krächzen, dann wird er vom Wind wieder mit einem lauten Schlag geöffnet. „So kann man doch keine Gäste unterbringen. Warum machen die das Licht nicht an? Die wissen doch, dass wir da sind. Das ist wohl als extra Gruseleinlage gedacht! Kein Wunder, dass die Graf Dracula Geschichte in Rumänien spielt.“ Plötzlich spüre ich einen harten Schlag, ich bin mit meinem Ellebogen gegen einen Pfosten gestoßen. „Jetzt habe ich aber genug! Morgen checken wir aus“, beschließe ich wütend.
„Hallo! Äh, wir gehen Essen!“, rufe ich in den Gang neben der Rezeption, in dem ein schwaches Licht leuchtet. Die bleichgesichtige Frau mit den großen Augenringen erscheint. „Okay“, antwortet sie und lächelt. Wir überqueren den unbeleuchteten Vorplatz des Hotels. „Fall nicht in das Loch!“, warnt mich Tanja. Mitten auf dem Gehsteig fehlt ein Kanaldeckel. Wir gehen eilig weiter, eiskalter Wind weht durch die Straßen. Die Menschen sind in dicke Jacken gekleidet. Ein Zigeuner fragt uns nach der Uhrzeit. Dann möchte er eine Zigarette, aber wir haben keine. Wir laufen noch schneller, bis wir das Restaurant Max erreichen, in dem wir schon gestern waren. Da die gesamte Stadt erst ab November Heißwasser vom Kraftwerk bekommt, ist es auch bei Max kalt. Trotz Funktionshemd und zwei Fliesjacken sitzen wir da und frieren. Auf einem Bildschirm flimmern Nachrichten, die Sprecherin berichtet von Schnee in den Karpaten, man sieht Räumfahrzeuge im Einsatz. Das Bierglas greife ich mit einer Serviette, damit meine Hände nicht noch mehr auskühlen. Nach einem leckeren Fladenbrot und einer warmen Mahlzeit wird uns endlich warm.

Glück gehabt

Heute früh gibt es tatsächlich für eine Stunde heißes Wasser zum Duschen. Wie das funktioniert, ist mir nicht klar. Vielleicht haben sie im Keller einen Boiler, den sie mit Holz heizen. Draußen stürmt es seit Tagen unaufhörlich, Windböen heulen um das Hotel.

Wir haben uns ganz gut an den Schuppen gewöhnt. Ich komme mit dem Schreiben gut voran und die dunklen Gänge wirken nicht mehr ganz so furchterregend. Wenn wir abends ins Restaurant Max gehen, nehmen wir eine Taschenlampe mit. Das Personal ist nett, wir sind nach wie vor die einzigen Gäste. Man reißt sich hier nicht um Arbeit, aber beim Frühstück strengen sie sich für uns richtig an. Einmal serviert eine Angestellte und einmal der Koch, der zugleich auch der Hausmechaniker ist. „Immerhin bekommen wir kein Frühstück vom Mechaniker, sondern vom Koch, der nur im Nebenjob Hausmeister ist. Umgekehrt wäre es schlimm“, scherzt Tanja. „Stimmt, aber ein Hausmeister als Koch hätte auch Vorteile. Ich frage mich, was der Nebenerwerbshausmeister den ganzen Tag macht. Überall hängen abisolierte Stromkabel herum und seit unserer Ankunft steht die Toilette unter Wasser. Was für ein Hotel! Es löst sich langsam in seine Bestandteile auf. Viele Wände haben Wasser gezogen, weil die Spülbecken leck sind. Die produzieren hier einen gigantischen Wasserschaden und keiner unternimmt was dagegen. Wenn das so weitergeht, wird der Bau bald zusammenbrechen“, vermute ich. „Trotzdem kann man es hier aushalten“, meint Tanja. „Oh ja, auch mit meiner Arbeit bin ich gut vorangekommen.“ Wie schnell man sich doch an seine Umgebung gewöhnt. Genüsslich nippe ich an meinem Kaffee.

Am Nachmittag öffne ich das Fenster und richte die Antenne des Satellitentelefons. Der Wind bläst eiskalt in unser unbeheiztes Zimmer. Ich schließe den Computer an, drücke auf „senden“ und bin wie immer gespannt, ob die Übertragung funktioniert. Plötzlich fängt sich eine Böe in unserem Fenster und schlägt es zu. Der Fensterrahmen knallt hart auf die Antenne und wirft sie vom Sims, sie fällt und bleibt zum Glück am Kabel hängen. Vorsichtig öffne ich die schmutzige Luke, schnappe erst das Kabel und dann die schwere Antenne. „Das ist gerade noch mal gut gegangen.“ Wenn die Antenne heruntergefallen wäre, wäre es wohl aus gewesen mit der regelmäßigen Übertragung des Web-Tagebuchs.

Rekordstrecke und Horrortrip durch die Nacht

Heute verabschieden wir uns vom Hotel Dracula. Der tagelange Sturm hat sich gelegt und das Wetter ist wieder schön. Mit Rückenwind sausen wir aus der Stadt. Plötzlich werde ich stutzig: Auf den Hinweisschildern steht ein Ort, der eigentlich nicht in unserer Richtung liegen

dürfte. Bei einer kurzen Pause erkenne ich meinen Navigationsfehler - schon in Calafat hätten wir auf eine Landstraße abbiegen müssen. „Tut mir leid, das bedeutet 13 Kilometer Umweg." „Kann passieren", nimmt es Tanja gelassen.
Mit Seitenwind kreuzen wir Richtung Süden, um wieder auf die wenig befahrene Donaustraße zu kommen. Viele Pferdefuhrwerke nutzen ebenfalls diese Strecke. Hoch mit Mais beladen fahren manche im Konvoi. Immer wieder begegnen wir auch Zigeunern, viele jubeln uns zu. Einer schwenkt die Schnapsflasche, offensichtlich will er uns zum Trinken einladen. Wir lehnen höflich ab und überholen das altertümliche Gefährt.

Die Ernte wird mit Ochsenkarren nach Hause gebracht.

Bei Poina Mare biegen wir auf die Donaustraße ab. Wir sind wieder auf dem richtigen Kurs und der Wind bläst uns in den Rücken. Mit bis zu 28 Stundenkilometer düsen wir über den rauen Asphalt. Bis zum Grenzort Bechet sind es inklusive Umweg 113 Kilometer, wir fahren einem neuen Rekord entgegen. Nur selten steigt die Straße ein wenig an und schickt uns kurz darauf wieder auf der Ebene ins Rennen. Trotz meiner leicht schmerzenden Sehnenentzündung lasse ich voller Elan die Zahnkränze kreisen. Hotel Dracula im Rücken beflügelt uns, der unerwartet warme Sonnentag tut sein übriges.
Die Menschen in den kleinen Straßendörfern sind nach wie vor sehr freundlich, sie rufen und winken uns zu. Manche wollen wissen, woher wir kommen und wohin wir fahren. Auf unasphaltierten Straßen erleben wir eine ursprüngliche Atmosphäre, fahren an vielen einfachen Häusern und vielen Gärten vorbei. Immer wieder laufen uns Enten, Truthähne, Hunde, Katzen, Pferde, Ochsen und Esel über den Weg. Für Tiere ist hier das Leben noch lebenswert.

Freundlich winken uns Einheimische zu.

Um 14 Uhr legen wir auf einer Bank vor einem der Häuser unsere Mittagsrast ein. Der Besitzer ist vom unverhofften Besuch überrascht. „Wollen Sie sich setzen?“, biete ich an und stehe auf. Doch er lehnt ab und beobachtet uns bei unserem Mahl. Dann nimmt er sich doch ein Herz und setzt sich neben mich. In der internationalen Sprache der Zeichen und Gestik schildere ich, woher wir kommen und wohin wir fahren. Tanja hält die Szene fotografisch fest und auch die Frau des Hauses gesellt sich dazu. Sie möchte ebenfalls abgelichtet werden. Schließlich verabschieden wir uns und fahren weiter nach Osten. Hin und wieder überholt uns jetzt Grenzpolizei. Sie patrouilliert die Grenze zu Bulgarien, die nur ein paar hundert Meter entfernt auf der anderen Seite der Donau verläuft.

Um 16:30 Uhr legen wir in einem kleinen Gasthaus eine kurze Kaffeepause ein. Wir sind nur noch 15 Kilometer vor unserem Tagesziel entfernt. „Gibt es in Bechet ein Hotel?“, frage ich die Wirtin. „Ja, es ist aber sehr klein.“ Die Größe macht nichts, Hauptsache, wir bekommen eine Rast und eine gute Mahlzeit am Ende des Tages.

Die Sonne geht bald unter und wir fahren wie so oft an grölenden Kindern vorbei. Sie rennen über die Straße und heben Steine vom Boden auf. „Nein!“ brüllen wir erschrocken. Die Kleinen werfen tatsächlich mit Steinen nach uns. Gott sei Dank sind sie noch zu jung, um gezielt zu werfen. Das passiert uns zum ersten Mal auf dieser Reise. In manchen Gegenden, zum Beispiel in Ostanatolien, sind Steine werfende Kinder eine echte Gefahr. Auf unserer Kamelexpedition durch Pakistan wurden wir von Kindern und Jugendlichen häufig mit fliegenden Steinen attackiert. Oft half nur eine gerittene Attacke, um den Werfern Angst einzujagen. Während sie zurückwichen, konnten wir aus dem Bannbereich fliehen. Schnell sausen wir diesmal weiter.

Um 17:45 Uhr erreichen wir das Grenzstädtchen Bechet und fragen uns bis zum Hotel durch. Ich lehne mein Rad an ein baufälliges Gemäuer und suche einen Nebeneingang, da das Portal mit Brettern vernagelt ist. Von der Bar nebenan betrete ich das Gebäude. In der Pinte sitzen betrunkene Rumänen und Bulgaren und schauen mich an, als käme ich vom Mars. Durch einen Türspalt sehe ich eine junge Frau, die gerade etwas auf einem Herd zubereitet. Obwohl die Gäste laut rufen, lässt sie mich lange warten. Dann kommt sie, läuft an mir vorbei als wäre ich Luft und bedient einen grölenden Gast. Er packt sie am Arm, sie entzieht sich energisch, dann fangen sie lauthals zu streiten an. Am liebsten würde ich das Weite suchen, doch muss ich heraus bekommen, ob wir hier irgendwo übernachten können. Bei dieser rabiaten Szene habe ich keine Lust nur eine Sekunde länger zu bleiben. Irgendwas Komisches liegt in der Luft und jeden Augenblick könnte etwas Unangenehmes geschehen.
„Was möchten sie?", spricht mich die junge Frau schließlich doch noch an. „Kann man hier übernachten?" „Camera defekto", verstehe ich, was wohl heißen soll, dass die Zimmer nicht vorhanden oder kaputt sind. Bevor mir womöglich noch ein Glas an den Kopf fliegt, verlasse ich die Spelunke. Kopfschüttelnd gehe ich auf Tanja zu. „Der Laden ist unzumutbar. Du würdest da keine Sekunde bleiben wollen und Zimmer gibt es eh keine", fasse ich zusammen. Während wir über unsere nächsten Schritte nachdenken, versammeln sich um uns immer mehr Menschen, die uns ansprechen oder einfach nur beobachten. „Es ist noch etwa eine Stunde lang hell. Wir könnten in den nächsten Ort fahren." „Wie weit ist es zur nächsten Stadt?" „Etwa 45 Kilometer." „Wie fit bist du?", möchte Tanja wissen. „Ich kann es schaffen. Wenn du willst, nehmen wir uns das neue Ziel vor." „Okay, auf gehts", antwortet sie entschlossen. Bevor wir wieder in die Sättel steigen, ziehen wir gegen die aufkommende Kälte eine Fliesjacke an und zum ersten Mal lange Handschuhe.
Als wir Bechet verlassen, hören wir wie so oft lautes Hundegebell. Diesmal aber ist es anders: Zwei kläffende Köter rasen auf uns zu! Einer von ihnen erreicht Tanjas Rad. Aus Angst, sie könnte gebissen werden, drehe ich mich immer wieder um. Am liebsten würde ich mich zurückfallen lassen und den Angreifer mit einer Prise Pfefferspray übernehmen. Im Regelfall lassen Hunde von einem ab, wenn man ihr Territorium verlässt, aber diese bleiben hartnäckig an uns dran. Wir beschleunigen auf Höchstgeschwindigkeit, bis wir unsere aggressiven Verfolger endlich abschütteln.
Es wird dunkel und das Thermometer sinkt auf acht Grad. Wir durchradeln kleine Dörfer, viele Pferdefuhrwerke kommen von den Feldern zurück. Es herrscht reges Treiben. Vergeblich suchen wir einen Ort, an dem wir unbemerkt unser Zelt aufbauen könnten. Wir fahren weiter mit dem Ziel, heute 160 Kilo-

meter zu schaffen. Zur Belohnung wird es ein warmes, sicheres Bett für uns geben ...

Plötzlich kommen aus der Dunkelheit zwei Gestalten auf uns zugerannt. „Hey! Hey! Hey!", kreischen sie laut. „Ho!, Ho! Hooouuuu!", brüllt es aus einem Fabrikgelände. „Tourist! Tourist! Tourist!", schreit eine andere Gruppe Jugendlicher. „Wir sollten besser unsere Positionslampen ausmachen", schlägt Tanja vor. „Die größte Gefahr liegt nicht darin ausgeraubt zu werden, sondern darin, dass uns jemand überfährt", antworte ich, weswegen wir die Dinger weiter blinken lassen. „Rrrooohhhrrr!", brüllt ein Sattelschlepper an uns vorbei. Dann hören wir Kettenrasseln hinter uns. Zwei Jungs überholen uns auf alten Fahrrädern. Sie begrüßen uns lachend und folgen uns bis zum Ortsausgang. Dort biegen sie in eine dunkle Gassen ab und wir sind wieder alleine. Vor uns tauchen unbeleuchtete Pferdefuhrwerke auf. Wir fahren einen Bogen, um sie zu überholen. Schlagartig kommen uns Radfahrer aus der Dunkelheit entgegen, keiner von ihnen hat Licht an.

Wir sind erschrocken über die Aggression, die uns entgegengebracht wird. Nichts mehr ist zu spüren von der Freundlichkeit des Tages. Als ob die Finsternis die Menschen zu anderen Wesen mutieren ließe. Insgeheim bete ich, dass wir unversehrt ankommen. Tanjas vorderes Licht fällt aus. „Ich bleib dicht an dir dran! Du musst mir nur rechtzeitig sagen, ob ein Loch kommt", ruft sie. „Vielleicht sollte ich es reparieren?" „Hier mitten auf der Landstraße? Lass uns lieber weiterfahren!"

Alle 15 Minuten halten wir völlig verschwitzt an, trinken ein paar Schluck, essen etwas Studentenfutter und fahren weiter. „Wie geht es deinem Knie?", erkundigt sich Tanja. „Tut weh. Und es hat Bammel vor den Nachtgestalten, die uns mit ihrem Geschrei ständig erschrecken. Mein Knie will wie wir auch in einem schönen warmen Bett schlafen!"

In einem der letzten Vororte von Corabia fährt mir ein Mann mit seinem Fahrrad fast in den Hänger. Er verfehlt ihn um wenige Zentimeter und lacht hämisch, als ich in letzter Sekunde gerade noch an ihm vorbeischlenkere. Als unser Tacho 155 Tageskilometer anzeigt, erreichen wir den Vorstadtbereich von Corabia. „Noch drei Kilometer bis zur Innenstadt!" Seit zwei Stunden zähle ich den Kilometer-Countdown, um uns zu motivieren. In der schlecht beleuchteten Stadt fragen wir an einer Tankstelle nach einem Hotel. „Ihr müsst etwa vier Kilometer zurück." „Was? Wir haben gar nichts gesehen. Dort ist alles absolut dunkel. Gibt es denn kein Hotel weiter vorne?" Meine Kräfte verlassen mich spürbar.

Es stellt sich heraus, dass es etwa zwei Kilometer von der Tankstelle entfernt ein Motel geben soll, das direkt an der Donau liegt. Wir machen uns auf den Endspurt dieses Mammuttages. Wir verlassen die Hauptstraße und biegen auf ein schwarzes Schotterband ab. Bei schlechter Sicht rollen wir vorsichtig einen Hang zur Donau hinunter. Vor uns tauchen die Lichter des Motels auf. Völlig fertig steige ich vom Sattel, schleppe mich die Treppen hoch und kann es nicht fassen: Ich stehe in einer modernen, sauberen und warmen Rezeption. Die Rettung! Nach 161,44 Tageskilometern und 8 ½ Stunden reiner Fahrzeit haben wir einen sicheren Hafen für die Nacht gefunden.

Kurzzeitparadies

Nach der Rekordfahrt von gestern bleiben wir heute länger liegen. Die Betten sind zu schön und die Zimmer zu sauber, um sie nicht in vollen Zügen zu genießen. Die funktionierende Heizung ist ein Segen. Nach den kalten und zugigen Tagen im Hotel Dracula schätzen wir die Errungenschaften der Zivilisation mehr denn je. Die Aussicht auf die zu einem See gestaute Donau ist traumhaft und wir ruhen uns ein wenig aus.
Liebend gerne würden wir länger bleiben, aber die Zeit ist knapp. In wenigen Tagen müssen wir in Bukarest sein, um rechtzeitig mit dem Zug nach Deutschland zurück zu fahren. Da man auf so einer Reise immer auf etwas Unvorhergesehenes gefasst sein muss, kalkulieren wir ein paar Puffertage ein. Bevor wir unser Kurzzeitparadies wieder verlassen, prüfe ich die Räder auf eventuelle Mängel und repariere Tanjas Vorderlicht. Nach all den Glasscherben, die wir auf den bald 3.000 Kilometern überrollt haben, ist es ein Wunder, dass wir bislang noch keine einzige Reifenpanne hatten. Schwalbe produziert Reifen, die nicht kaputt zu kriegen sind. Bis jetzt sind wir mit dem Marathon XR mehr als zu frieden.

Goldener Herbst zum Abschied

Das Wetter meint es gut mit uns und beschert uns einen wunderschönen sonnigen Tag. Die Köchin des paradiesischen Motels schenkt uns zum Abschied ein Lunchpaket.
Wir kommen wieder gut voran. Wenn nichts dazwischen kommt, erreichen wir in drei Tagen die Hauptstadt Rumäniens. Die Landschaft zeigt sich von ihrer besten Seite. Die Menschen nutzen die goldenen Herbsttage, um den Rest ihrer Ernte einzubringen und die Äcker zu pflügen. Pferdewagen stehen in den abgeernteten Maisfeldern. Selbst die leeren Maisstängel werden von Hand geschnitten und verladen. „Was macht ihr mit den halbverdorrten Maisstängel?“, möchte ich von einem jungen Mann wissen. „Futter für Pferde

im Winter", klärt er mich freundlich auf. Lachend posiert er mit seiner Familie vor unserer Kamera.
In den Städten kommen wir immer wieder mit Straßenkindern in Kontakt. Einer hebt eine leere Whiskyflasche auf, setzt sie an seinen Mund: „Ah, guter Saft!", ruft er. Andere kommen und betteln. Als wir nichts geben, fliegen Steine. Tanja wird am Arm getroffen, aber zum Glück nicht verletzt. Wir übernachten in heruntergekommenen, mit Stechmücken verseuchten Hotels. Bessere gibt es in dieser Gegend nicht. Die Duschen sind kaputt, in den Toiletten gibt es nur abends für ein paar Stunden Wasser.
In einem Saal wird eine große Hochzeit gefeiert. Die Musiker lassen das alte Gebäude bis am frühen Morgen erzittern, an Schlaf ist nicht zu denken. Auf den Dorfstraßen begegnen wir immer wieder Festzügen, wissen aber nicht, was die Leute feiern. Vielleicht Erntedank, eine Hochzeit oder eine Taufe? „Wein trinken!", werden wir oft eingeladen. Jugendliche beenden ihr Fußballspiel, sobald sie uns sehen, stehen dann an der Straße Spalier, klatschen und jubeln uns zu.
25 Kilometer vor Bukarest checken wir in eine Truckerunterkunft ein. Wir wollen die Millionenmetropole erst erkunden, bevor wir mit den Rädern hineinfahren. Unser Respekt vor dem Verkehr ist enorm, auch machen uns die Straßenkids, die Armut und Kriminalität Sorgen. In einem Sammeltaxi fahren wir ins Zentrum, kaufen ein Zugticket nach Deutschland und finden ein Hotel direkt gegenüber dem Bahnhof. Morgen werden wir die letzten Kilometer in Angriff nehmen und in die Großstadt fahren – eigentlich das Gefährlichste, was man als Radfahrer machen kann.

Wir vermissen die Natur

Rumänien
Tag 93
Camp 49
2968 Kilometer
Ort: Bukarest
Breitengrad 44°26'700"
Längengrad 026°04'466"

Die Nacht bei den Truckern ist ein Graus! Direkt vor unserem Zimmerfenster, das zum Gang hinausgeht, grölen die Gäste lauthals und rennen unaufhörlich auf und ab. Alle paar Minuten knallen Zimmertüren zu, es ist das reinste Irrenhaus. Aus mehreren Fernsehapparaten dröhnt

Nach 2.968 Kilometern erreichen wir Bukarest.

in ohrenbetäubender Lautstärke rumänische Volksmusik und durch unser Fenster scheint das grelle Neonlicht aus dem Flur herein. „Ich werde wahnsinnig!", stöhne ich. Gerne würde ich nach draußen brüllen, um meinem Ärger Luft zu machen, doch habe ich vor der Meute zu viel Respekt. Wer weiß, ob diese zwielichtigen Gestalten in ihrem Suff nicht einfach in unser Zimmer eindringen und uns angreifen? Das Personal würde uns sicher nicht helfen, die haben sich schon vor Stunden aus dem Staub gemacht. Immer wieder spähe ich aus dem Fenster, um zu beobachten, was draußen vor sich geht - die groben Männer und die kreischenden Frauen versetzen mich in Alarmbereitschaft.
Tanja, die unter nahezu allen Bedingungen schlafen kann, wälzt sich unruhig hin und her. Im Gegensatz zum Hotel Dracula ist das Zimmer überheizt. Weil sich das Fenster zum Gang öffnet, können wir nicht lüften und schmoren bei 28 Grad in unserem eigenen Saft. Normalerweise ist eine Zimmertemperatur von 28° erträglich, wir kennen da ganz andere Temperaturen aus dem australischen Outback, dort wird es bis zu 52° heiß - im Schatten. Aber nach den letzten kalten Wochen können wir uns nicht so schnell umstellen.
Langsam reicht es uns! Auf dieser Reise mussten wir oft auf ungemütlichen Zeltplätzen, in lauten Unterkünften und teuren, noch dazu dreckigen Löchern hausen. Wir sehnen uns wieder nach reiner Natur und ungestörten Nächten in der Wildnis. Oft denken wir an unsere letzte Expedition, dem 7.000 Kilometer langen Fußmarsch mit unseren Kamelen durchs australische Outback. Über drei Jahre lang haben wir dort unter freiem Himmel geschlafen. Es gab keine Diebe, keine Dracula Hotels und keine gefährlichen Lastwagen, die so dicht an einem vorbeirasen, dass einen der Luftsog beinahe unter die Räder

bringt. Aber ich will nicht ungerecht sein: Mit dem Fahrrad zu reisen hat auch seinen Reiz. Es ist für uns nur eine völlig andere Art sich fortzubewegen und wir haben uns immer noch nicht daran gewöhnt.

Eine Expedition mit dem Fahrrad ist weitaus schwieriger als wir dachten. Wie schon erwähnt, würden wir gerne leichter reisen und die Unmengen an schwerer teuerer Technik daheim lassen. Mit dieser Ausstattung kommen wir in keine abgelegenen Gegenden, sind immer auf fahrbare Wege angewiesen. Aber diese Reise hat uns neue Erfahrungen gebracht, die wir sonst nicht gemacht hätten. Dadurch sind Geschichten entstanden, auf die wir uns freiwillig sicher nie eingelassen hätten. Wir haben viele freundliche Menschen kennen gelernt, aber auch solche, denen man normalerweise wohl eher aus dem Weg geht. So haben wir viel erfahren über Lebensweisen, Kulturen, Religionen und Bräuche. Und das nicht aus touristischer Perspektive, sondern direkt aus dem Leben – mit allen Höhen und Tiefen, mit manchen Risiken und Frustrationen, aber auch mit vielen glücklichen Momenten.

„Wie geht es dir?“, fragt Tanja gähnend. „Ich bin fix und fertig“, antworte ich und frage mich, wie ich meine müden Knochen aufs Rad bringen soll. Nach dem Frühstück fühle ich mich aber schon wieder gestärkt. Wir sind bereit, das Abenteuer Großstadt auf uns zu nehmen. „Gute und sichere Fahrt!“, ruft mir Tanja zu. „Wünsch ich dir auch!“ Wir lächeln uns zuversichtlich an und fahren los.

Die ersten Kilometer verlaufen reibungslos. Der Verkehr ist viel harmloser, als wir befürchtet hatten und ohne die geringsten Zwischenfälle erreichen wir die Hauptstadt. Ab und zu fragen wir Passanten nach dem Weg zum Hauptbahnhof. An roten Ampeln fahren wir bis vorne durch und bitten die Autofahrer, uns einscheren zu lassen. Meistens winken sie und lassen uns vor. Sobald die Ampeln auf Grün schalten, treten wir wie die Irren in die Pedale und beschleunigen unsere schwerfälligen Böcke auf fast 30 Stundenkilometer.

Als wir eine der vielen Kreuzungen überqueren, steht ein Polizeiauto an der Abbiegespur. Die Polizisten schauen zu uns herüber, ich hebe meine Hand, um freundlich zu grüßen. In diesem Augenblick rast ein Auto an mir vorbei und zwingt mich zu einer Vollbremsung. Einer der Polizisten zuckt bedauernd mit den Schultern und schüttelt den Kopf. Es lohnt sich wohl nicht, dem Verkehrsraudi, der mich gerade fast überfahren hat, zu folgen. Die Beamten konzentrieren sich wieder auf den Verkehr und wir radeln weiter.

Nach einigen weiteren Adrenalinausschüttungen erreichen wir unser Hotel. Wir verstauen unsere Räder samt Anhänger in eine kleine Besenkammer neben der Rezeption und gehen in unser schlichtes Zimmer im ersten Stock. „Wir haben es geschafft!“, freut sich Tanja und umarmt mich. „Ja, nicht zu fassen, oder?“ Ein Gefühl der Erleichterung durchströmt mich. „Jetzt muss morgen nur noch beim Verladen der Räder alles glatt gehen, dann werden wir schon bald unserer Heimat einen Besuch abstatten“, flüstere ich meiner geliebten Frau ins Ohr. „Freust du dich auf Deutschland?“, will sie wissen. „Ich weiß nicht. Irgendwie schon. Aber wir werden uns wieder ziemlich umstellen müssen“, überlege ich. „Diesmal werden wir nicht lange bleiben. Du schreibst dein Buch, wir halten Dia-Shows und dann setzen wir unsere Expedition fort.“

Kleine Spendenaktion

Für den Rest des letzten Tages schlendern wir durch die Stadt. Wir suchen arme Menschen, denen wir ein paar unserer gebrauchten Kleider geben können. „Schau, der Mann dort am Parkplatz“, stößt mich Tanja am Ellbogen. „Hm, der könnte was für den kommenden Winter gebrauchen“, antworte ich und gehe auf ihn zu. Der Mann nimmt mich im ersten Moment kaum wahr. Mit verklärtem Blick kauert er auf dem Boden und schnüffelt an einer Tüte, die mit Benzin oder Leim gefüllt ist. Langsam lege ich eine Hose neben ihm auf den Boden. Er macht überrascht die Augen auf und greift sofort zu. Als er bemerkt, was er in den Händen hält, schaut er mich verwundert an, als käme ich von einem anderen Stern. Dann bekreuzigt er sich und erwidert mein Lächeln. Seine Geste und sein dankbares Lächeln berühren mich tief. „Er wird damit diesen Winter vielleicht nicht so frieren müssen“, hofft Tanja. Hand in Hand gehen wir weiter. Wir sehen eine kleine Frau in Lumpen, die gerade einen Abfalleimer durchstöbert. „Die freut sich bestimmt auch über etwas Essbares“, denke ich und gebe ihr eine Tüte mit einem Apfel, ein paar Keksen und einer Hose. Ohne Reaktion nimmt sie die Tüte, geht auf die andere Straßenseite und begutachtet dort das unerwartete Geschenk. „Schau, sie freut sich über die Hose“, meint Tanja. „Ja, und der Apfel schmeckt.“ Gut gelaunt von unserer kleinen Spendenaktion gehen wir in ein Restaurant und lassen in Vorfreude auf die Heimfahrt den Abend ausklingen.

Korrupte Beamte

Vor dem Frühstück sichere ich noch unsere restlichen Fotos auf einer CD. Am Nachmittag verlassen wir das Hotel. „Wir sehen uns im Mai wieder“, verabschieden wir uns vom netten Rezeptionisten und schieben unsere Räder zum gegenüberliegenden Bahnhof.

Guter Stimmung warten wir am Bahnsteig auf den Zug nach Wien. Viele Leute kommen nah an uns heran und bestaunen die Ausrüstung. „Wollen Sie eine Kamera kaufen?", fragt mich ein etwa zehnjähriger Junge. „Von wem hast du die denn geklaut?", frage ich ihn und schüttle ablehnend den Kopf. Beleidigt geht er weiter, um woanders seine Ware loszuwerden. Als der Zug einfährt, durchströmt mich ein angenehmes warmes Gefühl. „Ich schau mal, ob ich den Schaffner finde", ruft Tanja und läuft voller Elan den Bahnsteig entlang. Doch sie kommt frustriert zurück, nirgends ein Schaffner in Sicht. „Lass uns wenigstens schon mal die Ausrüstung einladen", schlägt sie vor. Während ich auf die Räder aufpasse, trägt sie Tasche für Tasche in unser Abteil. Tanja beeilt sich, denn wir haben mit einem erheblichen Unsicherheitsfaktor zu kämpfen: Immer wenn Tanja herauskommt, ist das Abteil unbeaufsichtigt. „Würden Sie bitte einen Blick auf unsere Ausrüstung werfen?", fragt sie einen Reisenden, der aus dem Fenster schaut. „No Problem", sagt er, nimmt seinen Job aber nicht sehr ernst. „Wo stellst du die Packtaschen hin? Du musst sie in die Netze da legen, sonst passen unsere Anhänger nicht mehr rein", moniere ich. „Mach du, das kannst du besser", schlägt Tanja vor, worauf ich die übrigen Taschen in den schmalen Gang trage. Unsere ganze Ausrüstung liegt im Schlafabteil quer auf dem Boden und auf den Betten. Sofort schlichte ich die Gitter unter der Decke voll. Der Zug wird in spätestens 15 Minuten losfahren. Ich gerate in Hektik und schwitze wie ein Hengst. Kaum sind die Packtaschen verstaut, gehe ich auf den engen Gang. Ein junger Zeitungsverkäufer läuft vor mir, bleibt vor einem leeren Abteil stehen und schaut interessiert hinein. Was er wohl sucht? Vielleicht eine Tasche oder eine Kamera, die ein leichtsinniger Fahrgast liegen gelassen hat? Wer weiß, irgendwie müssen die Jungs ja an die Kameras und sonstige Sachen kommen, die sie dann wieder für wenig Geld verkaufen. „Da gibt es nichts!" Als mich der Junge sieht, rennt er erschrocken davon.

„Darf ich Ihnen helfen?", fragt mich ein Deutscher hilfsbereit. „Gerne, sehr freundlich", bedanke ich mich. „Ihre Frau ist doch viel zu zart, um diese massige Kiste zu schleppen!" Gemeinsam wuchten wir die 58 Kilogramm durch die engen Gänge. Mit viel Mühe bringen wir den sperrigen Aluminiumkasten in das Abteil. „Wie wollen Sie ihre Räder unterbringen? Da passt doch absolut nichts mehr rein?", fragt mich der nette Helfer. „Keine Ahnung." „Na, Sie sind mir ja ein Optimist. Was wollen Sie denn dem Zoll erzählen? Die nehmen Ihnen doch alles ab!" „Darum kümmern wir uns, wenn es soweit ist. Jetzt müssen wir erst mal unsere Räder in den Zug bekommen." „Viel Glück", verabschiedet er sich mit einem etwas mitleidigen Blick.

„Ich haben einen deutschsprachigen Schaffner gefunden. Er hat kein leeres Abteil mehr für uns, es ist angeblich alles ausgebucht. Wir sollen warten, er

wird bald da sein", berichtet Tanja, als ich nassgeschwitzt wieder am Bahnsteig ankomme. Ein Schaffner schlendert vorbei, grinst uns frech an und sagt mit Blick auf unsere Räder: „Das wird euch eine Stange Geld kosten!". Ohne uns Hilfe anzubieten läuft er weiter und lässt uns mit offenen Mündern stehen. „Korruptes Schw...", rufe ich ihm leise hinterher. Er dreht sich um und reibt den Daumen am Zeigefinger. „Du..." „Lass ihn, dieser Armleuchter wird uns sonst nur Schwierigkeiten machen", hält mich Tanja zurück.
„Nur noch acht Minuten bis zur Abfahrt!" Ich schaue nervös auf die Uhr. Der deutsch sprechende Schaffner ist immer noch nicht aufgetaucht. „Die lassen uns hier einfach stehen. Komm, wir laden die Räder in den Zug. Hauptsache, sie sind erst mal drin", bestimmt Tanja. „Du bist gut! Die passen ja wohl kaum durch die schmalen Gänge. Und wenn wir sie zwischen die Waggons stellen, kann keiner mehr dran vorbei", werfe ich ein. „Egal, es muss jetzt was passieren!" Also beginnen wir, die sperrigen Räder durch die schmale Tür zu hieven. Kaum steht eins der Räder im Zwischenstück der Eisenbahnwagen, stauen sich schon die ersten Menschen. Mit Gewalt drücken sie sich vorbei und verbiegen dabei die Schutzbleche. Ein Zeitungsverkäufer quetscht sich durch und drückt das Vorderrad meines Rades gegen ein Eisenteil, so dass sich ein paar Speichen bedenklich biegen. „Pass doch auf, du Idiot!", brülle ich wütend. Ich bin bereit, mein Rad mit der Faust zu verteidigen. Erschrocken über meinen Ausbruch tritt der Rumäne einen Schritt zurück und lächelt mich an. Dann schiebt er sich mit deutlich mehr Rücksicht vorbei.
„Schnell! Mein Rad muss rein!", fordert mich Tanja auf. „Ich komme schon!", rufe ich außer Atem, während ich noch damit beschäftig bin, Fahrgäste von meinem Rad fernzuhalten. Ich kann es nicht fassen, dass unsere Räder mit uns knapp 3.000 Kilometer durch dick und dünn gefahren sind, ohne uns ein einziges Mal im Stich zu lassen und jetzt hier im Zug so brutal misshandelt werden. Nur noch fünf Minuten bis zur Abfahrt! Ich springe auf die Plattform, schnappe mir Tanjas Rad und wuchte es in den Zug. Der Stau ist jetzt perfekt. Ich stelle den Lenker quer und ziehe mein delite black durch den schmalen Gang direkt vor unser Abteil. Dann holen wir Tanjas riese und müller. Als die Räder in Position stehen, ruckt es und der Zug verlässt den Bahnhof von Bukarest.
„Puh, gerade noch geschafft", stöhnt Tanja. Der Verzweiflung nahe stehen wir vor unserem kleinen Schlafabteil und überlegen, was als nächstes zu tun ist. Zufällig ist neben uns ein Abteil frei. „Wir stellen erstmal ein Rad da rein, dann sehen wir weiter", schlage ich vor. Wir hieven die Zargesbox auf das mittlere Bett, um den engen Fußraum frei zu bekommen. Mit allen erdenklichen Tricks versuche ich nun, das delite black um die scharfe Kante des

Gangs in unser Abteil hinein zu winkeln. „Höher! Noch höher! Vorsicht! Nein, lass los!“, kommandiere ich Tanja, die versucht, mir einen Teil des Gewichts abzunehmen. Ich weiß nicht wie, aber endlich habe ich es geschafft. Mein Rad steht unbeschadet vor der Sitzbank.
Kraftlos setze ich mich auf die Bank, um ein wenig zu verschnaufen. Der fiese Beamte kommt mit einem Kollegen vorbei, deutet auf uns und sagt etwas von Fahrrädern. Es dauert nicht lange und wir werden von einem Mann in perfektem Deutsch angesprochen. „Ich bin der österreichische Schaffner. Es tut mir leid, aber ich muss ihnen mitteilen, dass Fahrräder auf diesem Zug nicht erlaubt sind“, müssen wir hören. „Ich kann da keine Ausnahme machen, denn ich habe auf diesem Zug nichts zu sagen. Der Zugchef ist Rumäne. Wäre es mein Zug, würde ich ihnen gerne helfen. Aber mir sind die Hände gebunden“, entschuldigt er sich. „Das kann doch nicht sein! Wir haben in Belgrad gefragt, ob wir unsere Räder mit in den Zug nehmen können. Das sei kein Problem, hat es dort geheißen. Um sicher zu gehen, fragten wir auch in Bukarest nach und dort hat man uns ebenfalls versichert, die Räder mitnehmen zu dürfen“, erkläre ich. „Nun, mein rumänischer Kollege möchte für das Übergepäck Geld sehen“, erklärt der Schaffner sichtlich bemüht, eine Lösung für das Problem zu finden und deutet auf den Mann in Uniform, der sich jetzt zu uns gesellt. Ich schaue auf und blicke direkt in die Augen des korrupten Beamten vom Bahnsteig. In mir kocht ein Vulkan. Der Rumäne holt eine Liste aus seiner Tasche und deutet auf ein paar Zahlen. „Er sagt, Sie können ihre Räder nur mitnehmen, wenn Sie 100.000 Lei pro Kilogramm bezahlen. Äh, er meint Ihr Rad wiegt 20 Kilogramm, er möchte also zwei Millionen Lei pro Rad“, übersetzt er. „Was? Das sind ja 60 Euro pro Fahrrad? So viel Geld haben wir nicht mehr. Dann müssen Sie uns eben rauswerfen“, antworte ich entrüstet. „Um Gottes Willen. So weit wird es hoffentlich nicht kommen. Ich werde noch mal mit ihm sprechen“, vermittelt er. Wenige Minuten später kommt er wieder. „Er will für beide Räder 700.000 Lei, also 20 Euro. Sie können sich das noch überlegen. Aber vielleicht ist es besser zu zahlen. Ich komme später wieder“, bietet er freundlich an. Obwohl Tanja und ich nicht zur Korruption beitragen wollen, entscheiden wir uns, die 20 Euro zu bezahlen. Eine Quittung bekommen wir natürlich nicht. „Ich bürge dafür, dass Ihnen der Zugchef ab jetzt keinen Ärger mehr macht“, beruhigt uns der nette Beamte und wünscht uns eine gute Fahrt.
An der ersten Haltestelle betreten zwei Österreicher mit Geschrei und Gezeter unseren Waggon. Sie wollen in das leere Schlafabteil neben uns. Der Schaffner hat es jedoch abgesperrt, um unser Rad vor Diebstahl zu schützen. „Warum ist denn da zugeschlossen?“, fragt der eine Mann aufgebracht. „Der

Schaffner wird ihnen gleich aufmachen. Da steht ein Rad von uns drin. Wir werden es natürlich gleich raus nehmen", beruhigt ihn Tanja. „Ach, ein Rad. Was stört uns schon ein Rad? Gell Fritzi, ein Rad stört uns doch nicht?", sagt er zu seinem Kollegen. „Nein, auf keinen Fall. Lassen Sie ruhig Ihr Rad im Abteil", bestätigt Fritzi. Bis der Schaffner kommt, verfolgen wir das laute Gespräch der beiden. „Also Fritzi, ich musste die Notbremse ziehen, weil du die Hand an der Griffstange hattest. Ist das klar?" „Ja! Mein Gott, da kommt bestimmt noch was auf uns zu. Hast du wirklich gesehen, wie ich die Hand an der Griffstange hatte?" „Natürlich Fritzi. Du hattest die Hand an der Griffstange und das ist gefährlich, wenn der Zug losfährt." „Wären wir bloß nicht so spät dran gewesen. Ich bin fix und fertig. Ich glaube, ich bekomme einen Herzinfarkt." „Nein Fritzi, du bekommst jetzt keinen Herzinfarkt. Das mit der Notbremse ist eine Kleinigkeit. Ich habe diesem scheiß Beamten, diesem korrupten Drecksack eine Millionen Lei gegeben, damit er sein Maul hält und jetzt will er noch 100 Euro extra! Der kann mich kennen lernen! Solche Menschen sollte man aus dem Staatsdienst werfen. Also, wenn man dich fragt, Fritzi, dann sagst du, dass du deine Hand an der Griffstange hattest, okay?" „Okay", antwortet der beleibte Mann schwitzend und schwer schnaufend. Der österreichische Schaffner taucht auf. „Also, wenn ich es Ihnen doch sage: Mein Freund hatte eine Hand an der Griffstange! Das ist sehr gefährlich. Ihr korrupter Kollege hat dem Zugführer das Zeichen zum Weiterfahren gegeben und nicht auf meinen Freund geachtet. Ich habe keinen Respekt vor Notbremsen. Ich kenne mich aus mit Eisenbahnen", gibt er zu Protokoll.

Nachdem der Österreicher und Fritzi ihr Abteil betreten haben, dauert es keine zwei Minuten und der Österreicher streckt seinen Kopf bei uns hinein. „Ihr seid doch jung verheiratet. Es wäre schön, wenn ihr euer Rad doch zu euch holt. Ihr könnt euch ja auf einem Bett zusammenkuscheln. Das kriegen wir schon hin. Nicht wahr? Kein Problem, oder? Das kriegen wir schon hin." Er plaudert auf uns ein, dass es uns in den Ohren rauscht. Schnell springen wir auf, um unser Bike aus dem Abteil der beiden herauszuwinkeln. „Und wie kriegen wir das Ding jetzt bei uns rein?", frage ich Tanja genervt. „Keine Ahnung", antwortet sie. In diesem Moment schleicht ein bettelnder Junge an uns vorbei. Verwundert, wie der Kerl an Bord gekommen sein mag, schauen wir ihm nach. Vorsichtig versuche ich, den sperrigen Drahtesel um die Türecke zu biegen, aber ohne Erfolg. Dann hebe ich das Hinterteil so hoch ich nur kann. Der Österreicher von nebenan hat auch seine Hand im Spiel, aber das macht es nicht besser. Das Rad verkeilt sich. „Lassen Sie bitte. Das schaff ich schon. Wir kriegen das schon hin", wiederhole ich seine Worte und

wuchte das Rad noch höher, aber das Pedal verklemmt sich im Türrahmen. Dann habe ich einen Geistesblitz: Ich hebe das gesamte Rad auf Schulterhöhe und wuchte es um die Ecke. Es macht „plopp“ und der Rahmen steht in unserem Abteil. Erleichtert lassen wir uns auf die Sitzbank fallen. Weil unsere Füße keinen Platz auf dem Boden finden, strecken wir unsere Beine auf der Bank aus und verschnaufen eine Weile.
„Äh, es ist mir unangenehm, aber der Zugchef erlaubt nicht, dass Ihre Räder in den Gang ragen“, ermahnt uns der österreichische Beamte. „Wie sollen wir denn die Räder noch weiter in unser Abteil bekommen? Will man uns hier schikanieren?“, fragen wir. „Ich habe noch ein Abteil frei. Ich kann allerdings nicht dafür garantieren, dass das Rad dort sicher ist.“ „Wieso? Wird hier gestohlen?“ „Dazu darf ich nichts sagen“, hören wir erstaunt. Wir lehnen das Angebot ab und überlegen, wie wir die Räder noch weiter in den schmalen Raum bekommen könnten. „Was ist, wenn ich die Vorderräder ausbaue?“, denke ich laut. Dann geht uns ein Licht auf: Wir verschachteln die Gestelle so ineinander, dass sie beinahe nebeneinander stehen und die Abteiltür zugeht.

Raubende Banditen

Später erfahren wir von einer Person, die nicht genannt werden will, noch einiges über diese Strecke. „Hier zu fahren ist äußerst riskant. Immer wieder werden Fahrgäste ausgeraubt.“ „Wie ist das möglich?“, will ich wissen. „Die kritische Strecke liegt nicht in Rumänien, sondern in Ungarn. Dort kommen Banden an Bord und sprühen Betäubungsgas in die Abteile. Dann wird alles gestohlen, was nicht niet- und nagelfest ist. Sie und Ihre Frau würden nichts davon mitbekommen. Sollten Sie aus irgendeinen Grund wach sein und sich wehren, setzen diese Menschen auch andere Mittel ein.“ „Das ist ja entsetzlich. Unternimmt man denn nichts dagegen?“ „Es befinden sich bewaffnete Polizisten an Bord, aber trotzdem... Das Zugpersonal muss zum Teil mit den Banden kooperieren. Es ist ja auch ein lukratives Geschäft und die Behörden hängen diese Sache lieber nicht an die große Glocke.“ „Und wie sieht es mit dem Zug von Wien nach Bukarest aus? Ist der auch so gefährlich?“ „Nein. Auf der Strecke fährt der Zug bei Tageslicht durch die kritischen Bereiche.“
Sofort überlegen wir, wie wir unser Abteil einbruchsicher gestalten. „Wir sollten einen Riemen um den Türknauf legen und oben an das Gepäckgitter befestigen.“ „Das ist eine geniale Idee!“, lobe ich Tanja und setze ihren Vorschlag gleich in die Tat um. „Wenn jetzt jemand rein will, muss er die Tür aufschießen.“

Zum Schutz vor Diebstahl verriegeln wir die Abteiltür mit einer Speziallösung.

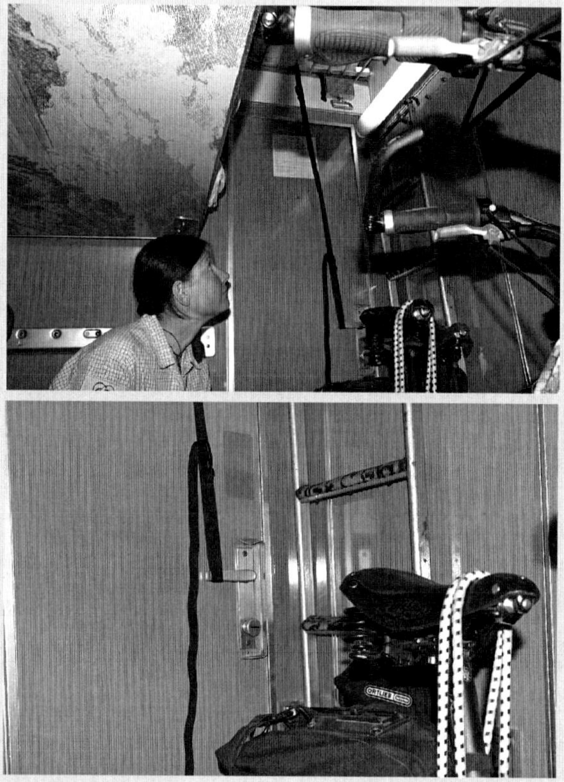

Zum feierlichen Abschluss des Tages öffnen wir eine Flasche rumänisches Bier, essen Pistazien und genießen unser einbruchsicheres Fort.
Dann entdecke ich an der Decke ein drittes Bett und lasse es herunter. Als wir uns später hinlegen, hören wir durch die Wand des Nebenabteils die gedämpften Stimmen des Notbremsenziehers und seines Freundes Fritzi. „Ich habe noch nie die Notbremse gezogen, Fritzi. Nur für dich habe ich das gemacht." „Ich weiß nicht ob ich für solche Abenteuer nicht zu alt bin. Auf jeden Fall hab ich gemerkt, dass ich nichts mehr aushalte. Ich bin ja schon fertig, wenn ich für ein paar Meter einem Zug hinterher laufen muss. Und diese Schmerzen! Ich glaube, meine Zähne sind kaputt. Wenn ich zurück bin, lasse ich sie mir alle ziehen." „Das machst du nicht, Fritzi! Du solltest deine Ernährung umstellen. Vielleicht mehr Suppen und weniger Fleisch." „Ja, ich sollte abnehmen. Gut. Wenn ich zuhause bin, nehme ich ab." Ob ich will oder

nicht, lausche ich noch einige Minuten dem Gespräch und falle in einen unruhigen Schlaf.
Um 2:30 Uhr klopft es an der Tür. Vorsichtig blicke ich durch das Guckloch. „Es ist der Zoll", stelle ich beruhigt fest. Weil es auch an anderen Abteiltüren klopft, werden wir wohl nicht von Dieben aus unserem Fort gelockt und sperren auf. „Was haben Sie in der Box?", will ein Beamter wissen. Tanja erzählt ihm von unserer Radtour nach Burma und von der ersten Etappe nach Rumänien. Der Beamte lacht und geht weiter. Nur eine halbe Stunde später holen uns die Ungarn aus den Betten. Auch diese Kontrolle verläuft problemlos. Zu unserer Freude sind die Beamten sehr höflich. Als es dann zu dämmern beginnt, sind wir froh, die vermeintlich gefährliche Strecke ohne Zwischenfälle überstanden zu haben. Wir öffnen die Tür, stellen uns auf den schmalen Gang und vertreten uns die Füße. Jemand erzählt uns, dass einem Beamten die Tasche gestohlen wurde. „Nein, kein Geld. Nur ein paar persönliche Dinge. Ansonsten soll es eine ruhige Fahrt ohne weitere Vorfälle gewesen sein."
Wien! Mit tatkräftiger Unterstützung unseres österreichischen Schaffners bringen wir die Räder und unsere gesamte Ausrüstung auf den Bahnsteig. Von dort geht es weiter nach Salzburg, dann steigen wir um nach Augsburg und wieder in einen neuen Zug nach Nürnberg. Bei starkem Nebel radeln wir die letzten Kilometer am Pegnitzgrund entlang und erreichen gegen Mitternacht unser Zuhause. Die Wiedersehensfreude mit meinen Eltern ist groß. Noch bis spät in die Nacht erzählen wir von unseren jüngsten Abenteuern.

Tanja während einer Rast an der malerisch schönen Donaustraße.

Die Schöpfbrunnen am Land werden auch als Viehtränken genutzt.

Um unsere Erlebnisse in Wort, Bild und Film festzuhalten, nutze ich beinahe jede Gelegenheit.

Die Ernte wird auf den Pferdewagen geladen.

Ein Bauer lässt seine Kuh am Straßenrand grasen.

Viele freundliche Menschen beobachten uns, als wir an Gärten und Häusern vorbeifahren.

Bauern ernten Maisstängel als Tierfutter.

Bauern stellen sich für ein Gruppenfoto auf.

Auf dem Land gehören Pferdefuhrwerke zum Alltag.

Für die Zigeuner in Rumänien bedeutet der Pferdewagen Transportmittel und Wohnort zugleich.

Tanja grüßt die freundliche Bevölkerung.

In vielen Dörfern sind noch heute Schöpfbrunnen im Einsatz.

Arbeit am Laptop zur Dokumentation unserer Reise.

Im Gespräc
mit alten Fraue

Truthähne belagern
unser Camp.

„Selten läuft es wie geplant.
Das zu akzeptieren ist ein großer Schritt,
der dich erleichtern wird.
Aber das hast du schon oft erfahren
und du wirst es noch oft erleben müssen,
bis du es verstanden hast.
Aber dann wirst du jeden Tag mit einem Lachen aufwachen
und mit einem Lachen zu Bett gehen."

Mutter Erde

Man muss nicht reisen, um vom Leben geprägt zu werden!

Deutschland

Was für eine Zeit! Sie ist hart, lehrreich, schmerzhaft, traurig, erfolgreich, anstrengend, beängstigend. Es gibt Höhen und Tiefen, Lachen und Weinen, es ist eine Achterbahn der Gefühle, es ist Leben pur. Mensch sein. Und als Gipfelsturm erinnert uns der Tod eines guten Freundes daran, dass wir den Augenblick genießen sollen, er erinnert uns daran, was es bedeutet, ganz unten zu sein, welch tiefe Bedeutung Freundschaft hat und wie wichtig es ist, uns nahe stehende Menschen zu Lebzeiten zu achten, zu schätzen, zu lieben und mit ihnen viel Zeit zu verbringen.

Was für eine Zeit? Lebenszeit! Welche Qualität? Sie ist von Arbeit bestimmt und hält viele kleinere und auch größere Hürden parat. Nur nicht stolpern und den Abhang hinunterstürzen! Hinaufklettern und weitermachen, durchhalten! Willen zeigen, Ziele verfolgen, an sich glauben - so gestalten sich die Monate in Deutschland für uns.

Man muss nicht weit reisen, um tiefgehende Erfahrungen zu sammeln. Das geht überall, an jedem Ort. Ob in Deutschland oder in der Wüste. Das Leben prägt und formt uns, egal wo wir sind. Viele Gedanken und Erinnerungen durchströmen mich. Ich weiß nicht, wo ich anfangen soll. Weiß nicht, wie ich die Beschreibung unseres Lebens fortsetzen soll, ist doch der Zwischenaufenthalt in Deutschland wie eine Expedition, eine Exkursion oder Lehrpfad der besonderen Klasse. Für mich, der ich an Herausforderungen gewohnt bin, ist dieser Abschnitt unserer Expedition - im Grunde nur ein Zwischenstopp in unserer Heimat - eine Aufgabe, die ich in dieser Schwierigkeit niemals erwartet habe.

„Ich küsse deutschen Boden", sagte Tanja glücklich, als wir aus Rumänien zurückkehrten. Glücklich zogen wir erst einmal wieder in unser Haus ein, das direkt an einem Wald liegt. Wir genießen den ungeheuren Luxus der westlichen Welt, erlauben uns zwei Wochen Urlaub, erholen uns von den Strapazen und schöpfen wieder Kraft.

Während der turbulenten Vorbereitungszeit der TRANS-OST-EXPEDITION-TEIL 2 plagt mich plötzlich die Ungewissheit, was uns in Rumänien erwarten mag. Ob wir unsere Räder plus Ausrüstung unbehelligt in den Zug und durch den Zoll bringen? Ob uns Diebe in Ruhe lassen? Wir haben von Unruhen in Moldawien gehört. Auch ist nicht klar, welche Grenzübergänge offen und welche geschlossen sind. Welcher Route sollen wir folgen? Was erwartet uns in der Ukraine und in Russland? Wie weit werden wir kommen? Wie lange werden wir der russischen Kälte widerstehen? Wie kommen wir am Ende wieder zurück? Fragen über Fragen, die sich zu einer widersinnigen, unüberwindbaren Wand auftürmen. Wir motivieren uns, versuchen nicht, an all die Aufgaben und Herausforderungen zu denken, sondern daran, was das Reisen ausmacht. Wir sprechen von den wunderbaren Sonnenauf- und Untergängen. Von gastfreundlichen Menschen, von exotischen Speisen und neuen Gerüchen, von fremdartig klingenden Sprachen, wunderschönen Landschaften, den unvergesslichen Augenblicken, unbändigen Radfahrerhunger stillen zu dürfen, der prickelnden Spannung vor dem Unbekannten, den wunderbaren Gesprächen mit Mutter Erde, den Abenteuern, die es zu bestehen gilt und dem erhabenen Gefühl, einfach in der Fremde unterwegs zu sein. Es dauert nicht lange, bis sich unser Durst nach neuen Herausforderungen meldet, bis wir es kaum noch aushalten, um endlich wieder in die große weite Welt eintauchen zu dürfen.

Du hast die einmalige Gelegenheit,
junge Samen in eine frisch gedüngte Erde zu setzen.
Samen für Veränderung, für neue Ideen.
Samen des Glücks und der Harmonie.
Nutze die Chance für einen Neuanfang, für einen Richtungswechsel.
Erreiche noch mehr innere Freiheit und Zufriedenheit.
Erkenne, was für ein Schatz dieses Leben ist!

Mutter Erde

Aufbruch zur zweiten Etappe

Deja-vu-Erlebnis

Rumänien
Tag 96-97/Tag 02-03 Etappe 2
Camp 52
2983 Kilometer
Ort: Bukarest
Breitengrad 44° 26'48"
Längengrad 026°03'41"

Die ersten Sonnenstrahlen blitzen durch das Blätterdach des Waldes und werfen unruhige Schatten auf den vom Frühsommerregen feuchten Boden. Vögel zwitschern ausgelassen, das leise Plätschern der Pegnitz unterstreicht die lebensfrohen Geräusche der erwachenden Natur. Wir befinden uns mitten in Deutschland, auf dem Weg zum Nürnberger Hauptbahnhof.
Lautlos rollen wir den asphaltierten Radweg an der Pegnitz entlang. Morgendliche Nebelschwaden legen sich wie seidene Tücher über dieses paradiesisch schöne Fleckchen Erde. Mein Herz fühlt sich leicht an. Der Druck der Vorbereitung ist entwichen, hat sich wie das schlechte Wetter der vergangenen Tage in Luft aufgelöst. Die 110 Kilogramm, die auf und hinter meinem Rahmen hängen, sind kaum zu spüren, denn wir haben gelernt, unsere Räder optimal zu bepacken.
Im Rückspiegel sehe ich Tanja, hinter ihr fahren meine Mutter und mein Vater. Meine Eltern wollten es sich nicht nehmen lassen, uns bis zum Bahnhof zu begleiten. Obwohl sie immer Angst um uns haben, wenn wir zu einer Reise aufbrechen, kann ich in ihren Gesichtern die Erleichterung erkennen, uns nach all den Herausforderungen der letzten Zeit wohlgemut auf den Rädern zu sehen.
Am Bahnhof angekommen, verladen wir unsere Bikes samt Anhänger und Satteltaschen in das Radabteil des Zuges. „Passt auf euch auf", flüstert mir meine Mutter zu, als sie mich umarmt. „Klar! Und passt ihr auf euch auf", erwidere ich lächelnd. Meinem Vater kullern die Tränen über die Wangen. Er dreht sich zur Seite, um seinen Schmerz zu verbergen. „Ihr werdet sehen: Ehe ihr euch besinnt, ist die Zeit vorbei und wir stehen wieder mit vielen neuen Geschichten im Gepäck vor eurer Tür."
Wir sitzen im fahrenden Zug und können es nicht fassen, dass wir jetzt tatsächlich wieder unterwegs sind. „Puhhh. Wie fühlst du dich?", fragt Tan-

Das Zugabteil ist mit unserer Ausrüstung vollgestopft.

ja. „Wie in einem Traum. Es ist wunderbar wieder unterwegs zu sein." „Ich bin auch froh über unseren Aufbruch."
Nach dreimaligem Umsteigen und 13 Stunden Fahrt erreichen wir Wien und warten auf den Zug nach Rumänien. Vor nicht all zu langer Zeit sind wir hier mit der gleichen Eisenbahn angekommen und waren erleichtert, österreichischen Boden zu betreten. Jetzt freuen wir uns darauf, wieder dahin zurückzufahren, wo wir unsere Reise unterbrochen hatten. Wir wissen, dass es verboten ist, Fahrräder in das Abteil zu laden, haben aber keine andere Chance, als es zu versuchen. Tanja und ich haben uns vorgenommen, all unsere Kraft zusammen zu nehmen, um mit oder ohne Erlaubnis unser gesamtes Hab und Gut in den Waggon zu bringen.
„Ich sehe ihn!", ruft Tanja aufgeregt. Der Zug fährt ein und kommt laut quietschend zum Stehen. Sofort stürme ich hinein, suche unser Schlafabteil, öffne das Fenster und als hätten wir Rumänien erst gestern verlassen, wiederholt sich der Ladeprozess. Ich lasse mir von Tanja die Satteltaschen durchs Fenster reichen. In Windeseile schlichte ich alles in die Gepäckablage. Der Schweiß rinnt mir in Strömen herunter. „Ein Mexikaner hat sich angeboten, die schwere Anhängerkiste mit ins Abteil zu tragen!", ruft mir Tanja zu. „No problem, my friend", sagt der Mexikaner. Gemeinsam wuchten wir die 56 Kilogramm schwere Kiste hoch. Der österreichische Schaffner schüttelt den Kopf. „Spätestens an der Grenze müsst ihr mit dem Zeugs den Zug verlassen", höre ich ihn sagen. „Wir haben es mit dem Zug von Bukarest hierher geschafft und es wird auch umgekehrt wieder klappen", mache ich ihm freundlich, aber bestimmt klar.

Bei der Herfahrt haben wir schon einige Erfahrung gesammelt, wie man einen sperrigen Drahtesel um winkelige Ecken bringt. Also stemme ich den Rahmen vorne in die Höhe und schiebe das Fahrzeug auf dem Hinterrad locker um die Kurven in das kleine Abteil. Eines der delite blacks stemme ich mit dem Vorderrad auf das untere Bett, um die Abteiltür schließen zu können.
Der Zug verlässt Wien um etwa 20:00 Uhr. „Das ist schon mal gut gegangen", lächelt mir Tanja erleichtert zu. Wir stehen beide am Fenster und schauen auf die vorbeirasenden Felder. Ein warmer Fahrtwind bläst uns in Gesicht. Wir sind uns sicher, dass man uns nicht zwingen kann, die Räder an irgendeinem Bahnhof auszuladen. Die Stopps sind dafür zu kurz. Außerdem scheint der österreichische Schaffner auf unserer Seite zu sein. „Bin gespannt, was die rumänischen Zugangestellten sagen, wenn sie die Räder sehen."
Kurz vorm Schlafengehen essen wir in unserer voll geschlichteten Unterkunft den leckeren Kartoffelsalat und die Nürnberger Bratwürste, die uns meine Mutter heute früh um 4:00 Uhr zubereitet hat. Als es dunkel wird, kriechen wir müde in die Kojen, verschließen die Abteiltür mit einem Riemen und fallen in einen unruhigen Schlaf.
„Custom! Custom!", reißt uns eine Stimme unsanft aus dem Schlaf. Wir öffnen die Abteiltür und reichen unsere Pässe hinaus. „Was haben Sie in der Box?", möchte der rumänische Beamte wissen. „Campingausrüstung", antworten wir und erklären, dass wir mit den Rädern von Deutschland nach Burma fahren. Er nickt, schaut uns ungläubig an, stempelt die Dokumente und wünscht uns eine angenehme Nacht.
Am nächsten Tag genießen wir die Fahrt durch Rumänien. Da wir wegen der vielen Ausrüstung in unserem Schlafabteil nicht sitzen, sondern nur liegen können, stehen wir im Gang und schauen aus dem Fenster. Die Landschaft hat sich stark verändert. Es geht durch Täler der Karpaten, über viele Brücken, durch tiefe, kräftiggrüne Wälder, vorbei an armen Dörfern, zerfallenen Fabriken, heruntergekommenen Gebäuden und Bahnhöfen. Der Zug schießt an blühenden Feldern vorbei, auf denen Bauern und Arbeiter Heu und Gras mit der Sense ernten. Gruppenweise arbeiten sie in gebückter Stellung und rechen das Raufutter für die Tiere zusammen. Manchmal kämpfen sich Männer mit Mistgabeln auf kilometerlangen Feldern durch eine unendliche Arbeit.
Gar nicht so weit von Deutschland entfernt arbeiten die Menschen wie noch vor hundert Jahren. Die Felder werden mit Hilfe von Pferden und Ochsen gepflügt, man muss sich sein tägliches Brot mit Schwerstarbeit verdienen. „Und Rumänien soll 2007 in die EU aufgenommen werden!", wundere ich mich.
Ob wir Tickets für unsere Räder haben, möchte ein rumänischer Zugbeamter wissen. Mit Zeichensprache machen wir ihm deutlich, dass wir uns sicher

sind, alle Papiere zu besitzen. Grantig zieht er los, um seinen österreichischen Kollegen zu holen. Als sie beide zurückkommen, können wir beobachten, wie der Österreicher besänftigend auf ihn einredet. „Er möchte etwas für sich herausschlagen", wiederholt sich die uns bereits bekannte Erklärung. „Hier ist unser Gepäckticket. Wir haben sogar ein Dreimann-Abteil bezahlt", erläutert Tanja freundlich. „Wir fahren mit dem Rad nach Burma. Verstehen sie? Das ist sehr weit. Fahren nach Rumänien zurück. Waren vor einigen Monaten erst in Ihrer Heimat", fügt sie hinzu und macht dabei kreiselnde Armbewegungen. Tanja schnauft sogar wie ein Walross, um dem Beamten das anstrengende Treten vorzumachen. Ihr Charme zeigt Wirkung: Der rumänische Beamte lacht und das Eis ist gebrochen. Er wünscht uns einen schönen Tag und lässt uns in Ruhe.
Später unterhalte ich mich mit dem österreichischen Schaffner. „Wissen Sie, warum wir mit so einem alten Schlafwagen nach Rumänien fahren?", fragt er mich. Ich schüttle den Kopf. „Wir sind mal mit modernen Waggons gefahren. Ein rumänischer Techniker kam, hielt seine Hand an den Generator und behauptete, er sei heißgelaufen. Wegen angeblicher Brandgefahr musste der Waggon in Rumänien bleiben. Wochen später bekamen wir den Waggon vollkommen leergeräumt zurück. Es fehlten die Betten, der Generator und die gesamte Technik", erzählt er. Ich erfahre noch einige andere haarsträubende Geschichten und mir wird wieder bewusst, dass in diesem Land Diebstahl und Korruption zur Tagesordnung gehören.
Mit 40 Minuten Verspätung erreichen wir den Bahnhof von Bukarest. Wir sind nervös, weil wir angeblich nur 15 Minuten Zeit zum Entladen haben.

Unser gesamtes Hab und Gut auf dem Bahndamm.

Wir müssen beim Ausladen auch aufpassen, dass uns nichts gestohlen wird. Kein leichtes Unterfangen, denn wir sind nur zu zweit und können nicht gleichzeitig auf dem Bahndamm oder im Abteil sein. Wir wissen, dass es hier viele zwielichtige Gestalten gibt, die nur darauf warten, unbeobachtete Gepäckstücke zu stibitzen. „Machen Sie sich keine Sorgen. Ich helfe Ihnen und habe auch unserem Sicherheitsmann Bescheid gegeben", beruhigt uns der österreichische Schaffner. Hilfsbereit packt er mit dem Wachmann unsere schwere Anhängerbox und kurz darauf steht sie auf den Bahndamm. Im Handumdrehen haben wir zu viert alles heraus getragen, ohne einem Dieb die Gelegenheit zu bieten, zuzugreifen. Wir verabschieden uns dankend vom Schaffner und dem Wachmann, bauen die Räder an die Anhänger, klicken die Ortliebsatteltaschen an und schieben die Bikes in die Bahnhofshalle.

Häuserruinen in Bukarest.

„Ich mache mich mal auf die Suche nach einem Hotel", schlage ich vor. „Okay, ich warte hier und passe auf die Ausrüstung auf." Müde und gerädert von der langen Fahrt schleppe ich mich über den Gehweg zu einem Hotel, das der Schaffner empfohlen hat. „Was, 70 Euro?", frage ich erschrocken und gehe gleich weiter zu dem Quartier, das wir letztes Jahr vor unserer Abreise besucht hatten. Obwohl es sehr heruntergekommen ist, freue ich mich darauf, in ein Zimmer zu kommen, in dem wir uns ausruhen können. „Tut mir leid, wir sind ausgebucht", muss ich hören und laufe zum nächsten Übernachtungsplatz 200 Meter weiter. „Kein Problem, wir haben ein Zimmer für Sie", gibt mir die freundliche Frau an der Rezeption Auskunft. Sicherheitshalber sehe ich mir die Unterkunft erst mal an. Ein verwanztes Loch für knapp 40 Euro! Kalter Rauch liegt in der Luft und auf den Betten Decken, die seit Jahren nicht mehr gewaschen wurden. Das Türschloss kann von jedem Laien

geknackt werden. Mein Gefühl sagt mir, dass unsere Ausrüstung hier nicht sicher ist.
Geknickt laufe ich zu Tanja und erkläre ihr die Situation. Wegen der fortgeschrittenen Zeit entscheiden wir uns für das 70 Euro-Hotel. „Sorry, wir sind ausgebucht.“ „Was? Vorhin gab es doch noch Zimmer?“, wundere ich mich. „Sie haben nach dem Preis gefragt, aber nicht, ob wir ein Zimmer frei haben“, stellt die junge Frau richtig. Sie empfiehlt uns das Hotel Orchideea, das nur einen Kilometer entfernt sein soll. Wir schwingen uns in die Sättel und strampeln im Berufsverkehr die Hauptstraße entlang. Wir sind nun seit über 36 Stunden unterwegs und todmüde. Im Augenwinkel kann ich beobachten, wie ein Autofahrer hinter uns den Verkehr aufhält, damit wir auf einer freien Spur fahren können. Als wir gegenüber dem Hotel anhalten, fährt er langsam vorbei und winkt uns zu. „Das muss einer unserer Schutzengel sein!“, sage ich zu mir und winke freundlich zurück. Dann schieben wir unsere Räder über die belebte Verkehrsader direkt vor das Hotel.
„Ja, wir haben ein Zimmer für Sie“, höre ich erleichtert. Das Haus hat erst vor vier Wochen eröffnet, ist somit nagelneu, mit Klimaanlage und allem Komfort ausgestattet, den sich ein müder Reisender wünscht. Auch macht es einen sicheren Eindruck und kostet nicht mehr als 50 Euro pro Nacht. Unsere Räder bekommen sogar einen eigenen absperrbaren Raum. Verglichen mit den anderen Unterkünften, die wir bisher in Bukarest gesehen haben, ist das hier ein Traum. Mit Hilfe eines Angestellten bringen wir unsere Ausrüstung in das Zimmer, in dem wir die nächsten Tage verbringen. Hier werden wir die Route bis ans Schwarze Meer ausarbeiten.
Wir sind froh über den bisherigen Verlauf der Reise. Nach einer Dusche fallen wir ins Bett und schlafen zufrieden ein.

Ehemaliger Glanz!
Gefährliches Fotografieren!

„Ahh, was für eine angenehme Nacht!“ Ich räkle und strecke mich ausgiebig. Tanja schlägt lächelnd ihre Augen auf. „Ich habe auch sehr gut geschlafen und hatte noch dazu einen schönen Traum.“ „Was hast du denn geträumt?“, möchte ich wissen. „Hab ich schon wieder vergessen“, kichert sie. „Ich kann es immer noch nicht glauben, dass wir wieder unterwegs sind“, meine ich nachdenklich. „Es wurde aber langsam Zeit. Ich freue mich schon darauf, mich wieder jeden Tag bewegen zu dürfen.“

„Und ich erst! Nach all den anstrengenden Vorbereitungen haben wir uns das auch verdient. Die Freiheit ruft und unsere Räder freuen sich darauf, endlich wieder geritten zu werden“, lache ich und springe tatenfroh aus dem Bett, um noch vor Tanja im Bad zu sein.
Bestens gelaunt gehen wir zum Frühstücken in den fünften Stock. Carmen, die freundliche und hübsche Bedienung und Mundar, der Kaffeebesitzer, servieren Weißbrot, Jogurt, ein paar Aufstriche, einen abgepackten Kuchen und Milchkaffee. Uns fehlen frisches Obst und Müsli, trotzdem lassen wir uns das Gebrachte munden, immerhin ist frisches Jogurt dabei. Die Morgensonne scheint in den neu riechenden, großzügig eingerichteten Raum. Die Klimaanlage sorgt für wohltuende Temperaturen und der Blick über das sommerliche Bukarest ist fantastisch. „Da hast du uns ein tolles Hotel ausgesucht“, lobt mich Tanja. „Na ja, da hatte ich wohl mehr Glück als Verstand.“ „Du hättest dich ja auch für die billige Unterkunft in Bahnhofsnähe entscheiden können.“ „Gott bewahre“, schnaufe ich und vertreibe die Vorstellung an dieses Loch mit einem Schluck Capuccino.
„Was hältst du davon, dem Ceausescu-Palast einen Besuch abzustatten?“, frage ich Tanja voller Tatandrang. „Gute Idee!“ Wir verabschieden uns von Carmen und Mundar und machen uns auf den Weg zur U-Bahn. Obwohl wir uns nun schon seit 15 Jahren auf der großen Reise befinden und einige Erfahrungen mit öffentlichen Verkehrsmitteln in fremden Ländern gesammelt haben, ist es für uns immer wieder spannend, mit der U-Bahn zu fahren.
„Da ist es. Hier müssen wir raus!“, ruft Tanja. Wir verlassen die Metro und laufen etwas orientierungslos durch die vielen unterirdischen Gänge, bis wir den richtigen Treppenaufgang finden. Im Freien empfängt uns geschäftiges Treiben. Die Menschen wimmeln wie Ameisen durcheinander. Wir fragen uns zum Palast des ehemaligen Staatspräsidenten Nicolae Ceausescu durch. Niemand versteht uns, doch dann treffen wir eine freundliche, englisch sprechende Studentin, die uns den Weg erklärt. In einem Schnellrestaurant genießen wir ein frühes Mittagessen und sind von den hohen Preisen überrascht. Das Preisniveau in der Innenstadt kommt dem deutschen sehr nahe - und das bei einem monatlichen Durchschnittseinkommen von unter 100,- Euro! „Das Benzin kostet fast genau so viel wie bei uns zuhause und der Stundenlohn beträgt im Schnitt weniger als 1,- Euro. Wie können es sich die Menschen hier leisten, Essen zu gehen?“, frage ich mich.
Wir sitzen an einem Tisch vor dem Restaurant. Ich stelle meinen wertvollen Rucksack, in dem sich unsere Leica-Kamera befindet, neben mir auf den Boden. Dann bemerke ich einen jungen Mann, der hinter meinem Stuhl an der Wand des Restaurants lehnt. Er tut so, als stünde er relaxt in der Men-

schenschlange, um sich etwas zu essen zu bestellen. Tanja ist schneller als ich und zieht meinen Rucksack an sich heran. Dabei sieht sie dem Jugendlichen direkt in die Augen. Dem vergeht anscheinend der Appetit, denn er macht sich kurz darauf aus dem Staub. „Glaubst du, der hatte vor, uns zu beklauen?“, frage ich verblüfft. „Ja, das glaube ich.“ „Kaum zu fassen, man muss hier echt auf der Hut sein.“

Wir lassen uns von diesem Beinahe-Diebstahl nicht den Appetit verderben, genießen unseren Sitzplatz im Zentrum von Bukarest und beobachten die vorbeiströmenden Menschen. Am Tisch gegenüber haben es sich fünf Männer bequem gemacht. Sie unterhalten sich lautstark. Einer spielt mit seinem Handy, ein anderer ist mit einer dicken Goldkette geschmückt, zwei weitere haben Turnhosen und ausgelatschte Markenjoggingschuhe an. Der Älteste der Gruppe trägt einen abgetragenen Anzug. Wenn er seine tiefe Stimme erhebt, verstummen seine Tischkollegen. Ein Junge in heruntergekommener Kleidung schlurft herbei und bleibt kurz vor der Gang stehen. Er schaut auf die Plastikbecher, die noch nicht ganz leer getrunken sind. Der Mann mit dem Handy winkt den Jungen herbei. „Räum den Tisch auf, dann kannst du das Cola trinken“, scheint er zu sagen. Der Junge schüttet die Getränkereste zusammen und stürzt sich das warme Zeug in den Rachen. Dann wirft er die leeren Becher in den nächsten Mülleimer und geht weiter.

Vieles was hier geschieht, wirkt auf uns befremdlich, kommen wir doch gerade erst aus einer viel reicheren Welt. Wir bleiben noch eine halbe Stunde sitzen und schlendern dann langsam weiter, vorbei an Kaffees, U-Bahnstationen, Blumenverkäuferinnen und Geschäften. Die Stadt hat während der kommunistischen Ära viel von ihrem Glanz verloren. Vor dem zweiten Weltkrieg soll Bukarest einmal schön und elegant gewesen sein. Heute ist vom einstigen Flair des „Paris des Balkans“ kaum noch was zu spüren.

Wir biegen um ein paar Straßenecken und erreichen den Revolutionsplatz, das eigentliche Zentrum der Stadt. Zwei prächtige Alleen säumen die stark befahrene Hauptstraße, an ihrem Ende thront ein kolossales Gebäude. Springbrunnen trennen die linke und rechte Fahrspur. Die Sonne bricht sich im Wasser der vielen Springbrunnen. Kleine Regenbogen schimmern in der Luft und besprenkeln das mächtige, graue Gebäude mit Farbe. Eine leichte Brise trägt einen erfrischenden Wassernebel heran und kühlt die heiße Sommerluft. Je näher wir dem Regierungspalast kommen, desto gigantischer türmt er sich vor uns auf. Das Haus der Republik, so wird das Regierungsgebäude auch genannt, umfasst etwa 1.500 Räume, hat elf Stockwerke, einen eigenen unterirdischen U-Bahn-Anschluss und einen Luftschutzkeller. Es war das ehrgeizigste Bauprojekt Ceausescus und wurde nicht komplett fertiggestellt. Nach dem Pentagon in den

USA ist es das zweitgrößte Verwaltungsgebäude der Erde. Während der letzten zehn Jahre seiner Amtszeit ließ Ceausescu für den Bau des Palastes viele historische Kirchen, Tempel und Wohnhäuser abreißen. Bis zu seinem Tode (er wurde 1989 zusammen mit seiner Frau verurteilt und hingerichtet) waren 27.000 Arbeiter, unter ihnen viele Soldaten, auf der Baustelle beschäftigt.
Wir umrunden den Palast, finden den Eingang und wollen uns einer Besichtigungstour anschließen. Weil es aber nur wenige Räume gibt, die man betreten kann und weil die Eintrittspreise recht hoch sind, verzichten wir darauf und machen uns auf den Rückweg. Eine vom Leben gezeichnete alte Frau hinkt vor einer roten Ampel an einer Autoschlange entlang, bittet die Autofahrer um eine Gabe. Da wir schon gestern so viele Bettler gesehen haben, hat Tanja die Reste unseres Frühstücks und Mittagessens aufgehoben. Sie hält der Frau das Lunchpaket entgegen, diese nimmt es scheu an.
Wenige Minuten später wird Tanja von einer Zigeunerin angesprochen. Es dauert nicht lange und die beiden unterhalten sich in einem Kauderwelsch aus verschiedenen Sprachen. Vorsichtig hebe ich meine Leica, um die Szene zu fotografieren. Der Sohn der Frau wird auf mich aufmerksam und zupft mir am Arm. „Wir müssen weiter", sage ich zu Tanja. Ich befürchte, dass sich der Besitz einer solchen Kamera schnell herumspricht und möchte so schnell wie möglich den Ort verlassen. Es dauert nur Sekunden, bis mich ein zweiter Zigeunerjunge am Arm zupft und nach Geld fragt. „Lasst mich in Ruhe", lehne ich mit fester Stimme ab. Ich weiß, dass sich solche Situationen schnell zuspitzen können. Wir wären nicht die ersten Touristen, die am helllichten Tag ausgeraubt werden.
Gerade überquert ein Menschenstrom an einer Fußgängerampel die Hauptstraße. Schnell schließen wir uns an. „Money, Money!", rufen uns die Jungs hinterher, tatschen mich an und bedrängen mich. „Lasst mich in Ruhe!", rufe ich und stecke meine Leica in die Kameratasche. Auf der anderen Straßenseite fingert einer der Jungen an meiner Hemdtasche herum. Seine Hände sind überall. Ich brülle ihn an, schlage ihm auf die Hand und bin bereit für seine Gegenwehr. Doch die beiden sind über meinen Ausbruch erschrocken und lassen ab. Wir eilen weiter und drehen uns auf den nächsten hundert Metern ständig um. „Folgen sie uns?", fragt Tanja. „Ich glaube nicht", sage ich außer Atem. „Es ist nicht ungefährlich, hier zu fotografieren." „Die Kids waren richtig dreist, sie ließen sich nicht einmal von den vielen Passanten stören"; bemerkt Tanja. „Es würde mich nicht wundern, wenn sie die vielen Menschen gezielt als Deckung nutzen." Wir gehen etwas entspannter weiter, schauen aber noch eine ganze Weile immer wieder nach den Zigeunerjungs, ob sie uns verfolgen...

Pläne schmieden, schnüffelnde Straßenkinder

Ich stehe heute früh auf und arbeite mich in den Morgenstunden in das neue Archivierungsprogramm ein. Ich überspiele meine Fotos von der Kamera auf den Laptop und tippe die Bildinformationen ein. Das ist eine zusätzliche Arbeit zum Schreiben, bringt jedoch unterm Strich eine enorme Erleichterung. Früher brachten wir von jeder Reise zigtausend Bilder mit, die entwickelt, dupliziert und mit der Hand beschriftet werden mussten. Heute kann ich die Fotos gleich am Laptop numerieren, mit Schlagwörtern versehen und Untertitel dazu schreiben. Wenn wir jetzt nach Hause kommen, sind unsere Bilder bereits fertig archiviert. Vor Jahren war die Qualität eines Dias unschlagbar. Die R9 von Leica mit digitaler Rückwand ist allerdings so überzeugend gut, dass wir auf das Dia verzichten können und viel schneller sind. Vor allem sparen wir mit der digitalen Bildbearbeitung und Archivierung sehr viel Platz.

„Pass auf, dass du nicht wieder ins Fahrwasser der pausenlosen Arbeit gerätst. Lass uns Mittagessen gehen“, schlägt Tanja vor und ich schalte den Computer aus. Wir spazieren durch die von der Sonne heiß aufgeladene Stadt zu einem Restaurant, das wir auf unserem gestrigen Ausflug entdeckt haben. Wir lassen uns Zeit, denn wir wollen den Stress der Reisevorbereitungen abbauen und uns ohne Hektik akklimatisieren.

Obwohl es Mittagszeit ist, sind wir die einzigen Gäste im Restaurant. Wir bestellen etwas zu essen und unterhalten uns über unsere weitere Route. „Dein Plan ist gut. Wenn wir morgen mit dem Sonnenaufgang starten, können wir dem Verkehr ausweichen“, meint Tanja. „Wenn wir zudem noch am Sonntag aufbrechen, dürfte relativ wenig auf den Straßen los sein.“

Wir entwickeln unsere Reisen mittlerweile viel vor Ort. Es macht keinen Sinn, sich schon Wochen vorher den Kopf über Details zu zerbrechen. „Und was sind deine weiteren Pläne?“, möchte Tanja wissen. „Wie meinst du das?“ „Na ja, in welche Richtung sollen wir radeln? Willst du noch immer ans Schwarze Meer?“ „Klar, wir wollen doch der Donau bis zur Mündung folgen. Auch wenn wir nicht an ihrem Ufer entlang fahren können, möchte ich auf jeden Fall durch das Donaudelta. Außerdem können wir dann an irgendeinem schönen Badeort ein paar Tage entspannen. Wir sollten die Küstenstadt Konstanza anpeilen, was meinst du?“ „Guter Vorschlag. Oh, guck´ mal, was der Kellner bringt. Hast Du zwei Schnitzel bestellt?“, fragt Tanja verwundert. „Bestimmt nicht.“ Wir schauen den Kellner fragend an. „Entschuldigen Sie. Ich weiß, Sie haben nur eine Portion bestellt und für ihre Frau einen Salat. Das hat der Koch falsch verstanden. Wenn es Ihnen nichts ausmacht, lasse

ich beide Schnitzel da. Sie müssen nur eins bezahlen", erklärt der Kellner etwas verlegen in gut verständlichem Englisch.
Ich nicke dem Mann zu und greife mit knurrendem Magen zu Messer und Gabel. „Meinst du, wir können ihm trauen?" „Klar! Ich glaube nicht, dass sie beide Schnitzel berechnen." Gierig schiebe ich mir ein großes Stück in den Mund.

Auf der gegenüberliegenden Straßenseite entdecken wir rumänische Straßenkinder beim Leimschnüffeln.

„Oh Gott, schau dir das an. Da vergeht einem ja der Appetit!", ruft Tanja. „Was? Was ist denn?" „Da drüben, gleich neben dem Restaurant. Siehst du die armen Kinder?" „Ja. Und?" „Na schau doch mal genauer hin!" „Oh weh, die schnüffeln Leim", flüstere ich. „Das müssen die Straßenkinder sein, von denen man uns erzählt hat. Die sind ja wirklich klapperdürr. Mein Gott, wir sitzen hier, hauen uns den Bauch voll, während diese Kinder im Freien leben müssen und ihre Gesundheit ruinieren", sagt Tanja traurig. Ich schaue auf meine beiden Schnitzel und komme mir irgendwie schuldig vor. Lustlos kaue ich vor mich hin. Schlagartig ist unsere Euphorie verflogen. Vom bequemen Restaurant aus beobachten wir die jungen Menschen, die in der Gesellschaft keinen Platz finden. Es sind etwa 12 Kinder, schätzungsweise zwischen 7 und 14 Jahre alt. Am liebsten würde ich über die Straße gehen und ihnen eins meiner Schnitzel schenken, doch fehlt mir ehrlich gesagt der Mut dazu. Meine Angst, von ihnen womöglich überfallen zu werden, ist nicht unbegründet. Schon öfter sind Tanja und ich während unseren Reisen in die Slums gegangen, um den Armen mitgebrachte Kleider und Nahrung zu schenken. Manchmal war unser Einsatz gefährlich, und in einigen Fällen haben wir Glück gehabt, gerade noch mit heiler Haut davon gekommen zu sein. Es ist schlichtweg dumm, sich mit einer Kamera um den Hals, Geld in den Taschen und gut gekleidet in die Höhle des Löwen zu begeben und den heiligen Samariter spielen zu wollen.

Weil wir nun das erste Mal mit Leid und Elend einer rumänischen Großstadt konfrontiert sind, sitzen wir wie gelähmt da. Die Kinder laufen berauscht hin und her. Jeder von ihnen trägt eine Schnüffeltüte unter der Jacke oder unter dem Hemd. Immer wieder stecken sie ihre Nase in den Beutel. Im Regelfall schnüffeln sie billigen Leim, manchmal auch Benzin. In Australien stehlen die Aborigines Benzin aus den Autotanks, um sich daran zu berauschen. Deshalb haben viele Australier absperrbare Benzintanks. Ich weiß nicht, ob das auch hier in Rumänien ein Problem ist, aber die Auswirkungen dieser schrecklichen Sucht sind in jedem Fall katastrophal. Schon in jungen Jahren zerstören diese Menschen ihre Lungen und ihr Gehirn.
Plötzlich löst sich einer der Jungs von der Gruppe, versteckt seinen Schnüffelbeutel unter der Jacke und läuft zur Straße. Als er sie überquert, fängt er stark zu hinken an. Einen Arm lässt er unter der Jacke verschwinden, so dass er wie ein Einarmiger aussieht. Die Verwandlung ist perfekt: Im Nu ist aus ihm ein behinderter Jugendlicher geworden. Als die Ampel auf Rot schaltet und die Autos anhalten, schlurft er durch die schmale Karosseriegasse. Wegen der Hitze haben viele Fahrer ihre Fenster geöffnet. Die Hand des Bettlers geht an den Mund dann in den Fahrgastraum. Manchmal legt jemand eine Münze hinein. Dann humpelt die traurige Gestalt weiter, bis die Ampel auf grün schaltet und sich die stinkende Blechlawine wieder in Bewegung setzt. Rechtzeitig rettet sich der Bettelprofi auf den Gehsteig und wartet auf die nächste Rotphase.
Verblüfft beobachten wir das Schauspiel. Noch mehr Kinder haben sich jetzt dazugesellt. Sie diskutieren heftig, scheinbar teilen sie das Revier unter sich auf. Kurz darauf strömen sie aus und nehmen sich die große Kreuzung vor. Einige der Kinder laufen über die Gehwege, betteln Passanten an und entfernen sich aus unserem Sichtfeld. Die meisten Menschen laufen ungerührt vorbei, nur ab und zu hält einer an, holt ein paar Lei aus der Tasche und legt sie in eine bittende Hand. Bald ist der Spuk vorbei, die Kinder haben sich verdünnisiert. Nur der Hinkende schleicht noch durch die Autogassen.
„Ich möchte gehen“, meint Tanja traurig. „Und wohin? Wir sind hier mitten in Bukarest und kennen uns nicht aus. Das einzige, was uns bleibt, ist das Hotel. Dafür ist es aber zu früh“, entgegne ich. Wir bezahlen und laufen lustlos und mit ungutem Gefühl durch die Straßen. Hinter jeder Häuserecke vermuten wir die Bande der Schnüffler. Ich versuche Tanja zu erklären, dass wir keine Angst zu haben brauchen. „Die Straßenkinder von Bukarest gehören in manchen Ortsteilen zum Stadtbild und wir müssen sie nicht fürchten, zumindest nicht tagsüber.“
Wir kommen zu einem Einkaufszentrum, auf einem Parkplatz sind Bierbänke und Sonnenschirme aufgestellt. Der wohlriechende Rauch von Gebratenem zieht

wie eine Nebelwand über den Parkplatz und vereint sich mit den Abgasen. Die Menschen kommen mit ihren vollbeladenen Einkaufstüten aus dem Supermarkt und setzen sich in die Schatten der Schirme. Es wird Bier getrunken. Dazu gibt es gebratenes, gut gewürztes Hackfleisch, ein paar Scheiben Weißbrot und süßsaure Gurken aus dem Glas. Wir lassen uns in der Masse der gestressten Käufer an einem Tisch nieder, trinken Bier aus dem Pappbecher und beobachten das Leben um uns herum. Es braucht ein wenig, bis wir unser Erlebnis mit den schnüffelnden Kindern verdaut haben und sich unsere Stimmung wieder normalisiert. Wir reden über Rumänien, Bukarest, die Stadtbevölkerung und darüber, was in den kommenden Monaten wohl auf uns zukommen mag. „Wie es wohl in Moldawien aussieht?", fragt Tanja. „Es soll ein sehr armes Land sein. Der Mann an der Hotelrezeption hat mir gestern erzählt, dass die Leute dort sehr nett sein sollen", plaudere ich. Als gegen 21 Uhr die Sonne hinter den hässlichen, grauen Häusern versinkt, machen wir uns auf den Weg zum Hotel. Wir duschen uns den Staub des Tages vom Körper und gehen frühzeitig ins Bett. Die Zimmerdecke anstarrend liege ich nachdenklich da. Durchs offene Fenster dringen die Geräusche der Großstadt. Ein Mann schreit aggressiv, eine Frau geifert zurück. Direkt unter unserem Hotelfenster befindet sich ein kleines Stück unbebautes Land. Es ist dicht mit Unkraut bewachsen. Im Vorbeigehen entdeckten wir darin eine Hütte aus Pappe. Wer dort wohl wohnt? Ob die Zankerei aus dieser behelfsmäßigen Behausung kommt? Ich wälze mich hin und her. Die kleine Klimaanlage haben wir ausgeschaltet, weil sie viel zu laut ihren verlorenen Kampf gegen die stickige Hitze geführt hat. Lieber nehmen wir das offene Fenster mit dem Lärm von draußen in Kauf. „Welche Grenze sollen wir von Rumänien nach Moldawien nehmen? Ob die Beamten unsere Ausrüstung filzen? Ob wir unsere Kameras und das Satellitentelefon heil hinüberbringen?", geht es mir durch den Kopf. „Bis dahin haben wir noch ein paar hundert Kilometer vor uns. Mach dir nicht so viel Gedanken", beruhige ich mich. Gott sei Dank habe ich zu diesem Zeitpunkt nicht die geringste Ahnung, was das Schicksal noch mit mir vorhat. Sonst würde ich mit Sicherheit für den Rest der Nacht kein Auge zumachen.

Ein Schlag in den Rücken

„Es ist so weit", flüstere ich verschlafen, als um 4 Uhr unsere Armbanduhren zu piepen beginnen. „Ich habe keine Lust!", murrt Tanja und wirft ihren Körper in die Höhe, um gleich wieder auf die andere Seite zu fallen. „Komm schon. Es ist doch super, dass wir endlich wieder unterwegs sind!" „Aber

nicht um diese Zeit“, protzelt sie. Tanja ist immer wieder für Überraschungen gut: Plötzlich springt sie aus dem Bett und sprintet zum Bad, um es als Erste zu besetzen. Sie hat das morgendliche Rennen gewonnen. Ich bleibe noch eine Weile liegen und stimme mich geistig auf den Aufbruch ein.
Eine Stunde später befestigen wir unsere Ortliebsatteltaschen und die Lenkertasche, klicken den Tacho und das GPS ein, laden den Packsack über die hinteren Satteltaschen und kuppeln unsere neuen Used-Anhänger an die Hinterradachsen unserer Delite Blacks. Wir brauchen ziemlich lange, bis wir unsere Straßenzüge startklar gemacht haben. Ein Hotelangestellter steht daneben und beobachtet uns neugierig. Sein pausenloses Gähnen ist ansteckend - ich fühle mich sehr müde und würde mich am liebsten wieder in das bequeme Hotelbett kuscheln. Grölend verlassen einige angetrunkene junge Rumänen eine Diskothek. Sie zeigen kein Interesse an den zwei Radfahrern, die gerade einen großen Berg Ausrüstung auf zwei Drahtesel packen. Um sechs Uhr machen sich die ersten Sonnenstrahlen bemerkbar.
„Bist du so weit?“, frage ich. „Auf gehts“, meint Tanja und schwingt sich aufs Rad. Wir winken dem Hotelangestellten zu und lassen das Orchideea gut gelaunt hinter uns. „Russland, wir kommen!“, rufe ich voller Tatendrang. Die ersten Meter fahren wir auf dem Gehweg. Die Straßen sind wie ausgestorben. Noch haben wir uns nicht an das Gewicht gewöhnt. Nach etwa 300 Metern endet der Bürgersteig und wir müssen auf die Straße. Konzentriert jongliere ich meinen Roadtrain von der Bordsteinkante herunter. Es ist ein Balanceakt, den ich nur durch heftige Lenkbewegungen hinbekomme. Ich sollte absteigen, denke ich noch, als durch eine zu starke Lenkbewegung die Deichsel des Anhängers den Hinterreifen meines Rades berührt. In einem Sekundenbruchteil bleibt das Rad stehen und kippt zur Seite. Mein rechter Fuß schnellt nach rechts, um den Sturz zu verhindern und knallt mit gestrecktem Kniegelenk auf den Asphalt. Die Wucht des Aufpralls ist so stark, dass mir ein stechender Schmerz in den Rücken fährt. Ich krümme mich über das Rad und atme heftig. „Was ist denn los?“, fragt Tanja besorgt. „Ich glaube, ich habe mich verletzt.“ „Wie das denn?“ „Na, als ich gerade diese dumme Bordsteinkante runter gefahren bin!“, antworte ich gereizt. „Wo tuts denn weh?“ „Im Rücken. Da hat es irgendwie geknackt! Aber es wird schon wieder. Nur noch ein paar Augenblicke“, meine ich, als die Schmerzen nachlassen. Fünf Minuten später setzen wir unsere Fahrt fort. Einige Kilometer weiter spüre ich in meinem Rücken ein eigenartiges Taubheitsgefühl.
„Haltet euch immer an den Wasserkanal. Das ist für euch der einfachste Weg aus Bukarest heraus“, hat uns Restaurantbesitzer Mundar geraten. Seinem Rat folgend fahren wir die Wasserader zu unserer Linken entlang. Die Mor-

genluft ist angenehm frisch. In einem Park sind erste Jogger unterwegs. Hundebesitzer nutzen die frühe Stunde zu einem Spaziergang. Ein Ladenbesitzer rollt die eisernen Vorhänge seines Geschäfts nach oben. An einer roten Ampel halten wir an. Nur ein Taxi steht neben uns. Als uns der Fahrer bemerkt, reißt er seine müden Augen auf. Wir müssen ihm wie Außerirdische vorkommen, denn als die Ampel auf Grün schaltet, vergisst er glatt loszufahren und starrt uns hinterher. Wir fahren an dem etwas kleineren, aber immer noch größenwahnsinnigen Palast von Frau Ceausescu vorbei und durchqueren das Stadtzentrum genau zu der Zeit, als seine Bewohner gerade aufwachen. Es ist ein schönes Gefühl, das Erwachen einer Großstadt vom Fahrradsattel aus zu erleben. Unsere Herzen pumpen das Blut durch die Adern, die Muskeln arbeiten wie geschmiert und unsere Körper freuen sich über die angenehme Bewegung. Der einzige Wermutstropfen ist mein Kreuz. Ich ignoriere den dumpfen Schmerz und versuche, den Augenblick zu genießen. Es wird schon werden, rede ich mir ein.

Mit dem Fahrrad auf der Autobahn?

Die Häuserreihen lichten sich, an der schmalen Ausfallstraße liegt überall Müll herum. Angler stehen am Ufer des stinkenden Wasserkanals. Ob sie darüber nachdenken, dass ihre Beute verseucht sein könnte? „Noch zwei Kilometer, dann kommt eine Querstraße. Die müsst ihr nehmen, wenn ihr in Richtung Konstanza wollt“, erklärt uns ein Mann den Weg. Nach fünf Kilometern erreichen wir die beschriebene Querstraße, auf einem Autobahnschild steht „Konstanza“. „Sollen wir jetzt auf die Autobahn fahren, oder was?“, meint

Angeln in einer Kloake.

Tanja. „Wohl kaum. Lass uns die Polizisten da vorne fragen." Wir fahren zu zwei Beamten, die den Verkehr regeln. „Dürfen wir mit unseren Rädern auf der Autobahn fahren?", frage ich. Der Uniformierte wirft einen prüfenden Blick auf unsere beladenen Drahtesel. „Ja, dürfen sie", sagt er sicher, doch sein Kollege schüttelt heftig den Kopf. „Was hast du denn? Das sind doch Räder mit europäischem Standard", stellt er fest und winkt uns weiter. „Ich kann mir nicht vorstellen, dass wir mit Rädern auf der Autobahn fahren dürfen", grüble ich. Wir radeln die Autobahnauffahrt hoch, bis wir vor uns ein großes Hinweisschild sehen. Die Symbole für Pferdefuhrwerke, Fußgänger, Traktoren und Fahrräder sind durchgestrichen. Dieser Hinweis ist unmissverständlich. Also verlassen wir die Auffahrt und fahren einen Umweg, bis wir nach 5 Kilometern auf die Bundesstraße treffen, die zur Küste des Schwarzen Meeres führt.
Um halb neun haben wir bereits 30 Kilometer geschafft. Unser Plan, durch einen frühen Start dem gefährlichen Großstadtverkehr zu entgehen, ist aufgegangen. „Lass uns an dem kleinen Krämerladen anhalten und frühstücken", schlage ich vor, als wir durch ein Straßendorf radeln. Wir kaufen uns einen Kaffee, frisches Weißbrot, ein paar Gurken, eine Dose Fisch, Jogurt und zwei Bananen. Dann setzen wir uns auf die Plastikstühle vor dem Geschäft. „Kaum zu glauben, wie hungrig einen die paar Kilometer machen!" „Wie geht's deinem Rücken?" „Nicht so schlimm. Ich glaube, er wird wieder."

Zu Gast bei einem Engel

Gegen Mittag erreichen wir nach knapp 45 Kilometern den Ort Fundilea. Weil meine Kreuzschmerzen wieder zugenommen haben, suchen wir eine Übernachtungsmöglichkeit. „Hier gibt es kein Hotel und auch keine Pension. Da müssen Sie noch 30 Kilometer weiter bis nach Lehliu-Gara", erklärt uns die Besitzerin eines kleinen Lebensmittelgeschäfts. „Schaffst du das?", fragt Tanja besorgt. „Ich muss wohl." In mir macht sich eine große Müdigkeit breit, wie ich sie in dieser Intensität noch nie hatte. Ich setze mich in den Schatten eines Baumes und studiere die Straßenkarte. „Vielleicht können wir hier irgendwo unser Zelt aufschlagen", überlege ich. Neben uns hält ein großer Jeep. Das Fenster fährt langsam runter, der Fahrer schaut heraus und fragt in gutem Englisch: „Wo wollen Sie hin?" „Wir sind unterwegs nach Burma", antworte ich müde. „Wohin?" „Über Moldawien, Ukraine, Russland, Mongolei und China nach Burma", beschreibt Tanja routiniert unsere Route. „Ha, ha, ha. Mit dem Rad! Und das bei diesen irren Rumänen, die Auto fahren, als wären sie auf der Flucht. Ihr seid ja verrückt! Ein Wunder, dass ihr noch

lebt. Meint ihr das im ernst?" „Klar", antworten wir. „Kann ich euch irgendwie helfen?" „Gibt es hier in der Umgebung eine Übernachtungsmöglichkeit?", will ich wissen. „In Lehliu-Gara soll es so etwas wie ein Hotel geben." Der Mann verlässt sein Auto, hinter dessen getönten Scheiben wir zwei Jugendliche und ein Kind bemerken. Er streckt uns freundlich die Hand entgegen und stellt sich vor. „Mein Name ist Huib. Ich bin Holländer und lebe seit zehn Jahren in Rumänien. Wenn Sie wollen, können Sie gerne die Nacht bei mir verbringen." „Das ist sehr nett von Ihnen", sage ich. „Wo ist denn Ihr Zuhause?", erkundige ich mich. „Gar nicht weit, etwa 10 Kilometer von hier. Ihr könnt eure Anhänger in meinen Jeep laden. Und ihr dürft euch bei mir im Garten ausruhen und ein kühles Bier trinken", lockt uns die Stimme des Fremden. Tanja und ich sehen uns fragend an. Ich bemerke ein Zögern in Tanjas Blick, auch ich bin mir nicht sicher. Immerhin befinden sich in den Anhängern ein Laptop, ein Satellitentelefon und andere teure Technik. „Wir können unmöglich all unsere Wertsachen einen wildfremden Mann mitgeben", flüstert Tanja.
Mein Rücken fühlt sich matschig an. Ich habe eine Denkblockade und weiß nicht, was wir tun sollen. Einerseits würde ich mich wahnsinnig gerne ausruhen, andererseits bin ich mir nicht sicher, ob wir einen großen Teil unserer Ausrüstung in das fremde Auto laden sollen. Was ist, wenn er damit einfach abhaut? Andererseits - seinem Auftreten nach zu urteilen dürfen wir ihm trauen. Auch seine Augen wirken auf mich ehrlich. Noch dazu kommt er aus Holland, ist gewissermaßen ein Nachbar. Auch wenn Holland von unserem fränkischen Heimatort ziemlich weit weg ist, so kommt uns der freundliche Westeuropäer hier in Rumänien wie ein Vertrauter vor. Huib bemerkt unser Zögern. „Lasst euch doch bitte helfen", vernehme ich seine Stimme, die mir irgendwie nahe geht. „Hör auf dein Gefühl", spricht es in mir. „Das ist kein Zufall. Nimm das Angebot an!" „Ich denke, wir sollten mitgehen", sage ich zu Tanja. „Aber meinen Anhänger gebe ich nicht ab!" „Du kannst ihm deine Sachen ruhig anvertrauen. Ich habe ein gutes Gefühl", versuche ich sie zu überzeugen. Huib spricht derweil mit den Kindern im Jeep. „Und? Wie sieht es aus? Nehmt ihr meine Einladung an?", fragt uns Huib erneut. „Ja, danke! Ich fühle mich nicht besonders wohl und eine Rast tut uns bestimmt gut", nehme ich die Einladung an.
Im Handumdrehen sind unsere Anhänger abgekuppelt und im großen Laderaum des Jeeps verstaut. „Nach einem Kilometer findet ihr ein Hinweisschild nach Mariuta. Folgt der Straße. Wenn ihr nicht mehr weiter wisst, fragt einfach nach dem Anwesen des Holländers. Man kennt mich hier", erklärt er uns. Wir schwingen uns wieder auf die Räder und folgen dem Jeep. Schon nach wenigen Metern verlieren wir ihn aus den Augen. Wir können nur hoffen, keinem Betrüger aufgesessen zu sein. An dem Hinweisschild biegen wir nach rechts. „Da

vorne steht er!", rufe ich, als ich den Jeep entdecke. Ohne Anhänger fliegen wir regelrecht über die Straße. Der Jeep fährt langsam voraus, sichtlich bemüht, den Sichtabstand zu uns aufrecht zu erhalten. Auf einmal hört der Asphalt auf. Es geht so steil aufwärts, dass wir absteigen müssen. Die schmale Straße schlängelt sich durch die Felder. Es ist hochsommerlich heiß. „Gut, dass der Holländer unsere Anhänger mitgenommen hat", meine ich schwer atmend. Im Gegensatz zu mir scheinen Tanja die Hügel nichts auszumachen. Sie ist in Topform.
Nach 13 Kilometern erreichen wir das Dorf Mariuta. Am Ende der Siedlung warten schon die zwei Jungs, die im Auto saßen. Sie winken uns zu und begleiten uns auf eine schmale Schotterstraße. „Da seid ihr ja", freut sich Huib. „Ihr könnt eure Räder in die Garage stellen. Ich fahre mein Auto raus. Da drin sind sie in jedem Fall sicher. Ich schließe das Tor ab und außerdem habe ich eine Alarmanlage. Ihr braucht euch also keine Sorgen zu machen", beruhigt er uns, als könne er unsere Gedanken lesen. Dann zeigt er uns ein Zimmer, in dem wir schlafen dürfen. Im Wohnzimmer schaltet er den Fernseher ein. „Ich suche euch einen deutschen Sender, dann versteht ihr wenigstens, wovon die reden. Da drüben ist mein Laptop. Wenn du E-Mails abrufen oder verschicken willst, kannst du ihn gerne nutzen, Denis. Fühlt euch wie Zuhause. Ich muss für ein paar Stunden nach Bukarest, eine kranke Frau besuchen. Sie ist meine Nachbarin. Ich helfe den Menschen hier im Dorf so gut ich kann. Einige Kinder schicke ich in die Schule und zahle ihnen das Schulgeld. Vielleicht ist das ein Grund, warum hier noch nie jemand eingebrochen hat. Übrigens, die Krankenhäuser in Rumänien sind schrecklich. Neulich haben sie bei einer Frau eine Schere im Bauch vergessen. Wenn man in so ein Krankenhaus muss, hat man wirklich schlechte Karten", erzählt er. „Vielen Dank für alles. Ich werde mich ein wenig auf die Terrasse setzen und die Bilder von der Kamera auf den Computer kopieren." Ich bin von der Großherzigkeit dieses Mannes gerührt.
„Lebst du eigentlich alleine hier?", fragt Tanja. „Ja. Ich habe einen Wachmann, der in meiner Abwesenheit auf das Haus aufpasst. Der ist übrigens Zigeuner wie die meisten hier. Meine Geschäftspartner warnen mich ja immer davor, Zigeuner anzustellen. Aber ich sage euch, das sind sehr loyale und zuverlässige Menschen. Bei mir wurde noch nie eingebrochen und ich kann mich auf meine Leute verlassen. Wenn ich weg bin, lasst euch von den Jungs im Garten nicht stören. Die sind aus der Nachbarschaft und dürfen heute Nachmittag in meinem Swimmingpool baden", erklärt er uns und verabschiedet sich.
Dann sind wir alleine in einem fremden Haus. „Irre, was dieser Mensch für ein Vertrauen hat. Wir könnten ihm jetzt einiges stehlen und abhauen", sage ich verwundert. „Hm, wir hatten aber auch Vertrauen in ihn, als wir unsere

Anhänger einfach so in sein Auto geladen haben", erwidert Tanja. „Gut, dass es so etwas gibt. Dass man sich in einem fremden Land einem fremden Menschen anvertrauen kann. Wenn es Engel gibt, dann ist unser Gastgeber wohl einer", meine ich lächelnd.

Huib, der Holländer, grillt Lachs und Steaks.

Am Abend kommt Huib wieder. Er hat reichlich zu Essen eingekauft. Mit einigen Jungs aus dem Dorf schürt er einen großen Grill im Garten an. „Ich hoffe, ihr mögt Lachs und Steaks?" Als die Sonne untergeht, sitzen wir bei angenehmen Temperaturen am Swimmingpool, trinken Bier und Wein und essen frischen Lachs, Steaks und Salat. Huib verwöhnt uns wie seine besten Freunde. Die drei Jungs von heute Nachmittag sind auch dabei. „Sie sind für mich wie Söhne. Ich bin für die Jungs da und dafür helfen sie mir im Haushalt oder bei Gartenarbeiten. Sie sind wirklich nette Kinder. Allein wegen ihnen würde es mir schwer fallen, Rumänien zu verlassen."
Wir sitzen noch einige Stunden in überaus netter Gesellschaft, essen und trinken vorzüglich und unterhalten uns angeregt mit einem neuen Freund. Wer hätte das nach dem missglückten Start am Morgen gedacht?

Was ist wenn ich an einem einsamen Ort einfach zusammenbreche?

Nach einer angenehmen Nacht wachen wir um 7:00 Uhr auf. Vor dem Frühstück tragen wir die Ausrüstung zu unseren Rädern. Huib und seine Schützlinge bereiten derweil ein üppiges Frühstück. Als ich mich über die Räder beuge, bekomme ich plötzlich heftige Rückenschmerzen. Ich

pumpe einen Hinterreifen auf, ziehe ein paar Schrauben nach und hinke unglücklich zum Frühstücktisch. „Dein Kreuz?", fragt Tanja, als sie mich so gebeugt laufen sieht. Ich nicke niedergedrückt und lege mich ins Gras. Wieder schießt mir ein heftiger Schmerz in die Wirbelsäule. Langsam stehe ich auf und setze mich zu den anderen an den Tisch. Huib schaut mich besorgt an. „Das scheint ganz schön weh zu tun?", meint er. „Ja, sehr. Ich habe mich gestern bei meinem Sturz wohl doch verletzt." „Ich würde euch ja gerne noch länger Gastfreundschaft gewähren, aber ich muss morgen nach Bukarest. Jeden Monat fliege ich für 5 bis 10 Tage nach Holland", erklärt er. „Kein Problem. Das wird schon wieder. Wir brechen heute auf jeden Fall auf!"
Nach dem Frühstück bietet Huib an, unsere Hänger wieder an den Ort zu fahren, wo wir uns gestern getroffen haben. „Dann müsst ihr eure schwere Ausrüstung wenigstens nicht über die Schotterstraßen und durch Hügellandschaft ziehen", sagt er. Um 9:00 Uhr sitzen wir auf den Rädern und verlassen Mariuta. Schon nach wenigen Metern habe ich unerträgliche Schmerzen. „Es war keine gute Entscheidung, aufzubrechen", sage ich zu Tanja die auf der leeren Dorfstraße neben mir fährt. „Sollen wir umkehren?" „Huib ist ab morgen nicht mehr da. Wir müssen es bis Lehliu-Gara schaffen. Dort können wir in das Hotel einchecken und warten, bis ich meine Verletzung auskuriert habe." „Wenn du es bis dahin schaffst!" „Wir werden sehen", sage ich gequält.
Nach knapp einem Kilometer wird der Schmerz noch aggressiver. Selten in meinem Leben habe ich solche Schmerzen gehabt. Meine Gedanken beginnen zu kreisen. Was, wenn ich einfach zusammenbreche? Wenn wir Lehliu-Gara nicht erreichen? Ob das ein Bandscheibenvorfall ist? „Kehr um! Fahr keinen Meter weiter. Du hast bei Huib einen sicheren Hafen. Hab keinen falschen Ehrgeiz", warnt mich meine innere Stimme. Ist das die Stimme von Mutter Erde? Meine Gedanken wirbeln durcheinander, ich komme zu keiner Entscheidung. Gebeugt stehe ich wieder über meinem Rad, Schweißperlen laufen meine Wangen herunter. „Ich denke, wir sollten umkehren", sage ich. „Ist es so schlimm?" „Ja, schlimmer als ich dachte. Es wäre wirklich Blödsinn, weiter zu fahren. Wir können ja bei Huib im Garten unser Zelt aufschlagen, er wird bestimmt nichts dagegen haben." Kaum befinden wir uns auf dem Rückweg, da kommt uns Huib mit seinem Allrad entgegen. Wir erklären ihm die Situation, worauf er sagt: „Für heute Nacht ist euer Bett gemacht. Ab morgen dürft ihr dann bei mir so lange zelten wie ihr wollt."
Den Rest des Tages verbringe ich in Huibs Hollywoodschaukel. Am Nachmittag fühle ich mich etwas besser. Vorsichtig humple ich ein paar Mal um den Swimmingpool, in dem sich seit Stunden eine Handvoll Dorfkinder vergnügen.

Die Voltaren-Zäpfchen wirken, der Schmerz lässt nach. Wir sitzen wieder zusammen und essen vorzüglich zu Abend. „Morgen können wir bestimmt aufbrechen", sage ich zuversichtlich.

Nach ersten Schmerzattacken bei unserem Gastgeber Huib.

Ein Alptraum wird Realität

Nach einer überraschend guten Nacht schwinge ich meine Beine über die Bettkante. Kaum stehe ich an der Zimmertür, spüre ich einen stechenden Schmerz, so als hätte mir jemand einen glühenden Pfahl vom Anus bis zum Halswirbel ins Fleisch gerammt. Ich bin entsetzt über die Intensität des Schmerzes. Da ich dringend zur Toilette muss, reiße ich die Tür auf und humple ins Bad. Schnell setze ich mich auf die Schüssel. Der Schmerz steigert sich ins Unerträgliche. Wäre ich nicht in einem fremden Haus, ich würde laut losbrüllen. Mir wird schwindelig. „Jetzt bloß nicht ohnmächtig werden und in den eigenen Exkrementen auf dem Fußboden liegen. Ich muss durchhalten!", zische ich schmerzerfüllt durch meine Lippen.
Ich weiß nicht wie, aber ich komme wieder zum Stehen. Der Schmerz klettert eine weitere Stufe in die Unerträglichkeit. Eine schwarze Wand legt sich vor meine Augen. Die Dunkelheit verspricht Erleichterung, doch ich bringe meine gesamte Willenskraft auf, nicht besinnungslos zusammenzubrechen. Ich klammere mich am Handtuchhalter fest und wage einen Schritt Richtung Badtür. Die Tür scheint auf einmal ewig weit weg zu sein. Ein weiterer Schritt lässt mich zusammenfahren, als hätte mich eine Kugel in den Rücken getroffen. Mir wird heiß. Das Herz rast, als wolle es jeden Moment aus dem Körper springen.

Ich atme nur noch oberflächlich. Die Tür verformt sich zu einem Oval, das Oval wird zum Kreis, der sich verflüssigt. „Komm, die zwei Meter schaffst du noch!", motiviere ich mich laut. Ich mobilisiere alle Kraft und humple drei Schritte voran, dann halte ich den Türgriff in meinen Händen und reiße die Badezimmertür auf. Noch ein Schritt in unbeschreiblichen Höllenqualen und ich klammere mich mit nassgeschwitzten Händen an den Türgriff zu unserem Schlafzimmer. Ich stürze in den Raum und falle aufs Bett. „Aaahhh! Aaaaahhh! Aaaaaaahhhhh! Hhhaaaa!", stöhne jetzt ungebremst. „Tanja reißt es aus dem Schlaf. „Was ist los? Um Gottes Willen, sag bitte, was los ist!", höre ich eine weit entfernte Stimme, die durch eine Wand unmenschlicher Höllenqualen zu mir dringt. Nach Atem ringend versuche ich Tanja zu antworten. „Mein Rücken! Grausame Schmerzen!", presse ich unter gewaltiger Anstrengung hervor. „Was sollen wir tun?", fragt Tanja entsetzt. „Keine Ahnung. Ich nehme am besten noch ein Voltaren-Zäpfchen. Es wird schon wirken. Ich muss ein paar Tage ausruhen, dann wird sich der Rückennerv wieder beruhigen." Tanja gibt mir ihren MP3-Player. „Hör Dir die Motivations-CD an." „Was für eine Motivation?", möchte ich wissen. „Zur Selbstheilung." „Ob das in meinem Zustand etwas bringt?" „Es kann zumindest nicht schaden."

Ich setze den Kopfhörer auf und bleibe stocksteif auf dem Rücken liegen. Der Schmerz reduziert sich wieder auf ein erträgliches Maß. Dann lausche ich der monotonen Stimme, die mir etwas über Selbstheilungskräfte des Körpers erzählt. Erst verwirrt mich das Gesäusel und 20 Minuten später nervt es mich derart, dass ich den MP3-Player abschalte.

Um festzustellen, ob der Schmerz noch da ist, unternehme ich eine Stunde später ganz vorsichtig den Versuch, mich zu bewegen. Sofort bestraft mich ein messerscharfes Ziehen, das mir glatt die Luft wegnimmt. „Huib wird heute gehen und wir müssen das Haus verlassen. Ich weiß nicht, wie ich meinen Körper aus dem Bett bringen soll!", jammere ich verzweifelt. Tanja ist mit ihrem Latein auch am Ende und schweigt. Nach langer Pause sagt sie: „Bleib einfach noch eine Stunde liegen. Dann wirken die Medikamente und Du kannst bestimmt wieder laufen."

Es ist 10:00 Uhr und höchste Zeit, das Haus zu räumen. Meine Situation ist unverändert. Die kleinste Bewegung verursacht Höllenqualen. Allein der Gedanke an die morgendliche Toilettenfolter lässt mir die Haare zu Berge stehen. Ich überlege krampfhaft, wie ich aus dieser Situation herauskommen kann. „Jetzt oder nie", entscheide ich und hebe meine Beine so schnell wie möglich über die Bettkante. Als ich aufstehen will, durchrast mich eine Welle des Schmerzes. Humpelnd und zitternd ereiche ich die Tür. Eine zweite Schmerzwelle zwingt mich in die Knie. Bis zur Treppe sind es noch zwei

unendliche Meter. Die dritte Welle erschüttert mich im Mark. Der Schmerz hat seinen Höhepunkt erreicht und lähmt mir die Beine. Ich hieve meinen gebrauchsunfähigen Körper mit aller Kraft am Treppengeländer nach unten. Ich sehe die Terrassentür und krieche auf sie zu – noch weitere sieben Meter bis zum Garten. Ein monströses Zittern durchfährt jeden Muskel. Wie ein Stück fremde Masse schleppe ich meinen in Flammen stehenden Körper nach vorne. Nie hätte ich gedacht, dass der menschliche Leib eine solch unermessliche Folter verursachen kann.
Tanja war die gesamte Zeit hinter mir und konnte mir nicht helfen. Die Situation ist auch für sie vollkommen neu und unfassbar erschreckend. Sie streichelt mir über die nassgeschwitzte Stirn und holt dann eine Isolationsmatte, auf der ich wie eine bewegungslose Schildkröte liegen bleibe.
Huib hat sich vor Stunden von uns verabschiedet. „Wenn es nicht besser wird, schicke ich euch morgen einen meiner Mitarbeiter, der euch nach Bukarest bringt. Sagt einfach meinem Wachmann bescheid, er hat ein Handy und kann mich jederzeit erreichen.“ Dieser Mann ist tatsächlich ein Engel. Es war eine perfekte Eingebung, nicht weiterzuradeln. Durch Huib habe ich eine Chance auf Rettung, sollte sich die Situation nicht verbessern.

Wir müssen unsere Reise abbrechen!

Ich kann einfach nicht glauben, was mir widerfährt! Unsere Reise war so gut vorbereitet, die Finanzierung, die Technik, die Räder, die Anhänger, einfach alles. Selbst die Beschaffung der Visa und das gesamte Timing standen bisher unter einem guten Stern. Es lief alles bestens und jetzt das. Ich muss pinkeln und weiß nicht, wie ich das veranstalten soll. Mühsam erhebe ich mich und hinke ein paar Meter Richtung Gartenzaun. Dann durchfährt mich wieder ein wahnsinniger Schmerz – als ob mich die glühende Klinge eines Schwertes in zwei Hälften teilt. Ich robbe weinend zu meiner Isomatte zurück. Tränen der Qual und Tränen einer bitteren Erkenntnis fließen über meine Wangen. „Tanja.“ „Ja?“ „Wir müssen unsere Reise abbrechen. Es geht nicht mehr weiter. In meinem Rücken geht irgendetwas Entsetzliches vor sich. So muss sich ein schlimmer Bandscheibenvorfall anfühlen.“ „Ist das dein Ernst?“ „Ja.“ In den ganzen 23 Jahren meiner Reisezeit war ich noch nie gezwungen, wegen einer Verletzung aufzugeben.
Meine Gedanken schweifen zurück zu vergangenen Erlebnissen - nach Pakistan, wo mir Tanjas Kamelbulle Cockie fast die Hand abgerissen hatte. Tanja ist damals Cockie ans Maul gesprungen, mit vereinten Kräften zogen

wir beide an seinen großen Lippen, Tanja nach unten und ich mit meiner freien Hand nach oben. Cockie gab nach einer Weile auf und ich konnte meine Hand aus seinem Maul befreien. Weil mir einer seiner Reißzähne fast einen Nerv durchtrennt hat, war die Hand für ein halbes Jahr taub. Trotzdem ging unsere Expedition weiter. An der Grenze zu Afghanistan haben Mudschaheddin auf uns geschossen. Die Kugel hat mich und mein Kamel knapp verfehlt. Ich hatte Glück und die Expeditionsreise konnte weitergehen. In Nepal tötete unsere Elefantendame Bawan Kumari im Laufe ihres Lebens drei ihrer Mahouts (professionelle Elefantentreiber). Immer wieder griff sie unsere Crewmitglieder an, die ihren Attacken nur mit knapper Not entkamen. Mich hat sie mit ihrem Rüssel einmal am Arm erwischt. Die Folge war ein Muskelriss in der Schulter. Trotzdem konnte unsere Reise weitergehen. In der Mongolei sind wir einmal von betrunkenen Mongolen überfallen worden. Es kam zu einem fürchterlichen Kampf auf Leben und Tod. Bei unserer Flucht schlug eines unserer Pferde aus. Der Huf traf mein linkes Knie. Tanja holte mich aus der Bewusstlosigkeit. Wir flohen und unsere Mongoleidurchquerung konnte weitergehen. In Guyana überfielen mich in einem Slum-Viertel vier Schwarze. Eine Messerattacke verfehlte mich um Haaresbreite, die Klinge streifte nur meine Brust. Ich konnte mich aus dem Kampf zurückziehen und unsere Expedition zu den Wai-Wai-Indianern fortsetzen.
Und weiter schweifen meine Gedanken - von einem Abenteuer zum anderen. Im Laufe der Jahrzehnte hat sich neben den vielen schönen Erlebnissen eine stattliche Anzahl von Unfällen und Beinahunfällen angehäuft. Natürlich kamen solche unglücklichen Zwischenfälle nur selten vor, aber wir wurden doch von Zeit zu Zeit immer wieder mit ihnen konfrontiert. Bisher hatten wir Glück im Unglück. Trotz Verletzungen, Diebstählen und sonstigen Unannehmlichkeiten schafften wir es jedes Mal, unser Vorhaben durchzuziehen - bis jetzt. Diesmal liege ich schon zu Beginn unserer Reise schwer angeschlagen in einem rumänischen Garten. Die gewaltigen Schmerzen lassen keine Zweifel mehr offen. Jetzt fragt es sich nur, wie wir es anfangen sollen, mich hier raus zu bringen. Nie hätten wir damit gerechnet, dass einer von uns beiden in so eine schreckliche Lage kommt. Das ist eine völlig neue Herausforderung, die mein Denkvermögen übersteigt.
„Ich glaube es einfach nicht", holt mich Tanjas flüsternde Stimme aus meinen Gedanken. Sie sitzt auf dem Rasen, hält ihre Arme um die Knie geschlungen und blickt auf das weite Tal, in dessen Mitte ein See in der warmen Abendsonne glänzt. Ein Hirte hütet eine Schafherde, ein leichter Wind trägt Kindergeschrei zu uns herüber. Irgendwo grölt ein Betrunkener und stört die Idylle. Nicht nur seine Laute zerren an meinen Nerven, es ist die gesamte

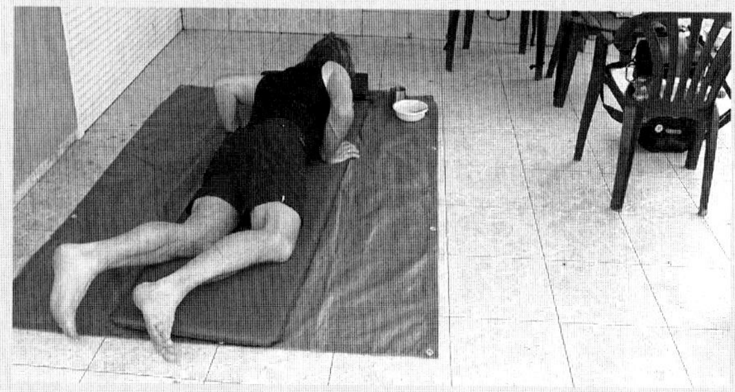

Nur unter großen Schmerzen kann ich meine Position verändern.

beschissene Situation, in der wir uns auf einmal befinden. Aus meiner liegenden Position heraus kann ich kaum etwas von der wunderschönen Landschaft sehen, ich nehme diese eher durch meine frischen Erinnerungen von gestern wahr. Ich denke nach, spüre Tanjas Traurigkeit. Sie ist traurig, ihren Mann so leiden sehen zu müssen, aber auch darüber, dass wir so unvermittelt unsere Trans-Ost-Expedition abbrechen. Wir beide sind enttäuscht, nicht an die Küste radeln zu können, nicht das Schwarze Meer, Moldawien, die Ukraine oder gar Sibirien zu erreichen. Ich spüre Tanjas Angst, sie ist regelrecht greifbar. Diese Angst ist gnadenlos und schnürt mir fast die Kehle zu. Wie wollen wir hier wegkommen? Ob ich morgen wieder gehen kann? Ob ich mich in ein Auto schleppen kann, um darin zu reisen? Ob ich überhaupt mit einem Flugzeug heim fliegen kann? Ich weiß es nicht und ehrlich gesagt ist es mir in diesem Moment auch egal. Das Einzige was für mich jetzt zählt, ist diesem immensen und immer noch zunehmenden Schmerz zu entrinnen.

Entblößt und erniedrigt

Als sich der rot glühende Sonnenball in das weite Tal legt, um sein Feuer im kühlen See zu löschen, springen seine Flammen auf meinen geplagten Leib über. Jede auch nur so kleine Bewegung verursacht einen weiteren Brandherd. Stocksteif und vor Schmerzen völlig gelähmt, liege ich schweißgebadet auf der Isolationsmatte. Ein Wind kommt auf und fegt über die Terrasse, auf der Tanja unser Nachtlager errichtet hat. Unter normalen Umständen würde ich das Säuseln des Windes als angenehm empfinden. So aber nährt der Wind nur das Feuer in meinen Eingeweiden. Die Zäpfchen bringen keine Linderung, im Gegenteil: Mein Magen lehnt sich gegen das starke Schmerzmittel auf. Der Drang, mich zu entleeren, wird größer und größer, bis ich nicht mehr anders kann. In der Dunkelheit krieche ich auf allen Vieren zum Gartenzaun. Huibs Hunde rennen laut bellend um mich herum. Allein die Vorstellung, einer von ihnen könnte meinen schmerzdurchfluteten Körper berühren, treibt mich zum Wahnsinn. „Macht, dass ihr wegkommt!", ruft Tanja in die Nacht, worauf sich die Hunde davon trollen.

Huibs Hunde.

Zitternd knie ich im Rasen, heule Rotz und Wasser, bin völlig verzweifelt. „Ich will nach Hause!", jammere ich erbärmlich, als es mir die Beine hinunter läuft. In diesem Moment fühle ich mich unendlich nackt und hilflos. Das Schicksal hat mich ausgezogen, entlarvt, erniedrigt, gedemütigt. Ich fühle mich wie ein Stück Dreck unter dem Fingernagel, wie unnützer Ballast. Tanja kommt und hilft mir. Liebevoll redet sie mir zu: „Ich mach das gerne. Du brauchst dich nicht erniedrigt zu fühlen. Ich liebe dich doch", flüstert sie, während sie mich wäscht. In Hundestellung robbe ich dann unter unbeschreiblichen Qualen wieder zu meiner Bettstatt zurück. „Wow! Wow! Wow!", bellen die Hunde, rasen in tierischer Energie um mich herum und denken wahrscheinlich, dass dieser dahin robbende Mensch ein verdammt guter Spielkamerad ist.

Gedanken an den Tod kommen auf

Ein warmer Lufthauch schiebt sich aus dem Tal zu uns herauf. Er trägt die Laute eines schlafenden Dorfes zu uns. Hunde jaulen um die Wette, manche raufen sich um die Rangordnung. Es klingt richtig furchteinflößend. Auch Huibs Hunde bellen und knurren, was das Zeug hält. Sie rasen auf dem Anwesen hin und her als wollten sie eine Diebesbande in die Flucht schlagen. „Ob da jemand einbrechen möchte?", flüstert Tanja. „Das würde uns gerade noch fehlen", antworte ich bang und lausche in die Fins-

ternis. Am Himmel blitzt es vor schwarzen, bedrohlich wirkenden Wolken. Eine Gewitterfront bahnt sich ihren Weg durch die geisterhafte Nacht. Es ist 23:00 Uhr und ich führe das dritte Zäpfchen ein. Ich weiß nicht, wie es ohne dieses Schmerzmittel wäre, aber mir kommt es so vor, als könnte ich genau so gut Bonbons lutschen. Das schreckliche Ziehen kommt jetzt nicht mehr in Wellen, sondern hat sich auf einer hohen Stufe manifestiert. Nur wenn ich meine Position verändern muss, klettert es eine weitere Stufe auf der Skala nach oben. Meine Verzweiflung steigert sich proportional zum Schmerz. Die Angst vor einer Querschnittslähmung kommt auf. Sieht so das Ende eines Reiselebens aus? Ist es das, was das Schicksal für mich vorgesehen hat? Warum nur? Habe ich das verdient? Ich will so nicht enden. Nicht so.
Erste Gedanken an den Tod drängen sich auf. Wenn der Schmerz so stark bleibt, möchte ich lieber sterben. Ich wundere mich. Habe ich gerade an den Tod gedacht? Ja, und es war nicht einmal erschreckend. Ich bin verblüfft über mich und meine Gedanken. „Der Schmerz treibt dich dahin", höre ich die Stimme in mir. Na und? Mir egal, wer mich veranlasst, an den eigenen Tod zu denken. Es ist doch gar nicht so schlimm! Gott sei Dank hatte ich ein fantastisches, erfülltes Leben. Es ist angenehm, sich mit diesen Gedanken zu beschäftigen. Sie lindern die Schmerzen, allein das ist es schon wert. „Was ist mit deiner Tanja, deiner Familie? Es wäre sehr egoistisch von dir, jetzt einfach zu gehen. Es ist zu früh. Du hast noch viel vor dir", höre ich die vertraute Stimme. „Stimmt, es wäre egoistisch. Aber warum werde ich so gequält? Ich halte das nicht mehr lange aus. Warum macht ihr das mit mir? Setzt dieser Qual ein Ende! Und wenn es der Tod sein soll, der mich davon erlöst. Ich will nicht sterben, aber ich will auch nicht verrückt werden. Oder noch schlimmer: Verrückt sein und in einem Rollstuhl sitzen. Nein! Nein! Nein! Das will ich nicht. Hört ihr? Hörst Du, Gott? Oder wer auch immer du bist!", fordere ich völlig verzweifelt und ertappe mich dabei, wie ich laut vor mich hinstammele. „Ist es so schlimm?", holt mich Tanjas Stimme aus der Verzweiflung. „Ja, es ist ganz furchtbar."

Mit Blaulicht ins Krankenhaus

Nach einer der schlimmsten Nächte in meinem Leben bin ich froh, als die Sonne wieder aufgeht. Mein Zustand hat sich nicht gebessert. Ich befürchte, dass der Schmerz seine volle Macht noch lange nicht ausgespielt hat. Ohne geschlafen zu haben, fühle ich mich noch kraftloser und verzweifelter als gestern. Kein Funke Hoffnung in Sicht.

Ich liege auf der Seite und löffle sabbernd mein Frühstück. Tanja hat Müsli in Wasser aufgeweicht, es schmeckt widerwärtig und ich habe nicht den geringsten Hunger. Seit gestern Nachmittag kann ich nicht mehr aufstehen. Wenn ich pinkeln muss, drehe ich mich auf die Seite und uriniere in den Rasen. Bei dieser Methode schießen mir die Schmerzen wenigstens nicht durch die Schädeldecke.

Bevor Huibs Angestellter kommt, um uns nach Bukarest zu fahren, verabreicht mir Tanja ein Opiat. In Deutschland hatte mir ein vertrauter Arzt dieses starke Schmerzmittel für den Notfall mitgegeben. „Damit kannst Du sogar mit einer schweren Verletzung noch laufen und einen möglichen Gefahrenbereich verlassen", erklärte er. Nie hätte ich gedacht, in so eine Lage zu kommen. Doch jetzt ist es so weit. „Ich hoffe, es wirkt", flüstere ich, als Tanja mir ein Glas Wasser an die Lippen setzt, damit ich das Opiat hinunterschlucken kann. „Es wird dir bestimmt Linderung verschaffen. Du kommst damit wieder auf die Beine und heute Nachmittag sitzen wir schon im Flugzeug. Spätestens morgen wird dich in Deutschland ein Spezialist behandeln. Es wird gewiss alles gut. Mach dir keine Gedanken", höre ich Tanjas tröstenden und zuversichtlichen Worte.

Um 8:00 Uhr bringt uns einer von Huibs Schützlingen ein Mobiltelefon. Der Holländer persönlich ist am Apparat. „Ja Huib. Danke für deinen Anruf. Denis hatte eine schlimme Nacht. Ich habe ihm vor 10 Minuten ein Opiat gegeben. Ja, bitte lass uns abholen. Es wird sicher wirken. Klar wird er transportfähig sein", lausche ich dem Gespräch.

Um 10:00 Uhr habe ich bereits die zweite Dosis des Opiats geschluckt. Es zeigt bisher null Wirkung. Ich fühle mich nicht berauscht, nicht einmal die Schmerzen haben nachgelassen. Tanja versucht, sich ihre Angst nicht anmerken zu lassen. Wieder reicht der Zigeunerjunge Tanja das Handy. „Nein, er reagiert nicht auf das Schmerzmittel. Was? Nein, es zeigt nicht die geringste Wirkung. Ihm geht es sehr schlecht. Er muss unbedingt hier raus. Einen Krankenwagen? Gute Idee! Keiner deiner Angestellten will die Verantwortung übernehmen? Kann ich verstehen. Mach dir keine Gedanken, die 300 Euro für den Krankenwagen sind in Ordnung. Nein, bitte keinen Flug buchen. Er kann keinen Zentimeter gehen. In diesem Zustand nimmt ihn keine Fluggesellschaft an Bord. Ja, wir müssen Denis in eine Klinik bringen", höre ich Tanja mit Huib sprechen. Irgendwie glaube ich noch immer, dass mich das alles nicht betrifft. Es muss sich um jemand anderen handeln. Auf keinen Fall um mich, den Abenteurer, der bisher jede noch so gefährliche Situation gemeistert hat. Wieder laufen mir Tränen über die Wangen. Der Krankenwagen ist für 13:00 Uhr versprochen. Wie ich es bis dahin durchhalten soll, ist

mir ein Rätsel. Ich versuche mich in eine Trance zu versetzen, um der höllischen Realität zu entgehen. Mit wenig Erfolg.
Dann höre ich Stimmen. Als ein Arzt und sein Helfer mit einer zerlegbaren Trage um die Häuserecke kommen, fällt mir ein Stein vom Herzen. Endlich darf ich diesen Garten der Pein verlassen. Weg von den bellenden Hunden, der gnadelosen Sonne, der Angst und Ungewissheit. Der Arzt misst meinen Blutdruck. „Können Sie gehen?“, will er wissen. „Neeein“, stöhne ich. Er fragt, wo sich das Zentrum der Schmerzen befindet und versucht eine Diagnose.

Der Notarzt und seine Helfer tragen mich in den Krankenwagen.

Dann spritzt er mir ein Schmerzmittel, das mir endlich ein wenig Erleichterung verschafft. Dann schieben mir die beiden eine Bahre unter. Zusammen mit zwei Jungs aus dem Dorf heben sie mich hoch. Es rüttelt und schaukelt und ich warte auf den Schmerz der Schmerzen, aber er bleibt aus. Ich schaue in den Himmel, sehe Äste, Bäume, Dachrinnen vorbeiziehen, während sie mich in den Krankenwagen schieben. Die Türen fallen ins Schloss. Tanja sitzt neben mir und hält mir die Hand. „Es wird alles gut“, sagt sie und lächelt. Ich bin so froh, sie an meiner Seite zu haben.
Als der Motor anspringt, geht eine leichte Vibration durch den Fahrgastraum. Dann holpert es über den Schotter die schlechte Straße entlang. Der Schmerz ist groß, aber Dank der Medikamente auszuhalten. Als wir auf die Hauptstraße kommen, geht das Martinshorn an. Der Fahrer gibt Gas rast an den Autoschlangen vorbei. „Wir bahnen uns eine Schneise durch den Verkehr“, berichtet Tanja. „Tatü! Tatü! Tatü!“, hallt es in meinen Ohren. Bisher kenne ich das Geräusch nur aus sicherer Entfernung. Immer dachte ich an den armen Menschen hinter den Milchglasscheiben und war froh, nichts mit

dieser bedauernswerten Person zu tun zu haben. Doch diesmal sind die Rollen vertauscht. Das „Tatü, Tatü" betrifft eindeutig mich.

Blut an der Wand

Im Sanitätswagen ist es irre heiß, ich schwitze wie verrückt. Die Hitze, die Medikamente und der rasante Fahrstil fordern ihren Tribut und mir wird schlecht. Als wir am städtischen Klinikum von Bukarest ankommen, bin ich am Ende. Man schiebt mich durch lange Gänge, um Ecken, durch Menschenmassen, an Verletzten, Schwestern und Ärzten vorbei. Vor mir machen zwei Männer eine Tür auf. Offensichtlich klemmt sie, denn sie müssen ihre gesamte Kraft einsetzen, um sie aufzubekommen.

Endlich befinde ich mich in der Unfallnotaufnahme. Blutflecken zieren die Wand, Menschen stöhnen schmerzerfüllt. Es riecht nach Sterilisationsmittel. An einem Rollbett sitzt eine missgelaunte Schwester. Ihr Gesichtsausdruck ist zum Fürchten. Ein anderer Patient auf einem Rollbett ist genau so bewegungsunfähig wie ich. Ein Arzt im grünen Kittel kommt herein und lächelt mich an. Es wirkt wie das mitleidige Zuversichtslächeln eines überarbeiteten Doktors. Er sagt etwas auf Rumänisch. Ein Mann, der neben meiner Rolltrage steht, spricht mit dem Arzt. Er ist ein Geschäftsfreund von Huib. Huib hat ihn für uns als Übersetzter organisiert. Neben ihm steht Huibs Sekretärin. Sie spricht kein Wort englisch, wurde von unserem holländischen Schutzengel aber ebenfalls zur Unterstützung mitgeschickt.

„Er möchte wissen, wie das passiert ist", sagt der Übersetzer mit leiser, kaum hörbarer Stimme. Tanja beschreibt den Unfallhergang. „Wir müssen Ihren Mann röntgen", gibt der Übersetzer die Anweisungen des Arztes durch. „Ich brauche eine Kernspintomographie! Eine Röntgenaufnahme bringt doch nichts", werfe ich ein. „Der Arzt sagt, es tut ihm leid. Kernspintomographien bekommen nur Unfallpatienten", hören wir unseren Übersetzer flüstern. „Aber ich hatte doch einen Unfall!". „Der Doktor meint Verkehrsunfälle. Schwere Unfälle." Aber man muss doch nicht unter die Räder kommen, um sich den Rücken zu brechen, denke ich, bin aber zu schwach, um weiter zu argumentieren.

„Wenn Sie wollen, geben wir Ihnen einen Drogenersatz. Das Medikament ist in Europa und Amerika nicht zugelassen. Es kann Allergien auslösen, kann Ihnen aber helfen", schlägt der Arzt vor, ohne dass er nur den geringsten Versuch unternommen hätte, mich zu untersuchen. Ich erschrecke: Was soll ich denn mit einem Drogenersatz? Der wird mir doch die Bandscheibe nicht wieder zwischen die Wirbel springen lassen! Verzweifelt frage ich Tanja nach

ihrer Meinung. „Klingt nicht gut." Auch sie ist ratlos. Plötzlich mischt sich ein Patient ein, der mir bislang nicht aufgefallen war. Er muss schon die ganze Zeit neben meiner Bahre gesessen haben. „Ich weiß genau, was Sie haben! Ich weiß auch, wo es Ihnen weh tut", meint er in gutem Englisch und drückt mir seinen Ellbogen in die Linke Pobacke. „Aaahh! Ja, da tut es höllisch weh! Aufhören!", schreie ich. „Hier, das sind meine Kernspintomographieaufnahmen. Sehen Sie? Das Gleiche wie bei Ihnen", meint er und zeigt die Bilder dem Arzt. Tanja und ich beobachten, wie der Arzt die Aufnahmen studiert. Dann unterhalten sich die beiden auf Rumänisch. Mir treibt es Angstschweiß auf die Stirn. Wie kann ein ausgebildeter Arzt die Aufnahmen eines anderen ansehen und dadurch Schlüsse auf meine Verletzung ziehen wollen?
Auf einmal wird die Tür zur Notaufnahme aufgezerrt. Zwei Pfleger schieben eine junge Frau in den überfüllten Saal. Ihr Nacken steckt in einer Halskrause. So wie es aussieht, hatte sie einen Verkehrsunfall und bekommt jetzt eine Kernspintomographie. Als die Frau an mir vorbei geschoben wird, trifft mich ihr Blick. Ihre Augen drücken blankes Entsetzen aus. Für wenige Augenblicke glaube ich, ihren Schmerz und ihre Angst zu spüren. Dann verschwindet sie wieder aus meinem Blickfeld. Ein Schauder läuft mir über den Rücken. Ob sie gelähmt ist? Ob ich hier mit heiler Haut rauskomme? Mein Gott, bitte lass mich hier raus. Bitte mach, dass ich wieder laufen kann. Bitte lass die Schmerzen aufhören!, flehe ich in Gedanken.
Es rumpelt. Drei Männer schieben die Tür zur Notaufnahme wieder zu. „Ich hatte die gleiche Verletzung. Ein Eisenträger ist auf meine Füße gefallen. Ich war völlig gelähmt, aber jetzt kann ich wieder gehen", höre ich die kräftige Stimme meines Nachbarn. „Haben Sie sich entschieden? Soll ich Ihnen den Drogenersatz spritzen?", fragt mich der Arzt. „Nein, auf keinen Fall. Ich will keinen Drogenersatz!" Der Doktor akzeptiert meinen Willen und nickt. Dann spritzt er mir ein Schmerzmittel und ein Medikament gegen die Entzündung. Die Mittel bringen sofort Erleichterung.
„Wir werden Sie jetzt in den Röntgenraum schieben", informiert mich der Arzt. Zwei Pfleger rollen mich durch endlose Gänge in eine andere Abteilung. Tanja muss draußen bleiben. Die Bahre steht nun neben dem Röntgentisch. Ich frage mich, wie ich da drauf kommen soll - allein der Gedanke daran, mich nur einen Millimeter zu bewegen, lässt mich verkrampfen. Ein freundliches Gesicht beugt sich über mich. Der Mann spricht kein Englisch, aber seine Gestik ist verständlich genug. Ich soll mich mit meinen Händen an seinem Nacken festhalten, signalisiert er. Ich umfasse seinen kräftigen Nacken und sehe dem Mann in die Augen. Sie strahlen eine Wärme aus, die mir tief in die Seele dringt. Meine Schmerzen verflüchtigen sich im Nu. Ich fühle mich, als würde ich auf einer

Wolke schweben. Selten in meinem Leben habe ich in solche Augen geblickt, sie sind ein Labsal, ein echter Segen. Am liebsten würde ich in diesen Augen versinken. Dann schieben sich zwei Hände unter meine Beine und kurz darauf liege ich schmerzfrei auf dem Röntgentisch. Sind es die Arzneimittel oder ist dieser Mann mit den wunderbaren Augen ein weiterer Engel in Menschengestalt? Ich liege auf dem kalten Tisch und versuche zu verstehen, was gerade mit mir geschieht. Wie viel Glück im Unglück ich bisher doch hatte und wie viele völlig fremde Menschen mir uneigennützig geholfen haben. „Wir machen jetzt eine Aufnahme", glaube ich zu verstehen, als mich eine Schwester anspricht. Noch bevor ich um einen bleiernen Lendenschutz bitten kann, surrt schon das Röntgengerät. Das eine Mal wird mich schon nicht impotent machen, denke ich.
„Die Aufnahmen sind nichts geworden. Wir müssen Sie noch mal röntgen", muss ich Minuten später erfahren. Tanja, die sich zwischendurch nach meinem Befinden erkundigt und in den Röntgenraum vorgedrungen ist, hilft mir dabei, diesmal einen Strahlenschutz umzulegen.
„So wie es aussieht, hatten Sie schon mehrere kleinere Frakturen an ihrem Rückrat", stellt der Arzt fest, als er die Aufnahmen studiert. Ich frage mich, wann ich mir diese Frakturen zugezogen haben soll. „Im Augenblick stelle ich nichts Akutes fest. Ich denke, Sie können in einer oder zwei Wochen Ihre Radreise fortsetzen", höre ich erfreut, kann es aber nicht glauben. „Wollen Sie so lange bei uns im Krankenhaus bleiben?" „Auf keinen Fall!" „Dann geben wir Ihnen ein Rezept. Ihre Frau soll die Medikamente in der Apotheke besorgen. Wo soll Sie der Krankenwagen hinbringen?" „Ins Hotel Orchideea", sagt Tanja.
Eine Stunde später hält der Krankenwagen vor dem Hotel. Tanja fragt nach, ob sie auch einen verletzten Gast aufnehmen. Derweilen liege ich im überhitzten Wagen und bin froh, dass die Schmerzen nur dumpf sind. Womöglich hat der Arzt doch Recht und wir können in zwei Wochen weiterreisen.
„Wir dürfen einchecken und bekommen sogar einen Sonderpreis", überbringt Tanja die gute Nachricht. Weil meine Qualen sich hinter den Arzneien verstecken, werde ich etwas übermütig und frage den Notarzt: „Meinen Sie, ich kann alleine gehen?" „Versuchen Sie es", ermutigt er mich. Wahrscheinlich hofft er, mich nicht in den ersten Stock hoch schleppen zu müssen. Vorsichtig stütze ich meinen Oberkörper auf die Ellbogen. Es funktioniert! Freudig über den Erfolg bringe ich mich in Sitzposition und lasse meine Beine von der Bahre baumeln. Als ich mich aufstellen will, explodiert es in meinem Rücken. Ich schreie und rette mich schnaufend zurück ins Bett. „Es geht nicht. Keine Chance", wimmere ich entsetzt über den herben Rückschlag. Es war definitiv ein Fehler, den Gehversuch zu wagen, denn die Höllenqualen sind wieder vollständig da.

Zwei Hotelangestellte, der Fahrer und der Notarzt schleppen mich jetzt durch die Empfangshalle des Hotels, hieven die Bahre die schmale Treppe hoch und winkeln sie in unser Zimmer. Mit letzter Kraft legen sie mich aufs Bett. Der Notarzt gibt uns für den Fall der Fälle seine Handynummer. Dann wünscht er uns viel Glück und verabschiedet sich.
Die Klimaanlage ist für den Raum total unterdimensioniert und ich bekomme starke Schweißausbrüche. Tanja holt Tabletten von der Apotheke und als sie zurückkommt, bin ich nur noch ein Häufchen Elend. Die Nacht entwickelt sich erneut zu einem Alptraum. An Schlaf ist nicht zu denken. „Ich glaube nicht mehr, dass es besser wird. Ich brauche Hilfe", klage ich um 3:00 Uhr früh. „Die einzige Chance sehe ich in einer Privatklinik. Die können dich dort vielleicht so weit behandeln, dass wir dich mit einem Flugzeug heimbringen können." „Gibt es hier überhaupt eine Privatklinik?" „Der Notarzt hat davon gesprochen. Sie soll sehr gut, aber auch teuer sein. Wenn es morgen früh nicht besser ist, lasse ich dich dorthin fahren", beschließt Tanja.

Einer Horde blutrünstiger Hyänen entkommen

Der Morgen ist die Fortsetzung eines Alptraums, aus dem es kein Erwachen gibt. Meine Persönlichkeit ist von Heiterkeit, Tatendrang, Entdecker- und Lebenslust schlagartig in Angst, Lustlosigkeit, Trübsal und Hoffnungslosigkeit umgeschlagen. Die Schmerzen sind mit Worten nicht zu beschreiben.
Um 8:00 Uhr steht Dr. Ratiu wieder an meinem Bett und bekämpft meine Schmerzen mit einer Spritze. Dann tragen mich vier Männer die Treppen hinunter. Ich winke dem Herren an der Rezeption zu. „Wir sehen uns wieder!", rufe ich und ringe mir ein Lächeln ab. Woher nehme ich bloß diese Zuversicht? Insgeheim bete ich, dieses Abenteuer zu bestehen, ohne eine Querschnittslähmung davon zu tragen. Tanja organisiert alles. Sie spricht mit der Rezeption, dem Arzt, dem Sanitäter und trifft Entscheidungen. „Tatü! Tata! Tatü! Tata!", schrillt das Martinshorn, während sich das Sanitätsfahrzeug eine Schneise durch den Verkehr bahnt.
Endlich kommen wir an. Sehnsüchtig warte ich darauf, in ein richtiges Krankenhaus eingeliefert zu werden, ohne Blutflecken an der Wand, mit guten Ärzten, die mir diese verdammten Schmerzen nehmen und mir die Beweglichkeit meiner Beine zurückgeben. „Die Betten sind alle belegt. Ihr Mann muss zwei bis drei Stunden warten, bis ein Zimmer frei wird", höre ich mit Entsetzen Dr. Ratiu sagen. „Können Sie meinen Mann wenigstens in ein Bett auf dem Gang legen?" „Nein, es gibt keine Ersatzbetten. Nur eine Couch, in die er sich setzen kann." „Eine Couch? Aber Sie sehen doch, er kann nur

liegen und schon das ist zu viel." „Ja, ich weiß. Aber was soll ich tun? Das Haus ist voll." Tanja setzt sich im Krankenwagen neben mich und schildert mir die Situation. „Unmöglich! Schon der Gedanke daran, meinen Oberkörper aufzurichten, bringt mich um", sage ich kleinlaut.
„Es gibt noch eine andere Privatklinik in Bukarest. Sie ist die Beste in ganz Rumänien, aber sehr, sehr teuer. Wenn Sie möchten, fahren wir Sie dort hin", schlägt Dr. Ratiu vor. „Was kostet dort die Nacht?", möchte Tanja wissen. „Ich weiß nicht genau. Um die 100 Euro zuzüglich Arzt und Behandlung." Bei einem Durchschnittseinkommen von 50 Cent bis einem Euro in der Stunde müsste ein Rumäne für einen Tag Klinikaufenthalt zwischen 100 und 200 Stunden arbeiten. Wenn man noch 50 Euro Medikamente und Arztrechnungen dazuzählt, wären es zwischen 150 und 300 Arbeitsstunden. Bei einer 40-Stunden-Woche müsste ein Durchschnittsverdiener also knapp vier bis sieben Wochen arbeiten, um nur einen Tag in der Privatklinik behandelt werden zu können. Wohlgemerkt ohne operativen Eingriff.
„Keine Frage, fahren Sie uns bitte gleich hin", entscheidet Tanja sofort. Schon eine viertel Stunde später werde ich wieder aus dem Krankenwagen gehoben. Ein paar grüne Kittel rollen mich in die Aufnahme der Euroclinic. Jetzt geht alles sehr schnell. Meine Trage wird in einen Aufzug geschoben, dann öffnet sich die Tür zu einem kleinen, aber blitzsauberen, nagelneuen Zimmer. Man hebt mich von der harten Bahre auf das wunderbare Bett. Erleichtert atme ich aus und fühle mich, als wäre ich gerade einer Horde blutrünstiger Hyänen entkommen. Womit ich natürlich die Gesamtsituation meine und nicht die vielen Menschen, die mir bisher geholfen haben. Endlich fühle ich mich geborgen. Die Menschen sind außerordentlich nett zu mir. „Ich bin Dr. Cristina Vladulescu", stellt sich die junge Stationsärztin in gutem Englisch vor. Sie lächelt freundlich und fragt nach dem Unfallhergang. Sie ist im Laufe dieses Martyriums der erste Arzt, der mich untersucht. Sofort fasse ich Vertrauen. „Wir werden morgen eine Kernspintomographie machen. Ich gehe davon aus, dass Sie sich einen Bandscheibenvorfall zugezogen haben. Mit den Aufnahmen stellen wir den Schweregrad fest. Es kann sein, dass wir Sie operieren müssen." „Operieren? Um Gottes Willen, ich möchte auf keinen Fall operiert werden! Können Sie mich nicht mit Medikamenten so weit hinbiegen, dass ich transportfähig bin?", frage ich. Das Letzte, was ich jetzt brauche, ist eine Bandscheibenoperation in Rumänien. „Vielleicht drängen die Medikamente die Entzündung zurück und Sie können nach Hause fliegen. Warten wir bis morgen und machen Sie sich bitte keine Sorgen. Das wird schon wieder", tröstet mich die sympathische Ärztin.
Wenige Minuten nach dem Aufnahmegespräch und der Untersuchung hängt ein riesiger Tropfer an meinem Arm. Die Wirkung ist fantastisch, denn ein

Großteil des Schmerzes flattert wie eine gerupfte Krähe davon. Obwohl ich mich in einem Einbettzimmer befinde, darf Tanja bleiben. „Dr. Vladulescu macht eine Ausnahme. Sie wollten mir ein Bett bringen. Ich habe abgelehnt, wollte keine Umstände machen. Als ich der Ärztin sagte, ich würde auf der Isomatte schlafen, wollte sie es nicht zulassen", erzählt mir Tanja. „Und? Wo willst du schlafen, wenn sie dir kein Bett bringen sollen?" „Auf der Isomatte. Ich habe mich durchgesetzt." „Hm, ein Bett wäre doch bequemer gewesen", meine ich. „Wir haben Jahre auf Isomatten geschlafen. Das macht mir nichts aus." „Wie du willst. Hauptsache, du bist in meiner Nähe. Aber wenn du willst, kannst du auch jederzeit ins Hotel gehen", schlage ich vor. „Es wäre schrecklich, nicht bei dir zu sein. Ich lasse doch mein Häselchen nicht im Stich, nicht für eine Stunde."

Es geht aufwärts. Nach einem köstlichen Mittagessen besucht mich ein anderer Arzt. Dr. Baltateanu ist Neurochirurg und auf Bandscheibenoperationen spezialisiert. „Sie müssen Ihre Reise mindestens für einen Monat unterbrechen. Mehr kann ich aber erst nach der Kernspintomografie sagen", erklärt er. Ich schöpfe wieder Hoffnung, unsere Trans-Ost-Expedition doch noch fortsetzen zu können. „Selbst wenn wir Sie operieren müssen, ist Ihre Reise nicht gefährdet. Solche Operationen sind heute keine große Sache mehr", meint er und verabschiedet sich.

Noch am gleichen Tag telefoniere ich mit meinen Eltern. Sie sind sehr erschrocken. Nach vier Knieoperationen und anderen Zwischenfällen kann ich sie gut verstehen. „Ja, ich bin hier in guten Händen", tröste ich meine Mutter. Die vertraute Stimme und das tiefe Mitgefühl meiner Mutter bringen mich zum weinen. Meine Mutter beherrscht sich, so gut sie kann. Den eigenen Sohn mit einer schweren Rückenverletzung in einem rumänischen Krankenhaus zu wissen trifft das stärkste Gemüt. „Morgen wissen wir mehr. Vielleicht ist es ja nicht so schlimm. Es besteht die Chance, dass sie mich mit Medikamenten hinbekommen. Dann komme ich bald nach Hause." „Hoffen wir das Beste. Es geht bestimmt alles gut. Viel Glück und bis morgen", sagt mein Vater noch, als wir uns verabschieden.

Schwerer Bandscheibenvorfall

Nach vier quälenden Tagen wache ich heute zuversichtlich und mit einigermaßen erträglichen Schmerzen auf. Endlich habe ich schlafen können. Mit dem elektrisch verstellbaren Bett kann ich sogar eine schräge Sitzposition einnehmen. Zwar reicht es nicht für einen Blick aus dem Fenster, aber zumindest kann ich mein Frühstück selbst essen.

Vormittags werde ich in den Kernspintomografen geschoben, am späten Nachmittag bringt Dr. Baltateanu die Diagnose: „Es ist so, wie wir vermuteten. Sie haben einen schweren Bandscheibenvorfall. Ich rate Ihnen, sich so schnell als möglich operieren zu lassen. Mit Medikamenten können wir Sie vielleicht so weit bringen, dass Sie nach Deutschland fliegen können, um dort operiert zu werden. Aber entscheiden Sie schnell, es muss bald etwas geschehen!“ Obwohl er mir optimistisch zulächelt, macht mich seine Aussage fertig. Muss ich jetzt womöglich in Rumänien operiert werden? Das kann doch nicht sein! „Ich möchte hier nicht operiert werden! Bitte versuchen wir erst mal die Medikamentenmethode!“ Eine grässliche Ahnung steigt in mir auf.
Ich habe schon einiges über Bandscheibenoperationen gehört. Viel Gutes, aber auch viel Schlechtes - zu viel Schlechtes, um so einem Eingriff positiv entgegenzusehen. „Haben Sie keine Angst“, ermutigt mich Dr. Baltateanu. „Solche Operationen sind heutzutage keine große Sache mehr. Ich kenne Spitzensportler, die nach einer Bandscheibenoperation wieder Tennis oder Fußball spielen. Sogar Boxer steigen nach so einer OP wieder in den Ring. In ein paar Tagen können Sie wieder laufen und gesund nach Hause fliegen. Ich kann ja verstehen, dass Sie nicht in einem fremden Land operiert werden möchten. Aber das ist eine Standard-Operation und die sind überall auf der Welt gleich“, höre ich und bin dem Arzt für seine Ermutigung dankbar. „Ich komme morgen wieder. Dann können Sie mir mitteilen, wie Sie sich entscheiden“, sagt er noch und macht dann leise die Zimmertür hinter sich zu.
Obwohl ich die ganze Zeit wusste, dass sich in meinem Rücken etwas Abnormales abspielt, trifft mich die Aussicht auf eine Operation doch ziemlich hart. „Was meinst du?“, frage ich Tanja. „Ich möchte keine falsche Entscheidung treffen.“ „Ich weiß nicht. Was ist, wenn die einen Fehler machen? Dann lande ich womöglich im Rollstuhl!“ „Warten wir noch ein paar Tage. Vielleicht wird es besser und wir können nach Deutschland fliegen. Dort suchst du dir dann in aller Ruhe einen Spezialisten deines Vertrauens.“ „Ja, so machen wir es.“
Am Abend schauen wir uns das Fußballspiel Deutschland-Argentinien an. Das spannende Spiel fesselt mich derart, dass ich für eine Weile sogar meine Schmerzen vergesse. Danach läuft eine Sendung mit Steve Erwin, dem mittlerweile verstorbenen australischen Krokodiljäger. Draußen wird es dunkel, aber ich kann nicht einschlafen. „Tanja? Ich muss mal!“, sage ich leise. Tanja ist sofort wach und schiebt mir eine Toilettenschüssel unter den Hintern. Um Mitternacht nehmen die Schmerzen wieder brutal zu und ich bekomme eine weitere Schmerzinfusion. Es ist die vierte seit meiner Einlieferung.

Langes Zögern

Meine Situation hat sich verschlechtert. Seit zwei Tagen habe ich kein Gefühl mehr im linken Fuß. Dafür fühlt sich meine Wade an, als würde sie jemand mit dem Messer herausschälen. Literweise fließen Antibiotika, entzündungshemmende und schmerzstillende Medikamente durch meine Venen. Ich leide wie ein Hund. „Sie müssen nach Hause", sagt Dr. Baltateanu. „Aber ich kann nicht gehen. Ich kann mich nicht einmal aufrichten", jammere ich. „Dann müssen wir Sie operieren."
„Was soll ich nur tun? Jetzt schläft mir der Fuß ein. Ich habe immer weniger Gefühl. Die Nerven sterben ab!", bemitleide ich mich und bin völlig ratlos. „Versuch doch mal aufzustehen", schlägt Tanja vor. „Meinst du?" „Ja, der Arzt hat doch gesagt, es kann nichts geschehen." Ich konzentriere mich und sammle meine Kräfte. „Jetzt!", gebe ich mir den Befehl, hebe meinen Oberkörper, schwinge die Beine über das Bettgestell und belaste sie ganz langsam. Ich grinse. Dass Erfolgserlebnis ist fantastisch, aber nur kurz: Sekunden später durchzieht mich ein wahnsinniger Schmerz. Mir knicken die Beine ein und ich schaffe es gerade noch, mich ins Bett fallen zu lassen. Ab diesem Zeitpunkt helfen die Schmerzinfusionen fast nicht mehr. „Wir können Ihrem Mann keine weiteren Schmerzmittel spritzen." Wimmernd liege ich den Rest des Tages und die Nacht schlaflos im Bett. „Er ist am Limit", höre ich die Nachtschwester meiner Frau zuflüstern.
Tanja hat die letzten Tage versucht, bei drei meiner Versicherungen eine Zusage über den Rücktransport zu erlangen. Keiner will uns eine schriftliche Bestätigung schicken. Das heißt, dass wir notfalls den Rücktransport selbst bezahlen müssen. „Scheiß Versicherungen. Wenn man sie braucht, kommen sie ihrer Verpflichtung nicht nach", fluche ich. Tanja muss den Sanitätstransport ohne Hilfe organisieren. Schnell kommen bei einem Sonderflug 50.000 oder vielleicht 100.000 Euro zusammen. Der Heimflug könnte uns ruinieren. Und wie bekommt man in Rumänien eigentlich ein Sanitätsflugzeug? Wenn ich alleine hier wäre, könnte ich wahrscheinlich verrecken und keiner würde sich darum kümmern. Meine Eltern ziehen seit Tagen in Erwägung, nach Bukarest zu fliegen. Doch was sollten sie mir in dieser Situation schon helfen? „Bleibt bitte Zuhause. Wir kommen schon zurecht", hat ihnen Tanja zugeredet.
Seit gestern ist klar: Aus dem Heimflug wird nichts. Welche Alternativen gibt es noch? Der Rückflug würde uns womöglich finanziell ruinieren. Die Lähmung in meinem Bein wird von Stunde zu Stunde schlechter und wir bekommen von den Versicherungen keine Unterstützung. Durch die unablässigen Schmerzen, die vielen Medikamente und die wachsende Panik in mir kann

ich kaum mehr einen klaren Gedanken fassen. Für Tanja ist es eine verdammt schwere Entscheidung. Sollte die Operation schief gehen, würde sie sich ewig Vorwürfe machen. Also, was soll ich tun? Hallo! Ich benötige eine Antwort und zwar sofort! „Lass dich operieren." „Wie bitte?" „Lass dich operieren. Es wird gut gehen. Du bist hier in guten Händen", höre ich meine innere Stimme, es ist die Stimme von Mutter Erde. Ich bin mir nicht sicher, ob ich in meinem Zustand wirklich Mutter Erde hören kann. Wahrscheinlich rede ich wie im Fieberwahn mit mir selbst. Die Zweifel sind groß. Vor ein paar Jahren, während unserer Wüstendurchquerung in Australien, wusste ich, dass es wirklich Mutter Erde war, mit der ich kommunizierte. Doch jetzt? Diese Gespräche sind lange her. Letztes Jahr, auf der ersten Etappe unserer Trans-Ost-Expedition, ergaben sich ein paar Dialoge, die danach klangen. Was soll ich tun? „Lass dich operieren", höre ich wieder und fasse einen Entschluss.

Operation

Das Warten auf die OP zieht sich schrecklich in die Länge. Um 14:00 Uhr kommt Dr. Baltateanu in Begleitung eines weiteren Arztes. „Wie geht es Ihnen?", fragt er gut gelaunt. „Den Umständen entsprechend." „Keine Bange. Morgen können Sie wieder gehen und übermorgen nach Hause fliegen. Das ist mein Assistent Dr. Sandu. Er ist ebenfalls ein erfahrener Chirurg. Sie sind also in besten Händen. Bis gleich", sagt er, als hätten wir uns zum Kaffeekränzchen verabredet.

Dann kommen die Schwestern und schieben mich samt Bett in den Aufzug. Ich bibbere vor Aufregung, denn jetzt gibt es kein zurück mehr. „Hier dürfen Sie nicht mit rein", stoppen die Schwestern Tanja am Eingang zum OP-Saal. Eine Schiebetür öffnet sich automatisch und ich rolle weiter. Tanja und ich winken uns zu und dann trennt die Tür unsere Blicke. Plötzlich öffnet sich die Automatiktür wieder. Tanja steht da und lächelt mir gequält zu. Wir wissen beide, was auf dem Spiel steht. Tränen strömen. Tanja hebt noch einmal die Hand zum Gruß und verschwindet hinter der Tür. „Bleiben Sie ruhig. Sie brauchen keine Angst zu haben. Ihrer Frau geht es gut und Ihnen wird es in ein paar Stunden auch wieder gut gehen", tröstet mich eine OP-Schwester. Dr. Baltateanus Augen lächeln mich oberhalb seines Mundschutzes zuversichtlich an. Eine Schwester piekt an meinem linken Arm herum und versucht eine dicke Nadel in eine Ader an meiner Hand zu stechen. Beim dritten Mal klappt es. Kurz darauf bin ich weg, ich merke nicht einmal, wie mir das Licht ausgeschaltet wird.

„Mister Katzer! Hallo Mister Katzer! Hören Sie mich?“, höre ich eine Stimme von ganz weit. Ich will etwas sagen, doch es gelingt mir nicht. „Mister Katzer!“, wabert es wieder durch eine Masse aus flüssiger Luft. „Es ist vorbei. Bewegen Sie bitte ihre Beine!“, sickern weitere Worte in mein Bewusstsein. Sofort arbeiten meine Gehirnzellen, setzen mich in Alarmbereitschaft und geben den Befehl an die Beine. Es funktioniert! Die Beine bewegen sich, auch meine Zehen lassen sich munter auf und ab bewegen. Ein Glücksgefühl durchdringt mich. Ich ziehe vorsichtig den rechten Fuß hoch, dann den Linken. „Die Schmerzen sind weg“, jauchze ich im Delirium der Anästhesie.

„Die Operation ist sehr gut verlaufen“, sagt die Stimme.

Stunden später wache ich in der Intensivstation auf. Einige Geräte piepsen. „Hallo mein Schatz“, formt ein wunderschöner Mund sehr vertraute Worte. Tanja sieht mich glücklich an. „Alles klar?“ „Ja“, antworte ich, bewege wieder meine Beine und kann es nicht fassen. „Die Schmerzen sind weg!“, freue ich mich und wieder durchströmt mich ein gewaltiges Glücksgefühl. „Ja, deine Operateure haben einen tollen Job gemacht. Knapp drei Stunden mussten sie operieren.“ „So lange?“ „Ja, Dr. Baltateanu sagte, dass er in all den vielen hundert Operationen, die er bisher durchführte, noch nie so einen Fall hatte.“ „Wieso? Ist was schief gelaufen?“ „Nein, alles in Ordnung. Nur muss der Schlag in deinem Rücken so stark gewesen sein, dass es Einzelteile deiner Bandscheibe in den Rückennerv geschleudert hat. Der Nerv war mit vielen kleinen Splittern gespickt. Sie haben alle rausgeholt. Kein Wunder, dass du unter solch schrecklichen Schmerzen gelitten hast. Wir haben uns richtig entschieden. Hätten wir noch etwas gewartet, wärst du höchstwahrscheinlich im Rollstuhl gelandet. Aber mach dir keine Sorgen. Hier sind alle mit dem Verlauf des Eingriffs zufrieden“, lausche ich Tanjas Worten und falle erleichtert in tiefen Schlaf.

Zweite Geburt

„Sie können aufstehen“, fordert mich die Stationsärztin Dr. Vladulescu früh um 7:00 Uhr auf. „Was? Meinen Sie das im Ernst?“, frage ich unsicher. „Ja, nur zu!“ Angesichts der Höllenqualen der letzten 10 Tage, die sich in meinem Gedächtnis bestimmt für immer eingebrannt haben, graut es mir davor, aufzustehen. „Ich weiß nicht. Soll ich wirklich?“ „Ja, versuchen sie es“, lächelt mir die Ärztin zu. Vorsichtig richte ich meinen Oberkörper auf und lasse die Beine aus dem Bett baumeln. Voller Angst warte ich auf den Schmerz, doch er bleibt aus. Nur ein leichtes Ziehen der Narbe, aber kein Schwertschlag. „Ich kann es nicht glauben! Die Schmerzen sind weg!“, freue

ich mich und lache erleichtert. Dann wird mir schwindelig und ich lege mich wieder hin. Tanja strahlt übers ganze Gesicht.
Schwester Bianca, die sich die ganze Nacht um mich gekümmert hat, bringt einen Rollstuhl. Mit ihrer und Tanjas Hilfe richte ich mich erneut auf. Kein Schmerz. Diesmal wird mir nicht schwindelig. Langsam setze ich einen Fuß auf den Boden und wackle zwei unsichere Schritte auf den Rollstuhl zu. Behutsam lasse ich mich darin nieder. „Keine Schmerzen!“, lache ich befreit.
Schwester Bianca schiebt mich durch die Station. „Wie geht es Ihnen?“, fragt Catalin, einer der Pfleger. „Blendend!“, rufe ich aus meinem Rollstuhl. Er lacht. „Ich freue mich auf den Tag, an dem ich Sie tanzen sehe“, ruft er mir vergnügt hinterher. Mirela, Adina, Laura und viele andere sind ebenfalls froh, dass der über viele Tage gelähmte Abenteurer wieder schmerzfrei ist. „Fantastisch, Sie können ja sogar sitzen, Mister Denis! Und lachen können Sie auch wieder! Na, dann kann es ja bald wieder weiter gehen, Mister Denis! Wenn Sie auf Ihrem Fahrrad nach Russland radeln, nehmen Sie uns dann mit?“, scherzen die Damen. Es kommt mir vor, als hätte ein neues Leben begonnen, als hätte ich eine Goldmedaille gewonnen. Ich freue mich über das größte Geschenk, das ich je in meinem Leben bekommen habe: Ich darf als gesunder Mensch weiterleben. Vor allem bin ich unendlich dankbar, dass der teuflische Schmerz aus meinem Körper gewichen ist. Dr. Baltateanu und sein Kollege Dr. Sandu haben mir mit ihren begnadeten Händen mein Leben wiedergeschenkt. Tausend Dank all den Engeln, die mir zur Seite standen. Tausend Dank allen, die geholfen haben, mein Leben zu retten. Und am meisten danke ich Tanja, die mir pausenlos zur Seite stand und deren Liebe mich das alles hat durchstehen lassen.
Als ich den Rollstuhl verlasse und den Meter zu meinem Bett selbstständig gehe, bin ich der glücklichste Mensch der Welt. Nachdem die Ärzte und Schwestern das Zimmer verlassen haben, strahle ich Tanja an. „Weißt du, was mit mir geschehen ist?“ „Was meinst du?“ „Ich hatte heute Morgen einen Tagtraum. Es war so etwas Ähnliches wie eine Vision. Es war so, als hätte sich der grausame Schmerz durch meinen gesamten Körper gebrannt wie ein Feuer. Ein Feuer, das alles, was ich einmal war, völlig vernichtet hat. Dieses Feuer hat nichts hinderlassen, nur Asche. Aber es ist keine tote Asche, sondern eine Asche voller Energie. Eine Asche, die sehr nährreich ist. Alles in mir ist klar und rein. Ich fühle die einmalige Gelegenheit, in meinem Leben neue, junge Samen in die frisch gedüngte Erde zu setzen. Samen für eine Veränderung, für neue Ideen. Samen des Glücks und der Harmonie. Ich habe jetzt die einmalige Chance, Dinge die sich im Laufe der Jahre in mir eingenistet haben, zu ändern. Der alte Denis ist in den letzten Tagen restlos verbrannt.

Ich kann noch mehr Glückseligkeit, noch mehr innere Freiheit erfahren, das Leben liegt wie neu vor mir", plaudere ich ohne Punkt und Komma. „Das klingt sehr schön, Denis. Es ist schön, dass du so viel Positives aus diesem Drama ziehen kannst. Ich bin so erleichtert, dich so glücklich zu sehen!"

Die Sonne scheint wieder für mich

Was für ein Geschenk, wieder aus dem Fenster schauen zu können! Jeden Morgen wache ich gut gelaunt auf, meine Fortschritte sind sagenhaft. Gleich am ersten Tag nach der OP unternahm ich die ersten Gehversuche auf der Station. Ciprian, mein sympathischer Physiotherapeut, besucht mich täglich und bringt mir wieder das Aufstehen und

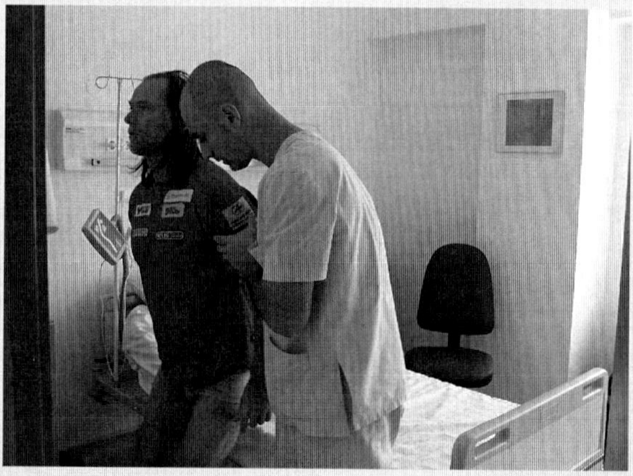

Ciprian, der Physiotherapeut, bringt mir wieder das Laufen bei.

Laufen bei. Am dritten Tag nach der OP trainiere ich schon das Treppengehen. Tanja und ich schleichen uns am späten Nachmittag aus der Klinik, um dem eintönigen Klinikessen zu entgehen. Wir sitzen in der Kneipe gegenüber und schmieden Pläne für die Zukunft. „Wenn der Heilungsprozess so fortschreitet, können wir gleich in Rumänien bleiben", überlege ich. „Was? Ich glaube, ich höre nicht richtig! Nein, wir gehen nach Hause, du besuchst eine Reha-Klinik und kurierst deine Verletzung aus. Erst dann brechen wir wieder auf. Ich will so etwas nicht noch einmal durchmachen", sagt Tanja bestimmt. „Klar, du hast ja Recht. Es war nur so ein Gedanke. Vielleicht sollten wir den Aufbruch eh auf nächstes Jahr verlegen. Bis dahin bin ich bestimmt wieder hundertprozentig fit."

Dr. Baltateanu und Dr. Sandu besuchen mich nach der gelungenen OP.

Am Sonntag besuchen uns Dr. Baltateanu und sein Kollege Dr. Sandu. „Na, wie geht es Ihnen?“, grinst mich Dr. Baltateanu freudig an. „Fantastisch!“ „In spätestens zwei Monaten können Sie Ihre Reise fortsetzen. Kommen Sie mich dann besuchen?“, fragt er uns einladend. „Wir werden dieses Jahr wohl nicht mehr aufbrechen. Im September wird es Richtung Russland schon sehr kalt.“ „Ach was, gehen Sie mit uns in die Karpaten. Da ist es wunderschön. Wir könnten dort Silvester feiern“, schlägt er vor. „Wenn wir zu dieser Zeit in Rumänien sind, liebend gerne.“ „Kommen Sie endlich aus dem Bett. Trinken Sie ein paar Bier und freuen sich des Lebens!“, ändert er das Thema. „Na, mit dem Bier warte ich noch ein paar Tage, aber dann gibt es ein großes Fest“, scherze ich. Dr. Baltateanu und Dr. Sandu setzen sich noch für ein Erinnerungsfoto zu mir aufs Bett. Wir lachen und haben Spaß. Noch vor wenigen Tagen wäre mir die jetzige Szene wie eine Sinnestäuschung vorgekommen, doch die beiden Herren neben mir im Bett sind real. Sie sind der Grund, dass für mich die Sonne wieder scheint. Ich umarme meine beiden Retter und bedanke mich aus der Tiefe meines Herzens für ihre Hilfe, ihre gesegneten Hände und wünsche ihnen alles Glück der Welt.

Epilog

Die Dokumentation unserer Reise ist für mich fast genauso wichtig wie die Reise selbst. Wir möchten Augen und Ohren sein für Menschen, die, aus welchen Gründen auch immer, nicht reisen können, dürfen oder wollen. Manchmal fehlt mir die Kraft, während der Expeditionsreise unsere Erlebnisse festzuhalten. Die Bedingungen sind ja auch oft sehr schwierig. Aber immer wenn ein neues Kapitel geschafft ist, wenn die erlebten Tage im Speicher meines Laptops gesichert sind, bin ich glücklich. Dann fällt mir eine schwere Last vom Herzen und ich fühle mich frei. Körper, Geist und Seele sind dann wieder bereit, weitere Abenteuer zu inhalieren. Ich will möglichst viele Erfahrungen sammeln und sie später zu einem Buch ausarbeiten. Die Dokumentation gehört zu den wichtigsten Aufgaben unserer Großen Reise. Doch was hätte diese ganze Arbeit für einen Sinn, wenn es niemanden interessiert? Das wäre schlimm für jeden, der sich so eine Arbeit aufbürdet. Aber wir stoßen zum Glück auf viel Interesse: Wir sind froh und dankbar, dass unsere Erlebnisse von zahlreichen Lesern geteilt werden. Das gibt uns Energie, unser Lebensprojekt weiter zu verfolgen. Wir können uns nicht oft genug herzlich für Ihr Interesse bedanken und hoffen, dass Sie uns auch in Zukunft treu bleiben. Wir freuen uns auf ein baldiges Wiedersehen. Wir glauben daran, dass es weiter geht und dass auch Sie daran glauben, gibt uns Kraft. DANKE!!!

Resümee

Die erste Etappe unserer TRANS-OST-EXPEDITION war ein Trip mit vielen Höhen und Tiefen. Nie hätten wir uns vorstellen können, dass Radfahren so anstrengend sein kann. Viele tausend Kilometer haben wir seit 1991 mit Kamelen, Pferden, Elefanten und zu Fuß zurückgelegt. Bei jeder Reise dachten wir, dass sie an Leistung, vor allem an Eindrücken, einmaligen Erlebnissen und Erkenntnissen, nicht zu übertreffen sei. Doch erneut wurden wir überrascht. Wieder haben wir gelernt, dass man nichts, was man nicht kennt, bewerten, beurteilen oder gar verurteilen darf. Wir dachten doch tatsächlich, dass Radfahren entschieden leichter sei als Paddeln, Laufen, Elefanten- oder Kamelreiten oder eine Karawane durch Wüsten zu navigieren. Wir zollen jedem Radler unseren höchsten Respekt! Diese Sportart kann bis an die psychischen und physischen Grenzen gehen.

Wir hatten mit einigen Verletzungen zu kämpfen, doch Gott sei Dank ist alles gut gegangen. Tanja konnte die Blessuren ihres Sturzes auskurieren. Unsere wunden Hintern und der Sehnenansatz meines Knies waren Kleinigkeiten im Vergleich zu meinem Bandscheibenvorfall. Trotz aller Blessuren, Schmerzen und Widrigkeiten haben wir unseren Mut und unsere Lust am Reisen nicht verloren.

Unsere Erfahrung zeigt: Man kann so viel planen wie man will, es kommt meist anders als man denkt. Genau in diesen Unwägbarkeiten liegt das

Abenteuer. Wir freuen uns auf viele weitere Erlebnisse, auf uns unbekannte Völker, Religionen und Länder. Wir wollen dabei auch viel über uns selbst erfahren. Die Große Reise ist auch eine Reise in unser Inneres. Wichtig dabei ist, den Boden zu spüren, sich als Teil zu fühlen von allem, was ist. Ich wünsche mir noch viele Begegnungen und Gespräche mit Mutter Erde!

Weitere Pläne

Der erste Teil unserer TRANS-OST-EXPEDITION liegt jetzt hinter uns. Obwohl wir vorerst mit unseren Fahrrädern „nur" der Donau gefolgt sind, war es eine spannende, erlebnisreiche, lehrreiche und tiefgehende Reise. Sie ist der Auftakt zu einer Fahrrad-, Pferde- und Elefantenexpedition, die etwa fünf Jahre dauern wird. Die TRANS-OST-EXPEDITION wird also einen beachtlichen Teil unseres 30-jährigen Lebensprojektes die „Große Reise" in Anspruch nehmen.
Es ist ein herber Schlag, dass wir den zweiten Teil der TRANS-OST-EXPEDITION abbrechen mussten, aber wir werden hoffentlich in wenigen Monaten wieder unterwegs sein. Wir wollen wieder mit dem Zug nach Rumänien fahren und unsere TRANS-OST-EXPEDITION fortsetzen. Von Rumänien aus wollen wir nach Moldawien, in die Ukraine und weiter durch Russland und Sibirien radeln. In Sibirien wollen wir mit den Rädern den zugefrorenen Baikalsee der Länge nach überqueren. Dann werden wir eine Pferdeexpedition zu den Tsataan, den Rentiermenschen an der russisch-mongolischen Grenze unternehmen. Unser Traum ist es, bei Nomaden einen Winter in einer Yurte zu verbringen. Danach werden wir per Fahrrad die Mongolei durchqueren. Dann wird es durch China gehen und wenn das Glück uns treu bleibt, beenden wir die TRANS-OST-EXPEDITION auf dem Rücken eines Elefanten und reiten durch Myanmar (Burma).

Der Palast des ehemaligen Staatspräsidenten Nicolae Ceaucescu ist nach dem Pentagon das zweitgrößte Gebäude der Welt. 20.000 Arbeiter setzten die Pläne von 700 Architekten um.
Das Gebäude ist 84 Meter hoch, hat 3.000 Zimmer auf 265.000 Quadratmetern, einen Atombunker, ein Elektrizitätswerk und eine U-Bahnverbindung zum Flughafen.

Früh morgens werden Weißbrote an die Geschäfte geliefert.

Tanja gibt einer armen Frau etwas zu Essen.

Blick aus unserem Hotel
über Bukarest.

Alimentara
Trăiești 26.280 de zile. Și doar
180 le petreci sărutându-te.
trăiește fiecare clipă
vodafone
FOOD

Ich werde von Notärzten in ein Krankenhaus gebracht.

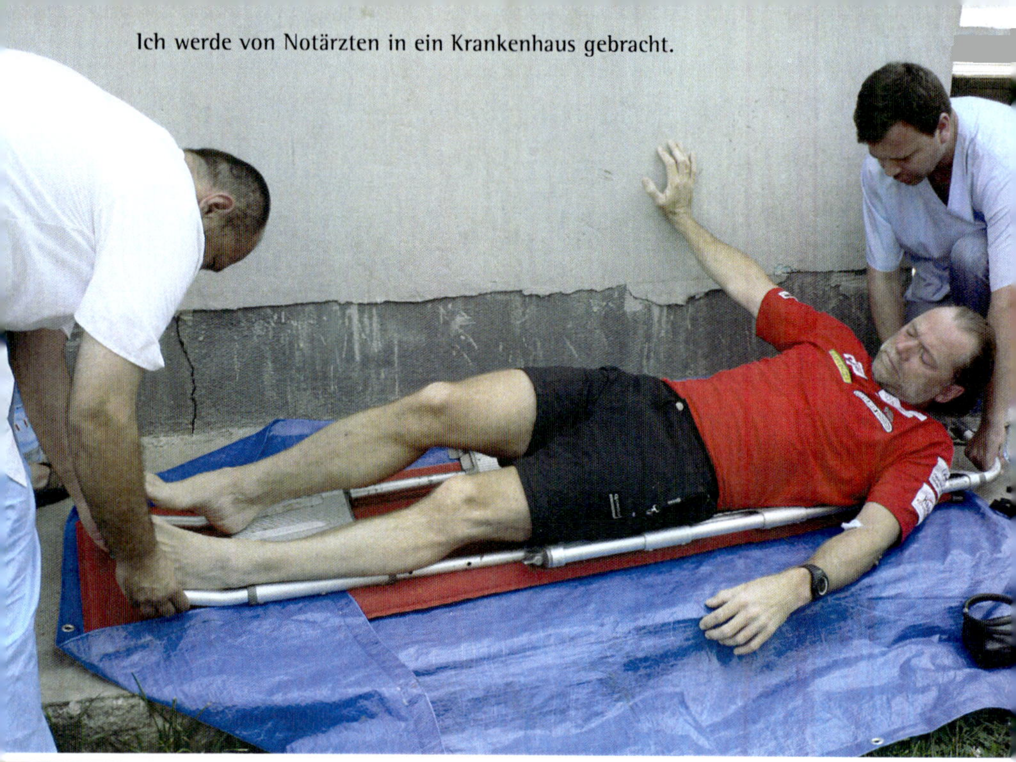

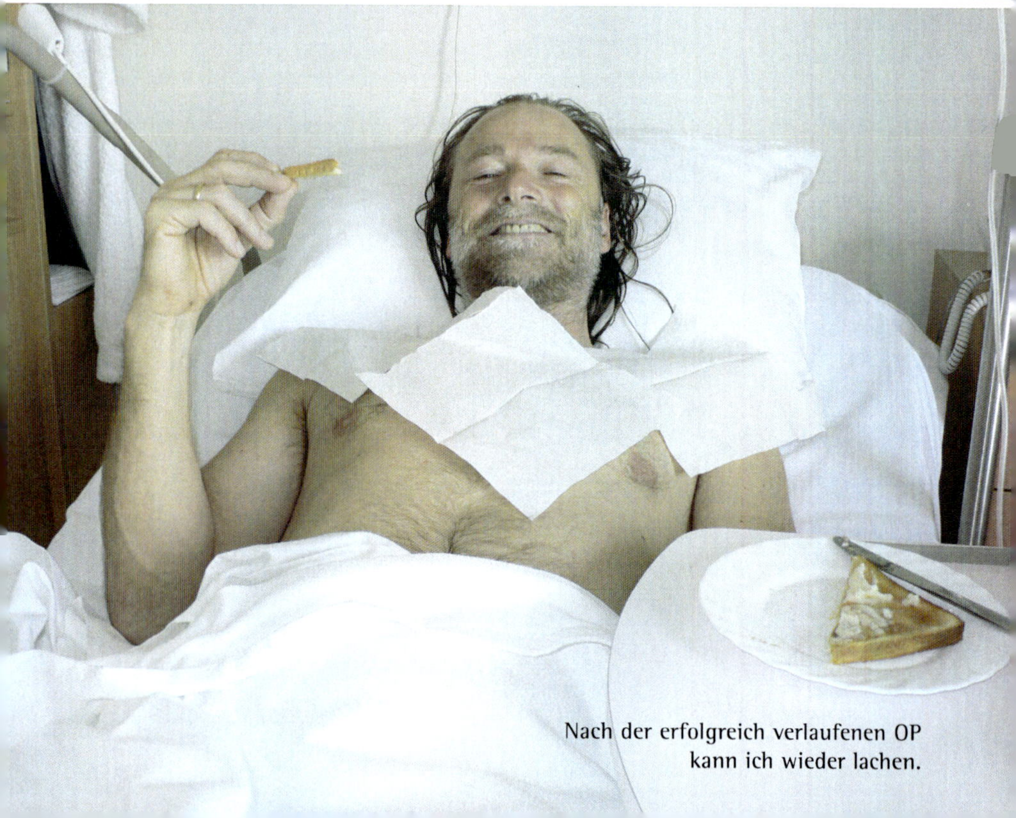

Nach der erfolgreich verlaufenen OP
kann ich wieder lachen.

Danksagung

Die Große Reise ist mein Lebenstraum, der sich durch meine liebevolle Frau, treue Freundin, aufrichtige, mutige Partnerin und ständige Begleiterin Tanja erst verwirklicht. Ihr gilt mein erster Dank dafür, ein beglückendes und erfahrungsreiches Leben an ihrer Seite führen zu dürfen. Ohne ihre ständige Unterstützung, ihre Stärke, ihre Zuversicht und ihr tatkräftiges Zupacken würde ich meine Träume nicht realisieren können und hätte womöglich auch das eine oder andere Abenteuer nicht heil überstanden.
An dieser Stelle möchte ich den Menschen danken, die Tanja und mir helfen, unsere Expeditionsideen und unseren Lebenstraum zu verwirklichen und die uns durch ihre Unterstützung und ihren Zuspruch so viel Energie und Kraft schenken.
Zuallererst danke ich meinen Eltern Brigitte und Carsten Katzer, die uns seit vielen Jahren moralisch zur Seite stehen, ihre Liebe schenken und das Gefühl geben, ein Zuhause zu haben. Ihnen verdanke ich es, als freier Mensch aufgewachsen zu sein. Schon als Kind durfte ich immer meinen unersättlichen Durst nach Neuem stillen.

Herzlichen Dank auch an:
Uli Knauer www.gdc-knauer.de, der unser Projekt als Grafiker und Künstler von der ersten Stunde an betreut.
Professor Heinz Brünig, der während unserer Abwesenheit unsere Webseite koordiniert. Er hält absolut zuverlässig den Kontakt zu uns aufrecht und informiert uns via Satellitenkommunikation über wichtige Ereignisse.
Ute Wetzel, die sich um den Onlineshop kümmert, für ihre Zuverlässigkeit und ihre liebenswerte Art.
Elisabeth Klemm, die uns als Reiki-Meisterin die nötige Kraft gibt, wann immer wir sie benötigen.
Thomas Hoffmann, der sich in seiner Freizeit dafür einsetzt, die Aktualität unserer Webseite aufrecht zu erhalten.
Susanne Buchau www.sprachdienst-buchau.de, die meine Tagebuchtexte und unsere Webseite ins Englische übersetzt.
Michael Schels www.schels-pr.de, der mit unendlich viel Ausdauer und Geduld mein Manuskript prüfte, überarbeitete und ihm den letzten Schliff gab.

Auf den ersten 3.000 Radkilometern vom Bodensee bis nach Bukarest sind wir vielen Menschen begegnet, die mit großartiger Hilfsbereitschaft und Gastfreundschaft dazu beigetragen haben, die bisherige Reise zum Erfolg zu führen. Tanja und ich möchten uns an dieser Stelle bei all diesen lieben Menschen ganz herzlich bedanken, sie bleiben für uns in unvergesslicher Erinnerung. Besonders zu erwähnen ist hier Dr. Doru Baltateanu und sein Assistent Dr. Sandu, die mir mit ihren begnadeten Händen meine Bandscheibe operiert und damit ein neues Leben geschenkt haben. Überhaupt möchten wir dem gesamten Team der Euroclinic in Bukarest für deren fantastische Arbeit und liebenswürdige Betreuung danken. Auch gilt unser Dank dem Holländer Huib Vandenoever, der uns in großer Not durch seine außergewöhnliche Gastfreundschaft und aufopfernde Hilfe beispiellos geholfen hat.

Danksagung Sponsoren

Mit unserer großen Reise möchten wir allen interessierten Lesern Impulse fürs Leben geben. Wir suchen eine intensive und tiefe Berührung zu fremden Ländern, Völkern und Kulturen, um zu zeigen, dass unser Planet lebt und wie schützenswert er ist. Wir wollen unsere Leser aber auch anregen, ihren eigenen Wurzeln und dem Sinn ihres Lebens auf die Spur zu kommen.
Um unsere 30jährige Expeditionsreise verwirklichen zu können, sind wir auf Sponsoren angewiesen, die uns monetär und mit Material unterstützen.

Herzlichen Dank an:
Bayer MaterialSience (www.makrolon.com)
Sicherheit steht auf unseren Expeditionsreisen an erster Stelle. Unsere fantastischen Helme haben ihr superleichtes Gewicht unter anderem dem High-Tech Material Makrolon von Bayer MaterialSience zu verdanken. Auch sorgt Makrolon dafür, dass wir stabile Radbrillen haben, die unsere Augen zuverlässig schützen. Die Speichermedien kommen ebenfalls aus der Makrolon Schmiede, was uns garantiert, dass wir unsere Daten und Fotos auch unterwegs sicher speichern können. Wir sind begeistert von den perfekten Materialeigenschaften und bedanken uns an dieser Stelle herzlich bei der Bayer MaterialScience AG für das in uns und unser Lebensprojekt gesetzte Vertrauen.

Fjällräven Sportartikel (fjallraven.com)
Ganz besonders bedanken wir uns bei Frau Anne Stummer, der Geschäftsführerin Deutschland, für die seit 1988 bestehende Zusammenarbeit. Von Fjällräven stammt die für uns ideale Outdoorausstattung – von Kleidung über Zelte bis hin zu Rucksäcken. Auch Herrn Lothar Lotterer, dem Verkaufs- und Marketingleiter Deutschland, wollen wir für sein Vertrauen und die gute Kooperation danken.

Natürlich bedanken wir uns auch bei Ake Nordin, dem Inhaber der Firma FJÄLLRÄVEN, für das jahrzehntelange Vertrauen.

INTERSPORT DEUTSCHLAND EG (www.intersport.de)
Wir danken Herrn Klaus Jost, Vorstand für Einkauf und Marketing, Herrn Harold J. Rubrech, Bereichsleiter Marketing und Herrn Roland Scheuermeyer, Presse, für das in unser Projekt gesetzte Vertrauen und die gute Zusammenarbeit.
Für seine Herzlichkeit, Offenheit und sein Vertrauen danken wir Herrn Andreas Heindl, Inhaber der Fa. Direct Marketing System (dms). Herr Heindl ist externer Partner der INTERSPORT und zuständig für den Bereich Dialogmarketing.

RAPUNZEL NATURKOST AG (www.rapunzel.de)
Herrn Joseph Wilhelm, Vorstand, danken wir für sein Vertrauen, sein gleichgesinntes Denken und seine fantastische Einstellung zur Natur. Die reine und hochwertige Nahrung von Rapunzel Naturkost verleiht uns die nötige Energie für Höchstleistungen.
Wir danken auch Marketingleiterin Heike Kirsten für ihre Herzensgüte und ihr Fachwissen sowie für die freundschaftliche und fruchtbare Zusammenarbeit.

riese und müller GmbH (www.r-m.de)
Wir danken der Firma riese und müller GmbH für ihr Vertrauen und ihr großartiges Engagement, mit der sie unsere TRANS-OST-EXPEDITION unterstützt.
Heiko Müller und Markus Riese sind zwei innovative Ingenieure, die 1996 ihr erstes eigenes Fahrrad auf den Mark brachten und heute erstklassige, voll gefederte Fahrräder herstellen.

ORTLIEB SPORTARTIKEL GMBH (www.ortlieb.com)
Herrn Hartmut Ortlieb danken wir für die geniale und innovative Entwicklung der besten wasserdichten Outdoorprodukte, die wir kennen. Auch danken wir Herrn Christoph Schleidt, Öffentlichkeitsarbeit, für seine liebenswerte Art, die vielen guten Ideen und die freundschaftliche, unkomplizierte Zusammenarbeit.
Herrn Wolfgang Paulus, Marketing- und Vertriebsleiter und Herrn Ralf Vogt, Werbeleiter, danken wir für die seit 1994 bestehende Kooperation, das freundschaftliche Verhältnis und das tiefe Vertrauen in unser Lebensprojekt.

HAUSER EXKURSIONEN INTERNATIONAL (www.hauser-exkursionen.de)
Herrn Michael Schott und Manfred Häupl, Geschäftsleitung, möchten wir für die schon seit 1999 bestehende, freundschaftliche Kooperation danken. Vor allem danken wir für die vielen Ideen und das Vertrauen in unser Lebensprojekt.

Auch möchten wir Heike Gumsheimer, der Marketingleiterin, für Ihre sympathische Art und ihr Vertrauen Dank aussprechen.

Hanwag GmbH (www.hanwag.de)
Wir danken Herrn Martin Nordin, der unserem Lebensprojekt Vertrauen schenkt. Auch danken wir Herrn Jürgen Siegwarth, dem Geschäftsführer, für die Kooperation und die fantastischen, immer bequemen Schuhe.

Rohloff AG (www.rohloff.de)
Wir danken Frau Barbara Rohloff, Vorstand, für ihr Vertrauen, die wachsende Zusammenarbeit und die hervorragende Nabenschaltung. Auch Herrn Carsten Geck, Produkt-/Vertriebsmanager, danken wir dafür, dass er zwei Fahrradanfängern wie uns so viel Vertrauen geschenkt hat.

ZARGES GmbH & Co. KG (www.zarges.de)
Wir bedanken uns bei Herrn Michael Blum, Marketingleiter, für sein Vertrauen, die guten und für uns wichtigen Boxen und die wachsende Zusammenarbeit.

Simpert Reiter GmbH (www.travellunch.de)
Wir bedanken uns bei Frau Cornelia Rüngeler, Geschäftsführerin, und ihrem Vater, Herrn Dr. Rüngeler, für die seit 1999 bestehende Zusammenarbeit. Die fantastische travellunch Nahrung hat uns in harten Situationen viele Male die nötige Energie zum Weitermachen geschenkt. Auch möchten wir uns bei Herrn Johann Reichert, Betriebsleiter, Herrn Wolfgang Lidl, verantwortlich für Qualitätssicherung & Verkauf und Herrn Wolfgang Wiltschka, Einkauf, bedanken.

SANATUR Gesellschaft für Naturprodukte mbH (www.sanatur.de)
Wir bedanken uns herzlich bei Frau Ingrid Schädler, Geschäftsführerin, Elke Leonhardt, Marketingleiterin und bei allen Mitarbeitern dieser wunderbaren Firma für die wichtigen Nahrungsergänzungsmittel, die moralische Unterstützung und die schöne Zusammenarbeit.

BRETTSCHNEIDER FERNREISEBEDARF (www.brettschneider.de)
Wir bedanken uns bei Frau Renate Brettschneider, Inhaberin, für ihre Treue und ihre liebenswerten Art sowie für die seit 1999 bestehende Zusammenarbeit. Die Moskitonetze und Moskitomittel sind unverzichtbar für uns.

Danksagung Ausrüster

Ohne gute Ausrüstung wäre jede Reise oder Expedition von vornherein zum Scheitern verurteilt. Allein schon für die Dokumentation brauchen wir die beste Kamera- und Computertechnik. Jeder einzelne Gegenstand kann im Extremfall über Erfolg oder Misserfolg, über Leben oder Tod entscheiden. Für uns ist es überlebenswichtig, bei unseren Reisen nur das Beste vom Besten dabei zu haben - vor allem setzen wir auf leistungsfähige und robuste Materialien.

Den folgenden Firmen möchten wir für die fantastische Ausrüstung danken:

Leica Camera AG (www.leica-camera.com)
Wir freuen uns sehr über die Zusammenarbeit mit der Firma Leica und möchten uns ganz herzlich bei Herrn Stefan Keil, Vertriebsleiter, für sein Engagement, Vertrauen und seine sympathische Art, vor allem aber auch für die fantastische, legendäre Leica Fotoausrüstung bedanken.

UVEX SPORTS GmbH & Co. KG (www.uvex-sports)
Sicherheit steht auf unseren Expeditionsreisen an erster Stelle. Die superleichten Helme und beschlagfreien Brillen von UVEX tragen wesentlich dazu bei, unser Reiseprojekt mit heiler Haut zu überstehen. Dafür danken wir herzlich Herrn Stefan Weiler, Verkaufsleitung Radsport. Auch bei Herrn Martin Godez, Export Manager, bedanken wir uns herzlich für seine Unterstützung.

GONSO Bike & Active GmbH & Co. KG (ww.gonso.de)
Für unsere TRANS-OST-EXPEDITION benötigen wir professionelle Radkleidung. GONSO ist für uns in diesem Bereich der optimale Ausstatter. Für das uns entgegengebrachte Vertrauen und für die funktionelle, hochqualitative Kleidung bedanken wir uns herzlich bei Herrn Rainer Schattenkirchner, Leitung Vertrieb, Marketing & Produktentwicklung, und Herrn Ludger Tabeling, PR & Marketing.

ARTIACH Deutschland GmbH (www.artiach.com)
Die Trekkingsandalen von Source haben sich während unserer Expeditionsreisen als sehr bequem, trittsicher, leicht und äußerst robust erwiesen. Auch die Trinksysteme sind durch ihre geniale Konstruktion und Widerstandsfähigkeit hundertprozentig expeditionstauglich. 7.000 Kilometer zu Fuß durch Australien sprechen hier für sich! Wir danken Herrn Stefan Braun, Geschäftsführer, für die wachsende Zusammenarbeit und sein Vertrauen in unser Lebensprojekt.

Triumph International (www.triumph-international.com)
Tanja freut sich während jeder Reise über die funktionelle und hervorragend passende Wäsche von Triumph. An dieser Stelle bedanken wir uns bei Herrn Richard Bengel, Verkaufsleitung Versender, für sein Vertrauen in unser Lebensprojekt.

FALKE KG (www.falke.com)
Bei großer körperlicher Anstrengung und extremen klimatischen Bedingungen ist für uns eine perfekte Funktionswäsche von elementarer Bedeutung. Wir bedanken uns bei Frau Julia Lehner, PR-Managerin, herzlich für funktionale Unterwäsche und Socken.

USED GmbH (www.used-hq.com)
Da wir unsere TRANS-OST-EXPEDITION dokumentieren, sind wir gezwungen, viel Technik mitzunehmen. Die einzige Möglichkeit, Film- und Kameraausrüstung, aber auch den Laptop für die Live-Berichterstattung dabeizuhaben, ist ein robuster Fahrradanhänger. Wir bedanken uns an dieser Stelle bei Bob Giddens, Geschäftsführer, für die leichten und sehr robusten Rad-Anhänger.

PRIMUS (www.primus.se)
Nach einem harten, anstrengenden Tag ist es für unsere Körper, aber auch für unsere Psyche wichtig, eine warme Mahlzeit in den Bauch zu bekommen. Mit den Kochern von Primus ist es egal, ob wir uns im Dschungel, im Eis oder in der Wüste befinden. Die PRIMUS Kocher haben uns nie im Stich gelassen. Dafür möchten wir uns herzlich bei Herrn Joakim Grönvik, Division Manager, Frau Annika Öhberg, Marketing Managerin, und Herrn Till Gotbrath, Presse, bedanken.

Thomas Amberger GbR (www.amberger-mrs.de)
Es ist eine Herausforderung, auch ohne Steckdose die nötige Stromversorgung für Kameras, Stirnlampen und Computer zu bekommen. Für die TRANS-OST-EXPEDITION hat die Firma Amberger eine leichte Energiebox entwickelt, die mit einem Solarpaddel aufgeladen werden kann. Für das Engagement, den Ideenreichtum und die Kooperation bedanken wir uns herzlich beim Geschäftsführer Herrn Thomas Amberger.

Sonnentor Kräuterhandels GmbH (www.sonnentor.com)
Nahrung ist für den Körper das, was der Treibstoff fürs Auto ist. Wir sind davon überzeugt, dass man mit Fastfood langfristig seinen Körper ruiniert. Vor allem zweifeln wir nicht daran, dass manipulierte und verseuchte Nahrung die Lebenszeit verkürzt. Die Bio-Produkte von Sonnentor tragen wesentlich dazu bei, unsere trainierten Körper leistungsfähig und gesund zu halten. Wir

bedanken uns aus ganzem Herzen bei Frau Maria Manger, Marketingleiterin, für die wunderbare Nahrung und die einwandfreien Produkte.

Danksagung Partner

Wenn wir auf Expeditionsreise sind, brauchen wir im Heimatland gute und verlässliche Partner. Diese bilden die Stützpfeiler unserer Gesundheit und Fitness, kümmern sich um unsere Präsenz im Internet, unterstützen uns bei der Kommunikation und bewältigen die immer komplexer und komplizierter werdende Technik.

Den folgenden Personen und Firmen möchten wir für Ihre oftmals außergewöhnliche und vor allem großzügige Unterstützung danken.

D2S Visual Technology (www.d2s.de)
Wir danken Herrn Alex Schäfer und Herrn Alfred Schneider, den Geschäftsführern, für die kreative Gestaltung und Programmierung unserer aufwendigen und umfangreichen Website. Vor allen danken wir für die freundschaftliche Bindung, die vielen guten Ideen und die Geduld, an unserer Seite ständig Änderungen vorzunehmen und wünschen uns eine schöpferische Zukunft.

GDC Graphics – design – conception (www.gdc-knauer.de)
Wir danken unserem Freund, dem Künstler und Grafiker Uli Knauer, Geschäftsführer, für die seit 1988 anhaltende Zusammenarbeit, den ständigen Ideenaustausch, die grafische Umsetzung der großen Reise und die unermüdliche Unterstützung, wann immer wir sie benötigen.

Reha Zentrum am Valznerweiher (www.rehavalznerweiher.de)
Ob mir unsere Elefantendame in Nepal einen Muskelriss in der Schulter verpasste oder ich vom Pferd, Kamel oder Fahrrad stürzte - Hanspeter Meier, Geschäftsführer, und sein Team machen mich seit 1991 immer wieder fit. Dafür bedanken wir uns herzlich.

Dr. Erwin Weijnen (www.weijnen.de)
Schon seit 1991 schafft es Dr. Weijnen immer wieder, die verschiedensten Verletzungen, die wir uns auf unseren Expeditionsreisen zugezogen haben, zu heilen. Das Besondere dabei ist seine sanfte Behandlungsart. Als kundiger Akupunkteur und Chirotherapeut und mit seinem umfangreichen naturheilkundlichen Wissen bringt es Dr. Weijnen immer wieder fertig, unsere manchmal ziemlich angeschlagenen Körper ohne lästige Nebenwirkungen auszukurieren. Dafür danken wir ihm von ganzem Herzen.

Sportzentrum Nürnberg (www.sportcentrum-nbg.de)
Für die seit 1996 bestehende Zusammenarbeit bedanken wir uns bei Dr. Bernd Pöhlmann, Geschäftsführer, und Susan Rittner, Geschäftsführerin.

bluevalley Filmmusik e.K. (www.bluevalley-filmmusik.de)
Das umfangreiche Musikarchiv von bluevalley Filmmusik e.K. ist für uns ein Schatz, aus dem wir schöpfen, um unsere Filme und Bilder lebendig werden zulassen. Mit der passenden Musik kann man erahnen, wie der Blütenduft einer mongolischen Frühsommerwiese in den schweren Gewitterhimmel steigt und mit der Dramaturgie ausgefeilter Kompositionen im Ohr kann man empfinden, was es bedeutet, wenn wir am Ende unserer Kräfte mit dem Fahrrad eine Passhöhe erreichen. An dieser Stelle bedanken wir uns ganz herzlich für die Zusammenarbeit bei Herrn Reinhard Saure, Geschäftsführer.

Visum Centrale Gebr. Mesenberg GmbH (www.visum-centrale.de)
Staatsgrenzen sind während unserer Reisen oft schwer zu nehmende Hürden. In manchen Ländern gleicht es nicht selten einem Alptraum, das passende Visum und die erforderliche Aufenthaltsdauer zu bekommen. Dank der unkomplizierten und professionellen Zusammenarbeit mit der Visum Centrale ist hier vieles für uns leichter geworden. Wir bedanken uns herzlich bei den Gebrüder Mesenberg (Geschäftsführern der Visum Centrale) und bei der liebenswerten und sehr hilfsbereiten Frau Diane Fischer.

AV Stumpfl GmbH (www.stumpfl.com)
Für unsere High-Definition-Audio-Visions-Shows benötigen wir eine ausgereifte Technik. Für die Kooperation, Beratung, Unterstützung und das Vertrauen bedanken wir uns herzlich bei Herrn Stumpfl, Geschäftsführer, und Herrn Hradil, Division Manager.

SCHELS-PR (www.schels-pr.de)
Herr Michael Schels, Kommunikationsfachmann, Journalist und Texter, unterstützt uns seit Jahren in redaktionellen Fragen. Er selber sagt zu unserer Zusammenarbeit: „Unsere Leben und unsere Projekte berühren, überschneiden und ergänzen sich, schwingen aufeinander ein und bereichern sich gegenseitig. Das ist sinnvoll. Und es macht Spaß.“ Besser könnte ich unsere Kooperation nicht beschreiben. Aus diesem Grund bedanken wir uns bei ihm herzlich für seine Zuverlässigkeit, seine sympathische Art, die schnelle Hilfe zu beinahe allen Zeiten und die wachsende Zusammenarbeit.

Sprachdienst Buchau (www.sprachdienst-buchau.de)
Damit auch Menschen, die der deutschen Sprache nicht mächtig sind, unsere Erlebnisse und Eindrücke lesen können, lassen wir die Webseite von Susanne

Buchau ins Englische übersetzen - ein sehr aufwendiges Unterfangen. Sie selbst sagt: „Die Sprache hilft, Horizonte zu öffnen und Barrieren aus dem Weg zu räumen, sie fördert das Verständnis für fremdartig erscheinende Sitten und Traditionen, sie bringt einem die Kultur näher und nicht zuletzt verhindert sie Missverständnisse." Wir bedanken uns herzlich bei Frau Buchau für ihren Einsatz, die Verbundenheit mit unserem Lebensprojekt und ihre liebenswerte Art.

NetZone GmbH (www.netzone.de)
Wir bedanken uns bei Herrn Michael Waldmann, Geschäftsführer, für das Hosten unserer doch mittlerweile sehr umfangreichen Webseite, sein schnelles Eingreifen bei unverhofft auftauchenden Problemen sowie für die freundschaftliche Beziehung und die seit 1999 bestehenden Zusammenarbeit.

Diese lange Danksagung zeigt, dass ein umfangreiches Expeditionsleben wie das unsere nicht ohne die Unterstützung von uns wohlgesinnten Firmen durchführbar ist. Nur gemeinsam schaffen wir es, unsere Idee der 30jährigen Expedition umzusetzen und nur gemeinsam können wir Menschen es schaffen, unsere Mutter Erde zu schützen. Möge es uns gelingen, damit auch unsere Kinder eine Zukunft haben.

Ausrüstung

01-Fahrrad & Werkzeug
02-Kleidung
03-Kamera & Film
04-Tour- & Campausrüstung
05-Küche & Werkzeug
06-Navigation & Kommunikation
07-Lebensmittel
08-Medizin

Die Angaben zur Ausrüstung sind nach bestem Wissen und Gewissen aufgelistet. Auch sind die Mengen immer für zwei Personen angegeben. Für eine Radreise ohne den Anspruch einer umfangreichen Dokumentation sind Umfang und Gewicht der Ausrüstung sicherlich um 30% bis 50% kürzbar.

01-Fahrrad, Anhänger, Ersatzteile und Werkzeug

Fahrräder

www.rieseundmueller.de

Rahmen u. Schwinge / Delite 7020 T6 Pulverbeschichtung schwarz
Gabel / RST capa T5 Stahlfeder/Elastomer
Dämpfer / Suspa Rho.pro Stahlfeder Öldämpfung einstellbar
Gepäckträger / Tubus CrMo-Stahl, r-m Design
Lowrider / Alu, schwarz, r-m Design
Tretkurbel / Shimano Deore (FC-M510) OCTALINK 42/34 Zähne
Pedale / DMR V12 (sehr hochwertiges BMX Pedal)
Pedalriemen / Eko Sport Power Grips (Sonderanfertigung by r-m)
Innenlager / Shimano Deore 110mm OCTALINK
Steuersatz / Stronglight OLight schwarz
Vorbau / Humpert Swell einstellbar
Lenker / Ritchey, Rizzer pro
Lenkerhörnchen / Ritchey
Lenkergriffe / Terry
Bremse / Magura HS33
Frontlicht / Busch u. Müller D'LUMOTEC oval senso plus LED (Doppelscheinwerfer, parallel betrieben)
Rücklicht / Busch u. Müller DToplight permanent / Dioden Batterie
Nabendynamo / Shimano DA 3N71
Felgen / Mavic Ceramic
Speichen / 2.0 mm (14G), Edelstahl
Reifen / Schwalbe Marathon XR (50-559)
Schlauch / Schwalbe
Felgenband / Schwalbe
Sattelstütze / Ritchey comp Alu schwarz
Sattel / Denis: Brooks Conquest, Tanja: Countess
Schutzbleche / SKS Mountain 60, schwarz
Ständer / Hebie 690 Zweibeinständer, GFK/Alu (sehr leicht)
Klingel / Original Billy
Rückspiegel / Zefal
Anhängerkupplung / Weber
Rahmenhöhen / Denis: 54, Tanja: 49

Schaltung

www.rohloff.de

Schaltung / Rohloff Speedhup 14 Gang, Ritzel 15 Zähne

02 - Kette
02 - Kettenschmierstoff
02 - Speedhub Oil

Anhängerbox
www.zarges.de
01 - Zarges Euro Box 750x550x380

Anhänger
www.used-hq.com
www.carryfreedom.com
02 - Y-Frame USED

Kupplung
www.zweipluszwei.com
02 - Weber Kupplung Mod. E für Anhänger

Ersatzteile
05 - Schläuche / Schwalbe für Delite Black
02 - Schläuche Y-Frame USED Anhänger
02 - Reifen / Schwalbe Marathon XR (50-559)
02 - Reifen / Schwalbe Marathon plus (47-406) für Anhänger
08 - Bremsbeläge
00 - Kabelbinder
00 - Schrauben
01 - Magura Bremse Ersatzteilkid
08 - Bremsklötze
02 - Schnellspanner
01 - Stoßdämpfer
00 - Felgenband
00 - Speichen vorne / hinten
01 - Stoßdämpfer
04 - Schaltzüge
00 - Kabel, Kabelbinder
00 - Schrauben, Muttern, Beilagscheiben

Werkzeug
Kettenverschleißmesslehre
Universal-Nietwerkzeug für alle Ketten Rohloff
Maul- / Ringschlüssel 8 mm
Maul- / Ringschlüssel 10 mm
Maul- / Ringschlüssel 13 mm
Maul- / Ringschlüssel 15 mm
Nuss 8 mm
Nuss 10 mm
Nuss 13 mm
Imbus-Bit 8 mm
Imbus-Bit 5 mm
Imbus-Bit 4 mm
Imbus-Bit 3 mm
Imbusschlüssel 2,5 mm
Imbusschlüssel 2 mm
Imbusschlüssel 1,5 mm
Torx Bit
Kreuzschlitz-Bits
Schraub-Bit 4 mm
Schraub-Bit 6 mm
Ratsche klein
Seitenschneider klein
Zange klein
Reifenheber
Kettenblattschraubengegenhalter
Speichenschlüssel

02-Kleidung

www.fjallraven.com
04 - T-Shirt
02 - Hemden lang G1000
02 - Hosen lang G 1000
02 - Halstuch
02 - Hut

02 - Regenschutzjacke
02 - Fleecejacke lang
02 - Fleecepullover
02 - Windstopper
02 - Redstar Weste (Sicherheitsweste)
02 - Gürtel

www.gonso.de
01 - Klimaunterhose lang
05 - Radhose kurz
04 - Radhose ¾ lang
02 - Radhose Thermo lang
02 - Regenhose
01 - Bikehose lang
02 - Halstücher
01 - Klimaunterhemd lang
06 - Trikot kurz
01 - Trikot lang
02 - Windstopper
02 - Paar Beinlinge / Thermo
02 - Paar Armlinge / Thermo
02 - Paar Knielinge
02 - Paar Überschuhe
02 - Paar Gel Bike Handschuhe
02 - Paar Bike Handschuhe Fleece
02 - Nierenschutz Thermo
02 - Helmmütze
04 - Radunterwäsche
02 - Gesichtschutz Thermo

www.brettschneider.de
02 - Moskitohut

www.triumph.com
03 - Sport-BH`s
01 - Unterwäsche lang

www.falke.com
10 - Paar Socken
06 - Unterhosen kurz
08 - Unterhemden
02 - Longsleeve Shirt

03-Kameras & Film

Kameras und Zubehör
www.leica.de
01 - LEICA R9
01 - LEICA DIGITAL-MODUL-R
01 - LEICA OBJEKTIV VARIO-ELMARIT-R 1:2,8-4,5/28-90 mm
01 - LEICA OBJEKTIV ELMARIT-R 1:2,8/19 mm
01 - LEICA OBJEKTIV ELMARIT-R 2,8/60mm
01 - LEICA Pohlfilter E 67 P-cir
01 - LEICA Blitzgerät SF24D
01 - LEICA Winkelsucher R
02 - LEICA Lithium Ionen Akku f. Digitalmodul-R
01 - LEICA Schnell-Ladegerät
01 - LEICA D-LUX 2
02 - LEICA Lithium Ionen Akku BP-0C4-E
~~ - Kabel

www.lei-ko.de
01 - Basismodul für LEICA DMR

Videokameras
02 - Digital Video Camcorder HDR-HC1E Sony
01 - Objektiv Weitwinkel VCL-HG0737Y
01 - Videoleuchte HVL-HL1
01 - Externe Mikrofon ECM-HQP1
01 - Fernbedienung Video Camcorder
02 - Akkus NP-FM50
01 - Akkus NP-QM71D
01 - Akkus NP-QM91D

01 - Ladegerät AC Netzteil Universal
~~ - Kabel

Sonstiges
30 - Digital HD Video Kassetten 63
10 - Sensia 2 Fujichrome - Filme
01 - Stativ
01 - Digital White Balance Filter
01 - Reinigungs-Set

01-Tour & Campausrüstung

www.fjallraven.com
01 - Rucksack Rastu Air 25
01 - Zelt Akka R/S 4
02 - Schlafsäcke Kamas M5
bis minus 15°
02 - Travel Silk Sheet
02 - Toilettenbeutel
04 - Reflective Belt
02 - Waschzeugbeutel
02 - Money Belt

www.hanwag.de
02 - Schuhe Performance XCR
01 - Sandale

www.artiach.de
01 - Source Sandale
02 - Source Trinksystem,
Hydration Pack

www.makrolon.de
www.bayermaterialscience.de
20 - DVD MMORE
01 - Fernglas Steiner Ranger 8 x 30

www.makrolon.de
www.bayermaterialscience.de
www.uvex.de
02 - Radbrillen UV-Schutz
Crow Pro
02 - Radhelm FP1
06 - Helmpositionsleuchten

www.brettschneider.de
01 - Schutzplanen, wasserfest

www.lucido.de
02 - Stirnlampen TX1
02 - Stablampe Lightwave 2000

www.ortlieb.com
02 - Selbstaufblasend Liegematten
02 - Selbstaufblasend Sitzkissen
08 - Back-Roller Plus
04 - Außentasche für Back-Roller
02 - Office/Profi-Bag
02 - Notebook-Einsatz
02 - Saddle-Bag
02 - Lenkertasche Ultimate 4
02 - Innentasche Lenker
02 - Aqua-Cam
02 - Aqua-Protect
02 - Rack-Pack M
01 - Rack-Pack XL
01 - Citybag M
06 - Kartentasche
30 - Snack-Pack A5
15 - Snack-Pack A6
15 - Dokumentenbeutel A4
02 - Wasserbeutel 4 Liter
02 - Wasserbeutel 10 Liter

Sonstiges
02 - Portachair (Notstühle)
01 - Angepasste Einlagesohlen
01 - Klappstuhl Aluminium
01 - Wasserfilter Katadyn
02 - Schraubkarabiner
06 - Schnappkarabiner
04 - Spannriemen

05-Küche & Werkzeug

www.primus.se

01 - Vielstoffkocher OmniFuel
01 - Ersatzteilset für OmniFuel
01 - Multifunktionswerkzeug für Kocher
01 - Aluminiumhandgriff für Kocher
01 - Windschutz für Kocher
01 - Power Fuel 3 Liter
01 - Topfset aus Aluminium
01 - Teekessel ultraleicht Aluminium
02 - Thermobecher Edelstahl
02 - Löffel & Gabel Titan
01 - Thermoskanne 1 Liter
05 - Wasserflaschen 0,6 Liter für Fahrrad
01 - Feuerzeug

Sonstiges

02 - Teller (Kunststoff)
02 - Schüssel (Kunststoff)
01 - Küchentuch
01 - Spülmittel
01 - Seife
01 - Streichhölzer

Werkzeuge & Reparatursets allgemein

Klebe- und Gewebebänder
Superkleber
Stoffkleber
Reparaturkids für Taschen, Ortlieb
Reparaturkids für Isomatten
Kamerareinigungskids
Gaslötkolben T 10
Butangas für Lötkolben 65 ml
Schraubenzieherset
Seitenschneider
Leatherman Wave
Schweizermesser
Zeltheringe

06-Navigation – Kommunikation & Technik

Navigation

www.suunto.com

02 - Uhren T 6
01 - Kompass

Karten

www.daerr.de

01 - Karte, Rumänien, 1:1.000.000
01 - Karte, Ukraine, 1:1.000.000
01 - Karte, Moldawien, 1:2.000.000
01 - Karte, Russland, 1:1.000.000
04 - Kartenblätter Operational Navigation Chart Russland 1:1.000.000
01 - Autoatlas Russland

www.garmin.de
www.daerr.de

01 - GPS Satellitennavigation eTrex Legend C

Kommunikation

www.itronix.de

01 - Robustes Notebook mit DVD-Brenner (GoBook III)
01 - Netzteil
01 - AC 12 Volt DC Adapter
~~ - Kabel

www.gesat.de

01 - Satellitentelefon STN ATLAS SP 2000

Technik

www.amberger-mrs.de

02 - SonnEnergieBox 18 (Ein 12 V-

18 Ah- NiMH- Akku)
04 - 12 V Solarmodul zur Speisung der zwei Energieboxen
~~ - Kabel

07-Lebensmittel

Um bis zu vier Wochen von der Außenwelt unabhängig sein zu können, haben wir auf Tanjas Anhänger bis zu 20 Kilogramm Nahrungsmittel dabei. Auf der Fahrt vom Bodensee ans Schwarze Meer sind Lebensmittel in diesem Umfang natürlich nicht nötig. Für uns war es jedoch ein Test, wie wir mit dem Ballast zurechtkommen. Wir wollen später ja auch abgelegene Regionen erreichen, in denen der Nahrungsmittelnachschub sicher schwierig zu organisieren sein wird.

www.rapunzel.de

Chicco Mezzo, Getreide-/Bohnenkaffee
Tiger Quick Instant Kakaogetränk
Rapadura Vollrohrzucker
Cristallino Rohrzucker
Mandelmilchpulver
Kräutersalz
Klare Suppe
Delikatessbrühe
Gemüse Brühwürfel mit Kräutern
Crossies Backerbsen
Pesto Rosso
Pesto Siciliano
Crema di Olive
Sonnenblumenkerne
Kürbiskerne geröstet
Spirelli Tricolore semola bunt
Buchstaben Suppennudeln semola
Dinkel-Penne (100% Dinkel)
Spaghetti semola
Rapunzel Basis Müsli
Schoko Amaranth - Müsli
Rapunzel Knusper - Müsli
Mandel Ahorn Crunchy
Mond & Sterne Müsli
Bananenchips
Getrocknete Ananas
Cashewbruch
Beerenmüsli - Rapunzel Naturkost AG
Sultaninen
Rosinen
Datteln ohne Stein
Aprikosen, süße, ganze
Mischobst Extra
Kalifornische, süße Mandeln
Paranusskerne
Pinienkerne
Pekannüsse
Macadamia Nusskerne
Nuss & Frucht Traveller
Nusskernmischung
Studentenfutter mit Sultaninen
Tomatensauce Tradizionale
Tomatenmark
Getrocknete Tomaten in Olivenöl
Honig Marzipan
Pistazien in der Schale, geröstet & gesalzen
Kokosraspel fein
Erdnussmus Crunchy
Weißes Mandelmus
Birnen/Apfelkraut
Tiger Nuss Nougat Creme
Vollmilch - Rapadura Schokolade
Krachnuss Rapadura Schokolade
Weiße Schokolade
Nougat Cristallino Schokolade

Sesam Grissini
Fruchtschnitte Nut - Mix
Tango Schoko Riegel
Rumba Puffreisriegel
Crisp Schokowaffelriegel
Samba Schnitte
Sesamini

Gefriergetrocknete Nahrung
www.travellunch.de
Nudeltopf-Bella Italia
Gemüserisotto vegetarisch
Nudeln in Tomatensauce
Nudeln in Kräutercreme
Erbseneintopf vegetarisch
Couscous vegetarisch
Kartoffel-/Gemüseeintopf mit Tofu
Zigeunertopf mit Rindfleisch und Nudeln
Nudeln Bolognese mit Rindfleisch
Hühnerrisotto mit Gemüse
Nudelterine mit Huhn
Jägertopf mit Rindfleisch und Nudeln
Beef Stroganoff mit Rindfleisch und Reis
Fischtopf Rügen mit Reis

Tee-Mischungen Aufgussbeutel
www.sonnentor.com
Hildegard Entspannungs-Kräutertee
Hildegard Freier Atem-Tee
Hildegard Harmonietee
Hildegard Schutzengel-Tee
Wärmender Hildegard-Tee
Feinster chinesischer Grüntee
Guten Morgen-Tee
Ingwer-Energietee
Pfefferminze
Sonnenschein-Tee
Hildegard Entspannungs-Kräutertee
Hildegard Harmonietee
Wärmender Hildegard-Tee
Abendtee
Gute Laune-Kräutertee
Guten Morgen-Tee
Liebes-Gewürztee
Zaubertrank

Ungemischte Kräuter-Aufgussbeutel
Fenchel
Grüntee
Grüntee-Jasmin
Kamille
Pfefferminze
Schwarzer Darjeeling

Suppen
Hildegard Fertigsuppe
Hildegard Dinkelcremsuppe
Hildegard Energiesuppe
Hildegard Schutzengelsuppe
Pfeffer schwarz

Zum Knabbern
Hildegard Energiekekse
Gute Laune-Kekse
Hildegard Energie-Kräcker
Hildegard Gute Laune-Kräcker
Ingwer-Glückskekse

Aufstriche
Hildegard Energie-Brotaufstrich

Nahrungsergänzung
www.sanatur.de
SpiruComplex Mikroalgen
Traubenkern-OPC
Q-10 Coenzym
Acerola Vitamin C Lutschtabletten

Omega 3-Fettsäuren / Fischöl
SpiruFit Energie-Drink
Green Energy Trink Snack
Green Energy Kau-Dragees
SpiruBär - Gummibärchen

Sonstiges
Natürliche Bio Mineralstoffe
Magnesium
Eisen
Frisches Obst und Gemüse bei Einkaufmöglichkeit
Toilettenpapier

08-Medizin / Erste Hilfe / Körperpflege

Medizin
Kniebandagen
Handgelenkbandagen
Bandage
Schutzhandschuhe
Rettungsfolie
Pflaster aller Art
Leukotapes
Certisil für Haltbarkeit des Trinkwassers - je 10ml reichen für 100 Liter
Certisil zur Trinkwasserdesinfektion - je 10ml reichen für 100 Liter
Micropurtabletten zur Wasserdesinfektion, je 1 Liter
Creme Entzündungshemmend
Voltarentabletten Tbl. und Zäpfchen - Gelenkentzündungen
Sinupret - Stirnhöhlen
Lymphomysot (Stirnhöhlen)
Ciprobay - Blasenentzündung
Kodan - Hautdesinfektion
Creme Pilzinfektion der Haut
Aspirin - Schmerztabletten
Tetrazepam - Schmerzmittel
Diclofenbete - Schmerz u. Entzündungshemmend
Augentropfen Berberil
Ohrentropfen
Allergiemittel
Antibiotikum
(Endzündungen, Zecken)
Zeckenimpfung homöopathisch
Bach Rescue Cream und Tropfen
Strepsils Halstabletten
Superpep (Reiseübelkeit)

ERSTE HILFE
www.ortlieb.com
First-Aid-Kid

Körperpflege
www.sanatur.de
SpiruSkin Aktive Moisturizing Gel
SpiruSkin Sensitiv Hair & Body Shampo
SpiruSkin Body Cream
SpiruSkin Nutrive Cream
SpiruSkin 24 h-Creme

www.brettschneider.de
Jaico Mückenmilch
Jaico Insektenschutz
Sonnenschutz Biokosma Sun

www.gonso.de
Sitzcreme

Sonstiges
Lippenschutzblock
Balsamka Bewegungsöl
Schmerzbalsam

Warum wir mit Tanja und Denis Katzer zusammenarbeiten?

„Wir möchten, dass der Reisende sich entspannt den Eindrücken fremder Länder und Völker öffnen kann, Kontakte zu Menschen anderer Kulturen knüpft, sich so ein gegenseitiges Verständnis der Bewohner dieser Erde ermöglicht“ erläutert die Firmeninhaberin Renate Brettschneider ihre Intention.

Die Erfahrungen, die sie und ihr Team in zahlreichen Fernreisen selbst gemacht haben, fließen direkt in die Produktpalette ein.

„Wie sich Denis Katzer mit seinen Reiseerlebnissen auseinandersetzt und sie weiterdenkt, das trifft sich genau mit den Grundsätzen unserer Firma“, bekräftigt Renate Brettschneider, die den Globetrotter seit vielen Jahren persönlich kennt und seit 1999 das Projekt „Die große Reise“ unterstützt. Ziel ihrer Firmenphilosophie ist in Einklang mit der Natur und nicht gegen sie zu sein. „Wir wollen den größtmöglichen Gesundheits- und Mückenschutz bieten, ohne jedoch Insekten auszurotten oder zu stark in den Naturkreislauf einzugreifen so erklärt Renate Brettschneider dazu und genau diese Gedanken finden sich auch bei Denis Katzer und seiner Frau Tanja wieder.

WWW.GDC-DESIGN.DE
... DIE KUNST IDEEN HELL ZUM LEUCHTEN ZU BRINGEN!
GDCdesign
Fraunhoferstraße 3a
90409 nürnberg
fon: 0911_287 63 87
fax: 0911_287 63 88
ISDN LEO: 0911_287 63 89
E-MAIL: INFO@GDC-DESIGN.DE

Hauser
exkursionen
Die Welt
und sich selbst
erleben ...
weltweit Wandern, Trekking
ınd Bergsteigen
Seit 1973 bringen wir unsere Reisegäste in die schönsten Winkel der Erde.
Seit 1999 unterstützen wir Tanja und Denis auf ihrer Großen Reise.
Und Ihre Trekking- und Reiseträume erfüllen wir jederzeit.
„Für Tanja und mich gilt die Philosphie von
Hauser exkursionen heute mehr denn je:
Durch Naturerfahrungen und Begegnungen
mit Menschen und anderen Kulturen –
lie Welt und sich selbst erleben."
Denis Katzer
Hauser exkursionen international GmbH
Spiegelstraße 9 • 81241 München
Tel: 089/23 50 06-0 • Fax: 089/23 50 06-99
www.hauser-exkursionen.de

Trans-Ost-Expedition
www.denis-katzer.com

Denis Katzer, am 25.1.1960 in Nürnberg geboren, hat das Reisen zu seinem Lebensinhalt gemacht. Nach Berufsausbildung und Bundeswehrzeit bei einer Spezialeinheit arbeitete er als Verkaufsleiter und begann 1983, Expeditionen zu abgelegenen Urvölkern unserer Erde durchzuführen.

1991 gab er die Berufstätigkeit auf und startete seine 30jähriges Lebensprojekt **„DIE GROSSE REISE“**: Während der Zwischenstopps veröffentlicht der Autor, Fotograf und Filmer seine Erlebnisse in Zeitschriften und Magazinen, hält Diavorträge, schreibt an Büchern und arbeitet an Filmdokumentationen für das Fernsehen.

Tanja Katzer, 1970 in Nürnberg geboren, ist gelernte Reiseverkehrskauffrau.

1991 gab sie ihre Berufstätigkeit auf und begleitet seitdem Denis Katzer auf seiner Weltexpedition.
Zusammen haben sie zu Fuß die Wüste des Todes (Taklamakan), mit Kamelen Australien und mit dem Pferdewagen das zentrale Hochland und die Wüste Gobi der Mongolei durchquert – um nur einige Etappen der großen Reise zu nennen. Zwischen den Expeditionen arbeitet Tanja als Fotomodell oder geht ihrer Leidenschaft, dem Malen, nach.